CORPORATION ACT

회사법의 이해

이상신 박 훈

도서출판 청람

| 머리말 |

이 책에서는 「상법」 제3편의 “회사편”을 중심으로 회사에 대한 법제도를 법학을 전공으로 하지 않은 실무가나 학생들이 쉽게 접근할 수 있도록 법령, 판례를 중심으로 설명하고자 하였다. 법령을 중심으로 간단한 해설을 달아 회사법제의 기본내용을 파악할 수 있도록 하였다. 회사법제의 깊이 있는 이론서를 표방한 것이 아니기에 각주 형태로 참고문헌을 별도로 소개하지는 않았다. 그렇지만 저자들이 해당 내용을 깨우치는 데에는 선배교수님들의 가르침과 저작이 큰 도움이 되었다.

우리나라의 경우 회사의 종류가 합명회사, 합자회사, 유한책임회사, 주식회사, 유한회사 등 5가지가 있고, 그 순서에 따라 상법 제3편이 구성되어 있다. 그런데 실무에서 회사는 대부분 주식회사이다. 이 책에서는 법령과의 연계성을 높이기 위해 법령상 회사의 순서대로 설명을 하지만, 주식회사의 중요성을 고려하여 법령상 준용으로 정확한 내용 파악이 어려운 부분은 설명을 따로 추가하였다. 상법의 하위법령인 「상법시행령」은 관련된 부분에서 함께 설명하였다.

상법은 세법과는 달리 매년 개정을 하는 것은 아니다. 1962년 1월 상법이 제정된 이후 1962년 12월, 1984년 4월, 1991년 5월, 1991년 12월, 1995년 12월, 1998년 12월, 1999년 12월, 2001년 7월, 2001년 12월, 2007년 8월, 2009년 1월, 2010년 5월, 2011년 4월, 2011년 5월, 2014년 3월, 2014년 5월, 2015년 12월, 2017년 10월, 2018년 9월에 법개정이 이루어진 바 있다. 최근 상법이 자주 개정되는 것을 볼 수 있는데, 그 개정 내용을 최대한 반영하고자 하였다. 또한 2019년 9월 16일 주식 및 사채 등에 대한 전자등록이 시행된 것도 반영하였다. 판례에서 종전의 해석의 확인이나 변경 등이 이루어진 것도 반영하였다.

2019년 실제 학교 상사법 수업을 진행하면서 느낀 학생들의 수요도 반영하고자 하였다. 한 기업의 사외이사를 하면서 주주총회, 이사회 등 상법의 규정이 얼마나 중요한지도 느낀 바 있는데, 상법은 단순히 자격증 시험대상으로서 암기대상인 것이 아니라 회사를 제대로 이해하기 위한 기본적인 주요 내용을 담고 있다고 할 수 있다.

저자들은 「회사법」이라는 책으로 2012년까지 이론편과 실전편을 함께 실은 바 있지만, 2018년 9월 18일 개정 「상법」을 기본으로 하면서 2019년 주요 판례까지 모두 반영하여 현 시점에 맞는 내용으로 「회사법의 이해」라는 이름으로 새로이 책을 발간하게 되었다. 「회사법」(2012년판, 도서출판 청람)의 이론편을 근간으로 하면서, 2012년 이후의 법개정과 판례를 반영하여 새로이 「회사법의 이해」라는 책 제목으로 발간을 한 것이다.

여기서 회사법은 「상법」이라는 법률 중 제3편을 말한다. 실제 회사에 관해서는 다양한 법령이 적용되므로 회사실무에서 상법 이외에도 소위 자본시장법(자본시장과 금융투자업에 관한 법률) 등 법률 확인이 필요하고 이에 대한 것은 또 다른 전문서적을 볼 필요가 있다. 당연한 이야기이지만, 이 책은 회사법에 대한 기본적인 것으로 독자의 이해를 위해 간결하게 쓴 것이고 더 깊은 논의에 관심 있으신 분은 상법 주석서 및 관련 논문 등을 참고하길 바란다.

2019년 판례공보에 나타난 회사법 관련 대법원 주요 판례 7개를 소개하면 다음과 같다.

- 상법 제376조 제1항과 관련하여, "특별한 사정이 없는 한 주주명부에 적법하게 주주로 기재되어 있는 자는 회사에 대한 관계에서 그 주식에 관한 의결권 등 주주권을 행사할 수 있고, 회사 역시 주주명부상 주주 외에 실제 주식을 인수하거나 양수하고자 하였던 자가 따로 존재한다는 사실을 알았든 몰랐든 간에 주주명부상 주주의 주주권 행사를 부인할 수 없으며, 주주명부에 기재를 마치지 아니한 자의 주주권 행사를 인정할 수도 없다. 주주명부에 기재를 마치지 않고도 회사에 대한 관계에서 주주권을 행사할 수 있는 경우는 주주명부에의 기재 또는 명의개서청구가 부당하게 지연되거나 거절되었다는 등의 극히 예외적인 사정이 인정되는 경우에 한한다"는 판례(대법원 2019.2.14. 선고 2015다255258 판결). 대법원 2017.3.23. 선고 2015다248342 전원합의체 판결에서 주주가 누구인지에 대해 실질설에서 형식설로 변경한 바 있는데, 이를 재확인한 것이다.
- 상법 제335조 제3항, 제336조 제1항, 제337조 제1항과 관련하여 주권발행 전 주식의 양도가 회사 성립 후 6월이 경과한 후에 이루어진 때에는 당사자의 의사표

시만으로 회사에 대하여 효력이 있으므로, 주식양수인은 특별한 사정이 없는 한 양도인의 협력을 받을 필요 없이 단독으로 자신이 주식을 양수한 사실을 증명함으로써 회사에 대하여 명의개서를 청구할 수 있다는 판례(대법원 2019.4.25. 선고 2017다21176 판결). 종전 판례의 입장이기도 하다.

- 상법 제399조 제3항과 관련하여 이사가 이사회에 출석하여 결의에 기권하였다고 의사록에 기재된 경우 상법 제399조 제3항에 따라 이사회 결의에 찬성한 것으로 추정할 수 없다는 판례(대법원 2019.5.16. 선고 2016다260455 판결). 또한 이 판례에서는 카지노사업자인 갑주식회사의 이사회에서 주주 중 1인인 을지방자치단체에 대한 기부행위를 결의하였는데, 갑회사가 이사회 결의에 찬성한 이사인 병 등을 상대로 상법 제399조에 따른 손해배상을 구한 사안에서, 제반 사정에 비추어 병 등이 위 결의에 찬성한 것은 이사의 선량한 관리자로서의 주의의무에 위배되는 행위에 해당한다고 본 원심판단을 수긍하였다.
- 상법 제337조 제1항, 제352조, 제353조와 관련하여 주주명부상의 주주가 아닌 제3자가 주식을 인수하고 그 대금을 납입한 경우 그 제3자를 실질상의 주주로 보기 위해서는 단순히 제3자가 주식인수대금을 납입하였다는 사정만으로는 부족하고 제3자와 주주명부상 주주 사이의 내부관계, 주식 인수와 주주명부 등재에 관한 경위 및 목적, 주주명부 등재 후 주주로서의 권리행사 내용 등을 종합하여 판단해야 한다는 판례(대법원 2019.5.16. 선고 2016다240338 판결). 종전 판례의 입장이기도 하다. 갑이 을주식회사를 상대로 자신이 주주명부상 주식의 소유자인데 위조된 주식매매계약서에 의해 타인 앞으로 명의개서가 되었다며 주주권 확인을 구한 사안이다.
- 상법 제388조와 관련하여 정관 등에서 이사의 퇴직금에 관하여 주주총회의 결의로 정한다고 규정하면서 퇴직금의 액수에 관하여만 정하고 있다면 퇴직금 중간정산에 관한 주주총회의 결의가 있었음을 인정할 증거가 없는 한 이사는 퇴직금 중간정산금 청구권을 행사할 수 없다는 판례(대법원 2019.7.4. 선고 2017다17436 판결)
- 상법 제336조, 제337조 제1항과 관련하여 회사는 청구자가 진정한 주권을 점유하고 있는가에 대한 형식적 자격만을 심사하면 족하고, 나아가 청구자가 진정한 주주인가에 대한 실질적 자격까지 심사할 의무는 없다는 입장하에서 주권이 발

행되어 있는 주식을 취득한 자가 주권을 제시하는 등 그 취득사실을 증명하는 방법으로 명의개서를 신청하고, 그 신청에 관하여 주주명부를 작성할 권한 있는 자가 형식적 심사의무를 다하였으며, 그에 따라 명의개서가 이루어졌다면 특별한 사정이 없는 한 그 명의개서는 적법한 것으로 보아야 한다는 판례(대법원 2019.8.14. 선고 2017다231980 판결).

- 상법 제393조 제1항과 관련하여 주식회사의 회생절차개시신청은 대표이사의 업무권한인 일상 업무에 속하지 아니한 중요한 업무에 해당하여 이사회 결의가 필요하다는 판례(대법원 2019.8.14. 선고 2019다204463 판결)

새로운 이름으로 책을 내는데 도서출판 청람의 이수영 사장님 및 편집부 관계자 여러분께도 감사드린다. 이 책으로 공부하는 모든 분들께도 항상 행복이 함께하길 바랍니다.

2020년 1월
저자 씀

| 차 례 |

Chapter 1 통 칙

Chapter 2 합명회사

Chapter 5

주식회사

회사법의 이해

Chapter 1

통칙

Chapter 01 통 칙

I. 회사법과 회사의 의의

회사법은 회사에 관한 법을 말한다. 우리나라는 "회사법"이라는 법률은 없다. 회사에 관한 법의 대표적인 것으로 상법에서 회사에 대한 사항을 규정하고 있다. 상법이라는 법률은 제1편 총칙, 제2편 상행위, 제3편 회사, 제4편 보험, 제5편 해상, 제6편 항공운송, 부칙 등으로 구성되어 있다. 회사법은 상법 제3편을 주로 이야기한다. 다만 회사에 관한 법은 상법만 있는 것은 아니다. 은행법, 보험업법 등도 넓은 의미의 회사법에 들어갈 수 있다. 시행령으로서 상법시행령도 있다.

회사법의 존재형식이라 할 수 있는 법원(法源)은 상법 제3편 회사뿐만 아니라 특별법, 관습법, 상사자치법(회사의 정관 등) 등이 있다. 회사법의 법원은 상사자치법－상사특별법－상법전－상사관습법－민사자치법－민사특별법－민법전－민사관습법의 순서로 적용된다(상1조).

회사란 다수인이 공동의 목적을 세우고 이윤추구를 목적으로 하는 기업 형태의 하나이다. 이러한 목적은 개인기업 또는 민법상의 조합과 같은 형태를 통해서도 달성될 수 있다.

그런데 교통·통신 등의 발달로 인한 세계화 현상, 치열한 경쟁에 따른 신기술의 확보 및 전문경영자와 대자본 등의 필요 때문에 개인기업의 형태로는 목적달성이 어려운 점이 있다.

회사를 이용하면 공동의 목적과 이윤추구라는 목적 달성이 더 쉽다고 할 수 있다. 다수인이 참여하기 때문에 대자본을 구성하기 쉽고, 기업환경에 다른 위험도 공동으로 분담할 수 있기 때문이다. 주식회사는 이러한 장점이 더욱 크게 나타난다.

회사는 어떤 성질을 가져야 할까? 상법 제169조에서는 "이 법에서 '회사'란 상행위나 그 밖의 영리를 목적으로 하여 설립한 법인을 말한다"고 규정하고 있다. 2011년 개정전에는 "본법에서 회사라 함은 상행위 기타 영리를 목적으로 하며 설립한 사단을 이른다"고 하는 상법 제169조와 "회사는 법인으로 한다"는 제171조 제1항을 근거로 회사는 일반적으로 상행위 기타 영리를 목적으로 하며 설립된 사단법인이라 할 수 있다. 법 개정시 "사단성"이란 표현이 인적회사 및 물적회사 모두에 맞지 않는 문제가 그동안 지적되어 온 것을 반영하여 "사단"이라는 표현을 삭제하였다. 여기서는 이해를 돕기 위해 사단성을 포함하여 회사의 의의를 설명한다.

회사의 요소로는 영리목적성, 사단성, 법인성이 있다. 이외에 회사는 설립과 동시에 법인격과 상인자격을 당연히 취득한다는 상인성, 회사는 상법 제3편(회사편)의 규정에 의하여 설립되어야 한다는 준칙성도 인정된다.

1. 영리목적성

대외적 활동을 통한 이익을 구성원에게 분배한다는 의미이다. 비영리법인도 수익사업을 할 수 있으므로 그 범위 내에서는 상인이 된다. 상인의 영리성이란 영리를 추구한다는 목적만을 고려하는 것이고 구성원에게 그 손익을 귀속한다는 의미는 고려하지 않기 때문이다.

그러나 회사의 영리성은 분배를 고려하고 있다. 그래서 국가와 같은 공법인도 수익사업과 같은 영리활동을 할 수 있지만 그를 통하여 취득한 이익을 공익을 위하여 사용할 뿐 그 구성원에게 분배하지 않으므로 "공법인=상인"이지만, "공법인≠회사"이다.

한편 분배는 하지만 대외적 수익활동을 하지 않아 회사가 아닌 경우도 있다. 상호보험회사(보험업법 제63조), 새마을금고(새마을금고법 제35조) 등이 그 예이다. 이들은 사단법인이지만 회사는 아니다.

2. 사단성(社團性)

사람이 모인 단체가 사단이므로 회사에는 원칙적으로 복수의 사원이 존재해야 한다. 무한책임을 져서 사원이 누구인지 중요한 합명・합자회사의 경우에는 사원이 1

인인 1인회사가 인정되지 않는다. 설립 자체가 안될 뿐만 아니라 설립 이후에도 해산사유가 된다. 그러나 사원이 유한책임을 져서 사원보다는 회사의 재산이 중요한 주식회사와 유한회사의 경우는 1인회사가 인정된다. 유한책임회사도 1인회사가 가능하다.

1인주식회사의 법률관계에서 주의할 점은 다음과 같다.

① 사단성을 전제로 한 규정의 적용은 제한된다. 예컨대 주주총회의 소집과 결의에 관한 규정이 그것이다. 따라서 1인주주의 의사대로 결의될 것이 명백하므로 주주총회 소집절차는 불필요하며, 실제로 총회를 개최한 사실이 없다 하더라도 1인주주에 의하여 의결이 있었던 것으로 주주총회 의사록이 작성되었다면 특별한 사정이 없는 한 그 내용의 결의가 있었던 것으로 볼 수 있다.

② 판례는 1인회사의 1인주주가 주주총회의 특별결의 없이 회사의 영업재산을 양도한 경우 회사의 손해는 그 주주의 손해가 아니고 1인주주와 별개인 1인 회사의 손해이므로 회사에 대한 배임죄를 구성한다고 보고 있다. "소위 1인회사에 있어서도 행위의 주체와 그 본인은 분명히 별개의 인격이며, 그 본인인 주식회사에 재산상 손해가 발생하였을 때 배임죄는 기수가 되는 것이므로 궁극적으로 그 손해가 주주의 손해가 된다 하더라도 이미 성립한 죄에는 아무 소장이 없다"고 보고 있다. 대법원 1983.12.13. 선고 83도2330 전원합의체 판결에서 배임죄를 인정하지 않았던 종전 판례(대법원 1974.4.23. 선고 73도2611 판결; 대법원 1976.5.11. 선고 75도823 판결 등)를 폐기하였다.

③ 판례는 1인회사에 있어서 1인주주가 회사에 대한 횡령죄의 주체가 될 수 있다고 보고 있다(대법원 2007.6.1. 선고 2005도5772 판결).

④ 1인주주인 이사와 회사의 거래에 이사회의 승인을 요하는지 여부에 대해 논란이 있으나, 이 경우에는 회사의 이익과 1인주주의 이익이 일치하므로 필요하지 않다는 견해가 더 많다.

⑤ 기관의 구성 등 회사의 조직에 관한 규정은 강행규정이므로 반드시 준수해야 한다. 즉 1인주식회사도 이사나 감사 등의 기관을 구비해야 한다.

⑥ 법인격남용론의 적용대상이 되기 쉽다.

3. 법인성

① 회사는 법인임을 전제로 한다(상169조). 2011년 4월 상법 개정전 회사를 법인으로 한다는 것(상171조 1항)은 출자자와 별개의 사람처럼 본다는 것을 의미한다. 재산을 취득할 때는 법인 명의로 취득하고 법인의 채무에 대해서 출자자는 원칙적으로 책임을 지지 않는다. 이러한 법인성은 회사의 종류에 따라 강 · 약이 있다.

② 물적회사의 사원은 회사의 채권자에 대하여 아무런 책임을 지지 않는다. 즉 자신이 출자한 재산의 범위 내에서만 책임을 부담한다. 최악의 결과 자신의 출자재산을 날릴 뿐이고 별도의 책임을 지지 않는다. 주식회사의 경우에 특히 그러하다. 회사와 주주는 별개의 인격을 갖기 때문이라는 점에 근거를 둔다. 이처럼 물적회사는 회사의 법인성이 강하다.

③ 인적회사, 즉 합명회사나 합자회사의 사원은 보충적으로 회사의 채권자에 대하여 직접 책임을 진다. 회사채권자에 대하여 제1차적으로는 회사의 재산으로 변제를 하고, 그래도 부족하면 자신의 재산으로 변제를 하도록 되어 있다. 이처럼 인적회사에도 법인격은 인정되지만 물적회사에 비해서는 회사의 법인성이 약하게 되어 있다.

④ 법인격이 있는 회사의 주소는 본점소재지에 있는 것으로 한다(상171조).

⑤ 주식회사의 법인격을 인정하는 경우 주주는 회사채권자에 대하여는 전혀 책임을 지지 않는다. 그런데 이를 악용하는 경우가 있다. 회사의 지배주주가 회사의 법인격을 남용하여 회사채권자의 이익을 해치는 경우 회사채권자를 어떻게 보호할 것인지 문제가 될 수 있다. 이때 회사 자체의 법인격을 소멸시키지 않고 당해 거래에 대해서만 회사의 법인격을 부인하여 그 거래에 관한 한 지배주주가 직접 거래를 한 것으로 보아 그 지배주주가 회사의 채권자에 대하여 직접 책임을 지도록 하는 법인격부인론(법인격남용이론)이 이 문제를 해결하는 한 방법으로 제시되기도 한다. 이 이론은 민법 제2조의 권리남용금지에 의해 도출된다는 것이 판례 및 다수설이다.

⑥ 추가 : 판례상 법인격부인론이 적용되기 위한 요건

i) 법인격이 형해화된 경우

ⓐ 판단시점 : 원칙적으로 문제가 되고 있는 법률행위나 사실행위를 한 시점

ⓑ 판단기준 : 회사와 배후자 사이에 재산과 업무가 구분이 어려울 정도로 혼용되었는지 여부, 주주총회나 이사회를 개최하지 않는 등 법률이나 정관에 규정된 의사결정절차를 밟지 않았는지 여부, 회사 자본금의 부실 정도, 영업의 규모 및 직원의 수

ⓒ 판단결과 : 회사가 이름뿐이고 실질적으로는 개인 영업에 지나지 않는 상태로 될 정도

ii) 법인격이 형해화될 정도에 이르지 않은 경우

ⓐ 판단시점 : 채무면탈 등의 남용행위를 한 시점

ⓑ 판단기준 : 회사의 배후에 있는 사람이 회사를 자기 마음대로 이용할 수 있는 지배적 지위에 있고, 그와 같은 지위를 이용하여 법인 제도를 남용하는 행위를 할 것

ⓒ 판단결과 : 배후자가 법인 제도를 남용하였는지 여부는 앞서 본 법인격 형해화의 정도 및 거래상대방의 인식이나 신뢰 등 제반 사정을 종합적으로 고려하여 개별적으로 판단

iii) 판례상 구체적 사례

기존회사가 채무를 면탈할 목적으로 기업의 형태 · 내용이 실질적으로 동일한 신설회사를 설립한 경우 기존회사의 채권자가 두 회사 모두에 채무 이행을 청구할 수 있다고 본 사례(대법원 2016.4.28. 선고 2015다13690 판결). 여러 개의 주식회사가 모두 하나의 그룹 산하의 계열회사 관계에 있고, 실질적으로 동일인이 그 그룹 산하의 계열회사들의 업무를 총괄한다고 하더라도 특별한 사정이 없는 한 각 계열회사는 별개의 독립된 법인격을 갖는다고 본 사례(대법원 2008.9.25. 선고 2008다42515 판결).

4. 상인성

회사는 상법 제4조(당연상인), 제5조 제2항(의제상인) 규정에 의하여 태생적 상인이다. 즉 회사는 설립과 동시에 법인격과 상인자격을 당연히 취득한다.

상인이라 기업의 법적 표현이라 할 수 있다. 상법은 거래의 양 당사자가 모두 상인인 경우뿐만 아니라 당사자의 일방만이 상인인 경우에도 그 전원에게 적용된다(상3조). 상인이 관련되었는지 여부에 따라 상법 적용 여부가 결정된다고 할 수 있

다. 우리 상법은 기본적 상행위를 영업으로 하거나(당연상인), 점포 기타 유사한 설비에 의하여 상인적 방법으로 상행위 이외의 행위를 영업으로 하는 자(의제상인)를 상인이라 한다. 상인을 정의하는 방법에는 상행위에 초점을 맞추는 실질주의(객관주의, 상행위법주의)와 상인적 방법에 초점을 맞추는 형식주의(주관주의, 상인법주의)가 있는데, 우리 상법은 양자를 절충하는 방식을 취하고 있다. 회사는 위에서 보듯 상인이고, 따라서 회사에 대해서도 상법 총칙편(제1편)과 상행위편(제2편)이 일반적으로 적용된다.

한편 회사가 상법에 의해 상인으로 의제된다고 하더라도 회사의 기관인 대표이사 개인이 상인이 되는 것은 아니다(대법원 2018.4.24. 선고 2017다205127 판결).

5. 준칙성

회사는 상법 제3편, 즉 회사편의 규정에 의하여 설립되어야 한다(회사설립시의 준칙주의). 다만 상법은 설립의 준거가 된 법률이 한국법(상법)인 경우는 내국회사, 외국법인 경우는 외국회사로 분류하고 있다.

Ⅱ. 회사의 종류

회사는 합명회사, 합자회사, 유한책임회사, 주식회사와 유한회사의 5종으로 한다(상 170조).

이러한 구별의 법적 기준은 회사의 구성원인 사원의 책임 범위 및 그 모습에 따른 것이다. 비영리법인은 이러한 종류에 포함되지 않는다.

1. 사원의 책임 범위에 따른 구별

① 합명·합자회사는 인적회사로서, 주식회사·유한회사는 물적회사라 할 수 있다. 인적회사는 사원이 회사채권자에 대하여 직접 책임을 지는 형태인 데 비해, 물적회사는 사원이 회사채권자에게 직접 책임을 부담하지 않는, 즉 간접

책임을 지는 형태이다. 2011년 도입된 유한책임회사는 물적회사와 인적회사의 특성을 함께 갖고 있다.

② 인적회사는 인적결합이 강한 소수인의 공동기업에 적합한 회사로서, 인적결합 및 사원의 개성이 매우 중요하므로 그 지분의 양도가 제한되는 등의 특징이 있다.

인적회사 중 합명회사는 사원이 회사채권자에 대하여 직접・무한의 책임을 지는 무한책임사원만으로 회사가 구성되는 경우를 말한다. 합자회사는 이러한 무한책임사원과 직접・유한의 책임을 지는 유한책임사원으로 구성되는, 즉 이원적으로 구성되는 경우를 말한다.

③ 물적회사 중 주식회사는 사원인 주주가 회사채권자에게 전혀 책임을 지지 않고 단지 출자를 함으로써 모든 책임이 종료되는, 즉 출자재산만에 의하여만 회사채권자에게 책임을 지는 간접・유한책임의 형태이다. 이에 비해 유한회사의 사원도 주식회사의 사원과 거의 유사하지만 특수한 경우에 자본금의 전보책임이 인정된다는 점에서 차이가 있다.

④ 유한책임회사 사원 전원은 자신의 출자가액을 한도로 회사에 대해서만 책임을 짐으로써 회사의 채권자에 대해서는 간접유한책임을 부담한다(상법 제287조의7).

2. 기관의 유무 및 차이에 따른 구별

회사가 운영되기 위해서는 회사 자신이 아닌 누군가가 법적 행위를 하여야 한다. 이러한 행위를 하는 자를 기관이라 한다. 회사는 상행위 기타 영리를 목적으로 하여 설립된 법인으로서 독자적인 권리능력을 가지나, 사회적 실체로서 그 의사를 결정하고 업무를 집행하며 결정된 의사를 대외적으로 표시하기 위해서는 기관이 있어야 한다. 사원이 기관이 되는 경우를 자기기관, 그렇지 않은 경우를 타인기관이라 말한다. 합명회사, 합자회사의 경우는 원칙적으로 자기기관으로 운영되고, 주식회사, 유한회사는 타인기관으로 운영된다. 합명회사와 같은 인적회사에서는 원칙적으로 각 사원이 업무집행권과 대표권을 가지며 업무집행자와 대표자를 별도로 둔다 하더라도 사원 중에서 선임되어야 하므로 기관자격과 사원자격이 일치하는 데 반하여, 물적회사인 주식회사에서는 회사의 출자자이자 소유자인 주주로 구성되는 주주총회 외에는 회사의 기관이 되는데 주주로서의 자격을 필요로 하지 아니하는 것이 특색이다. 기관에는 의사기관, 업무집행기관, 감사기관, 임시기관 등으로 나누어 볼 수 있다. 5가지 회사종류별 이러한 기관의 차이를 정리하면 다음과 같다.

① 합명회사의 경우 의사기관으로서 사원총회가 별도기관으로 존재하지 않는다. 합명회사의 업무집행기관은 원칙적으로 각 사원이고, 예외적으로 정관의 규정에 의하여 1인 또는 수인(數人)의 사원이 될 수 있다. 합명회사의 별도의 감사기관은 없지만 업무집행권을 갖지 않는 사원이 언제든지 회사의 업무와 재산상태를 검사할 수 있다. 합명회사는 임시기관인 검사인 등은 존재하지 않는다.

② 합자회사의 경우는 합명회사의 경우처럼 별도의 의사기관이나 임시기관은 존재하지 않는다. 합자회사의 업무집행기관은 원칙적으로 무한책임사원이고, 예외적으로 정관의 규정에 의하여 1인 또는 수인의 무한책임사원이 될 수 있다. 합자회사도 별도의 감사기관은 없으나 유한책임사원이나 업무집행권이 없는 무한책임사원은 회사의 업무와 재산상태를 검사할 수 있다.

③ 유한책임회사도 합명회사, 합자회사와 같이 별도의 의사기관이나 임시기관은 존재하지 않는다. 유한책임회사의 업무집행기관은 업무집행사원(업무집행자)이다. 유한책임회사의 업무집행은 정관으로 사원 또는 사원이 아닌 자를 업무집행자로 정하여 수행하게 된다(상법 제287조의12). 이처럼 사원이 아닌 자를 업무집행자로 정할 수 있게 함으로써 물적회사와 같이 타인기관(제3자기관)이 인정된다고 볼 수 있다. 유한책임회사도 별도의 감사기관은 없지만 업무집행자가 아닌 사원은 회사의 업무와 재산상태를 검사할 수 있다.

④ 주식회사는 의사기관으로서 주주총회가 있어야 하지만, 주주총회는 상법 또는 정관에 정하는 사항에 한하여 의사결정을 할 수 있다. 주식회사의 업무집행기관으로는 이사회와 대표이사가 있다. 주식회사의 감사기관으로는 감사 또는 감사위원회가 있다. 주식회사는 설립절차 또는 회사의 업무나 재산상태를 조사하기 위하여 임시기관인 검사인이 있다.

⑤ 유한회사는 의사기관으로서 사원총회가 있어야 하고, 사원총회는 회사의 업무집행을 포함하는 모든 사항에 대하여 의사결정을 할 수 있다. 유한회사의 업무집행기관은 이사이고, 이사가 회사를 대표한다. 유한회사의 감사기관은 감사이고, 이는 임의기관이다. 유한회사의 임시기관으로 검사인이 있으나 설립

경과를 조사하기 위해 검사인은 선임하지는 못한다.

⑥ 상법상으로는 합명회사와 합자회사는 소규모 기업에 적합하다. 합명회사와 합자회사는 신뢰를 바탕으로 한 인적결합에 가까운 회사이다. 이들 회사는 분화된 기관이 존재하지 않고 각 사원이 기관의 업무를 한다. 합명회사는 모든 무한책임사원이 회사대표, 의사결정, 업무집행을 한다고 볼 수 있다. 합자회사는 유한책임사원이 아닌 무한책임사원이 이러한 역할을 한다.

유한책임회사와 유한회사는 중소기업에 적합하고 주식회사는 대기업에 적합하다. 유한책임회사, 유한회사, 주식회사는 합명회사와 합자회사보다는 자본금을 바탕으로 한 물적 결합에 가깝다는 점 때문에 그러하다. 주식회사는 대표이사, 주주총회, 감사 등의 기관을 필요로 하지만, 유한회사는 기관이 덜 분화되었고 유한책임회사는 더욱 그렇다. 주식회사는 지분을 증권화할 수 있고 이를 자유롭게 양도할 수 있어 다수의 주주가 발생할 수 있고 자본시장을 통해 대규모 자금조달이 가능하다. 현실에서는 내국법인인 회사 중 90% 이상이 주식회사이다.

Ⅲ. 회사의 성립

회사는 본점소재지에서 설립등기를 함으로써 성립한다(상172조). 회사가 성립되면 그때부터 권리능력이 인정된다.

회사가 설립이 되기 전에도 권리의무가 문제되는 경우가 있다. 설립 중의 회사라 함은 주식회사의 설립과정에 있어서 발기인이 회사의 설립을 위하여 필요한 행위로 인하여 취득하게 된 권리의무가 회사의 설립과 동시에 그 설립된 회사에 귀속되는 관계를 설명하기 위한 강학상의 개념으로서 정관이 작성되고 발기인이 적어도 1주 이상의 주식을 인수하였을 때 비로소 성립한다. 이러한 설립 중의 회사로서의 실체가 갖추어지기 이전에 발기인이 취득한 권리의무는 구체적 사정에 따라 발기인 개인 또는 발기인조합에 귀속되는 것으로서 이들에게 귀속된 권리의무를 설립 후의 회사에 귀속시키기 위하여는 양수나 채무인수 등의 특별한 이전행위가 있어야 한다(대법원 1990.12.26. 선고 90누2536 판결 등).

"법인의 설립"이라는 의미를 놓고 세법상 논란이 된 바 있다. 설립등기를 마친 후 폐업을 하여 사업실적이 없는 상태인 법인의 주식 전부를 제3자가 매수한 후 법인의 임원, 자본금, 상호, 목적사업 등을 변경한 경우 지방세법상 "법인의 설립"으로 보아 등록세를 중과할 수 있는지에 대해 판례는 소극적인 입장이다(대법원 2009.4.23. 선고 2008두4534 판결). 법인의 설립에 관한 민법과 상법의 각 규정에 의하면 법인의 설립에는 기본적으로 설립행위와 설립등기가 필요하고, 법인은 설립행위를 거쳐 설립등기를 함으로써 성립함과 동시에 법인격을 취득한다(민법 제33조, 상법 제171조 제1항, 제172조 등 참조). 위 판례는 지방세법상 "법인의 설립" 역시 "설립등기에 의한 설립"을 뜻하는 것으로 해석하여 설립등기 없이 법인의 주된 부분이 변경된 것만으로 법인의 설립으로 보지는 않는다고 판단한 것이다.

Ⅳ. 회사의 능력

1. 회사의 권리능력

권리의무의 귀속주체가 될 수 있는 지위가 권리능력이므로 자연인(사람)뿐만 아니라 법인도 권리능력이 있다. 다만 법인은 육체를 갖지 아니하므로 권리능력이 자연인과는 같지 않아 법인인 회사의 경우 성질상, 정관상(목적상), 법령상 일정한 제한이 인정된다.

(1) 성질에 의한 제한

자연인(사람)임을 전제로 하는 생명권, 상속권 등을 가질 수 없다. 육체적 노무를 제공할 수 없으므로 지배인이나 상업사용인은 될 수 없다. 상업사용인은 상법상의 용어로 특정 영업주에게 종속되어 영업주의 영업활동을 대리하는 사람을 말한다. 이러한 상업사용인은 자연인이지만 영업주의 허락없이 자기 또는 제3자의 계산으로 영업주의 영업부류에 속한 거래를 하거나 회사의 무한책임사원, 이사 또는 다른 상인의 사용인이 되지 못한다(상17조 1항). 지배인은 상업사용인 중 하나로 특정한 상인(영업주)의 기업에 종속하여 그 영업에 관한 재판상 또는 재판 외의 모든 행위를 할 수 있는 권한을 가진 자를 말한다.

회사는 노무를 전제로 하지 않는 대리인은 될 수 있다. 명예권, 상호권과 같은 인격권은 향유할 수 있다. 판례에서 원고의 상호 "대성홀딩스 주식회사(DAESUNG HOLDINGS CO., LTD)"와 변경 전 피고의 상호 "주식회사 대성지주(DAESUNG GROUP HOLDINGS CO., LTD.)"가 유사상호인지가 다투어진 바 있는데, 회사의 상호권을 인정하기 때문에 생길 수 있는 다툼이다(대법원 2016.1.28. 선고 2013다76635 판결). 한편 회사는 다른 회사의 발기인은 될 수 있다. 상법은 발기인을 형식적으로 파악하여 발기인으로서 정관에 기명날인한 자를 발기인으로 보고 있을 뿐 아니라 발기인은 회사의 설립을 위한 일시적인 지위에 불과하기 때문이다.

(2) 정관(목적)에 의한 회사의 권리능력 제한

회사의 권리능력은 민법 제34조 "정관의 목적범위 내"에서만 인정되는가. 이러한 제한을 부정하는 무제한설이 통설이다. 판례는 민법 제34조가 적용된다는 제한설을 취하고 있지만 정관목적 달성에 필요한 간접적 행위도 포함된다고 보고 있다. 다시 말해, 판례는 법인의 권리능력 혹은 행위능력은 법인의 설립근거가 된 법률과 정관상의 목적에 의하여 제한되나 그 목적범위 내의 행위라 함은 법률이나 정관에 명시된 목적 자체에 국한되는 것이 아니라 그 목적을 수행하는 데 있어 직접·간접으로 필요한 행위는 모두 포함된다고 보고 있다. 신용협동조합중앙회와 조합원과의 변제약정이 구 신용협동조합법 시행 당시에 있어 위 법인의 목적범위 내에 속하는 것으로 인정한 바 있다(대법원 1991.11.22. 선고 91다8821 판결). 결론적으로 정관에서 정하고 있지 않은 사업도 통설인 무제한설에 따른 경우 허용될 수 있고 제한설의 입장에 서더라도 목적달성에 필요하다면 그 목적사업을 할 수 있다는 점에서 실제적으로 큰 차이는 없다.

(3) 법령에 의한 제한

회사는 다른 회사의 무한책임사원이 되지 못한다(상173조). 합명·합자회사의 무한책임사원이 되지는 못하지만 유한책임사원은 될 수 있다.

2. 회사의 의사능력 · 행위능력

회사는 설립등기를 함으로써 권리능력이 인정되지만 자연인과 같은 육체적 조건을 구비하고 있지 않으므로 의사능력이나 행위능력은 자연인으로 구성된 기관에 의하여 갖게 된다. 법인의 기관이 하는 행위는 법률상 당연히 회사의 행위가 된다(법인실재설). 회사도 기관을 통하여 의사능력과 행위능력을 갖게 된다.

다만, 그 기관의 형태는 인적회사와 물적회사 간에 다소 차이가 있다. 인적회사의 경우에는 구성원인 사원, 즉 무한책임사원이 언제나 기관으로서의 지위를 갖게 되어 회사의 소유자로서의 사원의 지위와 기관으로서의 지위를 겸하게 된다. 즉 자기기관성을 갖는다. 그러나 물적회사는 소유와 경영이 분리되어 기관의 구성원이 반드시 사원이 아니라도 관계없다. 즉, 타인기관성(제3자기관성)을 갖는다.

3. 회사의 불법행위능력

회사가 불법행위를 하는 것이 인정될 수 있다. 일제강점기에 강제동원되어 기간군수사업체인 일본제철주식회사에서 강제노동에 종사한 갑 등이 위 회사가 해산된 후 새로이 설립된 신일철주금주식회사를 상대로 위자료 지급을 구한 사안에서 대법원은 회사의 불법행위를 인정한 바 있다(대법원 2018.10.30. 선고 2013다61381 전원합의체 판결). 회사의 기관의 행위는 회사의 행위로 보므로 대표기관의 불법행위는 회사의 불법행위가 된다(법인실재설). 회사는 대표기관을 통하여 불법행위능력이 인정된다. 다만 이 경우 회사의 대표기관은 연대책임, 즉 부진정연대책임을 진다.

회사의 대표기관이 아닌 피용자의 불법행위가 있는 경우에는 그 직무집행의 관련성이 인정되면 회사는 사용자책임을 부담하게 된다. 회사가 직접적으로 불법행위를 하는 것은 아니지만 회사로부터 고용된 자의 불법행위에 대해 회사에 관리감독책임을 묻는 것이 사용자책임이다.

V. 회사의 합병

1. 합병의 의의와 자유

합병은 두 개 이상의 회사가 법정된 절차에 따라서 합쳐져서 하나의 회사가 되는 것이다. 규모확장을 통한 경쟁력 강화, 경영합리화, 부실기업의 정리 등을 위함이다. 회사는 합병을 할 수 있다(상174조 1항).

합병으로 소멸되는 회사는 청산절차를 거치지 않고 존속 또는 신설되는 회사는 소멸회사의 권리의무를 포괄적으로 승계한다. 소멸회사의 사원(주주)은 합병에 의하여 1주 미만의 단주만을 취득하게 되는 경우나 혹은 합병에 반대한 주주로서의 주식매수청구권을 행사하는 경우 등과 같은 특별한 경우를 제외하고는 원칙적으로 합병계약상의 합병비율과 배정방식에 따라 존속회사 또는 신설회사의 사원권(주주권)을 취득하여 존속회사 또는 신설회사의 사원(주주)이 된다(대법원 2003.2.11. 선고, 2001다14351 판결).

2. 합병의 제한

합병을 하는 회사의 일방 또는 쌍방이 주식회사, 유한회사 또는 유한책임회사인 때에는 합병 후 존속하는 회사 또는 합병으로 인하여 설립되는 회사는 주식회사, 유한회사 또는 유한책임회사이어야 한다(상174조 2항). 결과적으로 합병 당사회사의 일방이 물적회사인 경우에는 그 존속 또는 신설되는 회사는 언제나 물적회사이어야 한다. 합명회사와 주식회사 간의 합병도 인정되지만 존속회사는 주식회사이어야 한다.

주식회사와 유한회사 간의 합병은 존속회사가 어느 것이 되더라도 무관하지만 존속회사가 주식회사가 되는 경우에는 법원의 인가를 요한다(상600조 1항). 주식회사의 설립 및 신주발행시 엄격한 규제를 회피하기 위해 합병이 활용되는 것을 방지하기 위해서이다.

합병을 하는 회사의 일방이 사채의 상환을 완료하지 아니한 주식회사인 때에는 합병 후 존속하는 회사 또는 합병으로 인하여 설립되는 회사는 유한회사로 하지 못한다(상600조 2항). 유한회사는 사채를 발행할 수 없기 때문이다.

3. 해산 후 회사의 합병

해산 후의 회사는 존립 중의 회사를 존속하는 회사로 하는 경우에 한하여 합병을 할 수 있다(상174조 3항). 결과적으로 해산 후의 회사는 언제나 소멸회사가 되는 방식으로만 합병을 할 수 있다.

4. 신설합병시의 절차 특례

(1) 각 회사 선임 설립위원에 의한 설립행위

회사의 합병으로 인하여 신회사를 설립하는 경우에는 정관의 작성 기타 설립에 관한 행위는 각 회사에서 선임한 설립위원이 공동으로 하여야 한다(상175조 1항). 합병은 현재 존속하는 복수의 회사 간의 합병계약에 따라 이루어지는데 설립절차를 누가 이행할 것인지 문제될 수 있으므로 설립위원에 의함을 명문으로 밝히고 있다.

(2) 합병결의의 준용

상법 제230조(합명회사의 합병결의시 총사원의 동의), 제434조(주식회사 정관변경의 특별결의, 즉 발행주식총수의 3분의 1 이상 출석의결권 3분의 2 이상)와 제585조(유한회사 정관변경의 특별결의, 즉 총사원의 반수 이상 총사원 의결권의 4분의 3 이상)의 규정은 전항의 선임에 준용한다(상175조 2항).

준용은 적용과 별개의 개념이다. 적용이란 조문을 그대로 가져오는 것을 말하고, 준용이란 성질에 반하지 않는 범위 내에서만 조문을 가져온다는 뜻이다. 따라서 준용대상이 되는 조문과 해석상 반드시 동일한 것은 아니다.

Ⅵ. 회사의 해산

1. 해산의 의의

회사의 권리능력을 소멸시키는 원인이 되는 법률요건(법에서 정한 요건)을 말한다. 회사는 해산함으로써 영업능력을 상실하지만 청산의 목적범위 내에서 권리능력은 존속한다. 해산은 법인격 소멸의 원인일 뿐 법인격 소멸 자체가 발생하는 것은 아니다. 법인이 본래의 목적달성을 위한 적극적인 활동을 그치고 청산절차로 들어가는 것을 의미한다.

회사의 해산사유는 회사의 종류별로 다르다. 회사법 통칙에서는 공익상 회사의 존속을 허용할 수 없는 경우에 행해지는 법원의 해산명령(법인격의 종국적인 소멸을 전제)에 대하여만 규정하고, 다른 사유(예컨대 해산판결)에 대하여는 각각의 회사에 관한 부분(상241조, 269조, 287조의42, 520조, 613조)에서 규정하고 있다.

법원의 해산명령과 해산판결은 구별되는 개념이다. ① 해산명령은 공익목적을 위한 것이고 해산판결은 사원 또는 주주의 이익보호를 위한 제도이다. 예컨대 회사재산의 관리 또는 처분의 현저한 실당(失當 : 때를 놓침)으로 인하여 회사의 존립을 위태롭게 한 때에는 해산판결의 사유일 뿐 해산명령의 사유는 아니다. ② 해산명령은 이해관계인 또는 검사의 청구 또는 법원의 직권에 의하지만, 해산판결은 사원 또는 주주의 청구에 의하고 법원의 직권은 인정되지 않는다. ③ 다만 양자는 법원에 의하여 회사의 법인격을 전면적으로 박탈한다는 점에서 공통점을 갖는다. 당해 사안에 대해서만 법인격을 부정하는 법인격남용이론과 차이가 있다. 해산판결에 대해서는 각각의 회사에서 살펴본다.

2. 법원의 해산명령

(1) 해산명령 사유

법원은 다음의 사유가 있는 경우에는 이해관계인이나 검사의 청구에 의하여 또는 직권으로 회사의 해산을 명할 수 있다(상176조 1항).

① 회사의 설립목적이 불법한 것인 때 : 공익상 회사의 설립목적을 용인할 수 없는 경우이다.

② 회사가 정당한 사유없이 설립한 후 1년 내에 영업을 개시하지 아니하거나 1년 이상 영업을 휴지(休止)하는 때 : 이른바 유령회사로 볼 수 있기 때문이다.

③ 이사 또는 회사의 업무를 집행하는 사원이 법령 또는 정관에 위반하여 회사의 존속을 허용할 수 없는 행위를 한 때 : 회사기관의 행위는 회사의 행위가 되므로 공익상 회사가 존속을 허용할 수 없는 행위를 한 경우와 같다.

상법 제176조 제1항에 의하여 법원에 회사의 해산명령을 청구할 수 있는 이해관계인이란 회사 존립에 직접 법률상 이해관계가 있는 자를 의미한다. 판례에서는 "전자랜드"라는 명칭의 빌딩을 소유하고 같은 명칭의 서비스표 및 상표등록을 한 자가 그 상호를 "전자랜드주식회사"로 변경하려고 하는데, 휴면회사인 "전자랜드판매주식회사"로 인하여 상호변경 등기를 할 수 없다는 사실만으로는 위 이해관계인이라 보기 어렵다고 한 바 있다(대법원 1995.9.12.자 95마686 결정).

(2) 법원에 의한 회사재산 보전처분

해산명령의 청구가 있는 때에는 법원은 해산을 명하기 전일지라도 이해관계인이나 검사의 청구에 의하여 또는 직권으로 관리인의 선임, 기타 회사재산의 보전에 필요한 처분을 할 수 있다(상176조 2항). 해산하더라도 청산절차가 필요하므로 회사재산의 보전처분이 필요할 수 있기 때문이다.

(3) 이해관계인의 해산청구와 회사의 담보제공청구

이해관계인이 해산명령청구를 한 때에는 법원은 회사의 청구에 의하여 상당한 담보를 제공할 것을 명할 수 있다(상176조 3항). **회사가 담보제공청구를 하려면 이해관계인의 청구가 악의임을 소명하여야 한다**(상176조 4항).

악의란 부당하게 회사의 이익을 해하려는 의도로써 청구하는 것이다. 몰랐다는 의미의 악의(惡意)가 아니고 해의(害意)에 가깝다. 부당한 해산명령청구로 인해 회사가 입을 손해를 담보할 필요가 있기 때문이다.

Ⅶ. 회사에 관한 등기기간의 기산점

본편(회사편)의 규정에 의하여 등기할 사항으로서 관청의 허가 또는 인가를 요하는 것에 관하여는 그 서류가 도달한 날로부터 등기기간을 기산한다(상177조). 예컨대 본점에서 등기할 사항은 사유발생일로부터 2주 이내 본점소재지에서 등기를 해야 하는데, 그 2주를 계산하는 기산점이 서류가 도달한 날이 된다.

Chapter 2

합명회사

Chapter 02 합명회사

제1절 설립

Ⅰ. 합명회사의 의의

합명회사는 2인 이상의 무한책임사원만으로 구성되는 회사이다. 그 설립은 정관작성으로 시작되어 설립등기로서 종결된다. 재산의 출자는 회사의 성립요건이 아니다. 무한책임사원만으로 구성되므로 사원이 회사채권자에 대하여 개인재산으로도 책임을 부담하기 때문이다. 다만 재산의 출자를 현실적으로 이행하지는 않더라도 그 출자의 목적 및 평가기준 등에 대한 협의가 정관작성시까지는 있어야 한다.

Ⅱ. 정관의 작성

1. 정관작성의 의의

정관이란 회사의 조직이나 운영에 관한 근본적인 규칙이 되는 것이다. 합명회사는 이러한 정관의 작성에 의해 회사의 실체가 형성된다. 주식회사, 유한회사의 경우에는 정관의 작성 이외에 자본금형성절차(예컨대 주식인수납입), 기관구성절차(예컨대 이사 선임)가 있어야 회사의 실체가 인정된다.

2. 정관작성의 주체

2인 이상의 사원이 공동으로 정관을 작성하여야 한다(상178조). 법인은 무한책임사원이 될 수 없으므로 사원은 자연인에 한한다. 자연인인 한 무능력자도 법정대리인의 허락을 얻으면 사원이 될 수 있다.

3. 정관의 절대적 기재사항

정관에는 ① 목적, ② 상호, ③ 사원의 성명 · 주민등록번호 및 주소, ④ 사원의 출자의 목적과 그 가격 또는 평가의 표준, ⑤ 본점의 소재지, ⑥ 정관의 작성연월일 등을 기재하고 총사원이 기명날인 또는 서명하여야 한다(상179조). 이들 기재사항은 그 중 하나라도 기재되지 않거나 그 기재가 위법한 때에는 정관과 더불어 회사의 설립 자체가 무효가 될 수 있는 것으로 이를 절대적 기재사항이라 한다.

상호의 경우에는 반드시 합명회사라는 문자를 병기(倂記)하여야 한다. 합명회사는 주식회사나 유한회사와는 달리 금전 기타의 재산뿐만 아니라 노무 및 신용출자가 가능한데, 사원의 출자의 목적을 기재할 경우에는 재산 · 노무 · 신용을 구별하여 기재하여야 한다.

4. 공증인 인증의 불필요

주식회사의 경우에는 회사 설립등기 전 작성된 원시정관(발기설립의 경우)은 공증인의 인증(認證)을 받아야 한다(상292조). 여기서 말하는 공증인의 인증이란 정관이 적법한 절차에 의하여 작성되고 그 내용도 사실과 같다는 것을 공증인이 확인하여 주는 것을 말한다. 그러나 합명회사의 경우에는 이러한 공증인의 인증(상292조)은 요하지 않는다. 합명회사는 소수인의 단체로 복잡한 법률관계가 생기지 않기 때문이다.

Ⅲ. 각종 등기

1. 설립등기

정관이 회사가 조직과 운영을 어떻게 할 것인지에 대해 내부에서 정한 자치법규라 한다면, 설립등기는 회사 외부에서 회사의 상황을 알 수 있도록 공적 표시를 하는 것이라 할 수 있다. 따라서 정관과 설립등기 모두 회사에 관한 사항을 담고 있다 하더라도 그 내용에 있어 차이를 보인다. 회사의 종류마다 또 다르다.

합명회사의 설립등기에 있어서는 다음의 사항을 등기하여야 한다(상180조).

① 목적, 상호, 사원의 성명·주민등록번호 및 주소 및 본점의 소재지와 지점을 둔 때에는 그 소재지. 다만, 회사를 대표할 사원을 정한 때에는 그 외의 사원의 주소를 제외한다. ② 사원의 출자의 목적, 재산출자에는 그 가격과 이행한 부분, ③ 존립기간 기타 해산사유를 정한 때에는 그 기간 또는 사유, ④ 회사를 대표할 사원을 정한 때에는 그 성명·주소 및 주민등록번호, ⑤ 수인의 사원이 공동으로 회사를 대표할 것을 정한 때에는 그 규정

2. 지점설치등기

(1) 설립과 동시에 설치하는 경우

회사의 설립과 동시에 지점을 설치하는 경우에는 설립등기를 한 후 **2주 내**에 지점소재지에서 설립등기사항(**다른 지점의 소재지를 제외한다**)을 등기하여야 한다(상181조 1항). 본점의 설립등기를 하면서 지점설치등기도 행해졌으므로 지점소재지에서 지점등기를 하면 되기 때문이다. 사원의 출자의 목적, 재산출자 가격과 이행한 부분은 본점 설립등기의 경우와 달리 등기사항이 아니다(상181조 1항 본문). 회사를 대표할 사원을 정한 경우에는 그 외의 사원은 등기하지 아니한다(상181조 1항 단서).

(2) 설립 후 설치하는 경우

회사의 성립 후에 지점을 설치하는 경우에는 본점소재지에서는 2주 내에 그 지점소재지와 설치연월일을 등기하고, 그 지점소재지에서는 **3주 내**에 설립등기사항(다

른 지점의 소재지를 제외한다)을 등기하여야 한다(상181조 2항). 본점에서는 지점을 설치한다는 취지를 등기하고, 그 등본을 첨부하여 지점소재지에서 지점등기를 해야 하기 때문이다. 사원의 출자의 목적, 재산출자 가격과 이행한 부분은 본점 설립등기의 경우와 달리 등기사항이 아니다(상181조 2항 본문). 회사를 대표할 사원을 정한 경우에는 그 외의 사원은 등기하지 아니한다(상181조 2항 단서).

3. 본점 및 지점이전등기

(1) 본점이전등기

회사가 본점을 이전하는 경우에는 2주간 내에 구소재지에서는 신소재지와 이전 연월일을, 신소재지에서는 설립등기사항을 등기하여야 한다(상182조 1항). 신소재지에서는 새로이 등기용지를 개설해야 하므로 설립등기를 하는 것과 같다.

(2) 지점이전등기

회사가 지점을 이전하는 경우에는 2주간 내에 본점과 구지점소재지에서는 신지점소재지와 이전 연월일을 등기하고, 신지점소재지에서는 설립등기사항(다른 지점소재지를 제외한다)을 등기하여야 한다(상182조 2항). 본점이전의 경우와 취지가 같다. 사원의 출자의 목적, 재산출자 가격과 이행한 부분은 본점 이전등기의 경우와 달리 등기사항이 아니다(상182조 2항 본문). 회사를 대표할 사원을 정한 경우에는 그 외의 사원은 등기하지 아니한다(상182조 2항 단서).

4. 변경등기

설립등기사항에 변경이 있는 때에는 본점소재지에서는 2주간 내, 지점소재지에서는 3주간 내에 변경등기를 하여야 한다(상183조).

본점소재지와 지점소재지의 관할 등기소가 동일하지 아니한 때에는 그 등기도 각각 신청하여야 하는 것이므로, 그 등기 해태에 따른 과태료도 본점소재지와 지점소재지의 등기 해태에 따라 각각 부과된다(대법원 2009.4.23.자, 2009마120 결정).

5. 업무집행가처분등의 등기

사원의 업무집행을 정지하거나 직무대행자를 선임하는 가처분(假處分)을 하거나 그 가처분을 변경 · 취소하는 경우에는 본점 및 지점이 있는 곳의 등기소에서 이를 등기하여야 한다(상183조의2). 이 경우 직무대행자는 가처분명령에 다른 정함이 있는 경우와 법원의 허가를 얻은 경우 외에는 법인의 통상의 업무에 속하지 아니한 행위를 하지 못한다(상200조의2).

가처분이란 사원의 업무집행 권한의 유무에 대해 다툼이 있는 경우 판결로서 결론을 내리는 데에는 일정한 시간이 걸리므로 그 이전에 일단 업무집행을 못하게 하거나 다른 사람으로 하여금 업무집행을 대신 하도록 임시적으로 조치를 하는 것을 말한다(임시의 지위를 정하는 가처분).

Ⅳ. 회사설립의 무효와 취소

1. 회사설립의 무효와 취소의 의의

회사가 설립등기를 경료했다 하더라도 설립절차에 하자(흠)가 있다면 등기 후라도 하자를 다툴 수 있는 방법이 필요하다. 상법에서는 설립무효의 소와 설립취소의 소를 인정하고 있는데, 이는 합자회사와 유한회사의 경우에도 같다. 다만 주식회사의 경우에는 설립취소의 소가 인정되지 아니한다. 설립의 하자에 대한 다툼은 소로만 가능하다는 것은 모든 회사에 공통된 것이다.

참고) 무효와 취소의 비교

- 무효 : 흠이 큼. 무효의 주장과 관계없이 언제나 당연히 효력이 없음.
- 취소 : 흠이 적음. 취소 주장을 할 때까지는 유효로 인정. 취소를 주장하는 순간 유효가 무효로 바뀜. 취소권 행사없이 취소권을 행사할 수 있는 기간이 지나면 확정적으로 유효가 됨.

2. 무효 · 취소의 원인

정관흠결과 같은 객관적 하자는 설립무효의 원인이 된다. 사원 개인의 행위무능력, 착오, 사기 · 강박, 채권자사해(詐害) 행위와 같은 사원 개인의 개성과 관련된 주관적 하자의 경우에는 취소원인이 된다.

3. 제소권자

회사설립무효의 소는 사원이면 누구나 가능하다(상184조 1항). 이에 반해 회사설립취소의 소는 취소권자에 한한다(상184조 1항). 취소권자는 무능력자, 착오에 의한 의사표시를 한 자, 하자 있는 의사표시를 한 자와 그 대리인 또는 승계인이다(상184조 2항, 민140조).

채권자가 설립취소의 소를 제기하는 경우도 있다. **사원이 그 채권자를 해할 것을 알고 회사를 설립한 때에는 채권자는 그 사원과 회사에 대한 소로 회사의 설립취소를 청구할 수 있다**(상185조). 이 경우의 피고는 "그 사원과 회사", 즉 공동피고이다.

4. 제소기간

회사설립무효의 소는 회사성립의 날로부터 2년 내에 제소하여야 한다. 회사설립취소의 경우도 마찬가지이다(상184조 1항). 제소기간은 모든 회사에 동일하다.

5. 절차

(1) 전속관할

설립무효 또는 취소의 소는 본점소재지의 지방법원의 관할에 전속(專屬)한다(상186조). 예컨대 서울시 서초구에 본점이 있는 회사라면 서울중앙지방법원에만 소를 제기할 수 있다.

(2) 소제기의 공고

설립무효 또는 설립취소의 소가 제기된 때에는 회사는 지체없이 공고하여야 한다(상187조). 이해관계인이 많아 불특정다수인이 알 수 있도록 하기 위한 것이다.

(3) 법원의 필요적 병합

수 개의 설립무효 또는 취소의 소가 제기된 때에는 법원은 이를 병합심리하여야 한다(상188조). 병합심리란 동일한 재판부에서 공통성이 있는 여러 개의 사건을 함께 다루어 재판하는 것을 말한다.

6. 법원의 재량기각권

설립무효 또는 취소의 소가 그 심리 중에 원인이 된 하자(흠)가 보완되고 회사의 현황과 제반사정을 참작하여 설립을 무효 또는 취소하는 것이 부적당하다고 인정한 때에는 법원은 그 청구를 기각할 수 있다(상189조). 회사설립 절차에 흠이 있더라도 회사설립을 무효 또는 취소로 회사를 소멸시키는 것보다는 존속시키는 것이 더 타당한 경우에는 더 큰 이익을 위하여 원고의 주장이 타당하더라도 원고패소판결을 내릴 수 있다는 취지이다.

7. 판결의 효력

(1) 원고 승소의 경우

1) 대세적(對世的) 효력 및 불소급효

설립무효의 판결 또는 설립취소의 판결은 제3자에 대하여도 그 효력이 있다(대세적 효력). 그러나 판결확정 전에 생긴 회사와 사원 및 제3자 간의 권리의무에 영향을 미치지 아니한다(불소급효)(상190조). 판결확정 전 행위의 효력도 유효하다. 설립과 관계없는 제3자에게도 판결의 효력이 미치기 때문에 판결확정 전 행위의 효력도 무효로 한다면 제3자의 신뢰를 해치기 때문이다. 이는 상법상 회사에 관한 소(訴)에 공통된 것이다. 다만 주식회사의 경우 주주총회결의 하자의 소 전부와 자본금감소 무효의 소의 경우에는 예외적으로 소급효가 인정된다.

2) 설립무효, 취소의 등기

설립무효의 판결 또는 설립취소의 판결이 확정된 때에는 본점과 지점의 소재지에서 등기하여야 한다(상192조). 회사가 해산되었음을 공시할 필요가 있기 때문이다.

3) 설립무효, 취소판결의 효과 : 해산의 경우에 준(準)한 청산

설립무효의 판결 또는 설립취소의 판결이 확정된 때에는 해산의 경우에 준하여 청산하여야 하며(상193조 1항), 법원은 사원 기타의 이해관계인의 청구에 의하여 청산인을 선임할 수 있다(2항).

4) 설립무효, 취소와 회사계속

설립무효의 판결 또는 설립취소의 판결이 확정된 경우에 그 무효나 취소의 원인이 특정한 사원에 한한 것인 때에는 다른 사원 전원의 동의로써 회사를 계속할 수 있다(상194조 1항). 이때 그 무효 또는 취소의 원인이 있는 사원은 퇴사한 것으로 본다(상194조 2항).

(2) 원고패소의 경우

1) 효력

원고패소시에는 상법이 적용되는 것이 아니고 민사소송법의 일반원칙에 의한다. 즉 판결의 효력은 당사자 간에만 미친다. 따라서 다른 제소권자는 다시 소를 제기할 수 있다.

2) 악의·중과실이 있는 패소원고의 책임

설립무효의 소 또는 설립취소의 소를 제기한 자가 패소한 경우에 "악의 또는 중대한 과실"이 있는 때에는 회사에 대하여 연대하여 손해를 배상할 책임이 있다(상191조). 설립무효의 소 등으로 회사가 입은 손해에 대하여 중대한 과실이나 악의가 있는 패소원고는 배상할 책임이 있다는 취지이다.

제2절 회사의 내부관계

I. 총설

1. 회사의 내부관계의 의의

회사와 사원, 사원과 사원 간의 관계가 내부관계이다. 내부관계로서 문제되는 것은 사원의 출자, 지분, 업무집행, 경업금지 등이다.

2. 규정의 임의성

합명회사의 내부관계에 관하여는 정관 또는 상법에 다른 규정이 없으면 조합에 관한 민법의 규정을 준용한다(상195조). 예컨대 사원 간 손익분배의 비율을 정관에 정하지 아니한 때에 손익분배를 어떻게 결정할지에 대해서는 상법에 규정이 없으므로 민법규정을 준용한다. 민법 제711조 제1항은 "당사자가 손익분배의 비율을 정하지 아니한 때에는 각 조합원의 출자가액에 비례하여 이를 정한다"%고 정하고 있으므로 각 사원의 출가가액에 비례하여 손익분배비율을 정한다.

상법 제195조에 비추어볼 때 합명회사의 내부관계에 관한 상법규정은 원칙적으로 임의규정이고, 정관에서 상법 규정과 달리 정하는 것이 허용된다. 이와 같이 합명회사의 정관에서 내부관계에 관하여 상법과 달리 정한 경우 해당 정관규정이 관련 상법규정의 적용을 배제하는지는 해당 정관규정의 내용, 관련 상법규정의 목적, 합명회사의 특징 등 여러 사정을 종합적으로 고려하여 판단하여야 한다(대법원 2015.5.29. 선고 2014다51541 판결).

Ⅱ. 출자

1. 출자의 의의

사원이 회사에 대하여 사원의 자격에서 행하는 급여를 말한다. 출자의무는 사원자격에 따른 의무이기 때문에 사원의 출자의무 및 범위는 정관에 의하여 정해지며, 사원은 회사채권자에 대하여 직접 무한책임을 지므로 평가할 수 있는 것인 한 노무·신용에 의한 출자가 인정된다.

사원은 반드시 출자를 하여야 하므로(상179조4호, 195조) 정관의 규정으로도 출자의무를 지지 않는 사원은 인정할 수 없다.

2. 출자의 종류

금전 기타의 재산이나 노무(勞務), 신용도 가능하다(상195조).

노무를 출자한다는 것은 예컨대 특정한 기술을 가진 자가 이러한 기술을 회사를 위하여 제공하는 것을 말한다.

신용을 출자한다는 것은 예컨대 회사를 위하여 인적 또는 물적담보를 제공하는 경우 등을 말한다. 인적담보란 보증을 서는 것을 말한다. 물적담보란 자신 소유의 부동산에 저당권 등을 설정하는 것을 말한다.

회사의 재산으로만 채권자에게 책임을 지는 물적회사(주식·유한회사)의 경우에는 노무나 신용출자가 허용되지 아니한다. 유한책임회사도 노무나 신용출자가 허용되지 아니한다.

3. 출자의 이행시기

출자의무의 이행시기는 원칙으로 정관의 규정에 의할 것이지만 정관의 규정이 없으면 보통의 업무집행 방법에 의하여 자유롭게 정할 수 있다. 왜냐하면 합명회사의 사원은 회사채권자에 대하여 직접·무한책임을 지므로 회사의 설립시 또는 입사시에 즉시 출자의무를 이행할 필요성이 적기 때문이다.

다만 정해진 시기에 출자의무를 이행하지 않으면 민법상 채무불이행의 책임이 인정되고, 상법상 사원의 제명 또는 사원자격의 상실 등의 원인이 될 수 있다.

합명회사와는 달리 주식회사의 경우에는 회사설립시 또는 신주발행시에 출자의무의 이행시기(주금납입일)가 정해져 있다.

4. 출자의 방법

금전출자를 하는 때에는 금전의 납입, 노무를 출자하는 때에는 노무의 제공, 신용을 출자하는 때에는 신용의 제공 등에 의한다.

사원이 현물출자를 하는 경우 유상계약(대가가 있는 계약)에 해당하므로 그 물건의 하자에 대한 하자담보책임을 부담한다.

5. 채권출자시의 사원의 변제책임

채권을 출자의 목적으로 한 사원은 그 채권이 변제기에 변제되지 아니한 때에는 그 채권액을 변제할 책임을 진다. 이 경우에는 이자를 지급하는 것 외에 이로 인하여 생긴 손해를 배상하여야 한다(상196조). 출자목적이 된 채권이 변제기에 변제되지 아니하여 결국 출자의 이행이 없는 것으로 되었기 때문에 출자한 사원이 변제책임을 지면서 동시에 이자와 손해를 배상하도록 한 것이다.

Ⅲ. 지분

1. 지분의 의의

지분(持分)이란 크게 두 가지 의미로 쓰인다. 첫째는 사원으로서의 지위, 즉 사원권(社員權)을 말한다. 둘째는 사원이 그 자격에서 회사에 청구하거나 회사가 지급해야 할 계산상의 수액(數額)을 말한다.

첫째의 의미로 쓰이는 경우는 사원지분의 양도에 대하여 다른 사원의 동의를 요하는 경우이다. 둘째의 의미로 쓰이는 경우는 사원의 퇴사시의 지분의 환급(상222

조) 또는 손익의 분배(상223조)의 경우이다.

지분에 대하여는 채권자의 압류가 허용되며, 민법의 일반규정에 따라 권리질의 목적이 될 수 있다.

2. 지분의 양도 제한

사원은 다른 사원의 동의를 얻지 아니하면 그 지분의 전부 또는 일부를 타인에게 양도하지 못한다(상197조). 다른 사원의 동의가 없으면 지분 양도계약이 무효이다.

합명회사는 무한책임사원 간의 인적 신뢰관계를 중시하여 성립된 것이므로 지분의 양도에 대하여 엄격하게 제한을 가한다. 다만 정관으로 이러한 제한을 완화하여 예컨대 전원의 동의가 아닌 일부의 동의만으로 지분의 양도가 가능하도록 할 수는 있다(통설).

지분의 양도를 제3자에게 대항하려면 지분양도에 따른 변경등기를 요하며, 양도인은 이러한 등기 후 2년 내에는 등기 전에 생긴 회사채무에 대하여 다른 사원과 동일한 책임을 진다(상225조). 지분의 양수인은 입사 전의 회사채무에 대하여도 다른 사원과 동일한 책임을 진다(상213조).

Ⅳ. 사원의 경업금지

1. 경업금지의무의 의의

사원은 다른 사원의 동의가 없으면 자기 또는 제3자의 계산으로 회사의 영업부류에 속하는 거래를 하지 못하며(경업피지의무), 동종영업을 목적으로 하는 다른 회사의 무한책임사원 또는 이사가 되지 못한다(겸직금지의무)(상198조 1항).

다른 사원의 동의가 있으면 경업이 가능하다. 겸직금지의무에 있어 이종(異種)영업도 포함하는 상업사용인과 차이를 보인다.

2. 경업금지의무 위반의 효과

(1) 개입권

사원이 경업의 규정에 위반하여 거래를 한 경우에 그 거래가 자기의 계산으로 한 것인 때에는 회사는 이를 회사의 계산으로 인한 것으로 볼 수 있고 제3자의 계산으로 한 것인 때에는 그 사원에 대하여 회사는 이로 인한 이득의 양도를 청구할 수 있다(상198조 2항). 개입권은 다른 사원 과반수의 결의에 의하여 행사하여야 하며 다른 사원의 1인이 그 거래를 안 날로부터 2주간을 경과하거나 그 거래가 있은 날로부터 1년을 경과하면 소멸한다(상198조 4항). 상업사용인의 개입권의 내용과 같다.

(2) 사원의 손해배상책임

개입권을 행사하더라도 회사의 그 사원에 대한 손해배상의 청구에 영향을 미치지 아니한다(상198조 3항). 개입권도 행사하고 손해배상 청구도 할 수 있다는 의미이다. 역시 상업사용인의 그것과 같다.

V. 사원의 자기거래 제한

사원은 다른 사원 과반수의 결의가 있는 때에 한하여 자기 또는 제3자의 계산으로 회사와 거래를 할 수 있다(상199조 1문). 합명회사의 사원과 회사와의 거래, 즉 자기거래는 제한된다. **이 경우에는 민법 제124조의 규정을 적용하지 아니한다**(상199조 2문). 합명회사의 자기거래는 회사의 동의가 아니라 다른 사원 과반수의 결의가 있으면 허용된다는 점에서 본인의 동의를 요하는 민법 제124조의 자기계약·쌍방대리의 규정이 적용되지 아니한다는 취지이다.

합명회사의 청산인과 청산회사와의 거래(상265조), 합자회사의 무한책임사원과 회사와의 거래(상269조)에도 준용된다. 주식회사 및 유한회사의 경우 이사와 회사 간의 거래(상398조, 564조 3항), 유한책임회사의 업무집행자와 회사 간의 거래(상287조의11)도 민법 제124조 규정이 적용되지 않는다.

Ⅵ. 업무집행

1. 업무집행의 의의

회사의 목적인 사업을 달성하기 위하여 행하는 직접·간접행위를 말한다. 이러한 행위는 법률행위뿐만 아니라 사실행위를 포함한다. 사실행위란 외부에 표시하지 않은 내심적 의사로써 일정한 사실을 행하는 것을 말한다. 물건에 대한 사실상의 지배를 의미하는 점유가 대표적인 예이다.

업무집행이란 영업의 존재를 전제로 하는 것이므로 영업 자체를 목적으로 하는 정관변경·영업양도 등은 업무집행의 범위에서 제외된다. 회사대표는 업무집행의 대외적 측면으로 볼 수 있다.

2. 업무집행기관 및 집행방법

(1) 사원의 각자집행권과 이의권

각 사원은 정관에 다른 규정이 없는 때에는 회사의 업무를 집행할 권리와 의무가 있다(상200조 1항). 합명회사의 사원은 기관의 지위를 겸하는 자기기관성(自己機關性)을 갖는다. 이와 달리 주식회사 또는 유한회사의 경우에는 사원이 기관의 지위를 겸하지 않기 때문에(他人機關性) 사원과는 별도로 업무를 집행할 기관을 선임하여야 한다.

업무집행에 관하여 사원의 의사결정이 필요한 경우에는 민법의 조합규정을 준용하여 총사원의 과반수에 의한다(두수주의(頭數主義) 또는 1인 1의결권주의). 주식회사의 경우에는 사람의 수가 아닌 자본금의 비율인 1주당 하나의 의결권이 인정되어 합명·합자회사와 차이가 있다.

각 사원의 업무집행에 관한 행위에 대하여 다른 사원의 이의(異議)가 있는 때에는 곧 행위를 중지하고 총사원 과반수의 결의에 의하여야 한다(상200조 2항). 각 사원에 대해 업무집행권이 있으므로 이의를 제기한 사원의 의사도 반영하기 위해서이다. 이의를 무시한 행위가 있는 경우에도 대외적으로는 유효하고 대내적으로 손해배상책임만이 인정된다.

(2) 직무대행자의 권한

직무대행자는 가처분명령에 다른 정함이 있는 경우 외에는 법인의 통상업무에 속하지 아니한 행위를 하지 못한다. 다만, 법원의 허가를 얻은 경우에는 그러하지 아니하다(상200조의2 1항). 법원의 허가를 얻으면 통상적인 업무 이외의 행위도 할 수 있다. **직무대행자가 위 규정에 위반한 행위를 한 경우에도 회사는 선의의 제3자에 대하여 책임을 진다**(상200조의2 2항).

(3) 업무집행사원이 정해진 경우

정관으로 사원의 1인 또는 수인을 업무집행사원으로 정한 때에는 그 사원이 회사의 업무를 집행할 권리와 의무가 있다(상201조 1항). 업무집행사원이 정해진 경우 회사와의 관계는 위임이므로 업무집행사원은 선량한 관리자의 주의의무를 부담하며, 정당한 이유없이 사임할 수 없다. 업무집행사원이 수인이 있는 경우에 그 각 업무집행사원의 업무집행에 대하여 다른 업무집행사원의 이의가 있는 때에는 곧 그 행위를 중지하고 업무집행사원 과반수의 결의에 의하여야 한다(상201조 2항). 각 사원의 업무집행권과 이의권의 내용을 업무집행사원에게만 적용한다는 점에서만 차이가 있다.

업무집행권이 없는 사원에게는 회사의 업무와 재산상태를 감시할 수 있는 업무감시권이 인정된다. 업무집행권이 없더라도 그 사원은 회사의 채무에 대하여 무한책임을 부담하기 때문에 이러한 업무감시권은 정관의 규정에 의하더라도 박탈할 수 없다(통설).

(4) 공동업무집행사원의 경우

정관으로 수인의 사원을 공동업무집행사원으로 정한 때에 그 전원의 동의가 없으면 업무집행에 관한 행위를 하지 못한다. 그러나 지체할 염려가 있는 때에는 그러하지 아니하다(상202조). 지체할 염려가 있는 경우에는 공동업무집행의 정함이 있는 경우에도 각 업무집행사원은 단독으로 업무집행에 관한 행위를 할 수 있다(긴급업무집행권). 공동업무집행권은 마치 주식회사의 공동대표이사처럼 전원의 동의로 업무집행이 이루어지고 과반수 결의가 아니라는 점에 유의해야 한다.

3. 지배인 선임과 해임

지배인의 선임과 해임은 정관에 다른 정함이 없으면 업무집행사원이 있는 경우에도 총사원 과반수의 결의에 의하여야 한다(상203조). 지배인은 영업에 관한 포괄적인 대리권을 가진 자이므로 업무집행과 관련이 있다. 그러나 선임·해임은 총사원 과반수의 결의에 의하여 행한다. 업무집행사원의 과반수에 의한 것이 아님을 주의할 필요가 있다.

4. 정관변경시의 총사원 동의

정관을 변경함에는 총사원의 동의가 있어야 한다(상204조). 정관은 회사의 근본규칙이고 합명회사는 사원의 개성이 중요하므로 정관의 변경에 총사원의 동의가 필요하다. 사원의 개성이 중요하지 않은 주식·유한회사는 주주총회 또는 사원총회의 전원동의가 아닌 특별결의에 의한다.

5. 업무집행권한의 상실

(1) 현저한 부적임 또는 중대한 의무위반시의 권한상실선고

사원이 업무를 집행함에 현저하게 부적임하거나 중대한 의무에 위반한 행위가 있는 때에는 법원은 사원의 청구에 의하여 업무집행권한의 상실을 선고할 수 있다(상205조 1항). 이 청구는 문제가 된 업무집행사원을 제외한 나머지 사원 전원의 동의로 하여야 하는 필수적 공동소송이다.

그런데 상법상 합명회사의 사원 또는 업무집행사원의 업무집행권한을 상실시키는 방법으로는 상법 제205조 제1항에 따라 다른 사원의 청구에 의하여 법원의 선고로써 권한을 상실시키는 방법, 상법 제195조에 의하여 준용되는 민법 제708조에 따라 법원의 선고절차를 거치지 않고 총사원이 일치하여 업무집행사원을 해임함으로써 권한을 상실시키는 방법이 있다. 위 두 가지 방법은 요건과 절차가 서로 다르므로 상법 제205조 제1항이 민법 제708조의 준용을 배제하고 있다고 보기 어렵다. 판례는 甲 합명회사의 정관에서 "업무집행사원이 업무를 집행함에 현저하게 부적임하거나 중대한 업무에 위반한 행위가 있는 때에는 총사원의 결의로써 업무집행권한을 상실하게 할 수 있다"라고 규정한 사안에서, 정관에서 명시적으로 상법 제205조 제1항의 적용을 배제하고 있지 않는 한 업무집행권한 상실과 관련하여 상법이 부여한 사원의 권리를 제한할 합리적 근거를 찾을 수 없고, 법원의 선고절차 없는 업무집행권한 상실방법과 유사한 정관 규정이 신설되었다고 하여 법원의 선고에 의한 업무집행권한 상실방법을 배제한 것이라고 해석하기는 어려우므로, 상법 제205조 제1항은 위 정관 규정의 신설에도 불구하고 여전히 적용된다고 본 바 있다(대법원 2015.5.29. 선고 2014다51541 판결).

유일한 업무집행사원에 대하여 업무집행권상실선고가 가능한지 다투어진다. 판례는 합자회사에 대하여 무한책임사원이 1인인 경우 권한상실선고가 허용되지 않는다고 판결(대법원 1977.4.26. 선고 75다1341 판결)하고 있고, 학설은 다툼이 있다.

(2) 등기

업무집행권상실 판결이 확정된 때에는 본점과 지점의 소재지에서 등기하여야 한다(상205조 2항).

(3) 전속관할

업무집행권한상실선고의 소는 본점소재지의 지방법원에 전속한다(상206조, 186조).

제3절 회사의 외부관계

I. 회사의 외부관계의 의의

회사와 제3자와의 관계(회사대표), 사원과 제3자와의 관계(사원의 책임)를 외부관계라고 한다. 합명회사는 사원과는 별개의 법인격(권리능력)을 갖고는 있지만 실제 행위를 할 수는 없으므로 기관인 사원을 통하여 활동하게 된다. 즉 사원의 행위를 회사의 행위로 본다.

Ⅱ. 회사대표

1. 각자 대표권

정관으로 업무집행사원을 정하지 아니한 때에는 각 사원은 회사를 대표한다. 수인의 업무집행사원을 정한 경우에 각 업무집행사원은 회사를 대표한다. 그러나 정관 또는 총사원의 동의로 업무집행사원 중 특히 회사를 대표할 자를 정할 수 있다(상207조).

대표권을 갖는 자를 정한 경우에는 그 자가, 정하여지지 않은 경우에는 업무집행사원 각자가, 업무집행사원도 정하여지지 않은 경우에는 각 사원이 회사를 대표하는 것이다.

2. 공동대표의 특칙

(1) 능동대표시의 공동대표

회사는 정관 또는 총사원의 동의로 수인의 사원이 공동으로 회사를 대표할 것을 정할 수 있다(상208조 1항). 대표권의 남용을 방지하기 위한 제도이다. 공동지배인(상12조), 공동대표이사(상389조 2항)의 제도와 같은 취지이다. 공동대표는 동시에 대표행위를 할 필요는 없고 서로 다른 시기에 하여도 무방하다.

(2) 수동대표시의 각자대표

제3자의 회사에 대한 의사표시는 공동대표의 권한있는 사원 1인에 대하여 이를 함으로써 그 효력이 생긴다(상208조 2항). 공동대표는 능동대표의 경우에만 적용되는 것으로서 수동대표는 공동대표의 예외라고 이해하면 될 것이다.

3. 대표사원의 권한 및 그 제한

회사를 대표하는 사원은 회사의 영업에 관하여 재판상 또는 재판 외의 모든 행위를 할 권한이 있다(상209조 1항). 대표권에 대한 제한은 선의의 제3자에게 대항하지 못한다(209조 2항). 즉 대표기관은 영업에 관한 행위인 한 포괄적인 권한을 갖는다. 이러한 영업에 관한 행위는 법률행위뿐만 아니라 준법률행위(準法律行爲), 사실행위

등도 포함한다. 영업에 관한 행위인지의 여부는 객관적으로 판단하여야 하고 대표사원의 주관적 판단에 의하지 않는다. 영업에 관한 행위가 아닌 경우, 예컨대 정관의 변경, 사원의 입사 등과 같은 경우에는 대표권이 미치지 않는다.

대표권에 대한 제한은 대표사원과 공모한 제3자와 같은 악의의 제3자에 대하여는 대항할 수 있다. 판례는 중과실 있는 제3자에게도 대항할 수 있다고 본다(판례).

4. 대표사원의 손해배상책임과 회사의 연대책임

회사를 대표하는 사원이 그 업무집행으로 인하여 타인에게 손해를 가한 때에는 회사는 그 사원과 연대하여 배상할 책임이 있다(상210조). 즉 대표사원의 불법행위가 있는 경우 그 사원과 회사의 연대책임을 인정한다. 제3자를 보호하기 위한 것이다.

판례에서 변호사법 제58조 제1항에 의하여 법무법인에 준용되는 상법 제210조의 "업무집행으로 인하여"의 해석적용을 놓고 다투어진 사례가 있다. 대표변호사의 업무 그 자체에는 속하지 아니하나 그 행위의 외형으로부터 관찰하여 마치 대표변호사의 업무범위 안에 속하는 것으로 보이는 경우도 포함한다고 해석함이 상당하므로, 대표변호사의 행위가 외형상 법무법인 대표변호사의 업무집행이라고 인정할 수 있다면 설사 그것이 대표변호사의 개인적 이익을 도모하기 위한 것이거나 법령의 규정에 위배된 것이라고 하더라도 법무법인은 손해배상책임을 부담한다고 보았다. 다만, 대표변호사의 행위가 외형상 업무집행행위에 속한다고 인정되는 경우에도 그 행위가 그 업무 내지는 직무권한에 속하지 아니함을 상대방이 알았거나 중대한 과실로 알지 못한 때에는 손해배상책임을 부담하지 않는다고 판단하였다(대법원 2015.11.12. 선고 2013다44645 판결). 해당 사례는 甲법무법인의 대표변호사 乙이 소유권이전등기 말소소송의 피고로서 항소심의 소송대리를 위임한 丙에게 위 소유권이전등기에 따른 양도소득세 납부 자금의 압류가능성이 있으니 대신 보관하여 주겠다며 이를 건네받아 횡령한 사안이었다.

5. 회사와 사원 간 소에 관한 대표권

회사가 사원에 대하여 또는 사원이 회사에 대하여 소를 제기하는 경우에 회사를 대표할 사원이 없을 때에는 다른 사원 과반수의 결의로 선정하여야 한다(상211조). 1인뿐인 대표사원이 소송당사자인 경우와 같이 회사를 대표할 사원이 없는 경우에는 다른 사원 과반수의 결의로 회사를 대표할 자를 정해야 한다는 취지로서, 다른 측면에서 보면 대표사원이 회사와 소송을 하는 경우에는 명문으로 그의 대표권 제한을 인정하는 경우라고 하겠다. 주식회사의 경우에는 회사와 이사의 소에 대해서는 감사 또는 감사위원회가 대표한다.

6. 대표권한의 상실선고 및 관할

회사의 대표사원이 업무를 집행함에 현저하게 부적임하거나 중대한 의무에 위반한 행위가 있는 때에는 법원은 사원의 청구에 의하여 업무집행권한의 상실을 선고할 수 있고(상216조, 205조 1항), 이 판결이 확정된 때에는 본점과 지점의 소재지에서 등기하여야 한다(상216조, 205조 2항). 이 소는 본점소재지의 지방법원에 전속한다(상216조, 206조, 186조). 합명회사에서는 업무집행사원은 각자 당연히 대표권한을 가지는 것이 원칙이므로 결국 업무집행권한의 권한상실선고와 대표권한의 상실선고는 원칙적으로 내용이 같다고 할 수 있다.

Ⅲ. 사원의 책임

1. 책임의 내용

사원이 책임을 지는 것은 "회사의 채무"에 대한 것이다.

회사의 채무는 거래행위에 의하여 발생한 것 이외에도 불법행위나 부당이득에 의하여 생긴 채무도 포함한다. 또한 공법상의 채무(예컨대 조세)이든 사법상의 채무이든 무관하다. 회사가 사원에 대하여 부담하는 채무에 관하여도 다른 사원에게 변제책임이 인정된다(다수설).

▌ 각종 회사 사원의 책임

	회사에 대한 책임	회사채권자에 대한 책임
합명회사	• 출자의무(신용노무 ○) • 경업금지 ○, 자기거래제한 ○	• 회사채무 사원 간 직접 · 연대책임(보증연대) • 회사책임에 이은 2차적 책임(보충책임)
합자회사 (유한사원만)	• 출자의무(신용 · 노무 ×) • 경업금지 ×, 자기거래제한 ○	출자의무를 한도로 직접책임
유한책임회사	• 출자의무(신용 · 노무 ×) • 경업금지 ○, 자기거래제한 ○	책임 없음
주식회사	• 출자의무(신용노무 ×, 주식의 인도가액을 한도) • 경업금지 ×, 자기거래제한 ×	책임 없음(간접책임으로 표현)
유한회사	• 출자의무(신용 · 노무×, 예외적 자본금의 전보책임) • 경업금지 ×, 자기거래제한 ×	책임 없음(간접책임으로 표현)
기타특징	• 인적회사는 퇴사 · 제명 인정, 두수주의, 원칙적 양도 제한 • 물적회사는 퇴사 · 제명 ×, 1주1의결권주의, 양도자유(주식회사)와 제한(유한, 유한책임회사)	• 인적회사는 임의청산도 허용 • 물적회사는 법정청산만 허용

2. 사원의 직접 · 보충책임

회사재산으로 회사의 채무를 완제(完濟)할 수 없는 때(=채무초과시)에는 각 사원은 연대하여 변제할 책임이 있다(상212조 1항). 채무초과란 대차대조표(재무상태표)상의 부채의 합계액이 자산의 합계액을 초과하는 경우로서 존립 중 주식회사의 경우는 파산원인이 되지만 합명회사에서는 사원이 직접 · 연대 · 무한책임을 지므로 파산원인이 되지 않고 사원의 책임문제로 해결한다.

사원은 회사의 채무에 대해 채권자에게 직접 책임을 지지만 회사와 연대하여 책임을 지는 것은 아니고 회사재산으로 변제가 되지 않는 경우에만, 즉 회사에 이은 2차적 · 보충적으로 책임을 진다. 합명회사에는 복수의 사원이 존재하므로 복수의 사원 간에는 연대하여 책임을 진다. 결국 사원의 책임을 마치 보증연대의 경우와 같이 볼 수 있다. 주식 · 유한회사의 경우에는 사원이 이러한 보충적인 책임도 질 필요가 없다.

회사재산에 대한 강제집행이 주효하지 못한 때에도 각 사원은 연대하여 변제할 책임이 있다(상212조 2항). 주효(奏效)하지 못한 때란 채권자가 강제집행을 해도 자신의 채권의 만족을 얻지 못하는 경우를 말하는 것이고 반드시 회사가 채무를 완제할 수 없는 때를 말하는 것은 아니다. 회사 채권자가 위 상법 제21조 제1항에서 규정한 "회사의 재산으로 회사의 채무를 완제할 수 없는 때"를 증명하는 것이 현실적으로 용이하지 않다는 점을 고려하여, 회사 재산에 대한 강제집행이 주효하지 못한 때에 해당한다는 객관적 사실을 증명하는 것만으로도 각 사원에게 직접 변제책임을 물을 수 있도록 함으로써 회사 채권자를 보다 폭넓게 보호하려는 데 그 취지가 있다(대법원 2011.3.24. 선고 2010다99453 판결).

또한 사원책임의 이행을 구하는 채권자 자신의 강제집행이 주효하지 못한 경우뿐만 아니라 제3자의 강제집행이 주효하지 못한 경우를 포함한다.

회사재산에 대한 강제집행 불주효의 규정은 사원이 회사에 변제의 자력이 있으며 집행이 용이한 것을 증명한 때에는 그 책임의 이행을 거절할 수 있다(상212조 3항). 회사의 채무초과나 회사재산에 대한 강제집행의 불주효는 사원의 책임의 이행을 구하는 채권자가 이를 입증해야 하므로(통설), 그 책임을 면하려는 사원은 회사에 변제의 자력이 있으며 집행이 용이하다는 것을 증명하여 책임을 면할 수 있다는 취지이다.

3. 입사 전 채무에 대한 신입사원의 책임

회사성립 후에 가입한 사원은 그 가입 전에 생긴 회사채무에 대하여 다른 사원과 동일한 책임을 진다(상213조). 제3자와의 관계상 사원의 책임은 모두 동일하여야 하기 때문이다.

4. 사원책임의 부종성(附從性) : 사원의 항변권, 변제거절권

회사의 책임이 소멸하면 사원의 책임이 소멸한다는 취지에서 사원의 책임은 회사의 책임에 의존하는데, 이와 같은 의존관계를 부종성이라 한다. 부종성의 내용으로 사원의 항변권과 상계, 취소 또는 해제주장을 통한 변제거절권을 인정하고 있다.

사원이 회사채무에 관하여 변제의 청구를 받은 때에는 회사가 주장할 수 있는 항변으로 그 채권자에게 대항할 수 있다(상214조 1항). 항변이란 청구를 거절할 수 있는 사유를 말한다. 예컨대 소멸시효가 완성되어 채권이 소멸했다고 주장하여 상대방의 청구를 거절하는 경우이다.

그런데 사원은 회사의 채무에 대해 2차적으로 책임을 지므로 사원에게 먼저 청구가 되는 경우 사원은 회사가 주장할 수 있는 항변을 주장할 수 있다. **회사가 그 채권자에 대하여 상계, 취소 또는 해제할 권리가 있는 경우에는 사원은 회사채무에 관한 변제의 청구에 대하여 변제를 거부할 수 있다**(상214조 2항). 사원은 법률관계의 당사자가 아니더라도 회사가 채권자에게 상계나 취소, 해제할 권리가 있는 경우에는 채권자의 청구에 대하여 이를 이유로 변제를 거절할 수 있다는 취지이다.

5. 자칭사원의 책임

사원이 아닌 자가 타인에게 자기를 사원이라고 오인(誤認)시키는 행위를 하였을 때에는 오인으로 인하여 회사와 거래한 자에 대하여 사원과 동일한 책임을 진다(상215조). 표현책임(외관책임)을 인정한 것이다.

6. 책임의 소멸시기

사원의 직접·보충책임은 본점소재지에서 **해산등기를 한 후 5년**을 경과하면 소멸하지만(상267조 1항), 해산등기를 한 후 5년을 경과한 후에도 분배하지 아니한 잔여재산이 있는 때에는 회사채권자는 이에 대하여 변제를 청구할 수 있다(상267조 2항). 해산등기 후 5년을 경과하였다면 이미 청산까지 종료되었을 것이므로 사원의 책임이 소멸하였다고 해야 하지만, 잔여재산이 있다면 아직 청산이 종료되지 않은 것이므로 회사채권자는 사원에 회사채무의 이행청구를 할 수 있다는 취지로 해석된다. 이러한 취지로 보면 5년의 기간은 소멸시효기간이 아닌 제척기간이다.

제4절 사원의 퇴사

Ⅰ. 사원 퇴사의 의의

회사의 존속 중에 특정 사원의 사원자격이 절대적으로 상실되는 것을 말한다. 회사의 존속 중 사원자격이 상실되므로 회사의 소멸에 의해 사원자격이 절대적으로 상실되는 경우와 구별된다. 회사의 존속 중 사원자격이 상대적으로 소멸하는 지분의 전부양도와도 다르다. 상대적 소멸의 경우에는 양도인은 사원자격을 상실하지만 양수인에게 사원인 자격은 존속하게 된다.

사원의 퇴사는 출자를 환급받는 의미가 있다. 퇴사제도는 인적회사에만 인정되고 회사재산만이 회사채권자를 위한 유일한 담보가 되는 물적회사에서는 인정되지 아니한다.

Ⅱ. 퇴사원인

1. 사원의 퇴사권

(1) 6월 전 예고 후 연도말 퇴사원칙

정관으로 회사의 존립기간을 정하지 아니하거나 어느 사원의 종신까지 존속할 것을 정한 때에는 사원은 영업연도말에 한하여 퇴사할 수 있다. 그러나 6월 전에 이를 예고하여야 한다(상217조 1항). 임의퇴사에 의하여 사원이 1인으로 되는 경우에도 퇴사가 인정된다(통설). 다만 퇴사로 인하여 사원이 1인이 되므로 해산원인이 된다.

(2) 부득이한 사유시 언제나

사원이 부득이한 사유가 있을 때에는 언제든지 퇴사할 수 있다(상217조 2항). 사원의 일방적 의사표시에 의하여 퇴사할 수 있는 권리가 퇴사권인데, 그 권리행사를 위해서는 6월 전에 예고하고 영업연도 말에 퇴사함이 원칙이지만 부득이한 사유가 있으면 영업연도 말이 아니더라도 퇴사할 수 있다는 취지이다.

2. 법정 퇴사원인

사원은 ① 정관에 정한 사유의 발생, ② 총사원의 동의(퇴사신청을 한 사원을 제외한 나머지 사원의 동의), ③ 사망, ④ 성년후견개시(업무집행권과 대표권을 단독으로 행사할 수 없기 때문이다), ⑤ 파산(사원의 파산이 퇴사원인이 되는 것은 해산 전에 한하고, 회사의 해산 후에는 회사도 이미정산절차에 들어가 사원에게는 회사청산과 관련된 권리의무만이 문제되므로 사원의 파산은 퇴사사유가 아니다), ⑥ 제명 등의 사유로 인하여 퇴사한다(상218조).

사원이 사망하는 경우 원칙적으로는 지분의 상속이 인정되지 않고 퇴사사유로 되어 있음을 유의할 필요가 있다. 합명회사사원은 업무집행권과 대표권이 있는 등 사원의 개성이 중요시되기 때문이다.

다만 상속인이 권리의무를 승계하여 사원이 되는 예외적인 경우가 있다. 정관으로 사원이 사망한 경우에 그 상속인이 회사에 대한 피상속인의 권리의무를 승계하여 사원이 될 수 있음을 정한 때에는 상속인은 상속의 개시를 안 날로부터 3월 내에 회사에 대하여 승계 또는 포기의 통지를 발송하여야 한다(상219조 1항). 상속인이 승계 또는 포기의 통지 없이 3월을 경과한 때에는 사원이 될 권리를 포기한 것으로 본다(상219조 2항). 사원이 사망하는 경우 정관으로 상속이 허용되는 것으로 정할 수도 있는데, 상속인은 사원지위의 승계 여부를, 상속개시가 아닌 상속개시를 안 날로부터 3월내에 회사에 통지할 필요가 있고 만약 통지가 없으면 일반원칙에 따라 사원지위의 승계를 포기한 것으로 보겠다는 취지이다.

3. 제명(除名)의 선고

사원에게 ① 출자의 의무를 이행하지 아니한 때, ② 경업피지의무(상198조 1항)에 위반한 행위가 있는 때, ③ 회사의 업무집행 또는 대표에 관하여 부정한 행위가 있는 때, 권한 없이 업무를 집행하거나 회사를 대표한 때, ④ 기타 중요한 사유가 있는 때에는 회사는 다른 사원 과반수의 결의에 의하여 그 사원의 제명의 선고를 법원에 청구할 수 있다(상220조 1항).

결의를 하는 경우에는 각 제명자별로 결의를 하여야 하며, 피제명자 전원에 대한 일괄제명결의는 인정되지 않는다(판례). 또 2인의 사원 중 다른 사원을 제명함으로써 사원이 1인이 되는 경우와 같이 제명의 결과 회사의 해산원인이 되는 경우 제명이 가능한지 다툼이 있다. 이 경우에는 누구도 과반수 결의를 얻을 수 없으므로 다른 1인의 제명은 불가능하다고 해야 한다(판례). 다른 사원 과반수의 결의에 의하여 제명되는 것이 아니라 제명의 선고를 법원에 청구한다는 점은 주의를 요한다.

사원 제명을 구하는 소는 본점소재지의 지방법원의 관할에 전속하며, 제명의 판결이 확정된 때에는 본점과 지점의 소재지에서 등기하여야 한다(상220조 2항, 205조 2항). 제명청구의 소는 사원자격을 박탈하는 것이므로 형성의 소에 속하며, 사원이 등기사항이므로 그 자격박탈도 역시 등기사항이다.

4. 지분압류채권자에 의한 퇴사청구

사원의 지분을 압류한 채권자는 **영업연도 말**에 그 사원을 퇴사시킬 수 있다. 그러나 회사와 그 사원에 대하여 **6월 전**에 그 예고를 하여야 한다(상224조 1항). 위 **예고는 사원이 변제를 하거나 상당한 담보를 제공한 때에는 그 효력을 잃는다**(상224조 2항).

사원의 채권자는 그 채무의 변제를 위해 지분을 압류할 수 있고, 6월 전에 예고하면 영업연도 말에 채권자를 퇴사시킬 수 있다. 사원이 퇴사하면 지분의 환급을 받으므로 사원의 지급환급청구권에 대한 압류 및 전부명령을 통해 채권의 만족을 얻을 수 있기 때문이다.

담보를 제공한 때에는 채권자의 퇴사예고는 효력을 잃는데, 여기의 담보란 물적담보와 인적담보를 포괄하며 채무인수를 승낙한 것도 포함된다(대법원 1989.5.23. 선고 88다카13516 판결). 지분압류채권자의 퇴사권은 채권자를 보호하기 위한 제도이므로 정관의 규정에 의하더라도 박탈할 수 없다.

5. 회사계속의 부동의

회사의 해산 후 회사의 계속에 동의하지 않은 사원은 퇴사한 것으로 본다(상229조 1항 단서).

6. 설립의 무효 · 취소의 원인이 있는 사원

설립의 무효 또는 취소의 판결이 확정된 경우에 그 무효 또는 취소의 원인이 있는 사원은 퇴사한 것으로 본다(상194조 1항).

Ⅲ. 퇴사의 효과

1. 지분환급청구권

(1) 노무 또는 신용출자 사원의 지분환급청구권

퇴사한 사원은 노무 또는 신용으로 출자의 목적으로 한 경우에도 그 지분의 환급을 받을 수 있다. 그러나 정관에 다른 규정이 있는 때에는 그러하지 아니하다(상222조). 퇴사를 하는 경우 퇴사원과 회사 사이의 재산관계를 정리할 필요가 있는데, 지분의 계산은 회사의 내부관계에 관한 것이므로 정관으로 자유로이 정할 수 있으나, 정관에 특별한 규정이 없는 경우에는 상법 규정과 민법의 조합 규정에 의해 처리하여 신용이나 노무를 출자한 경우에도 지분계산을 한다는 취지이다.

지분의 환급은 모두 금전으로 한다(상195조, 민719조). 퇴사원의 지분환급청구권은 이미 사원의 지위를 상실한 자의 채권이므로 다른 사원은 직접 · 연대 · 무한의 책임을 진다.

(2) 제명사원에 대한 지분계산

제명된 사원과 회사와의 계산은 제명의 소를 제기한 때의 회사재산의 상태에 따라서 하며 그때부터 법정이자를 붙여야 한다(상221조). 퇴사원의 지분을 계산하는 경우 원칙적으로 퇴사 당시의 회사의 재산상태에 의할 것이지만, 제명의 경우에는 퇴사 당시가 아닌 제명의 소를 제기한 때의 회사재산의 상태에 의한다.

법정이자와 관련해서 상행위로 인한 채무의 법정이율은 연 6분으로 한다(상54조). 민법상의 채무는 법정이율이 연 5분이다(민379조).

(3) 지분압류시의 배당 및 지분환급청구권에 대한 효력

사원의 지분의 압류는 사원이 장래이익의 배당과 지분의 환급을 청구하는 권리에 대

하여도 그 효력이 있다(상223조). 사원의 채권자가 강제집행으로 사원의 지분을 압류할 수 있으나 그 환가 및 전부(轉付, 원래의 채무 대신에 채무자가 제3자에 대하여 가지는 채권을 압류하여 채권자에게 이전하는 것)에는 다른 사원 전원의 동의가 필요하다. 사원의 지분양도에는 다른 사원 전원의 동의가 필요하기 때문인데, 그 결과 사원의 지분에 대한 압류채권자의 강제집행이 실효적일 수 없다. 이러한 이유로 압류채권자를 보호하기 위해 본조는 지분을 압류한 경우 사원이 장래이익의 배당과 지분의 환급을 청구하는 권리에 당연히 미치도록 함으로써 그 청구권의 행사시기에 채권자로 하여금 추심명령이나 전부명령을 얻어 채권을 행사할 수 있도록 하고 있다.

2. 퇴사사원의 상호변경청구권

퇴사한 사원의 성명이 회사의 상호 중에 사용된 경우에는 그 사원은 회사에 대하여 그 사용의 폐지를 청구할 수 있다(상226조). 퇴사원의 성명이 회사의 상호 중에 계속 사용되는 경우 퇴사원이 자칭사원의 책임을 질 염려가 있기 때문에 퇴사원에게 상호변경청구가 인정되는 것이다.

3. 퇴사사원의 책임 : 퇴사등기 후 2년 내 다른 사원과 동일책임

퇴사한 사원은 본점소재지에서 퇴사등기를 하기 전에 생긴 회사채무에 대하여는 등기 후 2년 내에는 다른 사원과 동일한 책임이 있다(상225조 1항). 지분을 양도한 사원도 동일한 책임을 진다(상225조 2항). 합명회사의 사원은 회사채권자에 대하여 직접·무한책임을 지는데, 사원의 퇴사 또는 지분양도의 경우에는 채권자보호절차가 인정되지 않기 때문에 회사채권자를 보호하기 위하여 인정되는 것이다.

제5절 회사의 해산

Ⅰ. 회사 해산의 의의

해산이란 회사의 법인격을 소멸시킬 목적으로 영업능력을 상실시키는 것으로서, 이에 의하여 회사의 권리능력은 청산의 목적범위 내로 제한된다. 해산에 의하여 바로 회사의 법인격이 소멸되지 않고 청산회사로서 존속하며 해산 전의 회사와 동일한 회사이므로 종전의 법률관계는 해산에 의해 변경되지 않는다.

Ⅱ. 해산원인

1. 법정 해산원인

① **존립기간의 만료 기타 정관으로 정한 사유의 발생**, ② **총사원의 동의**, ③ **사원이 1인으로 된 때**, ④ **합병**, ⑤ **파산**, ⑥ **법원의 명령(해산명령) 또는 판결(해산판결)** 등의 사유로 인하여 해산한다(상227조).

합병과 파산의 경우를 제외하고는 해산에 의해 청산절차에 들어간다. 파산은 파산재단에 속하는 재산의 신속한 환가 및 배당을 목적으로 하고 있는 제도로 청산형 도산절차를 말한다. 「채무자 회생 및 파산에 관한 법률」(약칭으로 채무자회생법)에서 상세한 내용을 다루고 있다. 2005년 3월 31일 종전 회사정리법 · 화의법 · 파산법 및 개인채무자회생법이 위 채무자회생법 1개의 법률도 통합되었다.

합명회사의 사원은 회사채권자에 대하여 직접 · 무한책임을 지기 때문에 합명회사 존립 중의 채무초과는 파산원인이 되지 않지만, 청산 중의 합명회사의 경우에는 채무초과도 파산원인이 될 수 있다.

2. 사원에 의한 해산판결청구 : 부득이한 사유

부득이한 사유가 있는 때에는 각 사원은 회사의 해산을 법원에 청구할 수 있다(상241조 1항). 해산판결을 청구할 수밖에 없는 부득이한 사유란 결국 퇴사, 제명, 지분의 양도 또는 총사원 동의에 의한 해산 등 상법상 규정된 사원 간의 인적결합 해소 방법을 기대하기 어려운 때라고 할 수 있다.

회사의 설립무효 또는 취소의 소에서의 전속관할(상186조), 소제기의 공고(상187조), 소의 병합심리(상188조), 법원의 재량기각(상189조), 판결의 대세효와 불소급효(상190조) 및 패소원고의 책임(상191조)은 사원의 청구에 의한 법원의 해산판결의 경우에 준용된다(상241조 2항).

Ⅲ. 해산등기

회사가 해산된 때에는 합병과 파산의 경우 외에는 그 해산사유가 있은 날로부터 본점소재지에서는 2주간 내, 지점소재지에서는 3주간 내에 해산등기를 하여야 한다(상228조). 합병의 경우에는 소멸회사의 해산등기(상233조), 파산의 경우에는 파산등기(채무자회생법23조)가 별도로 규정되어 있다.

Ⅳ. 회사의 계속

1 회사계속의 의의

회사의 계속이란 기업의 유지를 위하여 해산 후 청산이 종료되기 전의 회사를 해산 전의 회사로 복귀시키는 것을 말한다. 법원의 해산명령 또는 해산판결에 의하여 회사가 강제적으로 해산된 때에는 회사의 계속은 인정되지 않는다.

2. 회사계속의 방법

(1) 사원의 동의

합명회사가 회사의 존립기간 만료 기타 정관사유에서 정하고 있는 해산사유의 발생(상227조 1호) 또는 총사원의 동의에 의하여 해산한 경우(2호)에는 사원의 전부 또는 일부의 동의로 회사를 계속할 수 있다. 그러나 동의를 하지 아니한 사원은 퇴사한 것으로 본다(상229조 1항).

설립무효 또는 설립취소의 판결이 확정된 경우에 그 무효나 취소의 원인이 특정한 사원에 한한 것인 때에는 다른 사원 전원의 동의로써 회사를 계속할 수 있다. 이 경우에 그 무효 또는 취소의 원인이 있는 사원은 퇴사한 것으로 본다(상194조 1항, 2항).

(2) 사원의 가입

사원이 1인이 되어 회사가 해산한 경우(상227조 3호)는 새로 사원을 가입시켜서 회사를 계속할 수 있다(상229조 2항). 신입사원은 그 가입 전에 생긴 회사채무에 대하여 다른 사원과 동일한 책임을 진다(상229조 4항, 213조). 새로 가입된 사원을 유한책임사원으로 하는 때에는 합자회사로 조직변경을 하여 회사를 계속할 수 있다(상242조 2항).

3. 회사계속의 효과

회사의 계속이전에 청산인이 한 행위는 유효하다. 해산이 없었던 것과 같은 소급효가 생기는 것은 아니다. 그러나 잔여재산을 이미 분배한 때에는 그 반환을 청구하여야 한다. 회사의 계속은 회사를 존립 중의 상태로 복귀시키는 것이기 때문이다.

4. 계속등기

회사가 이미 해산등기를 하였을 때에는 본점소재지에서는 2주간 내, 지점소재지에서는 3주간 내에 회사의 계속등기를 하여야 한다(상229조 3항).

V. 해산원인으로서의 합병

1. 합병결의

회사가 합병을 함에는 총사원의 동의가 있어야 한다(상230조). 합명회사도 합병을 할 수 있으며 이는 회사의 구조적 변경을 초래하므로 사원의 중대한 이해가 걸린 문제로서 사원의 합병 결의를 요한다. 합명회사나 합자회사와 같은 인적회사는 총사원의 동의를 요한다.

2. 채권자의 이의(異議)

(1) 회사의 공고의무

회사는 **합병의 결의가 있은 날부터 2주 내**에 회사채권자에 대하여 합병에 이의가 있으면 일정한 기간 내에 이를 제출할 것을 **공고**하고 **알고 있는 채권자에 대하여 따로따로 이를 최고**하여야 한다. 이 경우 그 기간은 1월 이상이어야 한다(상232조 1항). 합병을 통하여 합병 전의 신용이 그대로 유지된다고 할 수 없어 합병은 채권자에게 중대한 이해관계가 있고 따라서 존속회사는 물론 소멸회사에서도 채권자의 의사를 묻는 절차를 반드시 밟도록 되어 있다. 본조는 그 절차를 규정한 것이다. **채권자가 위 기간 내에 이의를 제출하지 아니한 때에는 합병을 승인한 것으로 본다**(상232조 2항).

(2) 이의가 있는 경우의 회사의 조치

이의를 제출한 채권자가 있는 때에는 회사는 그 채권자에 대하여 **변제** 또는 **상당한 담보를 제공**하거나 이를 목적으로 하여 **상당한 재산을 신탁회사에 신탁**하여야 한다(상232조 3항). 이의의 제출이 있는 때에 변제기가 도래한 채권에 대하여는 당연히 변제하여야 한다. 그러나 변제기가 도래하지 않은 채권자에 대하여는 상당한 담보를 제공하거나 상당한 재산을 신탁하는 것으로 족하다. 다만 후자의 경우 회사가 기한의 이익을 포기하여 변제하여도 무방하다(민법153조 2항).

3. 합병의 등기

회사가 합병을 한 때에는 본점소재지에서는 2주간 내, 지점소재지에서는 3주간 내에 합병 후 존속하는 회사의 변경등기, 합병으로 인하여 소멸하는 회사의 해산등기, 합병으로 인하여 설립되는 회사의 설립등기를 하여야 한다(상233조). 이 등기는 동시에 신청한다.

4. 합병의 효력발생시기

회사의 합병은 합병 후 존속하는 회사 또는 합병으로 인하여 설립되는 회사가 그 본점소재지에서 위 변경등기 또는 설립등기를 함으로써 그 효력이 생긴다(상234조). 합병등기를 해야만 합병의 효력이 발생하므로 합병등기는 창설적 효력을 갖는다.

5. 합병의 효과

합병 후 존속한 회사 또는 합병으로 인하여 설립된 회사는 합병으로 인하여 소멸된 회사의 권리의무를 승계한다(상235조). 합병으로 인하여 회사는 해산하지만 청산절차는 밟지 않고 법인격을 소멸시키는 것으로 되어 있으므로 존속 또는 설립된 회사는 소멸된 회사의 모든 권리의무를 포괄적으로 승계한다. 포괄승계이므로 개개의 재산에 대한 이전행위나 별도의 채무인수 등은 필요하지 않다. 승계되는 재산의 범위에 공법상의 권리의무도 포함됨은 당연하다.

6. 합병무효의 소

(1) 제소권자 및 방법, 기간

회사의 합병의 무효는 각 회사의 사원, 청산인, 파산관재인 또는 합병을 승인하지 아니한 회사채권자에 한하여 소만으로 이를 주장할 수 있고(상236조 1항), 이는 합병의 등기가 있은 날로부터 6월 내에 제기하여야 한다(상236조 2항).

합병무효의 원인은 예컨대 물적회사와의 합병인데 존속회사는 물적회사가 아닌 경우, 채권자보호절차를 위반한 경우, 합병비율이 불공정한 경우 등이 있다. 이해관계인 모두의 권리의무를 획일적으로 확정하기 위해 소에 의해서만 주장할 수 있다.

(2) 채권자가 제소권자인 경우의 특례

채권자의 악의를 입증한 회사의 담보제공명령 청구의 규정은 회사채권자가 합병무효의 소를 제기한 때에 준용한다(상237조).

(3) 소제기가 있는 경우의 처리절차 특례

상법 제186조(전속관할), 제187조(소제기의 공고), 제188조(소의 병합심리), 제189조(법원의 재량기각), 제190조(판결의 대세효, 불소급효) 및 제191조(패소원고의 책임)의 규정은 합병무효의 소에 준용한다(상240조).

(4) 합병무효의 등기방법

합병무효의 판결이 확정되면 합병 전의 상태로 원상회복을 해야 한다. 따라서 **합병을 무효로 한 판결이 확정된 때에는 본점과 지점의 소재지에서 합병 후 존속한 회사의 변경등기, 합병으로 인하여 소멸된 회사의 회복등기, 합병으로 인하여 설립된 회사의 해산등기를 하여야 한다**(상238조).

(5) 합병무효 판결확정에 따른 회사의 권리의무귀속

1) 합병 후 회사의 채무에 대한 연대책임

합병을 무효로 한 판결이 확정된 때에는 합병을 한 회사는 합병 후 존속한 회사 또는 합병으로 인하여 설립된 회사의 합병 후 부담한 채무에 대하여 연대하여 변제할 책임이 있다(상239조 1항). 하나의 회사로서 채무를 부담하였으나 합병의 무효로 인하여 소멸회사가 부활하여 결국 복수의 채무자가 되므로 이는 연대채무가 된다는 취지이다.

2) 합병 후 취득한 재산의 공유간주

합병 후 존속한 회사 또는 합병으로 인하여 설립한 회사의 합병 후 취득한 재산은 합병을 한 회사의 공유로 한다(상239조 2항). 하나의 회사로서 권리를 취득하였으나 합병의 무효로 인하여 소멸회사가 부활하여 결국 복수의 권리자가 되므로 이는 공유자가 된다는 취지이다.

3) 협의 불성립시의 법원에 의한 지분결정

합병무효로 인하여 합병당사회사가 연대채무 또는 공유자로 되는 경우에 그 부담부분이나 지분은 협의에 의해 정해야 할 것이다. 그러나 각 회사의 협의로 그 부담부분 또는 지분을 정하지 못한 때에는 법원은 그 청구에 의하여 합병당시의 각 회사의 재산상태 기타의 사정을 참작하여 이를 정한다(상239조 3항).

Ⅵ. 조직변경

1. 조직변경의 의의

조직변경이란 회사가 그 법인격의 동일성을 유지하면서 다른 종류의 회사로 그 법률상의 조직을 변경하는 것을 말한다. 법인격의 동일성을 유지해야 하므로 성질이 비슷한 회사 간, 즉 인적·물적회사 상호 간에만 인정된다. 합자회사가 그 목적, 주소, 대표자 등이 동일한 주식회사를 설립한 다음 위 합자회사를 흡수합병하는 형식을 밟아 사실상 합자회사를 주식회사로 변경하는 효과를 꾀하였다 하더라도 이를 법률상의 회사조직변경으로 볼 수는 없다(대법원 1985.11.12. 선고 85누69 판결).

여기에서는 합명회사가 합자회사로, 합자회사가 합명회사로 조직변경된 경우를 함께 다룬다.

2. 조직변경 방법

(1) 합명회사 → 합자회사 : 사원의 책임변경 또는 유한책임사원의 가입

합명회사는 총사원의 동의로 일부사원을 유한책임사원으로 하거나 유한책임사원을 새로 가입시켜서 합자회사로 변경할 수 있다(상242조 1항).

(2) 합명회사 → 합자회사 : 사원이 1인인 경우 유한책임사원의 가입

사원이 1인이 되어 합명회사가 해산한 경우 새로 가입된 사원을 유한책임사원으로 하는 때에는 합자회사로 조직변경을 하여 회사를 계속할 수 있다(상242조 2항).

(3) 합자회사 → 합명회사 : 총사원의 동의 또는 유한책임사원전원의 퇴사

합자회사는 **사원전원의 동의**로 그 조직을 합명회사로 변경하여 계속할 수 있다(상286조 1항). **유한책임사원전원이 퇴사**한 경우에도 무한책임사원은 그 전원의 동의로 합명회사로 변경하여 계속할 수 있다(상286조 2항).

3. 조직변경의 등기방법

합명회사를 합자회사로 변경한 때에는 본점소재지에서는 2주간 내, 지점소재지에서는 3주간 내에 합명회사에 있어서는 해산등기, 합자회사에 있어서는 설립등기를 하여야 한다(상243조). 설립등기를 한다는 것은 합명회사와 합자회사의 등기용지가 서로 다르므로 등기용지를 새로 개설해야 한다는 취지로 이해하면 될 것이다.

합자회사를 합명회사로 변경한 때에는 본점소재지에서는 2주간 내, 지점소재지에서는 3주간 내에 합자회사에 있어서는 해산등기를, 합명회사에 있어서는 설립등기를 하여야 한다(상286조 3항). 현재의 다수설은 조직변경의 효력은 등기한 때에 발생한다고 해석한다.

4. 책임이 변경된 자의 책임

합명회사가 합자회사로 조직변경된 경우 유한책임사원이 된 합명회사사원은 본점소재지에서 조직변경등기를 하기 전에 생긴 회사채무에 대하여는 등기 후 2년 내에는 무한책임사원의 책임을 면하지 못한다(상244조). 지분을 양도한 사원이 2년 내 무한책임사원으로서 책임을 부담하는 것과 동일한데 종전의 채권자를 보호하기 위함이다.

합자회사가 합명회사로 조직변경된 경우 합명회사의 사원(무한책임사원)이 된 합자회사의 유한책임사원은 조직변경 전에 생긴 회사채무에 대하여 다른 사원(무한책임사원)과 동일한 책임을 진다(상282조, 213조). 조직변경에 의하여 유한책임사원이 무한책임사원으로 된 이상 책임의 범위가 동일해야 하기 때문이다.

5. 회사의 종류별 조직변경의 비교

'법인격의 동일성'을 유지해야 하므로 성질이 비슷한 회사 간, 즉 인적·물적회사

상호 간에만 인정된다. 특히 물적회사는 채권자보호절차가 필요하다.

① 합명회사 : 총사원의 동의가 필요하다.

② 합자회사 : 유한·무한책임사원 전원의 동의가 필요하다.

③ 주식회사 : 총주주의 일치를 요한다. 유한회사의 사원의 책임이 더 무겁기 때문이다. 사채상환이 완료되지 않은 주식회사는 조직변경이 인정되지 않는다.

④ 유한회사 : 총사원의 일치에 의하는데 설립절차를 잠탈할 가능성이 있으므로 언제나 법원의 인가를 요한다.

⑤ 유한책임회사 : 총사원의 동의가 필요하다. 주식회사와 조직변경이 허용된다.

제6절 청산

I. 청산의 의의

1. 청산 중 회사의 권리능력

청산이란 회사가 해산 후 그 재산의 권리의무를 정리함으로써 궁극적으로 법인격을 소멸시키는 것을 말한다. **회사는 해산된 후에도 청산의 목적범위 내에서 존속하는 것으로 본다**(상245조).

회사가 해산하더라도 바로 법인격이 소멸하는 것은 아니고 회사의 존립 중에 발생한 일체의 법률관계를 종국적으로 처리할 필요가 있고 이러한 절차가 종결되어야 법인격이 소멸하게 된다. 다만 합병이나 파산의 경우에는 이러한 청산절차가 필요하지 않다.

2. 임의청산의 허용과 원칙

합명회사와 같은 인적회사는 사원의 개인재산도 책임재산이 될 수 있으므로 정관 또는 총사원의 동의에 의하여 그 청산방법을 정하는 임의청산을 원칙으로 한다. 다만 이 경우 채권자를 보호하기 위하여 채권자의 이의 또는 채권자의 취소권과 같은 채권자보호절차가 인정되어야 한다.

3. 청산 중 공동상속이 개시되는 경우

회사의 해산 후 사원이 사망한 경우에 그 상속인이 수인인 때에는 청산에 관한 사원의 권리를 행사할 자 1인을 정하여야 한다. 이를 정하지 아니한 때에는 회사의 통지 또는 최고는 그 중의 1인에 대하여 하면 전원에 대하여 그 효력이 있다(상246조). 회사의 해산 후, 즉 청산회사의 사원이 사망한 경우에는 그것이 퇴사원인이 되는 것이 아니고 상속이 허용된다는 점을 유의할 필요가 있다.

Ⅱ. 임의청산

1. 임의청산의 의의

해산된 회사의 재산처분방법은 정관 또는 총사원의 동의로 이를 정할 수 있다(상247조 1항 전문). 청산이란 결국 회사재산의 처분방법을 정하는 것인데, 합명회사의 사원은 2차적으로 개인재산으로도 책임을 부담하므로 정관이나 총사원의 동의로 재산의 처분방법을 정할 수 있다. 즉 임의청산을 원칙으로 한다. 다만 사원이 1인으로 되거나 또는 해산명령과 해산판결의 경우에는 공정한 청산을 기대하기 어려워 임의청산이 인정되지 않는 것으로 되어 있다. 결국 존립기간의 만료 기타 정관에 정한 사유의 발생이 있어 해산한 경우 또는 총사원의 동의에 의하여 해산한 경우에만 임의청산이 인정된다.

임의청산의 방법은 회사채권자의 이해에 중대한 영향을 미치므로 상법은 채권자보호절차를 규정하고 있다.

2. 채권자보호절차

(1) 재산목록 및 대차대조표의 작성의무

임의청산을 하려면 해산사유가 있는 날로부터 2주간 내에 재산목록과 대차대조표를 작성하여야 한다(상247조 1항 후문). 회사채권자를 보호하기 위함이다.

(2) 회사채권자에 대한 공고 및 최고

합병을 하는 경우의 채권자에 대한 공고 및 최고절차를 준용한다(상247조 3항). 즉 해산사유가 있는 날로부터 2주간 내에 회사채권자에 대하여 그 재산의 처분방법에 이의가 있으면 1월 이상의 일정한 기간 내에 제출할 것을 공고하고, 알고 있는 채권자에 대하여는 각별로 이를 최고하여야 한다(상247조 3항, 232조 1항). 채권자가 위의 기간 내에 의의를 제출하지 아니한 때에는 회사재산의 처분방법을 승인한 것으로 본다(상247조 3항, 232조 2항). 이의를 제출한 채권자가 있는 때에는 회사는 그 채권자에 대하여 변제를 하거나 상당한 담보를 제공하거나 또는 이를 목적으로 하여 상당한 재산을 신탁하여야 한다(상247조 3항, 232조 3항).

(3) 채권자의 이의

합병에 관한 채권자의 이의에 관한 규정(상232조)을 준용한다.

(4) 채권자취소권

회사가 회사의 공고의무와 공고기간 내 채권자 이의의 규정에 위반하여 그 재산을 처분함으로써 회사채권자를 해한 때에는 회사채권자는 그 처분의 취소를 법원에 청구할 수 있다(상248조 1항). 그러나 그 처분행위로 인하여 이익을 받은 자나 전득(轉得)한 자가 그 행위 또는 전득 당시 채권자를 해함을 알지 못한 경우에는 청구할 수 없다(상248조 2항, 민406조 1항 단서). 취소의 소는 채권자가 취소원인을 안 날로부터 1년, 법률행위가 있은 날로부터 5년 내에 제기하여야 한다(상248조 2항, 민법 406조 2항). 위 소로 인한 취소와 원상회복은 모든 채권자의 이익을 위하여 효력이 있다(상248조 2항, 민407조). 위 소는 본점소재지의 지방법원에 제기하여야 한다(상248조 2항, 186조).

(5) 지분압류채권자의 보호

임의청산을 하는 경우 사원의 지분을 압류한 자가 있는 때에는 그 동의를 얻어야 한다(상247조 4항). 지분압류채권자의 이익을 보호하기 위한 것이다.

회사가 지분압류채권자의 동의를 얻지 못하였으나 재산을 처분하였을 때에는 사원의 지분을 압류한 자는 회사에 대하여 그 지분에 상당하는 금액의 지급을 청구할 수 있다. 이 경우에는 위 임의청산과 민법상 채권자취소권 규정을 준용한다(상249조).

3. 임의청산이 인정되지 않는 경우

사원이 1인으로 된 때(상227조 3호) 또는 법원의 명령 또는 판결(6호)의 사유로 인하여 해산한 경우에는 임의청산이 인정되지 아니한다(상247조 2항). 위의 경우에는 사원의 무한책임만으로도 채권변제가 될 수 없어 채권자를 해할 위험이 있기 때문이다.

4. 청산종결등기

임의청산이 종결된 경우 회사는 그 재산의 처분을 완료한 날부터 본점소재지에서는 2주간 내에, 지점소재지에서는 3주간 내에 청산종결의 등기를 하여야 한다(상247조 5항).

Ⅲ. 법정청산

1. 법정청산의 의의 및 사유

법정청산이란 법에서 규정한 절차에 의하여 법원의 감독을 받아 청산을 행하는 것을 말한다. **임의청산(상247조 1항)에 의하지 아니한 때에는 합병과 파산의 경우를 제외하고 상법 제251조 내지 제265조의 규정(법정청산)에 따라서 청산을 하여야 한다**(상250조). 이러한 회사의 청산사무는 청산인에 의해 행해진다.

2. 청산인의 선임

(1) 선임방법

1) 사원에 의한 선임

회사가 해산된 때에는 총사원 과반수의 결의로 청산인을 선임한다(상251조 1항). 청산인은 청산회사의 사무를 집행하고 그것을 대표하는 대표기관인데, 그 선임은 총사원 과반수의 결의에 의함이 원칙이다.

2) 법률의 규정에 의한 선임(법정선임)

청산인의 선임이 없는 때에는 업무집행사원이 청산인이 된다(상251조 2항). 총사원 과반수의 결의에 의한 청산인의 선임이 없는 경우에는 업무집행사원이 당연히 청산인이 된다.

3) 법원에 의한 선임

회사가 사원이 1인으로 된 때(상227조 3호) 또는 법원의 명령 또는 판결(6호)의 사유로 인하여 해산된 때에는 법원은 사원 기타의 이해관계인이나 검사의 청구에 의하여 또는 직권으로 청산인을 선임한다(상252조). 사원이 1인으로 된 때에는 총사원 과반수의 결의에 의한 선임이 불가능하고 또 해산명령이나 해산판결에 의해 해산한 때에는 업무집행사원을 법정청산인으로 인정하기에 곤란하여 결국 법원에서 선임하는 것인데, 이 경우 이해관계인에는 채권자도 포함된다.

(2) 청산인선임의 등기

청산인이 선임된 때에는 그 선임된 날로부터 업무집행사원이 청산인이 된 때에는 해산된 날로부터 본점소재지에서는 2주간 내, 지점소재지에서는 3주간 내에 ① 청산인의 성명・주민등록번호 및 주소. 대표청산인을 정한 때에는 그 외의 청산인의 주소를 제외한다. ② 회사를 대표할 청산인을 정한 때에는 그 성명, ③ 수인의 청산인이 공동으로 회사를 대표할 것을 정한 때에는 그 규정을 등기하여야 한다(상253조 1항). 등기사항에 변경이 있으면 위 기간 내에 변경등기를 하여야 한다(상253조 2항).

3. 청산인의 직무권한

(1) 일반적 권한

청산인은 ① **현존사무의 종결**, ② **채권의 추심과 채무의 변제**, ③ **재산의 환가처분**, ④ **잔여재산의 분배** 등을 기본적인 직무로 한다(상254조 1항). 청산인이 수인인 때에는 청산의 직무에 관한 행위는 그 **과반수의 결의**로 정한다(상254조 2항). 회사를 대표할 청산인은 위 기본적인 직무에 관하여 **재판상 또는 재판 외의 모든 행위**를 할 권한이 있다(상254조 3항). 청산 중 회사의 재산이 그 채무를 완제하기에 부족한 것이 분명하게 된 때에는 청산인은 지체없이 파산선고를 신청하고 이를 공고하여야 한다(상254조 4항, 민법93조).

(2) 준용규정

상법 제199조(사원의 자기거래), 제207조(회사대표권), 제208조(공동대표), 제209조 제2항(대표사원권 제한의 효력), 제210조(손해배상책임), 제382조 제2항(회사와 이사의 위임관계)과 제399조(회사에 대한 책임), 제401조(제3자에 대한 책임)의 규정은 청산인에 준용한다(상265조). 청산회사는 영업을 하지 않으므로 청산인은 경업피지의무를 부담하지 않는다.

(3) 청산인의 회사대표

업무집행사원이 청산인으로 된 경우에는 종전의 정함에 따라 회사를 대표한다(상255조 1항). 법원이 수인의 청산인을 선임하는 경우에는 회사를 대표할 자를 정하거나 수인이 공동하여 회사를 대표할 것을 정할 수 있다(2항).

(4) 채권의 추심 및 채무변제

1) 채무완제 불능시의 사원에 대한 출자비율에 따른 출자청구

회사의 현존재산이 그 채무를 변제함에 부족한 때에는 청산인은 변제기에 불구하고 각 사원에 대하여 출자를 청구할 수 있다(상258조 1항). 어차피 사원의 2차적 책임에 따라 사원의 개인재산으로 변제할 것이기 때문에 변제기에 불구하고 출자를 청구할 수 있도록 한 것이다. **그 출자액은 각 사원의 출자의 비율로 이를 정한다**(상258조 2항).

2) 채무변제방법

청산인은 변제기에 이르지 아니한 회사채무에 대하여도 이를 변제할 수 있다(상259조 1항). 원래 변제기에 변제를 해야 하는 것이지만 청산을 신속하게 종결시키기 위해서 인정되는 것이다. **이 경우 이자없는 채권에 관하여는 변제기에 이르기까지의 법정이자를 가산하여 그 채권액에 달할 금액을 변제하여야 한다**(상259조 2항). 즉 변제기까지의 법정이율에 해당하는 금액을 공제한 금액을 변제하라는 취지이다. 이자있는 채권으로서 그 이율이 법정이율에 달하지 못하는 것에도 그러하다(3항). 변제기 전에 회사채무를 변제하는 경우에는 조건부채권, 존속기간이 불확정한 채권 기타 가액이 불확정한 채권에 대하여는 법원이 선임한 감정인의 평가에 의하여 변제하여야 한다(4항).

(5) 영업의 양도와 그 제한

청산인이 회사의 영업의 전부 또는 일부를 양도함에는 총사원 과반수의 결의가 있어야 한다(상257조). 환가방법으로서 영업양도가 인정된다는 점, 총사원 과반수의 결의가 요구된다는 점을 유의할 필요가 있다.

(6) 잔여재산분배

청산인은 회사의 채무를 완제한 후가 아니면 회사재산을 사원에게 분배하지 못한다. 그러나 다툼이 있는 채무에 대하여는 그 변제에 필요한 재산을 보류하고 잔여재산을 분배할 수 있다(상260조). 채무의 완제가 이루어진 후 사원에게 재산분배를 한다는 원칙을 규정한 것이며, 잔여재산을 분배하는 경우에도 정관에 다른 규정이 없는 한 각 사원의 출자가액에 비례하여 행하여야 한다. 다툼이 있는 채무는 변제할 수 없으므로 결국 잔여재산분재절차가 진행될 수 없으므로 신속한 청산을 위해 그 변제에 필요한 재산을 보류하고 잔여재산분배를 할 수 있도록 허용하는 것이다.

4. 청산인의 의무와 책임

(1) 재산목록교부 및 청산상황보고의무

청산인은 취임한 후 지체없이 회사의 재산상태를 조사하고 재산목록과 대차대조표를 작성하여 각 사원에게 교부하여야 한다(상256조 1항). 청산인은 사원의 청구가 있는 때에는 언제든지 청산의 상황을 보고하여야 한다(2항).

(2) 이사의 직무집행관련 책임의 준용

상법 제199조(사원의 자기거래), 제207조(회사대표권), 제208조(공동대표), 제209조 제2항(대표사원권 제한의 효력), 제210조(손해배상책임), 제382조 제2항(회사와 이사의 위임관계)과 제399조(회사에 대한 책임), 제401조(제3자에 대한 책임)의 규정은 청산인에 준용한다(상265조).

5. 청산인의 해임

(1) 사원이 선임한 경우의 사원결의에 의한 해임

사원이 선임한 청산인은 총사원 과반수의 결의로 해임할 수 있다(상261조). 총사원 과반수의 결의로 해임할 수 있는 청산인은 사원이 선임한 청산인에 한하고, 법원이 선임한 청산인은 해임할 수 없다.

(2) 법원에 의한 해임

청산인이 그 직무를 집행함에 현저하게 부적임하거나 중대한 임무에 위반한 행위가 있는 때에는 법원은 사원 기타의 이해관계인의 청구에 의하여 청산인을 해임할 수 있다(상262조). 법원이 해임할 수 있는 청산인은 법원이 선임한 청산인, 사원이 선임한 청산인을 모두 포함한다.

6. 청산인의 임무종료시의 절차

(1) 계산서의 작성과 승인

청산인은 그 임무가 종료한 때에는 지체 없이 계산서를 작성하여 각 사원에게 교부하고 그 승인을 얻어야 한다(상263조 1항). 사원도 청산의 방법에 따라 추가로 출자를 하거나 잔여재산의 분배를 받는 등 이해관계가 있기 때문이다. 계산서를 받은 사원이 1월 내에 이의를 하지 아니한 때에는 그 계산을 승인한 것으로 본다. 그러나 청산인에게 부정행위가 있는 경우에는 그러하지 아니하다(2항).

(2) 청산종결의 등기

청산이 종결된 때에는 청산인은 총사원의 승인이 있은 날로부터 본점소재지에서는 2주간 내, 지점소재지에서는 3주간 내에 청산종결의 등기를 하여야 한다(상264조).

(3) 장부, 서류의 보존

임의청산을 하는 경우 회사의 장부와 영업 및 청산에 관한 중요서류는 본점소재지에서 청산종결의 등기를 한 후 **10년간** 이를 보존하여야 한다. 다만, 전표 또는 이와 유사한 서류는 **5년간** 이를 보존하여야 한다(상266조 1항). 이때에는 총사원 과반수의 결의로 보존인과 보존방법을 정하여야 한다(2항).

7. 청산과 사원책임의 소멸시기

회사의 재산으로 회사의 채무를 완제할 수 없는 경우 또는 회사재산에 대한 강제집행이 주효하지 못한 경우 **사원의 책임은 본점소재지에서 해산등기를 한 후 5년을 경과하면 소멸한다**(상267조 1항). 5년의 기간은 제척기간이다. 위 기간경과 후에도 분배하지 아니한 잔여재산이 있는 때에는 회사채권자는 이에 대하여 변제를 청구할 수 있다(상267조 2항).

Chapter 3

합자회사

Chapter

03 합자회사

Ⅰ. 합자회사의 의의

합자회사란 **무한책임사원과 유한책임사원으로 조직**된 회사(상268조)를 말한다. 합자회사는 합명회사와 함께 인적회사에 속한다. 합자회사의 경우 주로 운수업종 등 일부 업종에서 제한적으로 이용되고 있다.

합자회사에는 무한책임사원 관련 규정은 합명회사에 관한 규정을 준용하고(상269조), 합자회사에 관한 상법상 규정에서는 유한책임사원과 관련된 사항만을 규정하고 있다.

Ⅱ. 합자회사의 설립

1. 정관의 절대적 기재사항

합자회사의 정관에는 합명회사 정관의 절대적 기재사항 외에 각 사원의 무한책임 또는 유한책임인 것을 기재하여야 한다(상270조). 즉 합자회사의 정관에는 ① 목적, ② 상호, ③ 사원의 성명 · 주민등록번호 및 주소, ④ 사원의 출자의 목적과 가격 또는 그 평가의 표준, ⑤ 본점의 소재지, ⑥ 정관의 작성년월일, ⑦ 각 사원의 책임이 무한책임인지 아니면 유한책임인지를 기재하고 총사원이 기명날인 또는 서명해야 한다(상269조, 179조).

이때 회사의 목적이란 회사의 존재이유 또는 수행하려는 사업에 관한 것을 말한다. 상호는 회사의 이름을 말하는데, 합자회사의 상호는 자유롭게 정할 수 있는 것이 원칙이나 합자회사의 상호에는 반드시 '합자회사'라는 문자를 사용해야 한다(상18조, 19조). 합자회사의 정관도 합명회사와 마찬가지로 공증인의 인증이 필요 없다.

2. 설립등기사항

합자회사의 설립등기에 있어서는 합명회사의 설립등기사항 외에 각 사원의 무한책임 또는 유한책임인 것을 등기하여야 한다(상271조 1항).

합자회사가 지점을 설치하거나 이전할 때에는 지점소재지 또는 신지점소재지에서 합명회사의 경우 설립등기사항에 해당하는 것(사원의 출자의 목적, 재산출자에는 그 가격과 이행한 부분은 제외)을 등기하여야 한다. 다만, 무한책임사원만을 등기하되 회사를 대표할 사원을 정한 경우에는 다른 사원은 등기하지 아니한다(상271조 2항).

Ⅲ. 합자회사의 내부관계

1. 출자

(1) 무한책임사원

합명회사의 무한책임사원의 출자에 관한 규정(상269조)을 준용하므로 신용이나 노무를 출자의 목적으로 할 수 있다.

(2) 유한책임사원

유한책임사원은 금전 기타의 재산만을 출자할 수 있고, 신용 또는 노무를 출자의 목적으로 하지 못한다(상272조).

2. 유한책임사원의 지분양도

유한책임사원은 무한책임사원 전원의 동의가 있으면 그 지분의 전부 또는 일부를 타인에게 양도할 수 있다. 지분의 양도에 따라 정관을 변경하여야 할 경우에도 같다(상276조). 그러나 무한책임사원이 지분을 양도하는 경우에는 유한책임사원을 포함한 모든 사원의 동의가 필요하다(판례). 합자회사의 무한책임사원이 채권담보를 위하여 동 회사에 대하여 가진 지분을 양도한 경우에 위 지분양수인은 대외적으로 그 지분권자임을 주장할 수 있는 지위에 있다(대법원 1968.10.29. 선고 68다1088 판결).

기존의 사원으로부터 지분을 양수하는 방법은 합자회사 설립 후 제3자가 합자회사의 사원으로 되는 방법 중 하나라 할 수 있다. 입사에 의하여 원시적으로 사원 자격을 취득하는 방법도 합자회사 설립 후 제3자가 합자회사의 사원으로 되는 방법이 될 수 있는데, 이는 입사하려는 자와 회사 사이의 입사계약으로 이루어지는 데 반해, 지분양수에 의한 취득방법은 입사하려는 자와 기존사원 개인 사이의 지분매매계약으로 이루어진다.

합자회사의 정관상 사원이 그 지분권을 다른 사원에게 양도함에는 총사원의 동의가 있어야 하도록 되어 있는 경우 지분권에 대한 명의신탁의 해지시 총사원의 동의를 요한다(대법원 1989.11.28. 선고 88다카33626 판결).

3. 사원의 경업금지와 자기거래

(1) 무한책임사원

합명회사의 무한책임사원의 경업금지에 관한 규정을 준용하므로 경업금지의무를 부담한다.

(2) 유한책임사원의 경업의 자유

유한책임사원은 다른 사원의 동의 없이 자기 또는 제3자의 계산으로 회사의 영업부류에 속하는 거래를 할 수 있고 동종영업을 목적으로 하는 다른 회사의 무한책임사원 또는 이사가 될 수 있다(상275조). 유한책임사원은 업무집행권이 없으므로 경업의 자유가 인정된다. 그러나 유한책임사원이 다른 사원의 동의 없이 자기거래를 할 수 있는지 여부에 대해서는 다툼이 있다. 자기거래에 관한 별도의 규정이 없기 때문이다.

4. 업무집행방법

(1) 무한책임사원의 경우 : 각자 집행권과 지배인 선임 및 해임권

무한책임사원은 정관에 다른 규정이 없는 때에는 각자가 회사의 업무를 집행할 권리와 의무가 있다(상273조). 그러나 정관으로 특정한 무한책임사원을 업무집행사원으로 정할 수 있다. 지배인의 선임과 해임은 업무집행사원이 있는 경우에도 무한책임사원 과반수의 결의에 의하여야 한다(상274조).

정관의 규정으로 유한책임사원에게 업무집행권을 인정할 수 있는지 여부에 대해서는 다툼이 있다. 업무집행은 내부관계에 불과하므로 정관 또는 총사원의 동의로 유한책임사원에게도 업무집행에 대한 권리뿐 아니라 의무까지 부담하도록 할 수 있으며 유한책임사원을 지배인이나 부분적 포괄대리인으로 선임할 수 있다는 것이 다수설이다.

(2) 유한책임사원의 경우 : 감시권 등

유한책임사원은 영업연도 말에 있어서 영업시간 내에 한하여 회사의 회계장부・대차대조표 기타의 서류를 열람할 수 있고 회사의 업무와 재산상태를 검사할 수 있다(상277조 1항). 중요한 사유가 있는 때에는 유한책임사원은 언제든지 법원의 허가를 얻어 그 열람과 검사를 할 수 있다(상277조 2항).

합자회사의 무한책임사원뿐만 아니라 유한책임사원도 각자 업무집행사원에 대한 권한상실선고를 청구할 수 있다(상269조, 205조 1항; 대법원 2012.12.13. 선고 2010다82189 판결).

(3) 양자의 비교

업무집행권(다른 견해 있음), 대리인 선임 및 해임권 등은 무한책임사원에게만 인정된다. 다만 이에 대응하여 유한책임사원에 대하여는 영업연도 말의 영업시간 내에 한하여 업무 및 재산상태에 관한 감시권이 인정되고 있다.

Ⅳ. 합자회사의 외부관계

1. 무한책임사원의 회사대표 원칙

유한책임사원은 회사의 업무집행이나 대표행위를 하지 못한다(상278조). 이 규정은 강행규정이다(판례). 인적회사의 내부관계와 외부관계를 구별할 수 있다는 다수설의 견해에 의하면 정관의 규정으로 유한책임사원에게 업무집행권을 부여할 수는 있으나 대표권은 부여할 수 없다. 이에 반해 업무집행권과 대표권 모두 인정할 수 없다는 소수설이 있다.

회사를 대표하는 사원은 회사의 영업에 관하여 재판상 또는 재판 외의 모든 행위를 할 권한이 있다. 정관으로 수인의 사원이 공동으로 회사를 대표할 것을 정하고도 이를 등기하지 아니한 경우 공동대표사원 중 1인이 단독으로 회사를 대표하여 행위하였더라도 그 대표행위가 정관에 위배된다는 점을 들어 위 대표행위의 유효를 주장하는 선의의 제3자에게 대항하지 못한다(상269조, 180조 5호, 209조, 37조; 대법원 2014.5.29. 선고 2013다212295 판결).

2. 사원의 책임

(1) 무한책임사원의 책임

합명회사의 사원과 동일하게 회사의 채권자에 대하여 직접 · 연대 · 무한책임을 진다.

합자회사의 무한책임사원이 한 대물변제계약 등의 법률행위가 사해행위에 해당하는지 여부를 판단함에 있어 무한책임사원 고유의 채무총액과 합자회사의 부채총액을 합한 액이 무한책임사원 고유의 재산총액을 초과하는 경우에는 그 법률행위는 특별한 사정이 없는 한 사해행위에 해당한다고 볼 수 있지만, 합자회사의 무한책임사원의 책임이 보충성을 갖고 있는 점 등에 비추어 그 법률행위 당시 합자회사가 그 재산으로 채무를 완제할 수 있었다는 점(상212조 1항)이 주장 · 입증된 경우에는 합자회사의 채무를 고려함이 없이 무한책임사원 고유의 채무총액과 그 고유의 재산총액을 비교하여 그 법률행위가 사해행위에 해당하는지 여부를 판단함이 상당하다.

"회사의 재산으로 회사의 채무를 완제할 수 없는 때"(상269조, 212조 1항)라 함은 회사의 부채총액이 회사의 자산총액을 초과하는 상태, 즉 채무초과 상태를 의미한다. 이는 회사가 실제 부담하는 채무의 총액과 실제 가치로 평가한 자산의 총액을 기준으로 판단하여야 한다(대법원 2012.4.12. 선고 2010다27847 판결). 대차대조표 등 재무제표에 기재된 명목상의 부채 및 자산의 총액을 기준으로 판단할 것은 아니다. 더 나아가 회사의 신용 · 노력 · 기능(기술) · 장래의 수입 등은 원칙적으로 회사의 자산총액을 산정함에 있어 고려할 대상이 아니다.

(2) 유한책임사원의 책임

1) 출자액을 한도로 한 회사채무변제책임

유한책임사원은 그 출자가액에서 이미 이행한 부분을 공제한 가액을 한도로 하여 회사채무를 변제할 책임이 있다(상279조 1항). 유한책임사원은 그 출자액을 한도로 하여 책임을 지므로 이미 이행한 부분을 공제한 가액의 범위 내에서만 책임을 지게 된다. 회사채권자에게 이행청구에 응한 경우 그 이행한 부분만큼 회사에 대한 출자의무가 감소된다. 회사에 이익이 없음에도 불구하고 배당을 받은 금액은 변제책임을 정함에 있어서 이를 가산한다(상279조 2항). 왜냐하면 이익이 없는 배당은 곧 출자액의 환급이기 때문이다.

2) 출자감소와 채권자보호

유한책임사원은 그 출자를 감소한 후에도 본점소재지에서 등기를 하기 전에 생긴 회사채무에 대하여는 등기 후 2년 내에는 종전의 책임을 면하지 못한다(상280조). 회사채권자를 보호하기 위함이다.

(3) 자칭무한책임사원의 책임

유한책임사원이 타인에게 자기를 무한책임사원이라고 오인시키는 행위를 한 때에는 오인으로 인하여 회사와 거래를 한 자에 대하여 무한책임사원과 동일한 책임이 있다(상281조 1항). 유한책임사원이 그 책임의 한도를 오인시키는 행위를 한 경우에 마찬가지의 책임을 진다(상281조 2항). 이는 외관법리의 규정에 따른 책임을 인정하는 것이다.

(4) 책임을 변경한 사원의 책임

1) 유한책임에서 무한책임으로 변경한 경우

무한책임사원으로 변경된 유한책임사원이라도 가입 전에 생긴 회사채무에 대하여 다른 무한책임사원과 동일한 책임을 진다(상282조, 213조). 실질적으로 무한책임사원으로의 입사로서 제3자의 관점에서는 동일한 무한책임사원이므로 책임의 범위가 동일해야 하기 때문이다.

2) 무한책임에서 유한책임으로 변경한 경우

유한책임사원으로 변경된 무한책임사원은 본점소재지에서 변경등기를 하기 전에 생긴 회사채무에 대하여는 등기 후 2년 내에는 다른 무한사원과 동일한 책임이 있다(상282조, 225조). 실질적으로는 무한책임사원의 퇴사와 같기 때문이다.

3) 합자회사사원의 책임변경에 총사원의 동의가 필요한지 여부

상법 제270조는 합자회사 정관에는 각 사원이 무한책임사원인지 또는 유한책임사원인지를 기재하도록 규정하고 있다. 이에 따라 정관에 기재된 합자회사 사원의 책임변경은 정관변경의 절차에 의하여야 하고, 이를 위해서는 정관에 그 의결정족수 내지 동의정족수 등에 관하여 별도로 정하고 있다는 등의 특별한 사정이 없는 한 상법 제269조에 의하여 준용되는 상법 제204조에 따라 총사원의 동의가 필요하다(대법원 2010.9.30. 선고 2010다21337 판결).

V. 합자회사의 사원의 변경

무한책임사원의 퇴사사유는 합명회사의 사원과 동일하다. 즉 ① 정관에 정한 사유의 발생, ② 총사원의 동의, ③ 사망, ④ 성년후견개시, ⑤ 파산, ⑥ 제명 등의 사유로 인하여 퇴사한다(상269조, 218조).

유한책임사원은 사망과 성년후견개시의 경우에는 퇴사원인이 아니다. **유한책임사원이 사망한 때에는 그 상속인이 그 지분을 승계하여 사원이 된다**(상283조 1항). 상속인이 수인인 때에는 사원의 권리를 행사할 자 1인을 정하여야 하고, 이를 정하지 아니한 때에는 회사의 통지 또는 최고는 그 중의 1인에 대하여 하면 전원에 대하여 그 효력이 있다(상283조 2항). **유한책임사원은 성년후견개시 심판을 받은 경우에도 퇴사되지 아니한다**(상284조).

합자회사에 있어서 사원에게 소정의 제명사유가 있는 경우에는 다른 사원 과반수의 결의에 의하여 그 사원의 제명선고를 법원에 청구할 수 있다(상269조, 220조 1항). 그러나 무한책임사원과 유한책임사원 각 1인만으로 된 합자회사에 있어서는 한 사원의 의사에 의하여 다른 사원의 제명을 할 수는 없다(대법원 1991.7.26. 선고 90다19206 판결).

합자회사의 사원 중 여러 명이 제명대상인 경우에는 피제명 각인에 대하여 타의 사원의 동의 여부의 기회를 주어 개별적으로 그 제명의 당부를 나머지 다른 사원의 과반수의 의결로 결의하여야 하는 것이고 가사 그 제명원인 사유가 피제명사원 전원에 공통되는 경우라 할지라도 타의 사원의 동의 여부의 기회도 주지 않고 일괄제명 의결방법으로 한 제명결의는 적법한 제명결의라 할 수 없다(대법원 1976.6.22. 선고 75다1503 판결).

사원의 지분을 압류한 채권자에게는 퇴사청구권이 인정된다(상269조, 224조 1항). 위 퇴사청구권은 사원 지분의 압류채권자가 직접 일방적 의사표시로 사원을 퇴사시킬 수 있도록 한 형성권이다(대법원 2014.5.29. 선고 2013다212295 판결). 채권자가 예고기간을 정하여 예고를 한 이상 다른 의사표시 없이도 영업연도 말에 당연히 퇴사의 효력이 발생하고, 사원이 이를 저지하기 위하여서는 영업연도 말이 되기 전에 변제를 하거나 상당한 담보를 제공하여야 하며, 변제 또는 담보제공이 없이 영업연도 말이 도래하여 일단 퇴사의 효력이 발생하였다면 그 후 사원 또는 채권자가 일방적으로 위 퇴사의 의사표시를 철회할 수 없고, 이는 퇴사의 효력이 발생한 후 사원이 채권자에게 채무를 변제한 경우에도 마찬가지이다.

Ⅵ. 합자회사의 해산, 조직변경 및 청산

1. 해산

(1) 해산사유

합자회사는 무한책임사원 또는 유한책임사원의 전원이 퇴사한 때에는 해산된다(상285조 1항).

(2) 사원 가입에 의한 회사계속

무한책임사원 또는 유한책임사원의 전원이 퇴사한 경우 잔존한 무한책임사원 또는 유한책임사원은 전원의 동의로 새로 유한책임사원 또는 무한책임사원을 가입시켜서 회사를 계속할 수 있다(상285조 2항). 신입사원은 그 가입 전에 생긴 회사채무에 대하여 그 종류에 따라 유한책임사원으로서 또는 무한책임사원으로서 책임을 져야 한다(상285조 3항, 213조).

위와 같이 합자회사를 계속하는 경우 이미 회사의 해산등기가 되어 있는 때에는 본점소재지에서는 2주간 내에 또 지점소재지에서는 3주간 내에 회사계속의 등기를 하여야 한다(상285조 3항, 229조 3항).

(3) 사원의 전부 또는 일부 동의에 의한 회사계속

합자회사가 정관으로 정한 존립기간의 만료로 해산한 경우(상269조, 227조 1호)에도 사원의 전부 또는 일부의 동의로 회사를 계속할 수 있다(상269조, 229조 1항). 이 경우 존립기간에 관한 정관의 규정을 변경 또는 폐지할 필요가 있는데, 특별한 사정이 없는 한 합자회사가 정관을 변경함에는 총사원의 동의가 있어야 할 것이나(상269조, 204조), 합자회사가 존립기간의 만료로 해산한 후 사원의 일부만 회사계속에 동의하였다면 그 사원들의 동의로 정관의 규정을 변경하거나 폐지할 수 있다. 회사계속 동의 여부에 대한 사원 전부의 의사가 동시에 분명하게 표시되어야만 회사계속이 가능한 것은 아니므로 일부 사원이 회사계속에 동의하였다면 나머지 사원들의 동의 여부가 불분명하더라도 회사계속의 효과는 발생한다(대법원 2017.8.23. 선고 2015다70341 판결).

2. 조직변경

(1) 총사원동의

합자회사는 **사원전원의 동의**로 그 조직을 합명회사로 변경하여 계속할 수 있다(상286조 1항).

(2) 무한책임사원 전원의 동의

유한책임사원 전원이 퇴사한 경우에도 무한책임사원은 그 **전원의 동의**로 합명회사로 변경하여 계속할 수 있다(상286조 2항).

(3) 조직변경의 등기

조직변경을 한 경우 본점소재지에서는 2주간 내, 지점소재지에서는 3주간 내에 합자회사에 있어서는 해산등기를, 합명회사에 있어서는 설립등기를 하여야 한다(상286조 3항).

3. 청산 : 청산인의 선임

합자회사의 청산인은 **무한책임사원 과반수의 결의**로 선임한다. 이를 선임하지 아니한 때에는 업무집행사원이 청산인이 된다(상287조).

Chapter 4

유한책임회사

Chapter

04 유한책임회사

I. 유한책임회사의 의의

유한책임회사는 사원에게 유한책임을 인정하면서도 회사의 설립·운영과 기관 구성 등의 면에서 사적 자치를 폭넓게 인정하는 회사로 물적회사인 유한회사보다는 인적회사에 가까운 기업형태이다. 최근 인적자산의 중요성이 높아짐에 따라 이를 보다 잘 활용할 수 있도록 하기 위한 것이다. 벤처기업에 유용하다.

2011년 개정상법(2012.4.15 시행)시 미국의 Limited Liability Company(LLC)를 모델로 한 것이지만 사원이 신용이나 노무를 출자의 목적으로 하지 못한다는 점, 현물출자만 가능하다는 점은 위 LLC와 차이가 있다. 한편 위 상법개정시에 인적자산을 적극적으로 받아들이는 형태로 업무집행조합원과 유한책임조합원으로 구성된 합자조합도 함께 신설되었다.

유한책임회사는 유한회사와 달리 기관을 둘 필요가 없고 사채발행이 가능하다는 점에서 경영이 보다 자유스럽다고 할 수 있다. 양자를 비교하면 다음의 표와 같다.

합명회사, 유한책임회사, 유한회사의 비교

구분	합명회사	유한책임회사	유한회사
1. 성격	인적회사	물적회사 (인적회사에도 가까움)	물적회사
2. 출자자의 책임	무한책임	유한책임	유한책임
3. 현물출자	가능	가능	가능
4. 노무·신용출자	가능	불가능	불가능
5. 최저자본금	없음	없음	없음 (종전 1천만원)
6. 사원 총수	제한 없음	제한 없음	제한 없음 (종전 50인 이내)
7. 출자지분 양도제한	다른 사원의 동의	원칙적으로 다른 사원의 동의	원칙적으로 없음. 정관으로 제한가능 (종전 사원총회의 특별결의 필요, 정관으로 제한 가중가능)
8. 정관변경절차	총사원의 동의	원칙적으로 총사원의 동의, 정관으로 변경가능	사원총회의 특별결의 – 총사원의 반수 이상, 총사원 의결권 3/4 이상
9. 사채발행	불가능	가능	불가능
10. 업무집행자	원칙적으로 각 사원	원칙적으로 각 사원	이사 또는 대표이사

Ⅱ. 유한책임회사의 설립

1. 정관의 절대적 기재사항

유한책임회사를 설립할 때에는 사원은 정관을 작성하여야 한다(상287조의2). 정관에는 ① 목적, ② 상호, ③ 사원의 성명·주민등록번호 및 주소, ④ 본점의 소재지, ⑤ 정관의 작성년월일, ⑥ 사원의 출자의 목적 및 가액, ⑦ 자본금의 액, ⑧ 업무집행자의 성명(법인인 경우에는 명칭) 및 주소를 적고 각 사원이 기명날인하거나 서명하여야 한다(상287조의3, 179조 1호~3호, 5호, 6호).

2. 설립등기사항

유한책임회사는 본점의 소재지에서 ① 목적, ② 상호, ③ 본점의 소재지(지점을 둔 경우에는 그 소재지까지), ④ 존립기간 기타 해산사유를 정한 때에는 그 기간 또는 사유, ⑤ 자본금의 액, ⑥ 업무집행자의 성명, 주소 및 주민등록번호(법인인 경우에는 명칭, 주소 및 법인등록번호. 유한책임회사를 대표할 업무집행자를 정한 경우에는 그 외의 업무집행자의 주소는 제외), ⑦ 유한책임회사를 대표할 자를 정한 경우에는 그 성명 또는 명칭과 주소, ⑧ 정관으로 공고방법을 정한 경우에는 그 공고방법, ⑨ 둘 이상의 업무집행자가 공동으로 회사를 대표할 것을 정한 경우에는 그 규정 등을 등기함으로써 성립한다(상287조의5 1항, 179조 1호, 2호, 5호, 180조 3호). 사원의 성명·주민등록번호 및 주소는 정관의 절대적 기재사항이기는 하나 등기사항은 아니다.

유한책임회사가 지점을 설치하는 경우에는 지점설치등기에 대한 합명회사의 규정을 준용한다(상287조의5 2항, 181조). 유한책임회사가 본점이나 지점을 이전하는 경우에도 합명회사의 규정을 준용한다(상287조의5 3항, 182조). 설립등기사항이 변경된 경우에는 합명회사의 경우와 같이 본점소재지에서는 2주 내에, 지점소재지에서는 3주 내에 변경등기를 하여야 한다(상287조의5 4항).

Ⅲ. 유한책임회사의 내부관계

1. 출자

사원은 유한책임사원으로서 금전 기타의 재산만을 출자할 수 있고, 신용 또는 노무를 출자의 목적으로 하지 못한다(상287조의4 1항). 이 점에서 합명회사의 사원, 합자회사의 무한책임사원과는 다르다. 현물출자는 가능하다(상287조의4 3항).

사원은 정관의 작성 후 설립등기를 하는 때까지 금전이나 그 밖의 재산의 출자를 전부 이행하여야 한다(상287조의4 2항). 현물출자를 하는 경우에는 사원은 납입기일에 지체 없이 유한책임회사에 출자의 목적인 재산을 인도하고, 등기, 등록, 그 밖의 권리의 설정 또는 이전이 필요한 경우에는 이에 관한 서류를 모두 갖추어 교부하여야 한다(상287조의4 3항).

2. 지분

사원의 책임은 상법에 다른 규정이 있는 경우 외에는 그 출자금액을 한도로 한다(상287조의7). 사원은 원칙적으로 출자금액만큼 사원으로서의 지위인 지분을 갖는다.

사원은 다른 사원의 동의를 받지 아니하면 그 지분의 전부 또는 일부를 타인에게 양도하지 못한다(상287조의8 1항). 정관으로 이러한 지분양도 제한을 완화할 수도 있다(상287조의8 3항). 한편 업무를 집행하지 아니한 사원은 업무를 집행하는 사원 전원의 동의가 있으면 지분의 전부 또는 일부를 타인에게 양도할 수 있다. 다만, 업무를 집행하는 사원이 없는 경우에는 사원 전원의 동의를 받아야 한다(상287조의8 2항). 정관으로 그에 관한 사항을 달리 정할 수 있다(상287조의8 3항).

유한책임회사는 그 지분의 전부 또는 일부를 양수할 수 없다(상287조의9 1항). 유한책임회사가 지분을 취득하는 경우에 그 지분은 취득한 때에 소멸한다(상287조의9 2항).

3. 업무집행자의 경업금지

업무집행자는 사원 전원의 동의를 받지 아니하고는 자기 또는 제3자의 계산으로 회사의 영업부류(營業部類)에 속한 거래를 하지 못하며(경업피지의무), 같은 종류의 영업을 목적으로 하는 다른 회사의 업무집행자 · 이사 또는 집행임원이 되지 못한다(겸직금지의무)(상287조의10 1항). 경업금지의무를 위반하여 거래를 한 경우에는 합명회사의 사원의 경우와 같이 회사는 개입권 행사와 손해배상책임 청구가 가능하다(상287조의10 2항; 198조 2항, 3항, 4항).

4. 업무집행자의 자기거래제한

업무집행자는 다른 사원 과반수의 결의가 있는 경우에만 자기 또는 제3자의 계산으로 회사와 거래를 할 수 있다(상287조의11 본문). 이 경우에는 「민법」 제124조를 적용하지 아니한다. 회사의 동의를 필요로 하지 않는다는 의미이다.

5. 업무집행기관과 집행방법

(1) 업무집행자의 선임

유한책임회사는 정관으로 사원 또는 사원이 아닌 자를 업무집행자로 정하여야 한다(상287조의12 1항). 원칙적으로 사원이 각자 집행권과 이의권을 갖는 합명회사의 경우와 다르다. 합명회사의 경우에는 업무집행사원이라고 하는 반면, 유한책임회사의 경우에는 업무집행자로 하는 것도 사원 아닌 자가 업무집행권을 가질 수 있다는 점 때문이라 할 수 있다.

(2) 업무집행자의 집행권과 이의권

1명 또는 둘 이상의 업무집행자를 정한 경우에는 업무집행자 각자가 회사의 업무를 집행할 권리와 의무가 있다. 수인의 업무집행자가 있는 경우에 그 각 업무집행자의 업무집행에 관한 행위에 대하여 다른 업무집행자의 이의가 있는 때에는 곧 그 행위를 중지하고 업무집행자 과반수의 결의에 의하여야 한다(상287조의12 2항, 201조 2항). 정관으로 둘 이상을 공동업무집행자로 정한 경우에는 그 전원의 동의가 없으면 업무집행에 관한 행위를 하지 못한다(상287조의12 3항).

(3) 직무대행자의 권한

직무대행자는 가처분명령에 다른 정함이 있는 경우 외에는 법인의 통상업무에 속하지 아니한 행위를 하지 못한다. 다만, 법원의 허가를 얻은 경우에는 그러하지 아니하다(상287조의13, 200조의2 1항). 이는 직무대행자는 법원이 허가를 얻으면 법인의 통상적인 업무 이외의 행위도 할 수 있다는 것을 의미한다.

(4) 업무집행자 아닌 사원의 감시권

업무집행자가 아닌 사원은 감시권을 갖는다. 이에 따라 영업연도 말에 있어서 영업시간 내에 한하여 회사의 회계장부 · 대차대조표 기타의 서류를 열람할 수 있고 회사의 업무와 재산상태를 검사할 수 있다. 중요한 사유가 있는 때에는 언제든지 법원의 허가를 얻어 위 열람과 검사를 할 수 있다(상287조의14, 상277조).

(5) 업무집행자가 법인인 경우

법인이 업무집행자인 경우에는 그 법인은 해당 업무집행자의 직무를 행할 자(직무수행자)를 선임하고, 그 자의 성명과 주소를 다른 사원에게 통지하여야 한다(상287조의15 1항). 직무수행자에 대해서는 업무집행자의 자기거래, 집행권과 이의권에 관한 규정을 준용한다(상287조의15 2항, 287조의11, 287조의12).

6. 정관변경시 총사원의 동의

정관에 다른 규정이 없는 경우 정관을 변경하려면 총사원의 동의가 있어야 한다(상287조의16). 총사원의 동의가 필요하다는 점에서는 합명회사의 경우와 같으나 정관에서 달리 정할 수 있다는 점에서는 다르다. 한편 주식회사, 유한회사의 경우에는 주주총회 또는 사원총회의 전원동의가 아닌 특별결의에 의한다.

7. 업무집행자 등의 권한상실 선고

업무집행자가 업무를 집행함에 있어 부적임하거나 중대한 의무에 위반한 행위가 있는 때에는 법원은 사원의 청구에 의하여 업무진행권한의 상실을 선고할 수 있다(상287조의17 1항, 205조 1항). 업무집행상실 판결이 확정된 때에는 본점과 지점의 소재지에서 등기하여야 한다(상287조의17 1항, 205조 2항). 업무집행권한상실 선고의 소는 본점소재지의 지방법원의 관할에 전속한다(상287조의17 2항).

8. 합명회사에 관한 규정의 준용

유한책임회사의 내부관계에 관하여는 정관이나 상법에 다른 규정이 없으면 합명회사에 관한 규정을 준용한다(상287조의18).

Ⅳ. 유한책임회사의 외부관계

1. 유한책임회사의 대표

업무집행자는 유한책임회사를 대표한다(상287조의19 1항). 업무집행자가 둘 이상인 경우 정관 또는 총사원의 동의로 유한책임회사를 대표할 업무집행자를 정할 수 있다(상287조의19 2항). 정관 또는 총사원의 동의로 둘 이상의 업무집행자가 공동으로 회사를 대표할 것을 정할 수도 있다(능동대표시의 공동대표; 상287조의19 3항). 이 경우 제3자의 유한책임회사에 대한 의사표시는 공동대표의 권한이 있는 자 1인에 대하여 함으로써 그 효력이 생긴다(수동대표시의 각자대표; 상287조의19 4항).

업무집행자는 회사의 영업에 관하여 재판상 또는 재판 외의 모든 행위를 할 권한이 있다(상287조의19 5항, 209조 1항). 대표권에 대한 제한은 선의의 제3자에게 대항하지 못한다(상287조의19 5항, 209조 2항).

2. 대표업무집행자의 손해배상책임과 회사의 연대책임

유한책임회사를 대표하는 업무집행자가 그 업무집행으로 타인에게 손해를 입힌 경우에는 회사는 그 업무집행자와 연대하여 배상할 책임이 있다(상287조의20).

3. 유한책임회사와 사원 간 소에 관한 대표권

유한책임회사가 사원(사원이 아닌 업무집행자를 포함한다)에 대하여 또는 사원이 유한책임회사에 대하여 소를 제기하는 경우에 유한책임회사를 대표할 사원이 없을 때에는 다른 사원 과반수의 결의로 대표할 사원을 선정하여야 한다(상287조의21).

4. 대표소송

(1) 청구권자

사원은 회사에 대하여 업무집행자의 책임을 추궁하는 소의 제기를 청구할 수 있다(상287조의22 1항).

(2) 청구방법

소의 제기 청구는 그 이유를 기재한 서면으로 하여야 한다(상287조의22 2항, 403조 2항).

(3) 회사에 대한 제소청구 없이 제소가 가능한 경우

회사가 제소의 청구를 받은 날로부터 30일 내에 소를 제기하지 아니한 때에는 사원은 즉시 회사를 위하여 소를 제기할 수 있다(상287조의22 2항, 403조 3항). 30일의 경과로 인하여 회사에 회복할 수 없는 손해가 생길 염려가 있는 경우에는 사원은 즉시 소를 제기할 수 있다(상287조의22 2항, 403조 4항).

(4) 제소사원의 소취하 등 소송행위 제한

대표소송을 제기한 경우 당사자는 법원의 허가를 얻지 아니하고는 소의 취하, 청구의 포기·인낙, 화해를 할 수 없다(상287조의22 2항, 403조 6항).

(5) 악의제소 사원의 담보제공의무

업무집행자가 대표소송을 제기하는 사원의 악의를 소명하여 청구할 때에는 법원은 그 사원에게 상당한 담보를 제공할 것을 명할 수 있다(상287조의22 2항, 403조 7항).

(6) 소제기의 효과

회사는 대표소송에 참가할 수 있다(상287조의22 2항, 404조 1항). 대표소송을 제기한 사원은 소를 제기한 후 지체없이 회사에 대하여 그 소송의 고지를 하여야 한다(상287조의22 2항, 404조 2항).

(7) 제소사원의 권리의무

대표소송을 제기한 사원이 승소한 때에는 그 사원은 회사에 대하여 소송비용 및 그 밖에 소송으로 인하여 지출한 비용 중 상당한 금액의 지급을 청구할 수 있다. 이 경우 소송비용을 지급한 회사는 업무집행자에 대하여 구상권이 있다(상287조의22 2항, 405조 1항). 대표소송을 제기한 사원이 패소한 때에는 악의인 경우 외에는 회사에 대하여 손해를 배상할 책임이 없다(상287조의22 2항, 405조 2항).

(8) 대표소송과 재심의 소

대표소송이 제기된 경우에 원고와 피고의 공모로 인하여 소송의 목적인 회사의 권리를 사해할 목적으로 판결을 하게 한 때에는 회사 또는 사원은 확정한 종국판결에 대하여 재심의 소를 제기할 수 있다(상287조의22 2항, 406조 1항). 재심의 소에서 주주가 승소한 때에는 회사에 대하여 소송비용 외에 소송으로 인하여 지출한 비용 중 상당한 금액의 지급을 청구할 수 있다(상287조의22 2항, 406조 2항).

V. 유한책임회사 사원의 가입 및 탈퇴

1. 사원의 가입

유한책임회사는 정관을 변경함으로써 새로운 사원을 가입시킬 수 있다(상287조의23 1항). 이때 사원의 가입은 정관을 변경한 때에 효력이 발생한다. 다만, 정관을 변경한 때에 해당 사원이 출자에 관한 납입 또는 재산의 전부 또는 일부의 출자를 이행하지 아니한 경우에는 그 납입 또는 이행을 마친 때에 사원이 된다(상287조의23 2항). 사원가입시 현물출자를 하는 사원은 납입기일에 지체 없이 유한책임회사에 출자의 목적인 재산을 인도하고, 등기, 등록, 그 밖의 권리의 설정 또는 이전이 필요한 경우에는 이에 관한 서류를 모두 갖추어 교부하여야 한다(상287조의23 3항, 287조의4 3항).

2. 사원의 탈퇴

(1) 사원의 퇴사권

정관으로 회사의 존립기간을 정하지 아니하거나 어느 사원의 종신까지 존속할 것을 정한 때에는 사원은 영업연도 말에 한하여 퇴사할 수 있다. 그러나 6월 전에 이를 예고하여야 한다. 정관에 달리 정하는 경우에는 이에 따른다(상287조의24, 217조 1항).

(2) 사원의 퇴사 원인

사원은 ① 정관에 정한 사유의 발생, ② 총사원의 동의, ③ 사망, ④ 성년후견개시, ⑤ 파산, ⑥ 제명 등의 사유로 인하여 퇴사한다(상287조의25, 218조). 합명회사의 경우와 퇴사원인이 동일하다.

(3) 사원사망시 권리승계의 통지

정관으로 사원이 사망한 경우에 그 상속인이 회사에 대한 피상속인의 권리의무를 승계하여 사원이 될 수 있음을 정한 때에는 상속인은 상속의 개시를 안 날로부터 3월 내에 회사에 대하여 승계 또는 포기의 통지를 발송하여야 한다. 상속인이 위 통지 없이 3월을 경과한 때에는 사원이 될 권리를 포기한 것으로 본다(상287조의26, 219조). 이는 합명회사의 경우와 동일하다.

(4) 사원제명의 선고

사원에게 ① 출자의 의무를 이행하지 아니한 때, ② 사원의 경업금지규정에 위반한 행위가 있는 때, ③ 회사의 업무집행 또는 대표에 관하여 부정한 행위가 있는 때, 권한없이 업무를 집행하거나 회사를 대표한 때, ④ 기타 중요한 사유가 있는 때 등의 사유가 있는 때에는 회사는 다른 사원 과반수의 결의에 의하여 그 사원의 제명의 선고를 법원에 청구할 수 있다(상287조의27 본문, 220조). 다만, 사원의 제명에 필요한 결의는 정관으로 달리 정할 수 있다(상287조의27 단서).

(5) 퇴사사원 지분의 환급과 채권자의 이의

퇴사사원은 그 지분의 환급을 금전으로 받을 수 있다(상287조의28 1항). 퇴사사원에 대한 환급금액은 퇴사시의 회사의 재산상황에 따라 정한다(상287조의28 2항). 퇴사사원의 지분환급에 대하여는 정관으로 달리 정할 수 있다(상287조의28 3항).

유한책임회사의 채권자는 퇴사하는 사원에게 환급하는 금액이 대차대조표상의 순자산액으로부터 자본금의 액을 뺀 액(잉여금을 말한다)을 초과한 경우에는 그 환급에 대하여 회사에 이의를 제기할 수 있다(상287조의30 1항). 이의가 있으면 일정한 기간 내에 이를 제출할 것을 공고하고 알고 있는 채권자에 대하여는 따로따로 이를 최고하여야 한다. 이 경우 그 기간은 1월 이상이어야 한다(상287조의30 2항, 232조 1항). 채권자가 위 기간 내에 이의를 제출하지 아니한 때에는 지분환급을 승인한 것으로 본다(상287조의30 2항, 232조 2항). 이의를 제출한 채권자가 있는 때에는 회사는 그 채권자에 대하여 변제 또는 상당한 담보를 제공하거나 이를 목적으로 하여 상당한 재산을 신탁회사에 신탁하여야 한다(상287조의30 2항, 232조 3항). 다만 채권자에게 손해를 끼칠 우려가 없는 경우에는 그러하지 아니하다(상287조의30 2항 단서).

(6) 지분압류채권자에 의한 퇴사시 예고의무

사원의 지분을 압류한 채권자가 그 사원을 퇴사시키는 경우에는 회사와 그 사원에 대하여 6월 전에 그 예고를 하여야 한다. 이 예고는 사원이 변제를 하거나 상당한 담보를 제공한 때에는 그 효력을 잃는다(상287조의29, 224조).

(7) 퇴사사원의 상호변경 청구권

퇴사한 사원의 성명이 유한책임회사의 상호 중에 사용된 경우에는 그 사원은 유한책임회사에 대하여 그 사용의 폐지를 청구할 수 있다(상287조의31). 합명회사의 퇴사사원의 경우와 동일한 퇴사사원의 권리이다(상226조).

Ⅵ. 유한책임회사의 해산, 조직변경 및 청산

1. 유한책임회사의 해산

(1) 해산 원인

유한책임회사는 ① 존립기간의 만료 기타 정관으로 정한 사유의 발생, ② 총사원의 동의, ③ 합병, ④ 파산, ⑤ 법원의 명령 또는 판결, ⑥ 사원이 없게 된 경우 중 어느 어느 하나에 해당하는 사유로 해산한다(상287조의38, 227조). 합명회사는 사원이 1인으로 된 때 해산사유가 되나 유한책임회사는 1인도 없게 된 경우에야 해산사유가 된다.

(2) 해산등기

유한책임회사가 해산된 경우에는 합병과 파산의 경우 외에는 그 해산사유가 있었던 날부터 본점소재지에서는 2주 내에 해산등기를 하고, 지점소재지에서는 3주 내에 해산등기를 하여야 한다(상287조의39).

(3) 유한책임회사의 계속

존립기간의 만료 기타 정관으로 정한 사유의 발생 또는 총사원의 동의로 해산하는 경우에는 사원의 전부 또는 일부의 동의로 회사를 계속할 수 있다. 그러나 동의를 하지 아니한 사원은 퇴사한 것으로 본다(상287조의39, 229조 1항). 회사를 계속하는 경우 이미 회사의 해산등기를 하였을 때에는 본점소재지에서는 2주간 내, 지점소재지에서는 3주간 내에 회사의 계속등기를 하여야 한다(상287조의39, 229조 3항).

(4) 유한책임회사의 합병

유한책임회사가 합병을 함에는 총사원의 동의가 있어야 한다(상287조의41, 230조). 이외에도 유한책임회사의 합병에 관하여는 합명회사의 합병에 대한 규정이 준용된다(상287조의41, 232조부터 240조까지).

(5) 해산청구

유한책임회사의 사원이 해산을 청구하는 경우 부득이한 사유가 있는 때에는 각 사원은 회사의 해산을 법원에 청구할 수 있다(상287조의42, 241조 1항). 이 경우 소는 본점소재지의 지방법원의 관할에 전속한다(상287조의42, 241조 2항, 186조). 소를 제기한 자가 패소한 경우에 악의 또는 중대한 과실이 있는 때에는 회사에 대하여 연대하여 손해를 배상할 책임이 있다(상287조의42, 241조 2항, 191조).

2. 유한책임회사의 조직변경

주식회사는 총회에서 총주주의 동의로 결의한 경우에는 그 조직을 변경하여 유한책임회사로 할 수 있다(상287조의43 1항). 유한책임회사는 총사원의 동의에 의하여 주식회사로 변경할 수 있다(상287조의43 2항).

유한책임회사의 조직의 변경에 관하여 이의가 있는 채권자에 대해서는 합명회사의 합병에 대해 이의가 있는 채권자에 대한 규정을 준용한다(상287조의44, 232조). 또한 주식회사의 유한회사에의 조직변경(상604조)과 유한회사의 주식회사로의 조직변경(상607조), 이사・주주의 순재산액전보책임(상605조), 조직변경의 등기(상606조)의 규정을 유한책임회사의 조직의 변경의 경우에 준용한다.

3. 유한책임회사의 청산

유한책임회사는 해산된 후에도 청산의 목적범위 내에서 존속하는 것으로 본다(상287조의45, 245조). 유한책임회사의 해산 후 사원이 사망한 경우에 그 상속인이 수인인 때에는 청산에 관한 사원의 권리를 행사할 자 1인을 정하여야 한다. 이를 정하지 아니한 때에는 회사의 통지 또는 최고는 그 중의 1인에 대하여 하면 전원에 대하여 그 효력이 있다(상287조의45, 246조).

유한책임회사는 합명회사와는 달리 임의청산은 허용되지 않고 법정청산만이 가능하다. 해산된 회사의 재산처분방법을 정관 또는 총사원의 동의로 정할 수 없다. 이는 법정청산만 허용되는 주식회사, 유한회사의 경우와 같다. 합명회사는 사원의 무한책임을 지는 반면 회사의 남은 재산을 어떻게 처분할 것인지를 사원이 결정할 수 있게 해주는 것이라 할 수 있다. 유한책임회사, 주식회사, 유한회사의 사원은 유한책임을 지므로 이러한 임의청산을 허용하지 않는다 할 수 있다.

따라서 유한책임회사의 청산에 대해서는 상법 제251조부터 제257조까지 및 제259조부터 제267조까지의 규정, 즉 합명회사의 청산에 관한 규정을 대개는 준용하지만 임의청산과 법정청산의 구분을 전제로 한 제247조부터 제250조까지는 준용하고 있지 않다. 사원의 무한책임을 전제로 청산시 회사의 현존재산이 그 채무를 변제함에 부족한 때 청산인이 변제기에 불구하고 각 사원에 대하여 출자를 청구할 수 있는 합명회사에 관한 상법 제258조도 유한책임회사의 경우에도 준용되지 않는다.

Ⅶ. 유한책임회사의 회계 등

1. 유한책임회사의 회계원칙

유한책임회사의 회계는 상법과 대통령령으로 규정한 것 외에는 일반적으로 공정하고 타당한 회계관행에 따른다(상287조의32).

2. 재무제표의 작성, 보존 및 비치 · 공시

업무집행자는 결산기마다 대차대조표, 손익계산서, 그 밖에 유한책임회사의 재무상태와 경영성과를 표시하는 것으로서 대통령령으로 정하는 서류를 작성하여야 한다(상287조의33). 업무집행자는 위 서류를 본점에 5년간 갖추어 두어야 하고, 그 등본을 지점에 3년간 갖추어 두어야 한다(상287조의34 1항). 사원과 유한책임회사의 채권자는 회사의 영업시간 내에는 언제든지 위 재무제표의 열람과 등사를 청구할 수 있다(상287조의34 2항).

3. 자본금의 액과 그 감소

사원이 출자한 금전이나 그 밖의 재산의 가액을 유한책임회사의 자본금으로 한다(상287조의35). 유한책임회사는 정관 변경의 방법으로 자본금을 감소할 수 있다(상287조의36 1항).

자본금을 감소하는 경우 회사는 정관 변경의 결의가 있는 날로부터 2주 내에 회사채권자에 대하여 자본금 감소에 이의가 있으면 일정한 기간 내에 이를 제출할 것을 공고하고 알고 있는 채권자에 대하여는 따로따로 이를 최고하여야 한다. 이 경우 그 기간은 1월 이상이어야 한다(상287조의36 2항 본문, 232조 1항). 채권자가 위 기간 내에 이의를 제출하지 아니한 때에는 자본금 감소를 승인한 것으로 본다(상287조의36 2항 본문, 232조 2항). 이의를 제출한 채권자가 있는 때에는 회사는 그 채권자에 대하여 변제 또는 상당한 담보를 제공하거나 이를 목적으로 하여 상당한 재산을 신탁회사에 신탁하여야 한다(상287조의36 2항 본문, 232조 3항). 다만, 감소

후의 자본금의 액이 순자산액 이상인 경우에는 자본금 감소에 대한 위의 이의에 대한 절차를 따르지 않아도 된다(상287조의36 2항 단서).

4. 잉여금의 분배와 청구

유한책임회사는 대차대조표상의 순자산액으로부터 자본금의 액을 뺀 액("잉여금"을 말한다)을 한도로 하여 잉여금을 분배할 수 있다(상287조의37 1항). 그 한도를 위반하여 잉여금을 분배한 경우에는 유한책임회사의 채권자는 그 잉여금을 분배받은 자에 대하여 회사에 반환할 것을 청구할 수 있다(상287조의37 2항). 이 청구에 관한 소는 본점소재지의 지방법원의 관할에 전속한다(상287조의37 3항).

잉여금은 정관에 다른 규정이 없으면 각 사원이 출자한 가액에 비례하여 분배한다(상287조의37 4항). 잉여금의 분배를 청구하는 방법이나 그 밖에 잉여금의 분배에 관한 사항은 정관으로 정할 수 있다(상287조의37 5항). 사원의 지분의 압류는 잉여금의 배당을 청구하는 권리에 대하여도 그 효력이 있다(상287조의37 6항).

회사법의 이해

Chapter 5

주식회사

Chapter 05 주식회사

제1절 주식회사의 설립

Ⅰ. 총설

1. 주식회사의 의의

주식회사는 상법상 5가지 회사형태의 하나이기는 하지만 상법상 그 정의규정을 두고 있지는 않다.

일반적으로 주식회사는 사원(주주)의 출자에 의한 자본금을 가지고, 자본금은 균일한 단위인 주식에 의하여 분할되며, 사원(주주)은 그가 인수한 주식의 인수가액을 한도로 회사에 대해서만 책임(유한책임)을 지는 회사라 할 수 있다.

이처럼 ① 자본금, ② 주식, ③ 주주의 유한책임을 주식회사의 세 가지 요소로 든다.

2. 주식회사 설립절차의 특징

인적회사의 설립은 정관작성과 설립등기로 종료된다. 인적회사의 실체형성절차는 정관의 작성에 의하여 사원과 출자액 등이 확정되기 때문이다.

그러나 주식회사 설립은 정관작성과 주식금 인수 및 납입이 이루어진 후에 설립등기를 함으로써 종료된다(엄격준칙주의). 왜냐하면 주식회사의 사원은 정관의 작성과는 별도의 절차인 주식인수절차에 의하여 확정될 뿐만 아니라 자본단체성 때문에 출자이행절차가 필요하기 때문이다. 더구나 주식회사는 사원(주주)이 아닌 제3자기관에 의하여 경영을 담당하게 하므로 회사성립 전에 이러한 기관의 구성절차도 밟아야 하므로 인적회사와 비교하여 훨씬 복잡한 실체형성절차가 필요하게 되는 것이다. 주식회사의 설립절차는 강행규정으로 되어 있다(통설).

Ⅱ. 발기인

1. 발기인의 의의

법률적으로는 발기인으로서 정관에 기명날인 또는 서명한 자를 말한다. 발기인은 설립중 회사의 구성원이고 업무집행기관의 지위를 갖는다.

발기인을 형식적으로 파악하는 결과 실제 설립사무에 종사하지 않았더라도 정관에 발기인으로 기명날인 또는 서명을 한 자는 발기인이 된다.

2. 발기인의 인원수 및 자격

(1) 최소인원수

종전에는 3인 이상의 발기인을 요했으나, 2001년 상법 개정으로 1인의 발기인이 있으면 족하다(상288조). "주식회사의 설립에는 3인 이상의 발기인이 있어야 한다"는 규정이 "주식회사를 설립함에는 발기인이 정관을 작성하여야 한다"로 바뀌었기 때문이다. 1인주식회사가 가능함이 보다 분명해졌다.

복수의 발기인이 있는 경우 발기인 상호 간에는 정관작성 전에 회사설립을 목적으로 하는 계약이 존재할 것이다. 이러한 계약의 형태는 조합계약으로 해석되고 따라서 발기인의 회사설립행위는 상호 간에 이러한 조합계약상의 이행행위가 된다.

발기인은 회사와의 관계에서는 단체법상의 법률관계로서 설립 중 회사의 기관이 되면서 동시에 발기인 상호 간 개인법적인 법률관계로서 발기인조합을 구성하게 된다. 발기인조합은 개인법적인 법률관계로서 성립 후의 회사와 관련성을 인정하기 어려우므로 성립 후 회사와 동일성을 인정받는 설립중의 회사와 구별된다. 발기인 조합은 회사가 설립되어 그 목적의 달성에 의하여 소멸하거나 회사설립이 불가능하게 됨으로써 소멸한다.

(2) 자격

발기인의 자격에 제한은 없다. 따라서 행위무능력자, 외국인, 법인의 3자로 구성된 발기인 조합도 가능하다.

3. 발기인의 권한

학설은 대부분 설립 자체만을 위한 행위에만 인정하나 회사의 성립을 전제로 하는 개념인 개업준비행위도 포함된다고 하는 판례가 있다.

그런데 재산인수는 개념상 개업준비행위에 포함된다. 상법에서는 개업준비행위의 하나인 재산인수를 변태설립사항으로서 발기인의 권한으로 규정하고 있으므로 그 규정을 어떻게 해석하느냐 문제가 된다. 개업준비행위를 포함시키는 판례의 입장에서는 주의(확인)규정으로 해석하고, 개업준비행위를 제외하는 학설의 입장에서는 예외규정으로 해석한다.

Ⅲ. 설립 중 회사

1. 설립 중 회사의 의의

실체가 어느 정도 형성된 미완성회사(未完成會社)를 말한다. 법적 성질은 권리능력 없는 사단이다(통설).

설립과정에서 설립 중 회사의 기관이 취득한 권리의무를 성립 후의 회사에 별다른 이전절차 없이 이전되는 법률관계를 설명하기 위하여 인정되는 강학상 개념이다.

2. 설립 중 회사의 성립시기

실체가 어느 정도 형성되었을 때 설립중 회사가 성립되느냐에 대해서는 학설의 다툼이 있다. 정관작성시에 성립된다는 견해, 발생주식 총수를 인수한 때에 성립된다는 견해가 있다. 이와 달리 판례는 물적회사인 주식회사에는 물적기초가 확정되어야 하므로 적어도 1주 이상 인수한 때라고 보아 중간 정도의 시기로 보고 있다. 즉 설립 중의 회사가 성립하기 위해서는 정관이 작성되고 발기인이 적어도 1주 이상의 주식을 인수하였을 것을 요건으로 한다(판례).

3. 성립 후 회사로 권리의무 승계

① 동일성설(同一性說)에 의하여 "특별한 이전절차 없이" 당연히 승계된다(통설, 판례). 이 점이 설립 중 회사 개념의 인정 실익이다.
그러나 이것은 발기인이 설립 중 회사의 기관으로서 "설립 중 회사의 명의로 +발기인의 권한 내에서 행한 행위"를 전제로 한다. 발기인의 개인명의 또는 발기인조합명의로 행위한 경우에는 별개의 이전절차를 필요로 하기 때문이다.
발기인 중 1인이 회사의 설립을 추진 중에 행한 불법행위가 외형상 객관적으로 설립 후 회사의 대표이사로서의 직무와 밀접한 관련이 있다면 회사의 불법행위책임을 인정할 수 있다(판례).

② 발기인의 권한 외 행위에 대하여는 회사가 추인을 할 수 없고 따라서 무효라고 함이 다수설이다. 추인을 인정하는 것은 변태설립사항을 규정하여 엄격하게 규제하려는 상법의 취지에 반하기 때문이라고 한다.

Ⅳ. 설립절차

설립절차 개관

1인 이상의 발기인(상288조)	
정관작성(상289조) 및 변태설립사항 결정(상290조)	
원시정관의 공증인 인증(상292조)	
정관기재 없는 주식발행사항의 결정(상291조)	
발기설립	**모집설립**
주식전액의 인수(상293조)	발기인의 주식일부 인수(상293조)
	주주의 모집(상301조)
	주식청약서에 의한 청약(상302조)
	발기인의 주식배정(상303조)
주식에 대한 납입(상295조)	주식에 대한 납입(상305조)
	발기인의 창립총회 소집(상308조)
이사 및 감사 선임(상296조)	이사 및 감사 선임(상312조)
이사·감사의 설립경과 보고(상298조)	이사·감사의 설립경과 보고(상313조)
설립등기(상317조)	설립등기(상317조)

1. 발기설립, 모집설립에 공통되는 절차

(1) 정관의 작성

1) 작성자 및 절대적 기재사항

발기인은 정관을 작성하여 ① 목적, ② 상호, ③ 회사가 발행할 주식의 총수, ④ 액면주식을 발행하는 경우 1주의 금액, ⑤ 회사의 설립시에 발행하는 주식의 총수, ⑥ 본점의 소재지, ⑦ 회사가 공고를 하는 방법, ⑧ 발기인의 성명·주민등록번호 및 주소 등을 적고 각 발기인이 기명날인 또는 서명하여야 한다(상289조 1항). 2011년 상법개정시 무액면주식 발행이 허용됨으로써 위 기재사항 중 종전 "1주의 금액"이 "액면주식을 발행하는 경우 1주의 금액"으로 변경된 것이다.

2011년 상법개정 전에는 이 경우 회사의 설립시에 발행하는 주식의 총수는 회사가 발행할 주식의 총수의 4분의 1 이상이어야 했다(상289조 2항). 2011년 개정상법시 이 조항을 삭제함으로써 설립시 발행하는 주식의 총수를 자유롭게 정할 수 있게 되었다. 1995년 개정상법시 발행예정주식 총수를 증가하는 경우에는 이미 발행한 주식총수의 4배를 초과하지 못한다는 규정(437조)이 삭제된 바 있고, 2009년 개정상법시 주식회사의 최저자본금을 5천만원 이상으로 하는 규정(상329조 1항)이 삭제된 바 있다. 이들 개정을 종합하면 회사가 자본금을 얼마나 조달할지 법에서 자율성을 계속해서 확보해주는 것이라 평가할 수 있다.

그리고 회사의 공고는 관보 또는 시사에 관한 사항을 게재하는 일간신문에 하여야 한다. 다만, 회사는 그 공고를 정관으로 정하는 바에 따라 전자적 방법으로 할 수 있다(상289조 3항). 회사가 전자적 방법으로 공고하려는 경우에는 회사의 인터넷 홈페이지에 게재하는 방법으로 하여야 한다(상법시행령6조 1항). 회사가 정관에서 전자적 방법으로 공고할 것을 정한 경우에는 회사의 인터넷 홈페이지 주소를 등기하여야 한다(상법시행령6조 2항). 회사가 전자적 방법으로 공고하려는 경우에는 그 정보를 회사의 인터넷 홈페이지 초기화면에서 쉽게 찾을 수 있도록 하는 등 이용자의 편의를 위한 조치를 하여야 한다(상법시행령6조 3항). 회사가 정관에서 전자적 방법으로 공고할 것을 정한 경우라도 전산장애 또는 그 밖의 부득이한 사유로 전자적 방법으로 공고할 수 없는 경우에는 미리 정관에서 정하여 둔 관보 또는 시사에 관한 사항을 게재하는 일간신문에 공고하여야 한다(상법시행령6조 4항).

회사는 상법 제289조 제3항에 따라 전자적 방법으로 공고할 경우 대통령령으로 정하는 기간까지 계속 공고하고, 재무제표를 전자적 방법으로 공고할 경우에는 제450조에서 정한 기간까지 계속 공고하여야 한다. 다만, 공고기간 이후에도 누구나 그 내용을 열람할 수 있도록 하여야 한다(상289조 4항). 공고기간은 ① 법에서 특정한 날부터 일정한 기간 전에 공고하도록 한 경우 : 그 특정한 날, ② 법에서 공고에서 정하는 기간 내에 이의를 제출하거나 일정한 행위를 할 수 있도록 한 경우 : 그 기간이 지난 날, ③ ①과 ② 외의 경우 : 해당 공고를 한 날부터 3개월이 지난 날을 말한다(상법시행령6조 5항). 공고기간에 공고가 중단(불특정 다수가 공고된 정보를 제공받을 수 없게 되거나 그 공고된 정보가 변경 또는 훼손된 경우를 말한다)되더라도 그 중단된 기간의 합계가 공고기간의 5분의 1을 초과하지 않으면 공고의 중단은 해당 공고의 효력에 영향을 미치지 아니한다. 다만, 회사가 공고의 중단에 대하여 고의 또는 중대한 과실이 있는 경우에는 그러하지 아니하다(상법시행령6조 6항).

회사가 전자적 방법으로 공고를 할 경우에는 게시기간과 게시내용에서 대하여 증명하여야 한다(상289조 5항). 회사의 전자적 방법으로 하는 공고에 관하여 필요한 사항은 대통령령으로 정한다(상289조 6항).

2) 상대적 기재사항

상대적 기재사항은 정관 자체의 효력에는 영향을 미치지 않지만 그것을 정관에 기재하지 않으면 그 사항이 회사와 주주에 대한 관계에 있어서 효력이 생기지 않는 것을 말한다.

설립시에 특히 중요한 상대적 기재사항은 변태설립사항이다(상290조). 이에 대해서는 후술한다.

주식의 양도제한(상335조 1항), 주식매수선택권의 부여(상340의2), 종류주식 발행(상344조) 등 다수가 상법상 규정되어 있다.

3) 임의적 기재사항

임의적 기재사항은 정관에 기재해야만 효력이 인정되는 것은 아니지만 정관에 기재하면 특별한 효력이 생기는 사항을 말한다. 즉 정관에 기재하게 되면 그 변경은 엄격한 정관변경절차에 의하여만 가능하게 된다.

이러한 사항으로는 지점의 소재지, 명의개서의 절차, 주권의 종류, 이사와 감사의 원수 등이 있다.

4) 설립당시의 주식발행사항

회사설립시에 발행하는 주식에 관하여 ① 발행주식의 종류와 수, ② 액면주식의 경우에 액면 이상의 주식을 발행할 때에는 그 수와 금액, ③ 무액면주식을 발행하는 경우에는 주식의 발행가액과 주식의 발행가액 중 자본금으로 계상하는 금액에 대해 정관에 다른 정함이 없으면 발기인전원의 동의로 이를 정한다(상291조).

(2) 정관의 효력발생요건

정관은 공증인의 인증을 받음으로써 효력이 생긴다. 다만, 자본금 총액이 10억원 미만인 회사를 제295조 제1항에 따라 발기설립(發起設立)하는 경우에는 제289조 제1항에 따라 각 발기인이 정관에 기명날인 또는 서명함으로써 효력이 생긴다(상292조).

2009년 5월 공증인법 및 상법 개정으로 자본금 총액이 10억원 미만인 주식회사를 발기설립하는 경우 정관의 인증 및 의사록 인증 면제 규정이 신설되었다. 정관 인증의 대상은 원시정관이며, 회사의 성립 후 변경된 정관은 정관 인증의 대상은 아니다. 참고로 유한회사의 원시정관도 인증받아야 한다. 공증은 공적으로 증명한다는 말로서 공증인이 일정한 사항을 증명함을 의미한다. 우리나라의 경우는 법률전문가가 공증업무를 수행한다.

정관의 인증은 발기인의 정관작성행위가 성립되었다는 것을 증명하는 것일 뿐이고 그 내용의 적법 또는 진정함을 증명하는 것은 아니다. 이러한 정관은 발기인뿐만 아니라 회사의 주주 및 기관을 구속하는 효력이 있을 뿐 제3자에 대하여는 효력이 미치지 못한다.

(3) 발기인의 주식인수

각 발기인은 서면에 의하여 주식을 인수하여야 한다(상293조). 구두에 의한 주식인수는 무효이다. 주식인수의 법적 성질은 합동행위라는 것이 다수설이다.

2. 변태설립사항

(1) 변태설립사항의 의의

설립과정에서 발기인이 권한을 남용함으로써 성립 후 회사의 자본금 충실을 해칠 수 있는 사항을 말한다. 정관에 기재함으로써 효력이 있고 검사인의 조사를 받음이 원칙이다.

다음의 사항은 정관에 기재함으로써 그 효력이 있다(상290조). ① 발기인이 받을 특별이익과 이를 받을 자의 성명, ② 현물출자를 하는 자의 성명과 그 목적인 재산의 종류, 수량, 가격과 이에 대하여 부여할 주식의 종류와 수, ③ 회사성립 후에 양수할 것을 약정한 재산의 종류, 수량, 가격과 그 양도인의 성명(재산인수), ④ 회사가 부담할 설립비용과 발기인이 받을 보수액

(2) 공증인에 의할 수 있는 사항

1) 발기인이 받을 특별이익

회사와의 계속적 거래권, 총판매권 부여 등이 이에 해당한다. 의결권에 대한 특혜, 이사 지위의 보장 등은 허용되지 않는다.

2) 회사가 부담할 설립비용과 발기인의 보수액

① 설립비용은 정관작성비, 주주모집광고비, 청약서 인쇄비 등을 말하며 개업준비비용은 포함되지 않는다(통설). 판례도 개업준비를 위한 금전차입은 설립비용에 포함되지 않는다고 한다.

② 비용이 확정되어 있는 설립등기 등록면허세 등은 설립비용이 아니다.

③ 과다지출시에도 정관에 기재된 범위 내에서만 유효하게 된다.

④ 발기인의 보수는 발기인이 설립을 위하여 노무를 제공한 데 대한 대가를 의미한다.

(3) 감정인에 의하는 경우

1) 현물출자

계약 및 이행이 설립등기 전에 완료되는 단체법상의 법률행위로서 대가는 주식이다. 현물출자를 변태설립사항으로 한 이유는 회사채권자 및 금전출자 주주를 보호하기 위한 것이다. 현물출자되는 재산이 과대평가되면 회사설립시부터 자본금에 결함이 생겨 회사채권자를 해칠 수 있고, 현물출자자에게 출자의 대가로 부당하게 많은 주식을 주게 되면 금전출자한 주주를 해칠 수 있기 때문이다. 현물출자자산의 과소평가는 자본금 충실에 반(反)하지 않는다.

2) 재산인수

계약은 등기 전, 이행은 설립등기 후에(개인법적 법률행위인 매매) 행해진다.

① 정관에 기재 안 된 재산인수의 효력 : 무효이다(통설, 판례). 재산인수는 발기인을 전제로 하므로 원시정관 작성 전 발기인이 아닌 자에 의한 것도 무효이다. 다만 판례에서 甲이 乙이 장래 설립 · 운영할 丙주식회사에 토지를 현물로 출자하거나 매도하기로 약정하고 丙회사 설립 후 소유권이전등기를 마쳐 준 다음 회장 등 직함으로 장기간 丙회사의 경영에 관여해오다가 丙회사가 설립된 때부터 약 15년이 지난 후에 토지양도의 무효를 주장하면서 소유권이전등기의 말소를 구한 사안에서 위 약정은 상법 제290조 제3호에서 정한 재산인수로서 정관에 기재가 없어 무효이나 甲이 토지 양도의 무효를 주장하는 것은 신의성실의 원칙에 반하여 허용될 수 없다고 한 사례가 있다(대법원 2015.3.20.

선고 2013다88829 판결).

② 성립 후의 회사가 추인할 수 있는지 여부 : 회사가 추인할 수 없고 무효이다(다수설 · 판례). 자본금충실에 관한 절차는 다수결 원리에 의하여 적용을 배제할 수 있는 것이 아니기 때문이다. 다만 그것이 사후설립(계약 · 이행모두 등기 후)의 요건에 해당함은 별론이다. 판례에서 회사성립 후 소유권이전등기의 방법으로 현물출자를 완성하기로 약정하고 회사설립절차를 거쳐 현물출자가 이루어진 것이라면 재산인수에 해당하여 정관에 기재되지 않는 한 무효이나 현물출자가 동시에 사후설립에 해당하고 이에 대하여 주주총회의 추인이 있었다면 회사는 현물출자로 인한 부동산의 소유권을 취득한다고 한 사례가 있다(대법원 1992.9.14. 선고 91다33087 판결).

3. 발기설립의 절차

(1) 의의 및 특징

발기인이 주식 전부를 인수하므로 납입의 문제에 초점이 있다. 현물출자시 그 평가, 납입절차 진행과정의 통제문제가 중요하다. 통상적인 것은 설립중 회사의 감사기관인 이사 · 감사에 의하고 변태설립사항은 검사인에 의한다.

변태설립사항이 있는 경우에는 검사인 또는 감정인에 의한 조사보고에 대하여 법원이 감독기관으로서 변경통고를 할 수 있고 이에 불복하는 발기인은 주식인수를 취소할 수 있다는 점이 발기설립의 특징이다. 주식인수인이 모두 발기인이므로 창립총회에서의 설립경과에 대한 보고를 할 필요가 없다는 점도 특징이라고 할 수 있다.

(2) 납입

1) 금전출자의 경우

발기인이 회사의 설립시에 발행하는 주식의 총수를 인수한 때에는 지체없이 각 주식에 대하여 그 인수가액의 전액을 납입하여야 한다. 이 경우 발기인은 납입을 맡을 은행 기타 금융기관과 납입장소를 지정하여야 한다(상295조 1항).

2011년 상법 개정전 발기인은 납입에 관하여 상계로써 설립중의 회사에 대항할 수 없었다(상334조). 그런데 금융기관의 채권 출자전환 필요성이 커져서 발기인의 납입의무가 회사에 대한 채권과 상계가 허용되도록 법개정이 이루어졌다. 금융기관이 회사의 채권자인데 발기인으로서 주식인수 후 납입의무를 회사에 대한 채권과 상계가 가능하게 된 것이다.

2) 현물출자의 경우

현물출자를 하는 발기인은 납입기일에 지체없이 출자의 목적인 재산을 인도하고 등기, 등록 기타 권리의 설정 또는 이전을 요할 경우에는 이에 관한 서류를 완비하여 교부하여야 한다(상295조 2항).

발기인은 설립등기시에 주주가 된다. 즉 주식회사의 발기설립의 경우에 현물출자에 의한 주식의 인수로써 주식인수인이 된 자는 현물출자이행의 의무를 부담하는 한편 설립중의 회사의 사원이 되었다가 현물출자가 이행되고 현물출자에 관한 사항과 현물출자의 이행에 관하여 검사인의 검사를 받는 등 제반절차를 마쳐 설립등기를 하였을 때에 주주의 지위로 전환되는바, 주식회사 발기설립시의 현물출자는 궁극적으로 주주 지위의 취득을 반대급부를 하는 것으로서 주주의 지위를 취득하게 되는 설립등기시에 반대급부의 전부 이행이 있다고 볼 수 있다(판례).

(3) 설립경과조사의 준비절차

1) 감독기관으로서의 임원 선임

전조의 규정에 의한 납입과 현물출자의 이행이 완료된 때에는 발기인은 지체 없이 의결권의 과반수로 이사와 감사를 선임하여야 한다(상296조 1항). 이때 발기인의 의결권은 그 인수주식의 1주에 대하여 1개로 한다(상296조 2항).

2) 의사록의 작성

발기인은 의사록을 작성하여 의사의 경과와 그 결과를 기재하고 기명날인 또는 서명하여야 한다(상297조).

(4) 변태설립사항이 없는 경우의 설립경과의 조사

1) 원칙(이사, 감사의 조사 및 발기인에게 보고)

이사와 감사는 취임 후 지체 없이 회사의 설립에 관한 모든 사항이 법령 또는 정관의 규정에 위반되지 아니하는지의 여부를 조사하여 발기인에게 보고하여야 한다(상298조 1항).

2) 이사, 감사의 조사보고에 관한 특례

이사와 감사 중 발기인이었던 자, 현물출자자 또는 회사성립 후 양수할 재산의 계약당사자인 자는 설립경과의 조사·보고에 참가하지 못한다(상298조 2항). 이사와 감사의 전원이 설립경과의 조사·보고에 참가할 수 없는 때에는 이사는 공증인으로 하여금 조사·보고를 하게 하여야 한다(상298조 3항).

(5) 변태설립사항이 있는 경우의 설립경과의 조사 특례

1) 이사의 검사인 선임청구

정관으로 변태설립사항을 정한 때에는 이사는 이에 관한 조사를 하게 하기 위하여 검사인의 선임을 법원에 청구하여야 한다. 다만, 공증인·감정인에 의하여 갈음할 수 있는 경우에는 그러하지 아니하다(상298조 4항).

2) 검사인의 조사보고 및 발기인에 대한 조사보고서등본 교부의무

검사인은 변태설립사항과 현물출자의 이행에 관한 사항을 조사하여 법원에 보고하여야 한다(상299조 1항). ① 현물출자 및 재산인수의 재산총액이 자본금의 5분의 1을 초과하지 아니하고 대통령령으로 정한 금액(5천만원, 상법시행령 7조 1항)을 초과하지 아니하는 경우, ② 현물출자 또는 재산인수의 재산이 거래소에서 시세가 있는 유가증권인 경우로서 정관에 적힌 가격이 대통령령으로 정한 방법으로 산정된 시세를 초과하지 아니하는 경우, ③ 그 밖에 ① 및 ②에 준하는 경우로서 대통령령으로 정하는 경우의 어느 하나에 해당할 경우에는 법원에 보고하지 않아도 된다(상299조 2항). 과다하게 평가된 것이 아닌 것으로 보이는 경우에는 법원보고의무를 생략하는 것으로 2011년 상법개정시 추가되었다.

검사인은 조사보고서를 작성한 후 지체 없이 그 등본을 각 발기인에게 교부하여야 한다(상299조 3항). 검사인의 조사보고서에 사실과 다른 사항이 있는 때에는 발기인은 이에 대한 설명서를 법원에 제출할 수 있다(상299조 4항).

3) 공증인·감정인에 의하는 경우의 특례

발기인의 특별이익 및 설립비용에 관한 사항에 관하여는 공증인의 조사·보고로, 현

물출자 및 재산인수에 의한 사항과 발기인의 현물출자의 이행에 관하여는 공인된 감정인의 감정으로 검사인의 조사에 갈음할 수 있다. 이 경우 공증인 또는 감정인은 조사 또는 감정결과를 법원에 보고하여야 한다(상299조의2).

공증인과 감정인은 각 발기인에게 조사보고서와 감정서의 등본을 교부하여야 하고, 조사보고서 등에 사실과 다른 사항이 있으면 발기인은 그에 대한 설명서를 법원에 제출할 수 있다.

4) 법원의 변경통고와 불복 발기인의 주식인수취소권

법원은 검사인 또는 공증인의 조사보고서 또는 감정인의 감정결과와 발기인의 설명서를 심사하여 변태설립사항이 부당하다고 인정한 때에는 이를 변경하여 각 발기인에게 통고할 수 있다(상300조 1항). 이 경우 법원의 변경범위에 대해서 소극적인 변경만이 가능하다고 해석한다.

법원의 변경에 불복하는 발기인은 그 주식의 인수를 취소할 수 있다. 이 경우에는 정관을 변경하여 설립에 관한 절차를 속행할 수 있다(상300조 2항). 주식인수를 취소한 발기인이 있더라도 다른 발기인이 이를 인수하거나 정관을 변경하여 설립절차를 속행할 수 있다는 취지이다. 이 경우 정관변경에 대해서는 다시 공증인의 인증을 받아야 한다. 창립총회의 의사록과 같은 증명방법이 없기 때문이다.

법원의 통고가 있은 후 2주 내에 주식의 인수를 취소한 발기인이 없는 때에는 정관은 통고에 따라서 변경된 것으로 본다(상300조 3항). 정관은 법원의 통고에 따라 변경된 것으로 되므로 이때의 정관에는 공증인의 공증은 필요하지 않다.

4. 모집설립의 절차

(1) 의의 및 특징

발기인의 주식 일부인수로 주주 모집절차가 필요하다. 창립총회에 의한 설립경과의 통제가 이루어지고, 이사 · 감사의 선임도 이루어진다. 즉 발기인이 회사의 설립 시에 발행하는 주식의 총수를 인수하지 아니하는 때에는 주주를 모집하여야 한다(상301조). 이 경우 주식의 청약기간이나 납입기일의 지정 등 법률이나 정관에 특별한 규정이 없는 것은 발기인의 과반수 의결에 의하여 정한다.

(2) 주주의 모집

1) 방법 : 주식청약서에 의한 인수청약

주식인수의 청약을 하고자 하는 자는 주식청약서 2통에 인수할 주식의 종류 및 수와 주소를 기재하고 기명날인 또는 서명하여야 한다(상302조 1항).

주식청약이란 설립중 회사 입사계약으로서 민법의 일반이론이 적용된다(통설). 그러나 단체법상의 행위임을 감안하여 비진의표시에 의한 청약의 유효를 인정하고, 창립총회에서 권리를 행사한 경우 주식청약서의 요건흠결을 이유로 한 주식인수의 취소를 금지하고 있다. 2통의 주식청약서를 요구하는 것은 1통은 회사에 보관하고 1통은 설립등기신청서에 첨부하기 위한 것이다.

청약에 대한 회사의 승낙이 주식배정으로 나타난다. 청약인은 주주가 아니므로 주주평등의 원칙이 적용되지 않는다. 따라서 발기인은 청약과 무관하게 자유로이 주식배정을 할 수 있다.

2) 주식청약서의 작성권자 및 기재사항

주식청약서는 발기인이 작성하고 정관의 절대적 기재사항과 변태설립사항, 각 발기인이 인수한 주식의 종류와 수, 납입을 맡을 은행 기타 금융기관과 납입장소 등의 사항을 적어야 한다(상302조 2항). 기재사항 중 "개업전에 이자를 배당할 것을 정한 때에는 그 규정"(2항 6호)은 2011년 상법개정시 건설이자제도가 폐지(상463조 삭제)됨으로써 삭제되었다.

3) 주식청약서 요건 흠결의 효력

주식인수의 청약에 흠결이 있으면 회사의 설립시에 발행하는 주식총수에 주식인수의 흠결이 발생하여 회사의 불성립 또는 설립의 무효라는 효과를 가져올 수 있다. 상법은 주식인수의 청약의 효력을 유지하기 위한 특례를 규정하고 있다.

그 하나는 비진의표시에 의한 주식인수청약의 유효성을 인정하는 것이다(상302조 3항). 즉 상대방이 표의자의 진의 아님을 알았거나 이를 알 수 있었을 경우에는 무효가 된다는 민법 제107조 제1항 단서의 규정을 주식인수의 청약에 적용하지 않아 상법상 비진의표시에 의한 주식청약은 언제나 유효로 본다.

다른 하나는 주식을 인수한 자가 회사의 성립 후 또는 창립총회에 출석하여 그 권리를 행사한 경우에는 주식청약서의 요건의 흠결을 이유로 한 인수의 무효를 주장하지 못하게 한 것이다(상320조).

(3) 주식의 배정 및 인수

1) 주식의 배정(배정자유의 원칙)

주식인수를 청약한 자는 "발기인이 배정한 주식의 수에 따라서" 인수가액을 납입할 의무를 지게 된다.

발기인에 의한 주식배정에 대하여 특별한 제한이 없으므로 발기인은 주주모집의 광고나 사업설명서에서 선착순·안분비례 등 배정방법을 미리 밝히지 않은 이상 모집주식수의 범위 안에서 이를 자유로이 배정할 수 있다.

2) 주식인수인의 의무

주식인수를 청약한 자는 발기인이 배정한 주식의 수에 따라서 인수가액을 납입할 의무를 부담한다(상303조). 주식청약의 인수에 대하여 배정이 있으면 주식의 인수가 성립하고 청약인은 주식인수인이 되므로 납입의무가 발생하게 된다.

3) 주식인수인에 대한 통지, 최고

주식인수인 또는 주식청약인에 대한 통지나 최고는 주식인수증 또는 주식청약서에 기재한 주소 또는 그 자로부터 회사에 통지한 주소로 하면 되고(상304조 1항), 그 통지 또는 최고는 보통 그 도달할 시기에 도달한 것으로 본다(상304조 2항). 이러한 통지가 문제되는 것은 주식배정이 통상 서면의 통지로써 행해지기 때문이다.

(4) 주식에 대한 납입

1) 전액납입제

회사설립시에 발행하는 주식의 총수가 인수된 때에는 발기인은 지체없이 주식인수인에 대하여 각 주식에 대한 인수가액의 전액을 납입시켜야 한다(상305조 1항). 그 납입은 주식청약서에 기재한 납입장소에서 하여야 한다(상305조 2항).

납입은 현실로 하여야 하므로 상계나 경개, 납입의무의 면제 등은 인정되지 않는다. 어음이나 수표로 납입된 경우에는 지급인에 의해 지급되어야만 유효하게 납입이 이루어졌다고 할 수 있다(판례).

2) 현물출자시의 재산인도 및 완비서류 교부의무

모집설립의 경우에 현물출자의 이행에 관하여는 이에 관한 발기설립의 규정(상295조 2항)이 준용되므로 **현물출자를 하는 주식인수인은 납입기일에 지체없이 출자의 목적인 재산을 인도하고 등기, 등록 기타 권리의 설정 또는 이전을 요할 경우에는 이에 관한 서류를 완비하여 교부하여야 한다**(상305조 3항).

3) 납입금보관자 변경에 대한 법원의 허가

납입금의 보관자 또는 납입장소를 변경할 때에는 법원의 허가를 얻어야 한다(상306조).

4) 납입이 없는 경우의 조치(실권통지 등)

주식인수인이 납입을 하지 아니한 때에는 발기인은 일정한 기일을 정하여 그 기일 내에 납입을 하지 아니하면 그 권리를 잃는다는 뜻을 기일의 2주간 전에 그 주식인수인에게 통지(=실권예고부통지)하여야 한다(상307조 1항). **이 통지를 받은 주식인수인이 그 기일 내에 납입의 이행을 하지 아니한 때에는 그 권리를 잃는다**. 이러한 실권절차는 다수의 주식인수인으로부터 주금추심을 용이하게 하여 설립의 신속을 꾀하기 위한 것이라 할 수 있다. 이러한 실권절차에 의하지 않고는 주금을 납입하지 않더라도 주식인수인의 권리는 상실되지 않는다.

주식인수인이 실권한 경우 발기인은 다시 그 주식에 대한 주주를 모집할 수 있다(상307조 2항). 물론 발기인이 스스로 주식을 인수할 수도 있으므로 현물출자를 이행하지 않은 경우 발기인은 강제집행을 할 수는 있으나 실권절차를 적용할 수 없으므로 결국 회사의 불성립으로 될 수 있다.

5) 납입하지 않은 주식인수인의 손해배상책임

주식인수인이 기일 내 납입을 하지 못하여 권리를 잃는 경우에도 그 주식인수인에 대한 손해배상의 청구에 영향을 미치지 아니한다(상307조 3항). 주식인수인의 미납으로 인하여 손해가 있으면 실권한 주식인수인에게 손해배상청구를 할 수 있다는 취지이다.

6) 가장납입의 효력

① 통모가장납입 : 은행과 통모한 경우이다. 납입금보관자의 증명과 책임(상318

조)으로서 해결된다. 은행 등의 납입금보관증명서는 설립등기시의 필요적 첨부서면이다.

② 위장납입(견금(見金)이라고도 함) : 제3자에게 차입 후 회사성립등기 후 즉시 변제한 경우이다. 통설은 자본금이 없는 부실회사가 성립하므로 무효라고 해석하고 있으나, 판례는 발기인의 주관적 의도에 불과하므로 유효하다고 해석한다. 회사를 설립하거나 증자할 때 당초부터 진정한 주금의 납입으로 회사자금을 확보할 의도 없이 일시적인 차입금으로 단지 주금납입의 외형을 갖추고 회사설립이나 증자 후 곧바로 납입금을 인출하여 차입금을 변제하는 주금의 가장납입의 경우에도 금원의 이동에 따른 현실의 납입이 있고, 설령 그것이 실제로는 주금납입의 가장수단으로 이용된 것이더라도 이는 납입을 하는 발기인 또는 이사들의 주관적 의도의 문제에 불과하므로 이러한 내심적 사정에 의하여 회사의 설립이나 증자와 같은 집단적 절차의 일환을 이루는 주금납입의 효력이 좌우될 수 없다는 것이다(대법원 2001.3.27. 선고 99두8039 판결; 대법원 2016.9.23. 선고 2016두40573 판결 등). 이 경우 회사가 체당납입한 것으로 본다. 여기서 체당(替當)은 나중에 상환받기로 하고 금전이나 재물 따위를 대신 지급하는 일을 말한다.

③ 형사처벌과 손해배상책임 : 가장납입을 한 자는 납입가장죄(상628조)에 해당되어 5년 이하의 징역 또는 1,500만원 이하의 벌금에 처한다. 한편 판례는 주식납입금을 회사 설립등기 후 바로 인출하였으나 이미 회사가 대표이사인 피고인으로부터 주식납입금 상당에 해당하는 자산을 양도받기로 되어 있어 그 양수자금으로 사용한 것으로 볼 수 있는 경우 납입가장죄가 성립할 수 없다고 보고 있다(대법원 2001.8.21. 선고 2000도5418 판결). 또한 형법상 공정증서원본부실기재죄의 처벌을 받는다. 가장납입을 한 발기인들은 공동불법행위를 구성하여 회사에 대해 연대하여 손해배상책임을 진다.

(5) 설립경과조사의 준비절차

1) 발기인의 창립총회 소집

납입과 현물출자의 이행을 완료한 때에는 발기인은 지체없이 창립총회를 소집하여야 한다(상308조 1항). 창립총회는 주식인수인으로서 구성되는 설립중 회사의 최고의 의사결정기관이며, 성립 후 회사의 주주총회에 해당한다.

2) 창립총회 소집절차 등에 대한 주주총회 소집절차의 준용

대리인에 의한 의결권의 행사, 의결권의 불통일행사, 1주 1의결권, 특별한 이해관계가 있는 자의 의결권 제한, 주주총회결의의 하자와 종류주주총회에 관한 규정은 창립총회에도 준용한다(상308조 2항). 다만 의결권 없는 주식의 인수인도의 경우에는 의결권이 있다. 의결권 없는 주식의 의결권을 제한하는 규정을 준용하지 않기 때문이다.

(6) 변태설립사항이 없는 경우의 창립총회에 의한 설립경과의 조사

1) 결의요건

창립총회의 결의는 출석한 주식인수인의 의결권의 3분의 2 이상이며 인수된 주식의 총수의 과반수에 해당하는 다수로 하여야 한다(상309조). 주주총회의 특별결의요건보다 가중되어 있다. 이것은 창립총회가 회사창설이라는 중요한 의사를 결정하기 때문에 그러한 것이다.

2) 창립사항에 관한 발기인의 개요 보고

발기인은 회사의 창립에 관한 사항을 서면에 의하여 창립총회에 보고하여야 한다(상311조 1항). 모집주주는 창립결과를 모르기 때문에 인정하는 것이다. 이 보고서에는 ① 주식인수와 납입에 관한 제반상황, ② 변태설립사항에 관한 실태를 명확히 기재해야 한다(상311조 2항).

3) 기관의 구성

창립총회에서는 이사와 감사를 선임하여야 한다(상312조).

4) 창립총회에 대한 이사, 감사의 설립경과 조사, 보고

이사와 감사는 취임 후 지체없이 회사의 설립에 관한 모든 사항이 법령 또는 정관의 규정에 위반되지 아니하는지의 여부를 조사하여 창립총회에 보고하여야 한다(상313조 1항). 이사와 감사 중 발기인이었던 자 · 현물출자자 또는 회사 성립 후 양수할 재산의 계약당사자인 자는 조사 · 보고에 참가하지 못하고, 이사와 감사의 전원이 이에 해당하는 때에는 이사는 **공증인**으로 하여금 조사 · 보고를 하게 하여야 한다(상313조 2항; 298조 2항, 3항 준용). 발기설립의 경우와 같다.

(7) 변태설립사항이 있는 경우의 설립경과조사 특칙

1) 발기인의 검사인 선임청구

정관으로 변태설립사항을 정한 때에는 발기인은 이에 관한 조사를 하게 하기 위하여 검사인의 선임을 법원에 청구하여야 한다(상310조 1항).

2) 검사인 보고서의 창립총회 제출

변태설립사항에 관한 검사인의 보고서는 이를 창립총회에 제출하여야 한다(상310조 2항).

3) 공증인의 공증, 감정인의 감정에 의하는 특례

발기인의 특별이익 및 설립비용 등에 관한 사항에 관하여는 **공증인**의 조사·보고로, 현물출자 및 재산인수에 관한 사항과 현물출자의 이행에 관하여는 공인된 **감정인**의 감정으로 검사인의 조사에 갈음할 수 있다. 이 경우 공증인 또는 감정인은 조사 또는 감정결과를 창립총회에 보고하여야 한다(상310조 3항; 298조 4항 단서, 299조의2 준용). 발기설립의 경우와 같다.

4) 부당한 변태설립사항이 있는 경우의 조치

변경권자가 법원에서 창립총회로 바뀐 점을 제외하고는 발기설립의 경우와 같다.

① 창립총회에 의한 변경 : **창립총회에서는 변태설립사항이 부당하다고 인정한 때에는 이를 변경할 수 있다**(상314조 1항). **변경에 불복하는 발기인은 그 주식의 인수를 취소할 수 있다.** 이 경우에는 정관을 변경하여 설립에 관한 절차를 속행할 수 있다. 창립총회의 통고가 있은 후 2주 내에 주식의 인수를 취소한 발기인이 없는 때에는 정관은 통고에 따라서 변경된 것으로 본다(상314조 2항; 상300조 2항, 3항 준용).

② 발기인에 대한 손해배상청구 : **부당한 변태설립사항을 변경하는 경우에도 발기인에 대한 손해배상의 청구에 영향을 미치지 아니한다**(상315조).

(8) 정관변경, 설립폐지의 결의

창립총회에서는 정관의 변경 또는 설립의 폐지를 결의할 수 있는데, 이 결의는 소집통지서에 그 뜻의 기재가 없는 경우에도 할 수 있다(상316조). 주주총회에서는 소집통지서에 회의목적사항의 기재가 없으면 결의를 할 수 없으나, 창립총회에서는 소집통지서에 기재되지 않은 경우에도 그 결의를 할 수 있다는 취지이다.

5. 발기설립과 모집설립의 비교

<table>
<tr><th colspan="2"></th><th>발기설립(상295~300조)</th><th>모집설립(상301~316조)</th></tr>
<tr><td colspan="2">정관작성</td><td>발기인</td><td>발기인</td></tr>
<tr><td colspan="2">주식발행사항의 결정</td><td>발기인</td><td>발기인</td></tr>
<tr><td colspan="2">주식 인수</td><td>발기인</td><td>발기인+모집주주</td></tr>
<tr><td colspan="2">주금액 납입장소</td><td>발기인이 지정한 은행기타 금융기관</td><td>주식청약서에 기재된 은행 기타 금융기관</td></tr>
<tr><td colspan="2">실권절차</td><td>없음. 일반채무불이행에 의함.</td><td>있음(실권예고부 최고)</td></tr>
<tr><td colspan="2">기관(이사・감사)의 구성</td><td>발기인에 의함(의결권 과반수 찬성)</td><td>창립총회(출석한 의결권 2/3이상, 총의결권 과반수 찬성)</td></tr>
<tr><td colspan="2">감독기관</td><td>법원</td><td>창립총회</td></tr>
<tr><td rowspan="2">변태설립 사항이 없는 경우의 설립경과조사</td><td>조사・보고자</td><td>이사・감사</td><td>이사・감사</td></tr>
<tr><td>보고수령권자</td><td>발기인</td><td>창립총회</td></tr>
<tr><td rowspan="2">변태설립 사항이 있는 경우의 설립경과조사(원칙)</td><td>조사・보고자</td><td>법원이 선임한 검사인</td><td>법원이 선임한 검사인</td></tr>
<tr><td>보고수령권자</td><td>법원</td><td>창립총회</td></tr>
<tr><td rowspan="2">변태설립 사항의 대체적 경과조사(예외)</td><td>조사・보고자</td><td>발기인의 특별이익, 설립비용은 공증인의 조사보고
현물출자, 재산인수는 감정인의 조사・보고</td><td>발기인의 특별이익, 설립비용은 공증인의 조사보고
현물출자, 재산인수는 감정인의 조사・보고</td></tr>
<tr><td>보고수령권자</td><td>법원</td><td>창립총회</td></tr>
<tr><td colspan="2">변태설립사항 변경권</td><td>법원</td><td>창립총회</td></tr>
</table>

6. 설립등기

(1) 등기기간

주식회사의 설립등기는 발기인이 회사설립시에 발행한 주식의 총수를 인수한 경우(발기설립의 경우)에는 검사인(공증인, 감정인)의 변태설립사항 조사・보고 또는 법원의 변태설립사항 변경처분의 절차가 끝난 때로부터 2주간 내에, 발기인이 주주를 모집한 경우(모집설립의 경우)에는 창립총회가 종결한 날 또는 창립총회에 의한 변태설립사항 변경의 절차가 끝난 때로부터 2주간 내에 이를 하여야 한다(상317조 1항).

(2) 등기사항

1) 본점에서의 등기사항

주식회사의 **설립등기에 있어서는 다음의 사항을 등기하여야 한다**(상317조 2항).

1. 목적, 상호, 발행예정주식총수, 1주의 금액(액면주식발행시), 본점의 소재지, 회사의 공고방법
2. 자본금의 액
3. 발행주식의 총수, 그 종류와 각종 주식의 내용과 수

3의2. 주식의 양도에 관하여 이사회의 승인을 얻도록 정한 때에는 그 규정
3의3 주식매수선택권을 부여하도록 정한 때에는 그 규정
3의4. 지점의 소재지

4. 회사의 존립기간 또는 해산사유를 정한 때에는 그 기간 또는 사유
5. 개업전에 이자를 배당할 것을 정한 때에는 그 규정(건설이자배당 : 2011년 개정시 삭제)
6. 주주에게 배당할 이익으로 주식을 소각할 것을 정한 때에는 그 규정(이익소각)
7. 전환주식을 발행하는 경우에는 그에 관한 347조의 사항
8. 사내이사, 사외이사, 그 밖에 상무에 종사하지 아니하는 이사, 감사 및 집행임원의 성명과 주민등록번호
9. 회사를 대표할 이사 또는 집행임원의 성명 · 주민등록번호 및 주소
10. 둘 이상의 대표이사 또는 대표집행임원이 공동으로 회사를 대표할 것을 정한 때에는 그 규정
11. 명의개서대리인을 둔 때에는 그 상호 및 본점소재지
12. 감사위원회를 설치한 때에는 감사위원회 위원의 성명 및 주민등록번호

2011년 상법개정시 새로운 형태의 업무집행기관으로 집행임원제도가 도입됨으로써 집행임원, 대표집행입원에 대한 사항이 추가되었다(8호, 9호, 10호). 한편 건설이자배당제도 폐지에 따라 삭제된 규정도 있다(5호). “자본”을 “자본금”으로 용어변경함에 따른 개정도 있다(2호).

2) 지점에서의 등기사항

주식회사의 지점설치 및 그 이전의 경우, 지점소재지 또는 신지점소재지에서 등기를 할 때에는 ① 목적, ② 상호, ③ 본점의 소재지, ④ 회사가 공고를 하는 방법, ⑤ 회사의 존립기간 또는 해산사유를 정한 때에는 그 기간 또는 사유, ⑥ 회사를 대표할 이사 또는 집행임원의 성명 · 주민등록번호 및 주소, ⑦ 둘 이상의 대표이사 또

는 대표집행임원이 공동으로 회사를 대표할 것을 정한 경우에는 그 규정에 관한 사항을 등기하여야 한다(상317조 3항).

3) 준용규정

제181조(지점설치의 등기), 제182조(지점, 본점의 이전등기), 제183조(변경등기)의 규정은 주식회사의 등기에 준용한다(상317조 4항).

(3) 설립등기의 효력

1) 본래의 효력

설립등기에 의하여 설립 중 회사는 법인격을 취득하여 권리능력이 있는 회사로 성립한다(상172조). 설립 중의 회사는 설립등기와 더불어 소멸하고 설립 중 회사가 취득한 권리의무는 당연히 성립 후의 회사로 승계된다. 주식인수인은 설립등기시에 주주가 된다.

2) 부수적 효력

① 주식인수의 무효 또는 취소의 제한 : **설립등기 후 주식인수인은 주식청약서의 요건의 흠결을 이유로 주식인수의 무효를 주장하거나 사기, 강박 또는 착오를 이유로 주식인수를 취소하지 못한다**(상320조 1항). 그러나 행위무능력을 이유로 한 주식인수의 취소 주장은 가능하다. **창립총회에 출석하여 그 권리를 행사한 자는 회사의 성립 전에도 주식인수를 취소하지 못한다**(상320조 2항)

② 설립무효의 제한 : 회사가 성립하면 회사설립의 무효는 회사성립의 날로부터 2년 내에 소만으로 주장할 수 있다(상328조 1항).

③ 발기인의 자본금 충실책임 : 회사성립 후에 아직 인수되지 아니한 주식이 있거나 그 주식인수의 청약이 취소된 때에는 발기인이 이를 공동으로 인수한 것으로 보며(인수담보책임), 납입을 완료하지 아니한 주식이 있는 때에는 발기인이 연대하여 납입할 책임을 진다(납입담보책임)(상321조).

④ 권리주 양도 제한의 해제 : 권리주란 회사의 성립 전 또는 신주발행의 효력발생 전의 주식의 인수로 인한 권리, 즉 주식인수인의 지위를 말한다. **주식의 인수로 인한 권리의 양도는 회사에 대하여 효력이 없다**(상319조). 설립등기가 이루어짐으로써 이러한 양도제한 규정은 적용되지 않는다.

⑤ 주권발행의 허용 : 회사는 설립등기를 함으로써 주권을 발행할 수 있게 된다(상355조 2항).

V. 설립관여자들의 책임

1. 설립관여자의 의의

주식회사의 설립관여자는 납입금보관자, 발기인, 유사발기인, 이사·감사 및 검사인 등이다.

2. 납입금보관자의 증명과 책임

납입금을 보관한 은행이나 그 밖의 금융기관은 발기인 또는 이사의 청구를 받으면 그 보관금액에 관하여 증명서를 발급하여야 한다(상318조 1항). 제1항의 은행이나 그 밖의 금융기관은 증명한 보관금액에 대하여는 납입이 부실하거나 그 금액의 반환에 제한이 있다는 것을 이유로 회사에 대항하지 못한다(상318조 2항). 이것은 회사로 하여금 납입금보관은행이 증명한 납입금액을 완전히 수령함으로써 설립의 안정과 자본금 충실을 도모하기 위한 것이다. 자본금 총액이 10억원 미만인 회사를 제295조 제1항에 따라 발기설립하는 경우에는 제1항의 증명서를 은행이나 그 밖의 금융기관의 잔고증명서로 대체할 수 있다(상318조 3항).

3. 발기인의 책임

별도의 항에서 자세히 살펴본다.

4. 유사발기인의 책임

주식청약서 기타 주식모집에 관한 서면에 성명과 회사의 설립에 찬조하는 뜻을 기재할 것을 승낙한 자는 발기인과 동일한 책임이 있다(상327조). 발기인과 동일한 책임이란 자본금 충실책임을 말한다. 유사발기인은 발기인은 아니나 그러한 외관을 믿고 행위를 한 주식인수인 등을 보호하기 위하여 금반언의 법리 또는 권리외관법리에 의하여 인정되는 것이다. 유사발기인의 자본금 충실책임은 발기인의 경우와 같이 총주주의 동의로 면제할 수 없고, 소수주주의 대표소송에 의하여 추궁할 수 있다.

5. 이사, 감사의 책임

회사의 성립 전에 선임된 이사와 감사는 발기설립의 경우에는 설립경과를 조사하여 발기인에게 보고할 의무를 지고(상298조), 모집설립의 경우에는 창립총회에서 설립경과에 관한 조사·보고의무를 진다(상313조).

이러한 임무를 해태하여 회사 또는 제3자에 대하여 손해를 배상할 책임을 지는 경우에 발기인도 책임질 때에는 그 이사, 감사와 발기인은 연대하여 손해를 배상할 책임이 있다(상323조). 이사·감사의 제3자에 대한 손해배상책임은 발기인의 경우와 마찬가지로 악의 또는 중대한 과실이 있는 때에만 진다고 본다(통설). 이사·감사의 손해배상책임은 과실책임이므로 총주주의 동의로 면제할 수 있고, 그 책임추궁을 위한 대표소송도 인정된다.

6. 검사인의 손해배상책임

법원이 선임한 검사인이 악의 또는 중대한 과실로 인하여 그 임무를 해태한 때에는 회사 또는 제3자에 대하여 손해를 배상할 책임이 있다(상325조). 검사인은 법원과의 사이에 위임관계가 있을 뿐 회사와는 아무런 계약관계가 없으나, 주식인수인과 회사채권자를 보호하기 위해 검사인에게 손해배상책임을 인정하는 것이다.

7. 공증인·감정인의 손해배상책임

공증인과 감정인이 변태설립사항을 조사·평가함에 있어 고의·과실이 있는 경우에 관해 상법상 아무런 규정이 없다. 그러나 이들은 회사와 위임관계에 있으므로 이사·감사의 책임에 관한 상법 제323조를 유추하여 배상책임을 인정할 필요가 있다고 본다.

Ⅵ. 발기인의 책임

1. 발기인 책임의 의의

발기인은 발기인으로 구성되는 발기인조합의 구성원인 동시에 설립 중인 회사의 기관이므로 회사설립 전반에 걸쳐 엄중한 책임을 진다. 자본단체로서의 주식회사의 설립은 다수의 이해관계인에게 손해를 끼칠 염려가 많지만, 상법은 회사설립에 관하여 준칙주의를 취하고 있으므로 이해관계인의 이익보호에 미흡한 면이 있게 된다. 그리하여 이를 보완하는 수단으로서 발기인에 대한 책임을 강하게 인정한다.

발기인의 책임은 회사가 성립한 경우와 회사가 불성립한 경우로 나누어 볼 수 있다.

2. 회사가 성립한 경우

(1) 자본금 충실책임(=인수 및 납입담보책임)

1) 자본금 충실책임의 의의

발기인의 인수담보책임과 납입담보책임을 자본금 충실의 책임이라 한다. **회사설립시에 발행한 주식으로서 회사성립 후(=설립등기 후)에 아직 인수되지 아니한 주식이 있거나 주식인수의 청약이 취소된 때에는 발기인이 이를 공동으로 인수한 것으로 본다**(=인수의제)(상321조 1항)(인수담보책임). 인수담보책임을 부담하면 발기인이 스스로 주주가 되어 납입책임도 지게 된다.

회사성립 후 아직 납입을 완료하지 아니한 주식이 있는 때에는 발기인은 연대하여 그 납입을 하여야 한다(상321조 2항)(납입담보책임). 발기인이 납입담보책임을 지는 경우에도 발기인이 주주가 되는 것은 아니고 납입을 하지 아니한 주주에 대해 구상권을 가질 뿐이다.

자본금 충실책임을 인정하는 것은 설립등기에 의하여 주식의 전부에 관하여 인수 및 납입이 있었다고 신뢰하는 일반주주와 회사채권자의 이익을 보호하는 데 있다.

2) 자본금 충실책임의 성질

이 책임은 무과실연대책임이다. 채권자의 보호를 위하여 총주주의 동의로도 면제할 수 없다. 소수주주는 대표소송에 의하여 이행을 강제할 수 있다. 발기인은 이러한 납입의무에 대하여 상계로써 대항할 수 없다.

3) 자본금 충실책임의 적용범위

자본금 충실책임은 현물출자에는 적용되지 않으며(다수설), 하자가 경미한 경우에만 적용된다(다수설). 하자가 크면 설립무효로 다루어야 하기 때문이다.

이에 대하여 현물출자의 목적재산이 회사의 사업수행에 불가결한 것이면 설립무효로 다루고, 불가결한 것이 아니라면 금전으로 납입할 수 있도록 발기인들에게 이행책임 또는 그 가액의 지급책임을 지우도록 하자는 견해도 유력하다.

(2) 손해배상책임

1) 회사에 대한 책임발생 사유 및 책임

발기인이 회사의 설립에 관하여 그 **임무를 해태한 때**에는 그 발기인은 회사에 대하여 연대하여 손해를 배상할 책임이 있다(상322조 1항). 이 책임은 과실책임이다.

판례는 주금의 가장납입시에 납입의 효력을 인정하되, 발기인의 임무해태를 인정함으로써 납입이 제대로 되지 않은 문제를 해결한다.

유사발기인은 설립업무를 수행하지 않으므로 임무해태라는 관념은 인정되지 않는다.

발기인의 손해배상책임은 회사가 성립한 경우에만 발생하고 회사불성립의 경우에는 인정되지 않으나, 회사가 성립한 후 설립이 무효가 되더라도 이미 발생한 발기인의 책임에는 영향이 없다.

2) 제3자에 대한 책임발생 사유 및 책임

발기인이 **악의 또는 중대한 과실로 인하여 그 임무를 해태한 때**에는 그 발기인은 제3자에 대하여도 연대하여 손해를 배상할 책임이 있다(상322조 2항). 즉 발기인은 제3자, 즉 주주(다수설) 또는 주식인수인을 포함하는 회사 이외의 모든 자에 대하여 악의·중과실에 의한 임무해태시에 손해배상책임을 부담하게 된다.

이 책임의 성질에 대하여 통설은 법정책임설을 취하므로 민법의 불법행위책임과는 별개로 본다. 따라서 불법행위의 요건을 충족하는 경우에는 불법행위책임과 본조의 법정책임의 경합이 인정된다. 이러한 결론은 이사의 제3자에 대한 손해배상책임의 그것과 같다.

3) 손해배상책임의 면제 및 소멸

발기인의 손해배상책임은 총주주의 동의가 있으면 면제할 수 있다(상324조; 400조 준용). 또한 10년의 시효기간의 경과로 소멸한다.

총주주의 동의로 면제되는 것은 법정책임이고 불법행위책임까지 면제되는 것은 아니다.

4) 손해배상책임의 연대

이사 또는 감사가 임무를 해태하여 회사 또는 제3자에 대하여 손해를 배상할 책임을 지는 경우에 발기인도 책임질 때에는 그 이사, 감사와 발기인은 연대하여 손해를 배상할 책임이 있다(상323조).

(3) 양 책임의 관계

발기인이 자본금 충실의 책임을 지는 경우에도 회사는 발기인에게 임무해태에 의한 손해배상을 청구할 수 있다(상321조 3항; 315조 준용).

(4) 책임추궁에 관한 대표소송

발기인에 대한 책임의 추궁을 위하여 소수주주(발행주식총수의 100분의 1 이상)의 대표소송이 인정된다(상324조; 403조 내지 406조 준용).

3. 회사가 불성립한 경우

회사가 성립하지 못한 경우에는 발기인은 그 설립에 관한 행위에 대하여 연대하여 책임을 지며, 회사의 설립에 관하여 지급한 비용은 발기인이 부담한다(상326조). 회사가 성립하지 못한 경우란 회사의 설립절차에 착수하였으나 설립절차가 중도에 좌절되어 설립등기에까지 이르지 못한 경우, 즉 회사가 사실상·법률상 성립하지 못한 경우를 말한다. 따라서 회사가 일단 성립하였다가 설립무효의 판결이 확정된 경우에는 본조의 적용범위에서 제외된다.

본조의 취지에 대하여는 주식인수인 및 설립 중의 회사와 거래관계를 가진 채권자를 보호하기 위해서 회사가 불성립한 경우에도 발기인에게 책임을 인정하는 것이라는 견해가 다수설이다.

Ⅶ. 회사설립의 무효

1. 회사설립무효의 원인

상법에서는 설립무효의 원인에 관하여 아무런 규정을 두고 있지 않다. 주식회사는 인적인 개성이 중요하지 않으므로 개개의 사원의 설립행위가 무효와 같은 주관적 원인은 제외된다.

정관의 절대적 기재사항의 하자(상289조), 정관에 공증인의 인증이 없는 때(상292조) 등 객관적 사유에 한한다.

2. 회사설립무효의 주장방법

회사설립의 무효는 주주 · 이사 또는 감사에 한하여 회사성립의 날로부터 2년 내에 소만으로 이를 주장할 수 있다(상328조 1항).

3. 회사설립무효의 소의 절차

제186조(전속관할), 제187조(소제기의 공고), 제188조(소의 병합심리), 제189조(하자의 보완 등과 청구의 기각), 제190조(판결의 대세적, 불소급적 효력), 제191조(패소원고의 책임), 제192조(설립무효의 등기), 제193조(설립무효판결의 효과)의 규정은 설립무효의 소에 준용한다(상328조 2항). 합명회사의 회사설립무효의 소에 관한 절차규정이 준용되는 것이다.

4. 사실상의 회사

(1) 사실상의 회사의 의의

회사설립의 하자로 설립무효 또는 설립취소의 판결이 확정된 경우 판결은 장래효만을 가지므로(소급효 부정) 회사성립시부터 설립무효·취소판결시까지 존재하게 되는 회사를 말한다.

회사실체가 전혀 인정되지 않는 회사불성립시·부존재시에는 문제되지 않는다.

(2) 법률관계

사실상의 회사로 존속한 기간 동안에는 완전히 유효한 회사로 취급되므로 회사·대표기관은 채권자 등에 대하여 일반법리에 따라 책임을 부담한다. 다만 판결의 효과로서 회사는 해산에 준하여 청산을 하게 될 뿐이다.

제2절 주식

제1관 주식과 주권

Ⅰ. 주식의 의의

주식은 ① 자본금의 구성부분, ② 주주의 지위라는 두 가지 의미로 쓰인다.

1. 자본금의 구성부분

(1) 자본금의 의의

주식은 자본금의 구성부분의 의미로 쓰인다. 이때 자본금이란 통상 **발행주식의 액면총액**을 말한다(상451조). "자본금＝발행주식수×액면가액"이 된다. ① 상환주식의 상환(상345조), ② 이익소각(상343조 단서), ③ 주주총회의 결의에 의한 주식소각(상343조의2)의 경우는 예외이다. 상환 또는 소각으로 발행주식의 수가 줄지만 자본금은 감소하지 않고 그대로이기 때문이다.

(2) 최저자본금

주식회사의 자본금은 5천만원 이상이어야 한다는 최저자본금제도는 주식회사제도의 남용을 시정하기 위하여 도입한 것이나, 2009년 상법 개정시 폐지되었다.

(3) 자본금의 구성

2011년 상법개정 전에는 주권에는 주식의 수뿐만 아니라 1주의 금액이 기재되어야 하므로 1주의 권면액이 기재되지 않는 무액면주식의 발행은 인정하지 않았다. 2011년 상법개정으로 액면주식 이외에도 무액면주식이 발행되면서 항상 주권에 1주의 금액이 기재되는 것은 아니다. 또한 자본금은 이를 주식으로 항상 분할하여야 하는 것도 아니다.

회사는 정관으로 정한 경우에는 주식의 전부를 무액면주식으로 발행할 수 있다. 다만, 무액면주식을 발행하는 경우에는 액면주식을 발행할 수 없다(상329조 1항). 액면주식의 금액은 균일하여야 하고, 액면주식 1주의 금액은 100원 이상으로 하여야 한다(상329조 2항, 3항).

회사는 정관으로 정하는 바에 따라 발행된 액면주식을 무액면주식으로 전환하거나 무액면주식을 액면주식으로 전환할 수 있다(상329조 4항). 이때 회사는 1월 이상의 기간을 정하여 그 뜻과 그 기간 내에 주권을 회사에 제출할 것을 공고하고 주주명부에 기재된 주주와 질권자에 대하여는 각별로 그 통지를 하여야 한다(상329조 5항; 상440조 준용). 전환의 효과는 위 기간이 만료한 때에 그 효력이 생긴다(상329조 5항, 상441조 본문 준용).

구주권을 회사에 제출할 수 없는 자가 있는 때에는 회사는 그 자의 청구에 의하여 3월 이상의 기간을 정하고 이해관계인에 대하여 그 주권에 대한 이의가 있으면 그 기간 내에 제출할 뜻을 공고하고 그 기간이 경과한 후에 신주권을 청구자에게 교부할 수 있고, 공고의 비용은 청구자의 부담으로 한다(상329조 5항, 상442조 준용).

(4) 자본금에 대한 입법례

주식회사의 자본금에 대한 입법례는 회사의 성립시에 자본금에 해당하는 주식의 인수를 요하는가에 따라 이를 요하는 확정자본제도(총액인수제도)와 그렇지 않은 수권자본제도로 나뉜다.

확정자본제도는 자본금이 정관의 기재사항이고 회사의 설립시에 자본금에 해당하는 주식의 인수를 요하는 제도로 대륙법계 국가의 입법례이다. 이에 반해 수권자본제도는 자본금은 정관의 기재사항은 아니고 정관에는 회사가 발행할 주식총수(수권주식총수)만이 기재되며 회사의 설립시에는 수권주식총수 중 일부만이 인수되어도 회사는 성립되고 나머지는 이사회결의만으로도 신주발행을 할 수 있는 제도로 영미법계 국가의 입법례이다. 확정자본제도는 회사설립시 회사의 재산적 기초를 튼튼히 하여 회사채권자를 보호하는 장점이 있고, 수권자본제도는 회사설립과 자본조달에 탄력성이 있다는 장점이 있다.

우리나라 상법의 경우는 자본금을 정관의 기재사항으로 규정하고 있지 않은 점(상289조 1항), 정관에는 다만 수권주식총수만을 기재한 점(상289조 1항 3호), 이러한 수권주식총수 중 미발행주식은 이사회의 결의만으로 발행할 수 있다는 점(상416조)은 수권자본제도를 따른 것이라 할 수 있다. 한편 2011년 상법개정 전에는 설립시에는 반드시 수권주식총수의 4분의 1 이상의 주식이 발행되어야 한다는 점(상289조 2항), 이는 전액 납입되어야 한다는 점(상295조, 305조)에서는 확정자본제도를 가미한 것으로 평가되었다. 2011년 상법개정시 설립시 최저 발행주식수 규정이 삭제되었다. 법개정으로 회사의 자금조달이 좀 더 탄력성 있게 되었다.

(5) 자본금의 3원칙

주식회사에서의 자본금은 회사채권자를 보호하기 위한 최소한도의 담보액이기 때문에 자본금확정의 원칙, 자본금유지(충실)의 원칙, 자본금불변의 원칙 등의 원칙이 강조된다.

1) 자본금확정의 원칙

신주발행시 자본금이 정관상 완전히 확정되고, 출자자인 주식인수인도 확정되어야 한다는 원칙이다. 회사설립시에는 발행주식 전부가 인수·납입되므로 이 범위 내에서는 타당하다.

회사성립 후의 신주발행시에도 위 원칙이 적용되는가에 대해서는 학설의 대립이 있는데, 적용되지 않는다는 견해가 다수설이다. 신주발행예정주식의 전부에 대한 인수와 납입이 없더라도 납입과 이행이 있는 범위 내에서 신주발행의 효력이 생기는 것을 근거로 들고 있다.

2) 자본금유지(충실)원칙

자본금에 대응하는 회사 재산을 현실적으로 보유해야 한다는 원칙이다. 주로 자본거래를 통해 회사의 재산이 부당하게 유출되는 것을 막기 위하여 인정되는 제도이다. 주식회사의 자본금유지를 위한 상법상 제도에는 다음과 같은 것이 있다. 조문 순서대로 나열한다.

① 주식인수가액의 전액납입(상305조)
② 납입의무를 불이행한 주식인수인에 대한 실권예고부의 최고(상307조)
③ 변태설립에 관한 엄격한 감독(상310조, 314조)
④ 납입금보관자의 책임(상318조 2항)
⑤ 발기인 또는 이사의 인수 또는 납입담보책임(상321조, 428조 1항)
⑥ 주식액면미달발행의 금지(상330조 단서)
⑦ 가설인(假設人)·타인명의에 의한 주식인수인의 책임(상332조)
⑧ 납입에 대한 상계의 금지(상334조) *2011년 개정시 삭제됨. 대신 신주인수인의 회사 동의 없는 납입채무 상계금지 조항 신설(상421조 2항).
⑨ 자기주식의 취득제한(상341조) *2011년 개정시 자기주식 취득의 원칙적 금지에서 원칙적 허용으로 변경됨
⑩ 주식의 상호소유의 금지와 제한(상342의2, 369조 3항)
⑪ 사후설립에 관한 요건(상375조)
⑫ 불공정가액에 의한 주식인수인의 책임(상424조의2)
⑬ 자본금 감소에 관한 엄격한 규제(상438조, 439조)
⑭ 자산의 평가방법(상452조) *2011년 개정시 삭제됨. 상법의 회계 관련규정을 대폭 삭제하고 "회사의 회계는 이 법과 대통령령으로 규정한 것을 제외하고는 일반적으로 공정하고 타당한 회계관행에 따른다"는 회계의 원칙을 신설(상446조의2).
⑮ 법정준비금제도(상458조, 459조)
⑯ 이익배당의 제한(상462조 1항)
⑰ 위법배당금의 반환청구(상462조 3항)

⑱ 이익공여의 금지(상467조의2)

3) 자본금불변의 원칙

정관에 의하여 확정된 자본금은 반드시 법적 절차에 의하여 변동되어야 하고 임의로 이를 변경할 수 없다는 원칙이다. 우리는 수권자본제도를 취하고 있으므로 자본금 증가는 쉽게 가능하다. 그러나 자본금 감소는 엄격하게 제한되므로 이 범위 내에서 의미가 있다.

(6) 주식의 분류

1) 주권에 주주의 표시 여부에 따른 분류 : 기명주식, 무기명주식

기명주식이란 주주의 성명이 주권(株券)과 주주명부에 표시되는 주식을 말한다. 우리 상법은 기명주식만을 발행하도록 규정하고 있다(상357조 1항).

무기명주식이란 주주의 성명이 주권과 주주명부에 표시되지 않는 주식을 말한다. 우리 상법은 2014년 개정 전 예외적으로 정관에 규정이 있는 경우에 한하여 무기명주식의 발행을 인정한 바 있다(구상357조 1항). 2014년 5월 20일 상법 개정시 무기명주식 제도를 폐지하여 주식을 기명주식으로 일원화하였다. 1963년 시행된 제정 상법에서부터 존재한 무기명주식 제도는 현재까지 발행 사례가 없어 기업의 자본금 조달에 기여하지 못한 점, 소유자 파악이 곤란하여 양도세 회피 등 과세사각지대의 발생 우려가 있다는 점, 조세 및 기업 소유구조의 투명성 결여로 인한 국가의 대외 신인도를 저하시키는 원인이 될 수 있다는 점 등 때문에 폐지되었다.

2) 주권에 주금액 표시 여부에 따른 분류 : 액면주식, 무액면주식

액면주식이란 1주의 금액(주금액)이 정관과 주권(株券)에 기재된 주식을 말한다. 무액면주식이란 1주의 금액이 정관 및 주권에 표시되지 않고 단지 자본금에 대한 비율만이 표시되는 주식을 말한다. 이러한 주식은 주권에 주식수만이 기재된다.

2011년 상법개정 전에는 액면주식만이 허용되었으나 개정 후 무액면주식도 허용되고 있다. 다만 액면주식과 무액면주식을 동시에 발행할 수는 없다. 무액면주식제도는 미국, 독일, 일본에서는 이미 인정되고 있다. 한편 2011년 상법개정 전에도 「자본시장과 금융투자업에 관한 법률」(소위 자본시장법)에 의해 투자된 투자회사의 경우에는 무액면주식의 발행이 허용되었다(자본시장법 196조 1항).

3) 다양한 종류주식

종류주식이란 이익의 배당, 잔여재산의 분배, 주주총회에서의 의결권의 행사, 상환 및 전환 등에 관하여 내용이 다른 종류의 주식을 말한다(상344조 1항). 2011년 상법개정 전에는 이익이나 이자의 배당 또는 잔여재산의 분배에 관하여 내용이 다른 주식을 "수종의 주식"이라 하였다. 이때에는 보통주를 표준으로 하여 우선순위의 배당이 인정되는 우선주, 후순위의 배당이 인정되는 후배주, 이익배당에서는 보통주에 우선하고 잔여재산분배에서는 후순위를 갖는 것처럼 혼합된 형태의 혼합주로 나뉘었다.

그런데 법개정으로 보다 다양한 주식발행이 허용되고 있다. 우선주에 대하여만 무의결권 주식이 발행되었으나 현재는 의결권 없는 보통주, 특정 사항에 대하여만 의결권이 제한되는 주식, 특정 재산으로만 배당받을 수 있는 주식의 발행이 가능해졌다. 이익배당·잔여재산분배에 관한 종류주식(상344조의2), 의결권배제·제한에 관한 종류주식(상344조의3), 주식의 상환에 관한 종류주식(상환주식)(상345조), 주식의 전환에 관한 종류주식(전환주식)(상346조) 등이 종류주식의 예로 별도규정을 두고 있다.

(7) 주식평등의 원칙

1) 주식평등의 원칙의 의의

동종의 주식을 전제로 하여 동일하게 취급하여야 한다는 원칙이다. 주주의 평등은 머릿수에 따른 평등이 아니라 각 주주가 갖고 있는 주식에 따른 평등이라는 점에서 주주평등의 원칙은 엄격히 말하면 주식평등의 원칙이라 할 수 있다.

2) 주식평등의 원칙의 내용

① 회사의 수익에 대해 : 이익배당평등
② 회사의 순재산에 대해 : 잔여재산평등
③ 회사지배에 대하여 : 의결권평등

3) 주식평등의 원칙의 예외

① 종류주식 : 우선주, 보통주, 후배주; 상환주식, 전환주식, 의결권이 없거나 제한되는 주식. 다만 같은 종류의 주식 간에는 주식평등의 원칙이 적용된다.

② 의결권을 제한받는 경우 : 회사의 자기주식, 자회사가 취득한 모회사주식, 특별이해관계인의 주식, 감사선임시 100분의 3을 초과하는 주식 등
③ 소수주주권
④ 단주의 처리

2. 사원(=주주)의 지위 또는 자격

(1) 자익권 · 공익권

사원의 지위 또는 자격(사원권)이란 결국 주주로서 갖는 권리인 자익권과 공익권을 의미한다.

자익권이란 주주가 회사로부터 경제적 이익 기타 편익을 받는 것을 목적으로 하는 권리를 말하며 재산권적 성질의 권리로서의 이익배당청구권, 신주인수권, 잔여재산분배청구권 등을 말한다.

공익권이란 회사의 운영에 참가하는 것을 목적으로 하거나 이와 관련하여 행사하는 인격권적 내용의 의결권과 지배권 등을 말한다. 예컨대 주주총회소집청구권이나 주주총회결의하자의 소 · 대표소송과 같은 각종 소의 제소권, 이사 · 감사의 해임청구권, 회사의 업무상태 및 재산상태의 검사청구권 등을 말한다.

(2) 단독주주권과 소수주주권

주주로서 자익권 또는 공익권을 행사함에는 원칙적으로 제한이 없다. 특히 자익권은 모두 단독주주가 행사할 수 있다.

공익권도 원칙적으로는 단독주주가 행사할 수 있도록 되어 있으나 일정한 경우 주주권의 남용으로 인한 폐해를 방지하기 위하여 일정한 수의 주식을 보유한 주주만이 권리를 행사할 수 있도록 하고 있다. 이러한 경우를 소수주주권이라 하는데, 주식평등의 원칙에 따른 다수결의 남용을 막고 소수주주를 보호하기 위하여 인정된다.

예컨대 ① **이사에 대한 위법행위유지청구권**(상402조), ② **대표소송**(상403조) 등은 발행주식총수의 100분의 1 이상을 요한다.

① 주주제안권(상363조의2), ② 주주총회소집청구권(상366조), ③ 집중투표청구권(상382조의2), ④ 이사해임청구권(상385조), ⑤ 회계장부열람권(상466조), ⑥ 업

무 및 재산상태검사청구권(상466조의2) 등을 행사하기 위하여는 발행주식총수의 100분의 3 이상을 요한다.

해산판결청구권(상520조)을 청구하기 위해서는 발행주식총수의 100분의 10 이상을 요한다.

Ⅱ. 자본금의 구성부분으로서의 주식에 대한 특칙

1. 주식분할의 허용

(1) 주식분할의 의의

회사의 자본금이나 자산은 변경하지 않고 주식의 권면액을 낮추어 발행주식총수를 증가시키는 것을 말한다. 이는 액면주식의 분할을 의미한다. 예컨대 5,000원인 액면가인 경우 이를 1,000원으로 하는 경우이다. 이는 회사합병시 주가차를 조정하고, 고가주의 유통성을 회복시키기 위함이다. 1998년 12월 28일 상법개정시 주식분할제도가 도입되었다.

주식분할은 회사의 발행주식수에는 변동이 없이 1주권(株券)에 표창된 주식수를 세분하여 여러 매의 주권으로 만드는 '주권분할'과는 구별된다.

2011년 상법개정시 무액면주식이 도입되어 주식분할은 액면주식뿐만 아니라 무액면주식의 경우도 생각할 수 있다. 그런데 무액면주식은 액면이라는 것이 없어서 무액면주식의 분할은 자본금, 자산 등 관계없이 단지 회사가 발행한 주식의 총수를 증가시키는 것을 의미한다. 이는 종전의 주식수에 추가하여 증가하는 것이 아니고 기존의 주식을 세분화하는 것이다. 무액면주식을 발행한 회사의 경우 주식분할, 주식배당, 무상증자의 구별이 큰 의미를 갖지 못한다. 상법에서 주식분할이라고 하면 보통은 액면분할을 의미한다고 할 것이다.

(2) 주식분할의 방법

1) 주주총회의 특별결의

회사는 주주총회의 특별결의로 주식을 분할할 수 있다(상329조의2 1항). 특별결의를 요하는 것은 정관의 필수적 기재사항인 1주의 금액을 인하하게 되어 정관변경을 요하기 때문이다. 정관변경시 주주총회 특별결의인 출석한 주주의 의결권의 3분의 2 이상의 수와 발행주식총수의 3분의 1 이상의 수로써 결의를 해야 함을 의미한다(상329조의2 1항, 434조).

무액면주식 분할시에는 발행예정주식총수의 범위 내에서 이루어지므로 그 한도가 충분하면 정관변경을 위해 주주총회 특별결의를 거칠 이유는 없다. 이를 놓고 상법이 액면주식의 분할과 무액면주식의 분할을 구별하지 않고 주식분할시 주주총회 특별결의를 필요하다고 했으므로 주주총회의 특별결의가 필요하다는 견해, 무액면주식의 분할은 정관이나 자본금에 영향을 미치지 않고 발행주식수만 증가시키므로 신주발행과의 균형상 이사회 결의만으로 족하고 주주총회의 특별결의는 필요없다는 견해 등이 있다.

2) 분할 후 주식의 권면액 제한

분할 후의 액면주식 1주의 금액은 100원 미만으로 하지 못한다(상329조의2 2항). 상법규정에 따르면 분할 후의 액면주식 1주의 금액은 일정 금액(상329조 3항) 미만으로 하지 못하는데, 액면주식 1주의 금액은 100원 이상으로 하도록 되어 있기 때문에 이러한 해석이 되는 것이다. 1주의 최저액면금액은 1998년 12월 28일 상법개정시 종전의 5,000원에서 100원으로 인하되었다. 주식분할을 자유롭게 하고 신주발행시 기업자금조달의 편의를 돕기 위한 개정이었다.

위의 액면주식의 경우 주식분할 후 액면가는 100원 이상으로 하여야 한다는 것은 주식분할의 제한의 하나라 할 수 있다. 액면주식 분할시 1주의 금액을 종전보다 인하하여야 한다는 점, 미발행주식총수의 범위 내에서의 같은 종류의 주식으로 분할하여야 해서 주식분할을 결의하려면 발행주식총수를 증가시키는 정관변경을 먼저 하여야 한다는 점, 주식분할은 동일한 종류주식 내에서는 주주평등의 원칙이 적용되므로 이에 반하지 않아야 한다는 점 등 다른 제한도 존재한다.

3) 주식병합의 절차 준용

제440조(구주권의 제출통지 및 공고), 제441조(주식병합의 효력발생시기), 제442조(제출기간 경과 후 신주권의 교부), 제443조(분할에 적합하지 않은 단주의 처리)의 규정을 주식분할의 경우에 이를 준용한다(상329조의2 3항).

주식분할의 효력발생시기와 관련한 주식병합의 경우를 준용하면 주식분할은 주주에 대한 공고기간이 만료한 때에 그 효력이 발생한다(상329조의2 3항, 441조). 액면분할시 회사 채권자와는 이해관계가 없으므로 채권자보호절차를 요하지 아니한다.

4) 주식분할의 효력

주식분할의 결과 회사의 발행주식총수와 각 주주가 가지는 주식의 수는 증가하지만 회사의 재산과 자본금에는 변화가 없다. 분할 전 주식에 대한 질권은 분할 후의 주식 위에 존속한다(상339조).

액면분할 전후의 주식은 동일성이 유지되므로 분할 전의 주식을 목적으로 하는 질권은 분할 후의 신주식에 대하여도 효력이 미치는 것이다.

2. 액면미달 발행의 제한

회사가 주식을 액면미달로 발행하는 경우에는 회사채권자의 이익을 해할 우려가 있기 때문에 원칙적으로 **주식은 액면미달의 가액으로 발행하지 못한다. 그러나 성립 후 2년이 경과된 회사가 주주총회 특별결의와 법원의 인가를 얻은 경우에는 액면미달의 가액으로 신주발행을 할 수 있다**(상330조). 회사가 발행한 주식의 주가가 액면 이하로 거래되는 때에도 신주발행을 통한 자금조달이 필요할 수 있기 때문이다.

Ⅲ. 주주의 책임

1. 주주의 유한책임

주주는 회사에 대하여만 그가 가진 주식의 인수가액을 한도로 책임을 지고(상331조), 그 밖의 회사채권자 등에는 아무런 책임을 지지 않는다(간접유한책임). 이처럼 주주가 회사에 대하여 가지는 유일한 의무는 주식의 인수가액에 대한 납입의무라 할 수 있다. 주주가 개인적으로 회사의 채무를 부담하는 것이 주주유한책임 원칙에 반하는 것은 아니다. 상법 제331조의 주주유한책임원칙은 주주의 의사에 반하여 주식의 인수가액을 초과하는 새로운 부담을 시킬 수 없다는 취지에 불과하고 주주들의 동의 아래 회사채무를 주주들이 분담하는 것까지 금하는 취지는 아니다(대법원 1989.9.12.

선고 89다카890 판결).

2011년 상법개정 전에는 회사의 자본금 충실을 위하여 이 의무의 면제나 상계는 인정되지 않았다(상334조). 회사의 채권자가 그 채권을 주식으로 전환하는 것이 금지(상계금지)되었던 것이다. 그런데 2011년 상법개정으로 상법 제334조가 삭제되고 상법 제421조 제2항이 신설되어 회사 설립 후 신주의 인수인의 상계는 금지하지만 회사측의 상계는 허용되고 있다. 신주의 인수인은 회사의 동의 없이 인수한 주식에 대한 납입채무와 주식회사에 대한 채권을 상계할 수 없는 것이다. 채권의 출자전환이 일부 허용되고 있는 것이다.

자신이 인수한 주식의 납입을 이행함으로써 주주의 출자의무는 종료된다. 이것은 주주의 유한책임제를 취하는 주식회사의 본질적인 내용으로서 정관이나 주주총회의 결의로써도 이와 달리 정할 수 없다고 한다.

2. 가설인, 타인명의에 의한 주식인수인의 책임

(1) 가설인(假設人)에 의한 인수인의 책임

가설인의 명의로 주식을 인수하거나 타인의 승낙 없이 그 명의로 주식을 인수한 자는 주식인수인으로서의 책임이 있다(상332조 1항). 가설인은 가공인물을 말한다. 타인은 주식인수 사실을 모를 것이므로 실제의 인수인인 명의차용자가 주주로서의 책임을 부담해야 할 것이다.

(2) 타인명의 주식인수인의 책임

타인의 승낙을 얻어 그 명의로 주식을 인수한 자는 그 타인과 연대하여 납입할 책임이 있다(상332조 2항). 이 경우에는 “그 타인과 연대하여”의 해석과 관련하여 그 타인, 즉 명의대여자가 주주가 된다는 형식설과 명의차용자를 주주로 인정하는 실질설의 대립이 있다.

형식설에서는 명의대여자가 주주라고 해석하고 문언 그대로 차용자는 연대납입책임만을 진다고 해석한다(판례). 주식인수는 단체법상의 법리이므로 외관에 따른 권리의무 귀속이 필요하다는 점을 논거로 한다.

실질설에서는 주주가 되려는 의사를 표시한 명의차용자가 주주라고 한다. 상법 제332조 제2항의 “타인과 연대하여 납입할 책임이 있다”라는 문언을 “주주가 된다”

는 뜻으로 해석한다(다수설). 그러나 권리행사를 위하여는 명의개서가 필요하다고 한다.

판례는 대법원 2017.3.23. 선고 2015다248342 전원합의체 판결에서 실질설에서 형식설로 입장을 변경하였다. 이에 따라 이에 반하는 종전의 판례를 변경하기로 하였다.

즉 ① 타인의 명의를 빌려 회사의 주식을 인수하고 그 대금을 납입한 경우에 그 타인의 명의로 주주명부에 기재까지 마쳐도 "실질상의 주주인 명의차용인"만이 회사에 대한 관계에서 주주권을 행사할 수 있는 주주에 해당한다는 취지로 본 대법원 1975.9.23. 선고 74다804 판결, 대법원 1977.10.11. 선고 76다1448 판결, 대법원 1980.9.19. 자 80마396 결정, 대법원 1980.12.9. 선고 79다1989 판결, 대법원 1985.12.10. 선고 84다카319 판결, 대법원 1998.4.10. 선고 97다50619 판결, 대법원 2011.5.26. 선고 2010다22552 판결, 대법원 2011.5.26. 선고 2010다27519 판결 등, ② 회사는 "주식인수 및 양수계약에 따라 주식의 인수대금 또는 양수대금을 모두 납입하였으나 주식의 인수 및 양수에 관하여 상법상의 형식적 절차를 이행하지 아니한 자"의 주주로서의 지위를 부인할 수 없다고 한 대법원 1980.4.22. 선고 79다2087 판결 등, ③ 회사가 명의개서를 하지 아니한 "실질상의 주주"를 주주로 인정하는 것은 무방하다고 한 대법원 1989.10.24. 선고 89다카14714 판결, 대법원 2001.5.15. 선고 2001다12973 판결, 대법원 2005.2.17. 선고 2004다61198 판결, 대법원 2006.7.13. 선고 2004다70307 판결 등, ④ 회사가 주주명부상 주주가 형식주주에 불과하다는 것을 알았거나 중대한 과실로 알지 못하였고 또한 이를 용이하게 증명하여 의결권 행사를 거절할 수 있었음에도 의결권 행사를 용인하거나 의결권을 행사하게 한 경우에 그 의결권 행사가 위법하게 된다는 취지로 판시한 대법원 1998.9.8. 선고 96다45818 판결, 대법원 1998.9.8. 선고 96다48671 판결 등을 비롯하여 이와 같은 취지의 판결들은 위 전원합의체 판결의 견해에 배치되는 범위 내에서 모두 변경하기로 한 바 있다.

(3) 타인명의로 주식을 인수하는 경우에 주식인수계약의 당사자 확정 문제(대법원 2017.12.5. 선고 2016다265351 판결)

첫째, 가설인 명의로 또는 타인의 승낙 없이 그 명의로 주식을 인수하는 약정을 한 경우이다. 가설인은 주식인수계약의 당사자가 될 수 없다. 타인의 명의로 주식을 인수하면서 그 승낙을 받지 않은 경우 명의자와 실제로 출자를 한 자(이하 "실제 출자자"라 한다) 중에서 누가 주식인수인인지 문제 되는데, 명의자는 원칙적으로 주식인수계약의 당사자가 될 수 없다. 자신의 명의로 주식을 인수하는 데 승낙하지 않은 자는 주식을 인수하려는 의사도 없고 이를 표시한 사실도 없기 때문이다. 따라서 "실제 출자자"가 가설인 명의나 타인의 승낙 없이 그 명의로 주식을 인수하기로 하는 약정을 하고 출자를 이행하였다면 주식인수계약의 상대방(발기설립의 경우에는 다른 발기인, 그 밖의 경우에는 회사)의 의사에 명백히 반한다는 등의 특별한 사정이 없는 한 주주의 지위를 취득한다고 보아야 한다.

둘째, 타인의 승낙을 얻어 그 명의로 주식을 인수하기로 약정한 경우이다. 이 경우에는 계약내용에 따라 명의자 또는 실제 출자자가 주식인수인이 될 수 있으나 원칙적으로는 "명의자"를 주식인수인으로 보아야 한다. 명의자와 실제 출자자가 실제 출자자를 주식인수인으로 하기로 약정한 경우에도 실제 출자자를 주식인수인이라고 할 수는 없다. 실제 출자자를 주식인수인으로 하기로 한 사실을 주식인수계약의 상대방인 회사 등이 알고 이를 승낙하는 등 특별한 사정이 없다면 그 상대방은 명의자를 주식인수계약의 당사자로 이해하였다고 보는 것이 합리적이기 때문이다.

(4) 주주명부상 주주가 아닌 제3자가 주식을 인수하고 그 대금을 납입한 경우 제3자를 실질상 주주로 볼 것인지가 여전히 다투어질 수 있음

대법원 2017.3.23. 선고 2015다248342 전원합의체 판결에서 실질설에서 형식설로 입장이 바뀌면서 주주명부상 주주가 대금을 납입한 경우가 아니라도 회사와 관계에서 주주로서 인정될 수 있게 되었다. 그렇지만 대금을 납입한 자가 따로 있는 경우 여전히 주주명부상 주주가 주주가 아니라는 주장이 불가능한 것은 아니다. 갑이 을주식회사를 상대로 자신이 주주명부상 주식의 소유자인데 위조된 주식매매계약서에 의해 타인 앞으로 명의개서가 되었다며 주주권 확인을 구한 사안이 그 예이다(대법원 2019.5.16. 선고 2016다240338 판결). 이 사례에서 대법원은 갑이 을회사를 상대로 직접 자신이 주주임을 증명하여 명의개서절차의 이행을 구할 수 있으므로, 갑이 을회사를 상대로 주주권 확인을 구하는 것은 확인의 이익이 없다고 판단하였다. 그리고 주주명부상의 주주가 아닌 제3자가 주식을 인수하고 그 대금을 납입한 경우 그 제3자를 실질상의 주주로 보기 위해서는 단순히 제3자가 주식인수대금을 납입하였다는 사정만으로는 부족하고 제3자와 주주명부상 주주 사이의 내부관계, 주식 인수와 주주명부 등재에 관한 경위 및 목적, 주주명부 등재 후 주주로서의 권리행사 내용 등을 종합하여 판단해야 한다고 종전 판례의 입장을 유지하고 있다(대법원 2010.3.11. 선고 2007다51505 판결, 대법원 2014.2.13. 선고 2012다29441 판결, 대법원 2019.5.16. 선고 2016다240338 판결 등).

3. 주식을 공유하는 경우의 책임

(1) 연대납입책임

수인(數人)이 공동으로 주식을 인수한 자는 연하여 납입할 책임이 있다(상333조 1항). 주식불가분의 원칙에 따라 1개의 주식을 다시 수인이 분할하여 소유하는 것은 인정되지 않지만 주식을 여러 사람이 공유(共有)하는 것은 허용된다. 공동으로 주식을 인수한 경우에는 각 연대납입책임이 인정된다는 취지이다.

주식을 공유하는 원인은 공동인수, 공동상속 등이다. 주식의 공유자는 공유물 분할의 소를 제기할 이익을 갖는다(대법원 2000.1.28. 선고 98다17183 판결). 주식의 공유자로서는 공유물 분할의 판결의 효력이 회사에 미치는지 여부와 관계없이 공유주식을 분할하여 공유관계를 해소함으로써 분할된 주식에 대한 단독소유권을 취득하기 위하여 공유물 분할의 소를 제기할 이익이 있다.

(2) 주주권리 행사할 자의 지정의무

주식이 수인의 공유에 속하는 때에는 공유자는 주주의 권리를 행사할 자 1인을 정하여야 한다(상333조 2항). 민법상 공유자는 자신의 지분만에 의하여 권리를 행사할 수 있음이 원칙이다. 그러나 주식을 공유하는 경우로서 이익배당청구권이나 의결권 또는 각종의 소 제기권 등 주주권을 행사함에는 그 대표자를 통해 행사하여야만 하고, 공유자 각자의 지분에 의해서는 이를 행사할 수 없다는 것이다. 민법의 특칙이다.

(3) 권리행사자가 없는 경우의 통지 및 최고방법

주주의 권리를 행사할 자가 없는 때에는 공유자에 대한 통지나 최고는 그 1인에 대하여 하면 된다(상333조 3항). 주식공유의 경우 공유자 측의 권리행사는 대표자를 통해 해야 하지만 회사로부터 통지나 최고를 받는데 대표자가 없으면 그 중 1인을 대표자로 보아 통지나 최고를, 하더라도 효력이 있다는 취지이다.

4. 납입에 대한 주주의 상계금지와 회사의 상계허용

2011년 상법개정 전에는 주주는 납입에 관하여 상계로써 회사에 대항하지 못하였다(상334조). 주주가 회사에 납입해야 할 금액이 있는데 회사에 대하여 채권이 있다고 해서 자신이 회사에 받을 돈만큼 회사에 납입할 돈을 제하고서 계산할 수 없다는 의미이다.

회사의 구조조정을 위해 채권자의 채권을 출자전환할 경우도 있다는 점에서 상법 제334조는 삭제되고 회사설립 후 신주발행의 경우 종전처럼 신주인수인의 상계는 금지하지만 회사 측의 상계는 허용되는 상법 제421조 제2항이 신설되었다. 신주인수인은 회사의 동의 없이 주금의 납입채무와 주식회사에 대한 채권을 상계할 수 없다는 의미이다.

Ⅳ. 주식의 양도

1. 주식의 양도의 의의

주식의 양도란 사원의 지위인 주식을 법률행위에 의하여 이전하는 것이다. 이 경우에 양수인은 주식을 승계취득한다.

주식회사는 물적회사로서 사원의 개성은 인적회사와 같이 중요시되지 않으므로 사원의 변경에 대하여 통제할 필요성은 인적회사에 비해 적다. 또한 주식회사는 인적회사와 같은 사원의 퇴사제도가 인정되지 않으므로 투하자금의 회수방법으로서 주식의 양도 이외에는 별다른 방법이 없다. 그리하여 주식양도에 대하여는 원칙적으로 그 자유가 인정되지만 정관에 의한 이사회의 승인을 요하는 경우도 있고, 상법상 그 양도가 제한되는 경우도 있다.

그 양도방법으로는 주권(株券) 교부에 의하는데 기명주식의 경우에는 명의개서가 회사에 대한 대항요건이 된다. 주권의 교부는 현실의 인도 이외에 간이인도, 점유개정, 반환청구권의 양도에 의하여도 할 수 있다.

2. 주식양도 자유의 원칙

주식은 타인에게 양도할 수 있다. 다만, 회사는 정관으로 정하는 바에 따라 그 발행하는 주식의 양도에 관하여 이사회의 승인을 받도록 할 수 있다(상335조 1항). 회사의 정관에 의한 자치적인 제한을 허용한다는 취지이다. 물적회사인 경우에도 주주는 이사를 선임하는 등 회사의 경영주체의 선택권을 가지므로 주주의 인적구성의 중요성을 배제할 수 없기 때문에 그런 것이다. 더구나 주주가 이사의 지위를 겸하는 경우가 많은 소규모회사의 경우에는 이러한 필요성이 더욱 크다.

그러나 정관에 그러한 규정을 두지 않았다면 주주는 자유롭게 주식을 양도할 수 있다. 즉 법률에 의한 주식의 양도제한, 정관에 의한 주식의 양도제한 이외의 다른 방법, 예컨대 주주총회의 결의나 이사회의 결의 등에 의하여는 양도를 제한할 수 없다.

그리고 주식의 양도를 제한하는 방법으로서 이사회의 승인을 요하도록 정관에 정할 수 있다는 상법 제335조 제1항 단서의 취지에 비추어볼 때 주주들 사이에서 주식의 양도를 일부 제한하는 내용의 약정을 한 경우 그 약정은 주주의 투하자본금 회수의 가능성을 전면적으로 부정하는 것이 아니고 공서양속에 반하지 않는다면 당사자 사이에서는 원칙적으로 유효하다(대법원 2000.9.26. 선고 99다48429 판결; 대법원 2008.7.10. 선고 2007다14193 판결).

3. 정관에 의한 주식양도의 제한

(1) 취지

정관에 의한 주식양도의 제한은 회사의 경영자를 겸하는 주주들이 일정한 인적구성을 유지함으로써 회사가 원하지 않는 자가 주주가 되는 것을 차단할 수 있도록 해준다. 그런데 이러한 제한은 주주의 투하자본금 회수방법을 차단하는 의미도 있다. 예컨대 주주 간의 분쟁이 생긴 경우 투하자본금을 회수하려는 주주에게는 이 규정이 오히려 투하자본금의 회수를 봉쇄하는 결과가 생길 수도 있게 된다. 이사회의 승인을 해주지 않거나 지연시키는 경우 등이 그러하다.

그래서 상법은 회사의 자치적 제한의 필요성과 주주의 주식양도 보장이라는 요청을 모두 고려, 위 규정에 위반한 주식양도의 효력에 대해서는 무효로 하되, 이사회가 승인을 거절하거나 또는 이사회의 승인을 얻기 어려운 경우에도 일정한 요건에 따라 투하자본금을 회수할 수 있는 방법을 인정하고 있다.

이러한 방법으로 인정되는 것이, ① 양도인이 회사에 대하여 주식을 양수할 자를 지정해줄 것을 청구하는 방법, ② 회사가 양수인을 대신하여 주식을 매수해줄 것을 청구하는 방법, ③ 이사회 승인 없이 양도한 후 양수인이 그 승인을 청구하는 방법 등이다.

(2) 위반의 효력

주식양도에 이사회 승인을 받아야 함에도 이사회의 승인을 얻지 아니한 주식의 양도는 회사에 대하여 효력이 없다(상335조 2항). 이사회의 승인을 얻지 않으면 회사와의 관계에 있어서 주식양도는 무효이지만 주식양수인에 의한 양도승인청구를 인정하는 명문의 규정이 있으므로 당사자 간에는 유효하다고 해석된다. 판례도 주주 사이의 주식양도계약 자체가 무효라고 할 수는 없다는 입장이다(대법원 2008.7.10. 선고 2007다14193 판결).

(3) 양도인에 의한 양도승인청구

1) 청구방법

주식을 양도하고자 하는 주주는 회사에 대하여 양도의 상대방 및 양도하고자 하는 주식의 종류와 수를 기재한 **서면**으로 양도의 승인을 청구할 수 있다(상335조의2 1항).

2) 회사의 승인 여부 통지의무 및 해태시의 승인간주

회사는 양도승인의 청구가 있는 날부터 1월 이내에 주주에게 그 승인 여부를 서면으로 통지하여야 하며(상335조의2 2항), **회사가 양도승인의 청구를 받은 날로부터 1월 이내에 주주에게 거부의 통지를 하지 아니한 때에는 주식의 양도에 관하여 이사회의 승인이 있는 것으로 본다**(상335조의2 3항).

3) 양도승인 거부시 양도상대방 지정청구 또는 주식매수청구

회사로부터 양도승인거부의 통지를 받은 주주는 통지를 받은 날부터 20일 내에 회사

에 대하여 양도의 상대방의 지정 또는 그 주식의 매수를 청구할 수 있다(상335조의2 4항).

① 지정절차 : 주주가 양도의 상대방을 지정하여 줄 것을 청구한 경우에는 **이사회**는 이를 **지정**하고, 그 청구가 있은 날부터 2주간 내에 주주 및 지정된 상대방에게 서면으로 이를 **통지**하여야 한다(상335조의3 1항).

② 회사의 지정통지가 없는 경우의 효력 : 양도상대방 지정청구가 있은 날로부터 2주간 내에 주주에게 상대방지정의 통지를 하지 아니한 때에는 **주식의 양도에 관하여 이사회의 승인이 있는 것으로 본다**(상335조의3 2항).

③ 상대방으로 지정된 자의 매도청구권 : 회사에 의하여 **상대방으로 지정된 자**는 지정통지를 받은 날부터 10일 이내에 지정청구를 한 주주에 대하여 서면으로 그 주식을 자기에게 **매도할 것을 청구**할 수 있다(상335조의4 1항).

④ 상대방으로 지정된 자의 매도청구가 없는 경우의 승인간주 : 주식의 양도상대방으로 지정된 자가 지정통지를 받은 날로부터 10일 이내에 매도의 청구를 하지 아니한 때에는 **주식의 양도에 관하여 이사회의 승인이 있는 것으로 본다**(상335조의4 2항; 335조의3 2항 준용).

⑤ 매도가액의 결정 : 주식의 매도가액은 **주주와 매도청구인 간의 협의**로 이를 결정한다(상335조의5 1항). 그러나 상대방으로 지정된 자의 매도청구를 받은 날로부터 30일 이내에 매도가액의 협의가 이루어지지 아니하는 경우에는 주주 또는 주식의 매도청구인은 **법원**에 대하여 매도가액의 결정을 청구할 수 있다(상335조의5 2항; 374조의2 4항 준용). 법원이 매도가액을 결정하는 경우에는 회사의 재산상태 그 밖의 사정을 참작하여 공정한 가액으로 이를 산정하여야 한다(상335조의5 2항; 374조의2 5항 준용).

⑥ 주식매수청구 : 회사로부터 양도승인거부의 통지를 받은 주주는 통지를 받은 날로부터 20일 내에 회사에 대하여 그 주식의 매수를 청구할 수 있다. 주주로부터 주식매수의 청구를 받은 경우 그 청구를 받은 날로부터 2월 이내에 그 주식을 매수하여야 한다. 이 경우 매수가액은 영업양도나 합병을 반대하는 주주가 주식매수청구를 한 경우의 매수가액의 결정방법에 의한다(상335조의6; 374조의2 3항 본문, 4항, 5항 준용). 회사와 주주 간의 협의에 의해 주식의 매수가액을 결정하고 협의가 이루어지지 않은 경우에는 법원에 매수가액의 결정을 청구할 수 있다.

(4) 양수인에 의한 승인청구

1) 청구방법

주식의 양도에 관하여 이사회의 승인을 얻어야 하는 경우에 주식을 취득한 자는 회사에 대하여 그 주식의 종류와 수를 기재한 서면으로 그 취득의 승인을 청구할 수 있다(상335조의7 1항). 주식을 경매 등의 방법으로 취득하는 경우 사전에 이사회의 승인을 얻는 것이 곤란하므로 사후승인청구의 제도는 의미가 있다.

2) 청구절차

양도인이 사전에 양도승인청구를 하는 절차를 준용하여(상335조의7 2항) 양도인에 의한 승인절차와 동일하다.

주식의 양도에 관하여 이사회의 승인을 얻어야 하는 경우에 주식을 취득하였으나 회사로부터 양도승인거부의 통지를 받은 양수인은 상법 제335조의7에 따라 회사에 대하여 주식매수청구권을 행사할 수 있다. 이러한 주식매수청구권은 주식을 취득한 양수인에게 인정되는 이른바 형성권으로서 그 행사로 회사의 승낙 여부와 관계없이 주식에 관한 매매계약이 성립하게 되므로, 주식을 취득하지 못한 양수인이 회사에 대하여 주식매수청구를 하더라도 이는 아무런 효력이 없고, 사후적으로 양수인이 주식취득의 요건을 갖추게 되더라도 하자가 치유될 수는 없다(대법원 2014.12.24. 선고 2014다221258,221265 판결).

4. 상법상 주식양도의 제한

(1) 권리주 양도의 제한

주식의 인수로 인한 권리(권리주)의 양도는 회사에 대하여 효력이 없다(상319조).

1) 취지

권리주의 양도란 회사성립 전 또는 신주발행시의 주식인수인의 지위(권리주)를 이전하는 것을 말하며 주권의 교부와 같은 양도방법은 없다. 주식인수인의 지위는 회사의 성립시(설립등기시에 주주가 되므로) 또는 신주의 납일기일(납입기일의 익일에 주주가 되므로)까지 존재하게 된다. 권리주 양도를 인정하면 회사설립절차나 신주발행절차가 복잡해지고 투기행위가 발생할 가능성이 높게 되는 등 제한의 필요성이 높다.

2) 권리주 양도의 효력

당사자 간에는 채권적 효력이 있어 유효하다. 그러나 회사는 양도승인을 할 수 없는 절대적 무효이다(통설, 판례).

(2) 주권발행 전의 주식양도 제한

주권발행 전에 한 주식의 양도는 회사에 대하여 효력이 없다. 그러나 회사성립 후 또는 신주의 납입기일 후 6월이 경과한 때에는 그러하지 아니하다(상335조 3항).

1) 취지

회사가 성립하거나 신주의 납입기일이 경과하여 권리주의 상태가 소멸되었는데도 주권발행 전이라고 하여 주식양도를 제한하는 이유는 주식의 양도는 주권의 교부에 의하여야 하는데 주권발행 전에는 적법한 주식의 양도방법이 없고 기명주식의 경우 주주명부에 명의개서하는 등의 적절한 공시방법도 없어 주식거래의 안전을 기할 수 없기 때문이다. 또한 주권발행사무의 혼잡을 방지하기 위해서도 그렇다.

2) 회사성립 전 또는 신주납입기일 후 6월 내

당사자 간에는 유효하나 회사에 대해서는 절대적 무효이다. 주식양수인인 주주가 될 수 없다. 따라서 이러한 주식양도를 회사 측에서 승인을 하고 주주명부에 명의개서를 해주었다고 하더라도 회사에 대한 관계에서는 아무런 효력이 생기지 않는다.

3) 회사성립 후 또는 신주납입기일 후 6월이 경과한 경우

6월이 경과한 경우에는 회사에 대하여도 효력이 있다. 회사는 지체 없이 주권을 발행해야 하는데 회사에 귀책사유가 있다고 보기 때문이다. 주권발행 전 주식의 양도가 회사성립 후 6월이 경과한 후에 이루어진 때에는 당사자의 의사표시만으로 회사에 대하여 효력이 있으므로 그 주식양수인은 특별한 사정이 없는 한 양도인의 협력을 받을 필요 없이 단독으로 자신이 주식을 양수한 사실을 증명함으로써 회사에 대하여 그 명의개서를 청구할 수 있다(대법원 2000.3.23. 선고 99다67529 판결; 대법원 2006.9.14. 선고 2005다45537 판결; 대법원 2016.3.24. 선고 2015다71795 판결 등). 의사표시만으로 양도의 효력은 발생하므로 양수인은 양수사실을 입증하여 주주임을 주장할 수 있다.

양도는 지명채권 양도방법에 의한다(통설・판례). 따라서 확정일자부 통지・승낙이 있어야 회사 및 제3자에게 대항할 수 있다. 甲주식회사의 주권발행 전 주식을 양수한 乙이 회사에 대하여 확정일자 있는 문서에 의하지 않은 양도 통지나 승낙의 요건을 갖춘 후 丙 등이 위 주식 중 일부를 이중으로 양수하여 명의개서를 마쳤으나 확정일자 있는 문서에 의한 양도 통지나 승낙의 요건을 갖추지는 않은 사안에서, 판례는 丙 등은 乙에 대한 관계에서 주주로서 우선적 지위를 주장할 수 없다고 판단하였다(대법원 2014.4.30. 선고 2013다99942 판결). 주권발행 후라면 주주명부상 명의개서를 해야 대항력이 있다. 6월 전 양도이나 6월이 경과한 경우 하자가 치유되어 유효로 된다(통설).

(3) 자기주식 취득의 허용과 제한

1) 취지

2011년 상법개정 전에는 회사의 자기주식취득은 실질적으로 출자를 환급하는 결과가 되어 자본금 충실의 원칙에 반하고, 회사는 기업위험을 부담하는 외에 주가변동에 따른 위험을 이중으로 부담하게 되며, 경영진 등 회사의 내부자에 위한 투기거래로 악용될 우려가 있는 등 폐해가 많으므로 원칙적으로 금지하였다(구 상341조 본문). 2011년 상법개정으로 상법상 자기주식 취득이 배당가능이익한도 내에서 전면적으로 허용되고 있다(상341조). 자기주식 취득시 폐해보다는 회사의 자유로운 주식거래에 더 초점이 맞추어졌다고 할 수 있다.

2) 배당가능이익의 범위 내 자기주식 취득

회사는 ① 거래소에서 시세가 있는 주식의 경우에는 거래소에서 취득하는 방법, ② 주식의 상환에 관한 종류주식의 경우 외에 각 주주가 가진 주식수에 따라 균등한 조건으로 취득하는 것으로서 대통령령으로 정하는 방법 등에 따라 자기의 명의와 계산으로 **자기의 주식을 취득할 수 있다.** 다만 자기주식 취득가액의 총액은 "직전 결산기의 대차대조표상의 순자산액"에서 "제462조 제1항 각 호의 금액(자본금의 액+취득 결산기까지 적립된 자본준비금과 이익준비금의 합계액+취득 결산기에 적립하여야 할 이익준비금의 액+대통령령으로 정하는 미실현이익)을 뺀 금액", 즉 배당가능이익을 초과하지 못한다(상341조 1항).

자기주식을 취득하려는 회사는 미리 **주주총회의 결의**로 ① 취득할 수 있는 주식의 종류 및 수, ② 취득가액의 총액의 한도, ③ 1년을 초과하지 아니하는 범위에서 자기주식을 취득할 수 있는 기간 등의 사항을 결정하여야 한다. 다만, 이사회의 결의로 이익배당을 할 수 있다고 정관으로 정하고 있는 경우에는 이사회의 결의로써 주주총회의 결의를 갈음할 수 있다(상431조 2항).

회사는 해당 영업연도의 결산기에 대차대조표상의 순자산액이 제462조 제1항 각 호의 금액의 합계액에 미치지 못할 우려가 있는 경우에는 자기주식 취득을 하여서는 아니 된다(상431조 3항). 해당 영업연도의 결산기에 대차대조표상의 순자산액이 제462조 제1항 각 호의 금액의 합계액에 미치지 못함에도 불구하고 회사가 자기주식을 취득한 경우 이사는 회사에 대하여 연대하여 그 미치지 못한 금액을 배상할 책임이 있다. 다만, 이사가 제3항의 우려가 없다고 판단하는 때에 주의를 게을리하지 아니하였음을 증명한 경우에는 그러하지 아니하다(상431조 4항).

3) 특정 목적에 의한 자기주식 취득 : 배당가능이익 범위 내 제한은 없음

회사는 ① 회사의 합병 또는 다른 회사의 영업 전부의 양수로 인한 경우, ② 회사의 권리를 실행함에 있어 그 목적을 달성하기 위하여 필요한 경우, ③ 단주(端株)의 처리를 위하여 필요한 경우, ④ 주주가 주식매수청구권을 행사한 경우 등 어느 하나에 해당하는 경우에는 배당가능이익 범위 내라는 취득재원의 제한없이 자기의 주식을 취득할 수 있다(상341조의2). "회사의 권리를 실행함에 있어 그 목적을 달성하기 위하여 필요한 때"의 예로는 자기주식에 대한 경락(경매에 의해 소유자가 되는 것)이나 대물변제 취득을 들 수 있다(판례).

2011년 상법개정시 자기주식 취득이 원칙적으로 허용되면서 예외적으로 주식매수선택권부여목적 등의 자기주식 취득에 대해 규정한 상법 제341조의2는 삭제되고 위 특정 목적에 의한 자기주식의 취득에 대한 규정이 상법 제341조의2로 신설되었다.

4) 자기주식의 질취 제한

회사는 발행주식의 총수의 20분의 1을 초과하여 자기의 주식을 질권의 목적으로 받지 못한다. 질취가 전부 금지되는 것은 아니고 20분의 1을 초과하는 것이 제한된다. 질취(質取)는 채권자가 질권을 설정하여 주식과 같은 유가증권을 가지는 일을 말한다.

회사의 합병 또는 영업의 전부양수(상341조의2 1호), 회사의 권리실행 목적달성에

필요한 때(상341조의2 2호)의 경우에는 그 한도를 초과하여 질권의 목적으로 할 수 있다(상341조의3).

5) 자기주식의 처분

2011년 상법개정으로 자기주식의 취득이 자유롭게 되면서 그 처분도 자유롭게 되었다. 회사가 보유하는 자기의 주식을 처분하는 경우에 ① 처분할 주식의 종류와 수, ② 처분할 주식의 처분가액과 납입기일, ③ 주식을 처분할 상대방 및 처분방법으로서 정관에 규정이 없는 것은 이사회가 결정한다(상342조).

종전에는 주식을 소각하기 위한 때 자기주식을 취득한 경우에는 "지체없이" 주식 실효의 절차를 밟아야 했고, 회사의 합병 또는 다른 회사의 영업 전부의 양수로 인한 때, 회사의 권리를 실행함에 있어 그 목적을 달성하기 위하여 필요한 때, 단주의 처리를 위하여 필요한 때, 주주가 주식매수청구권을 행사한 때 자기주식을 취득한 경우에는 "상당한 시기"에 주식을 처분해야 했다(구상법 342조). 합병 또는 영업의 전부양수, 권리실행 위한 한도를 초과하여 자기주식을 질취하는 경우에도 "상당한 시기"에 질권의 처분을 해야 했다. 개정상법으로 이러한 조항이 삭제됨으로써 회사는 자기주식을 보유하고 있다가 처분시기를 자유롭게 선택할 수 있게 되었다.

6) 자기주식 취득 위반시의 효력

종전 자기주식 취득이 원칙적으로 금지되는 경우에는 이를 위반하는 경우 강행법규 위반으로서 절대적으로 무효였다(다수설, 판례). 자기주식 취득이 원칙적으로 허용되고 예외적으로 그 취득에 제한이 있는 경우 그 취득제한 위반에 대한 법적 효력에 대해서는 다툼이 있을 수 있다.

7) 자기주식의 지위

취득한 자기주식은 의결권이 배제되고 자익권(自益權)도 전면적으로 휴지(休止), 즉 멈춘다(통설).

(4) 자회사에 의한 모회사주식의 취득 제한

1) 취지

예컨대 (갑)주식회사가 (을)주식회사의 주식 51%를 소유하고 있는 상황에서, (을)주식회사가 (갑)주식회사의 주식을 취득하는 경우를 생각해보자. (을)주식회사의 자금 중 51%는 (갑)회사로부터 온 것인데 그 자금을 가지고 다시 (갑)주식회사 주식을 취득한다면 결국 이는 자본금의 환급과 같은 결과가 된다. 즉 이와 같은 주식의 상호보유는 실질적으로 자기주식의 취득과 같이 자본금의 환급이 되어 자본금 충실의 원칙에 반하고, 법인주주, 즉 그 모회사의 대표이사 등에 의한 회사지배를 용인하는 등 회사지배구조를 왜곡하게 된다.

그리하여 상법은 자회사에 의한 모회사 주식의 취득을 금지하였다(상342의2 1항). 이것은 주식의 직접 또는 단순상호보유를 규제하는 방식으로 입법된 것이다. 고리형 상호보유(갑→을→병→갑)나 행렬형 상호보유(갑은 을병정, 을은 갑병정, 병은 갑을정, 정은 갑을병) 형태는 기술적 난점 때문에 규제하지 못하고 있다.

모회사는 다른 회사의 발행주식 총수의 100분의 50을 초과하는 주식을 가진 회사를 말한다. 2001년 상법개정 전에는 50% 초과가 아닌 40% 초과였다.

2) 예외적 허용

다른 회사의 발행주식의 총수의 100분의 50을 초과하는 주식을 가진 회사(모회사)의 주식은 다음의 경우를 제외하고는 그 다른 회사(자회사)가 이를 취득할 수 없다(상342조의2 1항).

① 주식의 포괄적 교환, 주식의 포괄적 이전, 회사의 합병 또는 다른 회사의 영업전부의 양수로 인한 때 : 예컨대 신한금융지주회사의 자회사인 신한은행이 신한증권주식을 가지고 있는데, 주식의 포괄적 교환을 통해 신한증권이 신한금융지주의 자회사가 되는 경우 신한금융지주의 주식을 자회사인 신한은행이 취득할 수밖에 없다. 신한증권주식을 주고 신한금융지주주식을 받기 때문이다. 2001년 상법개정시 지주회사 설립 등을 용이하게 하기 위하여 회사가 주식의 포괄적 교환 또는 이전에 의하여 다른 회사의 발행주식의 전부를 소유할 수 있도록 하는 제도가 도입(상360조의2 내지 360조의23 신설)됨에 따라 "주식의 포괄적 교환, 주식의 포괄적 이전"이 예외적 허용사유로 추가되었다.

② 회사의 권리를 실행함에 있어 그 목적을 달성하기 위하여 필요한 때

3) 손회사에 대한 자회사 의제

다른 회사의 발행주식의 총수의 100분의 50을 초과하는 주식을 모회사 및 자회사 또는 자회사가 가지고 있는 경우 그 다른 회사는 이 법의 적용에 있어 그 모회사의 자회사로 본다(상342조의2 3항).

결국 제한범위는 자회사 및 손회사의 모회사 주식의 취득 금지, 즉 "모회사+자회사"의 주식이 손회사 주식의 50%를 초과하는 경우 손회사는 모회사의 주식을 취득할 수 없다는 취지일 뿐이며, 자회사의 주식을 취득할 수 없다는 것은 아니다. 따라서 자회사 독자적으로 50%를 초과하는 주식을 갖지 않은 이상 손회사는 자회사 주식을 취득할 수 있다. 이러한 규정에 위반하여 손회사가 모회사의 주식을 취득한 경우 그 효력은 절대적 무효이다.

4) 자회사가 취득한 모회사주식의 처리방법

예외적으로 자회사가 모회사의 주식을 취득할 수 있는 경우라도 **자회사는 그 주식을 취득한 날로부터 6월 이내에 모회사의 주식을 처분하여야** 한다(상342조의2 2항).

(5) 다른 회사의 주식취득에 대한 통지의무(=양수의 제한) (상342조의3)

회사가 다른 회사의 발행주식총수의 10분의 1을 초과하여 취득한 때에는 그 다른 회사에 대하여 지체 없이 이를 통지하여야 한다(상342조의3). 다른 회사의 발행주식총수의 10분의 1 이상을 취득하여 의결권을 행사하는 경우 다른 회사는 경영권의 안정을 위협받게 된다. 이때 그 다른 회사도 역으로 상대방 회사의 발행주식의 10분의 1 이상을 취득하면 이른바 상호보유주식의 의결권 제한규정(상369조 3항)에 따라 서로 상대 회사에 대하여 의결권을 행사할 수 없게 된다. 이와 같은 방어조치를 취하여 다른 회사의 지배가능성을 배제하고 경영권의 안정을 도모하도록 하기 위하여 통지의무를 인정한 것이다.

다만 특정 주주총회에 한정하여 각 주주들로부터 개별안건에 대한 의견을 표시하게 하여 의결권을 위임받아 대리행사하는 경우에는 회사가 다른 회사의 발행주식총수의 10분의 1을 초과하여 의결권을 대리행사할 권한을 취득하였다 하더라도 위 규정이 유추적용되지는 않는다(대법원 2001.5.15. 선고 2001다12973 판결).

5. 주식양도의 방법

(1) 양도방법

1) 원칙(주권교부)

주식의 양도에 있어서는 주권을 교부하여야 한다(상336조 1항). "양도"를 주권(株

券)에 의하므로 합병·상속의 경우에는 주권 교부가 불필요하다.

2019년 9월부터 「주식·사채 등의 전자등록에 관한 법률」(소위 전자증권법)이 시행됨에 따라 상장주식의 발행과 유통은 전자적 등록증권에 의하고, 비상장주식의 경우에는 종전대로 실물증권에 의할 수 있다.

2) 주권교부의 효력(권리추정력)

주권의 점유자는 이를 적법한 소지인으로 추정한다(상336조 2항).

3) 주권발행 없는 경우의 양도방법

당사자 의사표시에 의한다(상335조 3항).

(2) 주식의 이전의 회사에 대한 대항요건

1) 주주명부 기재(=명의개서)

주식의 이전은 취득자의 성명과 주소를 주주명부에 기재하지 아니하면 회사에 대항하지 못한다(상337조 1항).

상법이 주주명부제도를 둔 이유는 주식의 발행 및 양도에 따라 주주의 구성이 계속 변화하는 단체법적 법률관계의 특성상 회사가 다수의 주주와 관련된 법률관계를 외부적으로 용이하게 식별할 수 있는 형식적이고도 획일적인 기준에 의하여 처리할 수 있도록 하여 이와 관련된 사무처리의 효율성과 법적 안정성을 도모하기 위함이다. 이는 회사가 주주에 대한 실질적인 권리관계를 따로 조사하지 않고 주주명부의 기재에 따라 주주권을 행사할 수 있는 자를 획일적으로 확정하려는 것으로서, 주주권의 행사가 회사와 주주를 둘러싼 다수의 이해관계인 사이의 법률관계에 중대한 영향을 줄 수 있음을 고려한 것이며, 단지 해당 주주의 회사에 대한 권리행사 사무의 처리에 관한 회사의 편의만을 위한 것이라고 볼 수는 없다(대법원 2017.3.23. 선고 2015다248342 전원합의체 판결 참조).

명의개서의 청구가 있는 경우 회사는 진실한 권리자인지 여부를 실질적으로 조사하는 것이 곤란하므로 주권의 점유자를 적법한 권리자로 추정하고 있으며 따라서 회사는 형식적 요건만을 조사할 의무가 있다. 판례도 회사는 청구자가 진정한 주권을 점유하고 있는가에 대한 형식적 자격만을 심사하면 족하고, 나아가 청구자가 진정한 주주인가에 대한 실질적 자격까지 심사할 의무는 없다는 입장하에서 주권이 발행되어 있는 주식을 취득한 자가 주권을 제시하는 등 그 취득사실을 증명하는 방법으로 명의개서를 신청하고, 그 신청에 관하여 주주명부를 작성할 권한 있는 자가 형식적 심사의무를 다하였으며, 그에 따라 명의개서가 이루어졌다면 특별한 사정이 없는 한 그 명의개서는 적법한 것으로 보아야 한다고 보고 있다(대법원 2019.8.14. 선고 2017다231980 판결).

명의개서는 회사에 대항하기 위한 요건이며 회사 이외의 제3자에게 대항하려면 주권의 소지로 충분하다.

2) 명의개서대리인이 있는 경우의 특칙

회사는 정관이 정하는 바에 의하여 명의개서대리인을 둘 수 있다. 이 경우 명의개서대리인이 취득자의 성명과 주소를 주주명부의 복본에 기재한 때에는 명의개서가 있는 것으로 본다(상337조 2항).

3) 효력

명의개서가 없으면 회사에 대항하지 못한다는 취지는 본래 양수인의 명의개서 의무를 규정한 것이다. 명의개서 없는 실질상의 주주를 회사가 주주로 인정하는 것이 가능한지에 대해서는 견해의 대립이 있다.

판례는 "상법 제337조 제1항에서 말하는 대항력은 그 문언에 불구하고 회사도 주주명부에의 기재에 구속되어 주주명부에 기재된 자의 주주권 행사를 부인하거나 주주명부에 기재되지 아니한 자의 주주권 행사를 인정할 수 없다는 의미를 포함하는 것으로 해석함이 타당하다"고 종전의 입장을 바꾼 바 있다(대법원 2017.3.23. 선고 2015다248342 전원합의체 판결).

회사가 명의개서청구를 부당하게 거절하는 경우에는 양수인은 명의개서 없이 주주권을 행사할 수 있다(다수설, 판례).

(3) 주식의 이전의 제3자에 대한 대항요건

회사 이외의 제3자에 대하여 주권발행 전 주식의 양도사실을 대항하기 위해서는 지명채권 양도의 경우와 마찬가지로 확정일자 있는 증서에 의한 양도통지 또는 회사의 승낙요건을 갖추어야 한다(대법원 2006.9.14. 선고 2005다45537 판결 등 참조). 주권발행 전 주식의 양도담보권자와 동일 주식에 대하여 압류명령을 집행한 자 사이의 우열이 문제된 사례에서, 판례는 주식양도의 경우와 마찬가지로 확정일자 있는 증서에 의한 양도통지 또는 승낙의 일시와 압류명령의 송달일시를 비교하여 그 선후에 따라 결정되고 이때 그들이 주주명부에 명의개서를 하였는지 여부와는 상관없다고 판단한 바 있다(대법원 2018.10.12. 선고 2017다221501 판결).

(4) 실기주(失期株)

양도는 되었으나 명의개서가 되지 않은 경우와 관련하여 실기주(실념주(失念株)라고도 한다)가 있다.

실기주는 광의로는 이익배당금, 합병교부금 등의 지급과 관련하여 일정한 기일까지 명의개서 않은 주식(=양도된 주식)을 말한다. 회사와의 관계에서는 주주명부상의 명의인인 양도인이 주식양도 후에 발생한 이익배당청구권이나 신주인수권 등 자익권을 행사하는 것이 형식적으로는 타당하다. 그러나 양도인과 양수인 간에는 누구에게 권리행사의 효과를 귀속시켜야 할 것인가 문제된다. 당사자 간에는 주식양수인에게 귀속된다(통설). 이에 따라 양수인은 부당이득반환청구를 할 수 있다.

협의로는 신주발행과 관련하여 구주(舊株)의 양수인이 신주배정일까지 명의개서를 하지 않아 명부상 주주인 구주의 양도인에게 배정된 신주를 말한다. 위 실기주(신주)가 양수인에게 귀속한다고 보는 경우에도 그 반환근거에 관해 부당이득설, 준사무관리설, 사무관리설이 대립한다. 종전 판례는 위 실기주는 양도인에게 귀속한다고 본다.

V. 주식매수선택권

1. 주식매수선택권의 의의

회사의 임원 또는 직원에게 장래의 일정한 시기에 회사가 보유하고 있는 자기주식 또는 새로 발행하는 신주를 현재 예정된 가격으로 취득 또는 인수할 권리를 부여하는 제도이다. 거래계에서는 스톡옵션(stock option)이라고 불리운다. 취득 또는 인수할 권리이므로 장래의 주식가격이 예정가격보다 낮은 경우에는 이를 포기할 수 있음은 물론이다.

정관에 근거를 두고 주주총회 특별결의에 의하여 이를 부여하는데 회사의 업무수행에 필요한 임원이나 직원에 대하여 직무집행의 동기를 유인하는 방법으로서의 의미가 있다. 이러한 주식매수선택권 제도는 회사의 설립·경영과 기술혁신 등에 기여하거나 기여할 수 있는 임직원에게 장차 주식매수로 인한 이득을 유인동기로 삼아 직무에 충실하도록 유도하기 위한 일종의 성과보상제도이다.

2. 선택권 부여요건 및 그 제한

(1) 선택권 부여요건 및 선택권의 유형(자기주식 양도, 신주발행 또는 차액정산)

회사는 정관이 정한 바에 따라 **주주총회의 특별결의**로 **회사의 설립·경영과 기술혁신 등에 기여하거나 기여할 수 있는** 회사의 **이사, 집행임원, 감사** 또는 **피용자**에게 미리 정한 가액(주식매수선택권의 행사가액)으로 **신주**를 인수하거나 **자기의 주식**을 매수할 수 있는 권리(주식매수선택권)를 부여할 수 있다. 다만, 주식매수선택권의 행사가액이 주식의 실질가액보다 낮은 경우에 회사는 그 **차액**을 금전으로 지급하거나 그 차액에 상당하는 자기의 주식을 양도할 수 있다. 이 경우 **주식의 실질가액은 주식매수선택권의 행사일을 기준으로 평가**한다(상340조의2 1항).

(2) 사실상의 경영자 등에 대한 선택권 부여의 제한

① **의결권없는 주식을 제외한 발행주식총수의 100분의 10 이상의 주식을 가진 주주**, ② **이사, 집행임원, 감사의 선임과 해임 등 회사의 주요 경영사항에 대하여 사실상 영향력을 행사하는 자**, ③ ①과 ②의 **배우자와 직계존·비속**에 대하여는 주식매수선택권을 부여할 수 없다(상340조의2 2항).

(3) 선택권 부여총량의 발행주식수 10% 내 제한

발행할 신주 또는 양도할 자기의 주식은 회사의 발행주식총수의 **100분의 10**을 초과할 수 없다(상340조의2 3항).

(4) 자본금 충실에 반하는 선택권의 행사가액의 제한

주식매수선택권의 행사가액은 다음 각 호의 가액 이상이어야 한다(상340조의2 4항).

① **신주를 발행하는 경우에는 주식매수선택권의 부여일을 기준으로 한 주식의 실질가액과 주식의 권면액 중 높은 금액**. 즉 최소한 액면가 이상이어야 한다. 할인

발행을 허용하는 결과가 되기 때문이다. 다만, 무액면주식을 발행한 경우에는 자본금으로 계상되는 금액 중 1주에 해당하는 금액을 권면액으로 본다.

② 자기주식을 양도하는 경우에는 주식매수선택권의 부여일을 기준으로 한 주식의 실질가액. 결국 부여일의 시가보다 행사가액이 높아야 한다는 의미이다.

3. 주식매수선택권의 부여방법

(1) 정관상 규정

주식매수선택권에 관한 정관의 규정에는 ① 일정한 경우 주식매수선택권을 부여할 수 있다는 뜻, ② 주식매수선택권의 행사로 발행하거나 양도할 주식의 종류와 수, ③ 주식매수선택권을 부여받을 자의 자격요건, ④ 주식매수선택권의 행사기간, ⑤ 일정한 경우 이사회결의로 주식매수선택권의 부여를 취소할 수 있다는 뜻을 기재하여야 한다(상340조의3 1항).

(2) 주주총회의 특별결의

주식매수선택권에 관한 주주총회의 결의에 있어서는 ① 주식매수선택권을 부여받을 자의 성명, ② 주식매수선택권의 부여방법, ③ 주식매수선택권의 행사가액과 그 조정에 관한 사항, ④ 주식매수선택권의 행사기간, ⑤ 주식매수선택권을 부여받을 자 각각에 대하여 주식매수선택권의 행사로 발행하거나 양도할 주식의 종류와 수를 정하여야 한다(상340조의3 2항).

(3) 계약의 체결

회사는 주주총회 결의에 의하여 주식매수선택권을 부여받은 자와 계약을 체결하고 상당한 기간 내에 그에 관한 계약서를 작성하여야 한다(상340조의3 3항). 계약서를 작성하는 것은 후일 분쟁을 예방하기 위한 것인데, 특히 이사 등의 주식매수선택권은 현재 및 장래의 주주에게 매우 중요한 관심사이므로 계약서를 작성하지 않은 경우에는 주식매수선택권 부여계약이 무효라는 견해가 있다.

(4) 회사의 계약서 본점비치 의무

회사는 계약서를 주식매수선택권의 행사기간이 종료할 때까지 본점에 비치하고 주주로 하여금 영업시간 내에 이를 열람할 수 있도록 하여야 한다(상340조의3 4항).

4. 주식매수선택권의 행사방법

(1) 행사의 전제로서의 2년 이상 재직

주식매수선택권은 주주총회결의일부터 2년 이상 재임 또는 재직하여야 이를 행사할 수 있다(상340조의4 1항). 상장회사의 주식매수선택권을 부여받은 자는 상법 제340조의4 제1항에도 불구하고 대통령령으로 정하는 경우를 제외하고는 주식매수선택권을 부여하기로 한 주주총회 또는 이사회의 결의일부터 2년 이상 재임하거나 재직하여야 주식매수선택권을 행사할 수 있다(상542조의2 4항).

상법은 주식매수선택권을 행사할 수 있는 시기(始期)만을 제한하고 있을 뿐 언제까지 행사할 수 있는지에 관해서는 정하지 않고 회사의 자율적인 결정에 맡기고 있다. 따라서 회사는 주식매수선택권을 부여받은 자의 권리를 부당하게 제한하지 않고 정관의 기본취지나 핵심내용을 해치지 않는 범위에서 주주총회 결의와 개별 계약을 통해서 주식매수선택권을 부여받은 자가 언제까지 선택권을 행사할 수 있는지를 자유롭게 정할 수 있다고 보아야 한다(대법원 2018.7.26. 선고 2016다237714 판결). 주주총회 결의가 있은 후 회사가 주식매수선택권 부여에 관한 계약을 체결하면서 주식매수선택권의 행사기간 등을 일부 변경하거나 조정한 경우 그것이 주식매수선택권을 부여받은 자, 기존 주주 등 이해관계인들 사이의 균형을 해치지 않고 주주총회 결의에서 정한 본질적인 내용을 훼손하는 것이 아니라면 유효하다(대법원 2018.7.26. 선고 2016다237714 판결).

본인의 귀책사유가 아닌 사유로 퇴임 또는 퇴직하게 되더라도 퇴임 또는 퇴직일까지 상법 제340조의4 제1항의 "2년 이상 재임 또는 재직" 요건을 충족하지 못한다면 위 조항에 따른 주식매수선택권을 행사할 수 없다(대법원 2011.3.24. 선고 2010다85027 판결).

(2) 주식매수선택권의 양도금지와 상속 허용

주식매수선택권은 이를 양도할 수 없다. 다만, 주식매수선택권을 행사할 수 있는 자가 사망한 경우에는 그 상속인이 이를 행사할 수 있다(상340조의4 2항).

5. 준용규정

주주명부 폐쇄기간 중 선택권 행사 허용 및 폐쇄기간 중 의결권이 없다는 규정(전환의 효력발생, 상350조 2항), 영업연도 중 선택권을 행사한 경우 이익배당에 관해서는 정관의 규정에 의해 전년도 말에 선택권을 행사한 것으로 할 수 있다는 규정(상350조 3항 후단), 선택권을 행사하는 자는 전액에 대한 납입의무가 있고 은행은 보관증명을 한다는 규정(신주인수권의 행사, 516조의9 1항, 3항, 4항), 행사가액을 납입한 때로부터 주주가 된다는 규정(주주가 되는 시기, 상516조의10 전단), 선택권을 행사한 때 또는 2주 이상의 일정한 기간 내에 그 주권을 회사에 제출하여야 한다는 뜻을 밝힌 경우 그 기간이 끝난 날이 속하는 달의 마지막날로부터 2주 내에 본점소재지에서 변경등기를 해야 한다는 규정(상351조)은 주식매수선택권의 행사로 신주를 발행하는 경우에 이를 준용한다(상340조의5).

Ⅵ. 주식의 담보

1. 주식담보설정의 자유

주식양도의 자유가 인정됨이 원칙이므로 담보설정의 자유도 인정된다.

2. 주식담보의 방법

(1) 무기명주식의 입질

종전 무기명주식은 무기명채권의 일종으로 보아 무기명채권의 입질방법에 따라 주권을 질권자에게 교부함으로써 질권이 성립하였다(민법 351조). 무기명주권은 그 소지자가 권리자로 추정되므로 무기명주권의 교부는 마치 기명주식의 등록질과 같은 효력을 갖게 된다. 2014년 무기명주식제도의 폐지로 주식의 입질은 기명주식의 경우만을 의미한다.

(2) 기명주식의 입질

1) 약식질(주권교부에 의한 입질)

기명주식을 질권의 목적으로 하는 때에는 **주권**을 질권자에게 **교부**하여야 한다(상338조 1항). 기명주식의 약식질은 당사자 간의 질권설정의 합의와 질권자에 대한 주권의 교부에 의하여 그 효력이 발생하는 것이다.

질권자는 **계속하여 주권을 점유하지 아니하면** 그 질권으로써 제3자에게 대항하지 못한다(상338조 2항). 여기에서 주식의 질권설정에 필요한 요건인 주권의 점유를 이전하는 방법으로는 현실인도(교부) 외에 간이인도나 반환청구권 양도도 허용된다. 주권을 제3자에게 보관시킨 경우 주권을 간접점유하고 있는 질권설정자가 반환청구권 양도에 의하여 주권의 점유를 이전하려면 질권자에게 자신의 점유매개자인 제3자에 대한 반환청구권을 양도하여야 하고, 이 경우 대항요건으로서 제3자의 승낙 또는 질권설정자의 제3자에 대한 통지를 갖추어야 한다. 이러한 법리는 제3자가 다시 타인에게 주권을 보관시킴으로써 점유매개관계가 중첩적으로 이루어진 경우에도 마찬가지로 적용된다. 최상위 간접점유자인 질권설정자는 질권자에게 자신의 점유매개자인 제3자에 대한 반환청구권을 양도하고 대항요건으로서 제3자의 승낙 또는 제3자에 대한 통지를 갖추면 충분하며, 직접점유자인 타인의 승낙이나 그에 대한 질권설정자 또는 제3자의 통지까지 갖출 필요는 없다(대법원 2012.8.23. 선고 2012다34764 판결).

주권의 점유 없이는 질권설정자, 질권설정자의 채권자 등과의 관계에서 물상대위나 우선변제권을 행사할 수 없다. 따라서 권리행사요건으로 압류가 요구된다.

2) 등록질 : 주주명부 기재

① 입질방법 : 기명주식을 질권의 목적으로 한 경우에 회사가 질권설정자의 청구에 의하여 그 **성명과 주소를 주주명부에 덧붙여 쓰고** 그 성명을 주권에 적는 방법에 의한다.

② 우선변제효 : 질권자는 회사로부터 이익이나 이자의 배당, 잔여재산의 분배 또는 물상대위로 금전의 지급을 받아 다른 채권자에 우선하여 자기채권의 변제에 충당할 수 있다(상340조 1항). 기명주식의 등록질은 당사자 간의 질권설정의 합의와 질권자에 대한 주권의 교부 외에 질권설정자의 청구에 의하여 질권자의 성명과 주소가 주주명부에 기재됨으로써 그 효력이 발생하는 것이다. **등**

록질권자라도 그의 권리를 제3자에게 대항하기 위하여는 주권의 계속점유가 있어야 한다(상338조 2항).

③ 공탁청구권 : 등록질권자는 물상대위의 목적물이 금전이고 그 목적물의 변제기가 질권자의 채권의 변제기보다 먼저 도래한 때에는 회사에 대하여 그 금전의 공탁을 청구할 수 있고 그 공탁금에 질권의 효력이 미친다(상340조 2항; 민353조 3항 준용).

④ 물상대위에 의한 주권교부청구권 : **등록질권자는 물상대위의 목적물이 주식인 경우에는 그 주식에 대한 주권의 교부를 회사에 대하여 직접 청구할 수 있다**(상340조 3항).

(3) 주식의 양도담보

명문 규정은 없으나 실무상 가장 많이 이용된다. 양도담보에 의한 소유권이전은 이른바 "신탁형 양도"이므로 양도담보권자가 대외적인 주식소유자가 된다. 양도담보는 대외적으로는 소유권이 이전되고 대내적으로는 소유권이 이전되는 것이 아니고 담보만이 설정되는 것이기 때문이다. 따라서 양도담보권자가 주주권을 행사한다. 이 점에서 질권설정자가 주주권을 행사하는 주식의 입질과 구별된다.

3. 주식담보의 효력

(1) 물상대위

주식의 소각, 병합, 분할 또는 전환이 있는 때에는 이로 인하여 종전의 주주가 받을 금전이나 주식에 대하여도 종전의 주식을 목적으로 한 질권을 행사할 수 있다(상339조).

물상대위(物上代位)란 담보물권의 목적물의 가치가 다른 형태로 바뀌는 경우에 담보권자가 이에 대하여 우선변제권을 행사하는 것을 말하는데, 주식담보의 경우에도 이러한 물상대위가 인정된다. 주식의 변형물에 대해서도 질권의 효력이 미친다.

(2) 약식질의 효력

우선변제권, 전질권(轉質權), 물상대위권이 인정되며, 그 변형인 잔여재산분배청구권도 인정된다.

그러나 이익배당청구권에 대해서는 다툼이 있다. 약식질은 회사와 무관하게 이루어지므로 공시에 문제가 있으므로 부정하는 견해도 있고, 주식의 과실(果實)이므로 과실에도 질권의 효력이 미친다는 일반원칙에 따라 긍정하는 견해도 있다.

(3) 등록질의 효력

주식을 질권의 목적으로 한 경우에 회사가 질권설정자의 청구에 의하여 그 성명과 주소를 주주명부에 덧붙여 쓰고(부기하고) 그 성명을 주권에 적은 경우에는 질권자는 회사로부터 이익이나 이자의 배당, 잔여재산의 분배 또는 물상대위에 의한 금전의 지급을 받아 다른 채권자에 우선하여 자기채권의 변제에 충당할 수 있다(상340조 1항). 다만 등록질의 경우에도 공익권은 질권설정자가 갖는다. 판례도 주식에 대해 질권이 설정되었다고 하더라도 질권설정계약 등에 따라 질권자가 담보제공자인 주주로부터 의결권을 위임받아 직접 의결권을 행사하기로 약정하는 등의 특별한 약정이 있는 경우를 제외하고 질권설정자인 주주는 여전히 주주로서의 지위를 가지고 의결권을 행사할 수 있다는 입장이다(대법원 2017.8.18. 선고 2015다5569 판결).

4. 자기주식의 질취 제한

회사는 발행주식의 총수의 20분의 1을 초과하여 자기의 주식을 질권의 목적으로 받지 못한다. 회사의 합병 또는 영업의 전부 양수가 있는 때 및 회사의 권리실행 목적달성에 필요한 때에는 그 한도를 초과하여 질권의 목적으로 할 수 있다(상341조의3).

Ⅶ. 주식의 소각

1. 주식의 소각의 의의

회사의 존속 중에 특정한 주식을 절대적으로 소멸시키는 회사의 행위를 말한다. 주식의 소각은 크게 자본금을 감소시키는 경우와 자본금의 감소 없이 주식이 소멸되는 경우로 나눌 수 있다.

2011년 상법개정 전에는 주주에게 배당할 이익으로 하는 소각(이익소각)에 정관에 의한 이익소각(상343조 1항 단서), 주주총회의 결의에 의한 주식소각(상343조의2), 상환주식의 상환(상345조) 등이 있었다. 2011년 개정상법으로 자기주식 취득이 자유화됨으로써 이익소각의 개념을 자기주식의 취득 후 주식을 소각하는 개념으로 변경하였다(상343조 1항 단서). 회사가 배당가능한 이익이 있다면(그것마저도 필요치 않은 경우도 있을 수 있기는 함) 자기주식을 새로이 취득하여 이것을 소각하면 되는 것이다. 이에 따라 정관에 의한 이익소각(상343조 1항 단서), 주주총회의 결의에 의한 주식소각(상343조의2) 규정은 삭제되었다.

2. 자본금 감소의 방법에 의한 소각

상법상 자본금 감소절차에 따라 주식을 소각하는 경우이다. 이 경우에는 소각되는 주식만큼 자본금이 감소하므로 채권자보호절차를 밟아야 한다.

3. 자기주식의 취득과 소각

2011년 개정상법으로 자기주식의 취득은 자유로워졌다. 배당가능이익 등으로 자기주식을 취득하고 난 후 자기주식을 소각하면 종전 이익소각과 같은 효과가 된다.

자기주식의 소각은 이사회결의로 가능하고 주주총회 특별결의나 채권자보호절차가 필요 없다. 주식병합규정에 따른 주주 등에 대한 통지절차도 필요하지 않다(상343조 1항 단서).

4. 상환주식의 상환

회사는 정관으로 정하는 바에 따라 회사의 이익으로써 소각할 수 있는 종류주식을 발행할 수 있다. 이 경우 회사는 정관에 상환가액, 상환기간, 상환의 방법과 상환할 주식의 수를 정하여야 한다(상345조 1항). 이때 회사는 상환대상인 주식의 취득일부터 2주 전에 그 사실을 그 주식의 주주 및 주주명부에 적힌 권리자에게 따로 통지하여야 한다. 다만, 통지는 공고로 갈음할 수 있다(상345조 2항).

주식의 취득의 대가로 현금 외에 유가증권(다른 종류주식은 제외한다)이나 그 밖의 자산을 교부할 수 있다. 다만, 이 경우에는 그 자산의 장부가액이 제462조에 따른 배당가능이익을 초과하여서는 아니 된다(상345조 3항). 이러한 주식은 종류주식(상환과 전환에 관한 것은 제외한다)에 한정하여 발행할 수 있다(제345조 4항).

Ⅷ. 종류주식

1. 종류주식의 의의, 종류 및 발행 등

(1) 종류주식의 의의

종류주식이란 이익의 배당, 잔여재산의 분배, 주주총회에서의 의결권의 행사, 상환 및 전환 등에 관하여 내용이 다른 종류의 주식을 말한다(상344조 1항). 2011년 상법개정 전에는 이익이나 이자의 배당 또는 잔여재산의 분배에 관하여 내용이 다른 여러 주식을 가리켜 수종의 주식이라고 하고, 이와는 별개로 특수한 주식으로 상환주식, 의결권없는 주식, 전환주식 등을 분류하였다. 법개정으로 이들 모두가 종류주식의 범주에 들어가게 되었고, 보다 다양한 종류의 주식이 발행될 수 있게 되었다.

(2) 종류주식의 종류

종류주식에는 이익배당, 잔여재산분배에 관한 종류주식(상344조의2), 의결권의 배제 · 제한에 관한 종류주식(상344조의3), 주식의 상환에 관한 종류주식(상345조), 주식의 전환에 관한 종류주식(상346조) 등이 있다.

(3) 종류주식의 발행 : 정관의 기재, 결의 등

종류주식을 발행하는 경우에는 정관으로 각 종류주식의 내용과 수를 정하여야 한다(상344조 2항). 회사가 종류주식을 발행하는 때에는 정관에 다른 정함이 없는 경우에도 주식의 종류에 따라 신주의 인수, 주식의 병합 · 분할 · 소각 또는 회사의 합병 · 분할로 인한 주식의 배정에 관하여 특수하게 정할 수 있다(상344조 3항 : 주주평등의 원칙의 예외). 예컨대 보통주에만 신주인수권을 부여하고 우선주에는 신주인수권을 부여하지 않는 경우를 말한다.

종류주식 주주의 종류주주총회의 결의에 관하여는 출석한 주주의 의결권의 3분의 2 이상의 수와 그 종류의 발행주식총수의 3분의 1 이상의 수로써 하여야 한다(상344조 4항; 435조 2항 준용).

회사설립시에는 발기인전원의 동의로 정관에 기재된 범위 내에서 구체적으로 발행할 주식의 종류와 수를 결정한다(상291조 1호). 회사성립 후에는 원칙적으로 이사회의 결의로 발행되는 신주의 종류와 수를 결정한다(상416조 1호).

2. 이익배당 · 잔여재산분배에 관한 종류주식

(1) 의의

이익배당 · 잔여재산분배에 관한 종류주식이라 함은 이익배당 · 잔여재산분배에 관하여 내용이 다른 종류주식을 말한다. 재산권 권리의 내용이 각각 다른 주식으로서 보통주, 우선주, 후배주, 혼합주가 있다. 보통주는 우선주와 후배주의 표준이 되는 주식을 말한다. 우선주는 이익이나 이자의 배당 또는 잔여재산의 분배에 관하여 우선적 지위가 부여된 주식을 말한다. 후배주는 위 경우 열후적 지위가 부여된 주식을 말한다. 혼합주는 어떤 권리에 있어서는 우선적 지위가 부여되고 다른 권리에 있어서는 열후적 지위가 부여된 주식을 말한다.

우선주는 보통주에 "우선순위"로 배당받는다는 의미이다. 따라서 보통주보다 저배당을 받을 수 있다. 배당률이 보통주≥우선주인 경우 보통주 배당에 참가할 수 있는가 여부에 따라 참가적 우선주 · 비참가적 우선주로 나뉜다. 이익이 없으면 배당할 수 없다. 이 경우 ① "당기배당금+차기배당금"을 받는 것을 누적적우선주, ② 차기배당금만 받는 것을 비누적적 우선주라 한다.

(2) 발행사항의 정관기재

회사가 이익의 배당에 관하여 내용이 다른 종류주식을 발행하는 경우에는 정관에 그 종류주식의 주주에게 교부하는 배당재산의 종류, 배당재산의 가액의 결정방법, 이익을 배당하는 조건 등 이익배당에 관한 내용을 정하여야 한다(상344조의2 1항). 회사가 잔여재산의 분배에 관하여 내용이 다른 종류주식을 발행하는 경우에는 정관에 잔여재산의 종류, 잔여재산의 가액의 결정방법, 그 밖에 잔여재산분배에 관한 내용을 정하여야 한다(상344조의2 2항).

(3) 최저배당률 및 건설이자배당제도의 폐지와 현물배당의 허용

2011년 상법개정시 이익배당 우선주에 대하여 최저배당률을 정하도록 한 제344조 제2항이 삭제되었다. 종전 최저배당률을 미리 정하도록 되어 있어 회사가 배당압력에 대한 부담으로 우선주 활용이 저조한 측면이 있어 이러한 제한을 없앤 것이다. 위에서 "배당재산의 종류"를 정해야 하는 이유는 법개정으로 현물배당이 가능해졌기 때문이다(상462조의4). 특정 재산으로만 배당받을 수 있는 주식도 발행가능하다. 한편 건설이자배당제도가 폐지되어 건설이자배당에 관한 종류주식(종전 수종의 주식)은 삭제되었다.

3. 의결권의 배제 · 제한에 관한 종류주식

(1) 의의

의결권의 배제·제한에 관한 종류주식이라 함은 주주총회에서 의결권을 행사할 수 있는 사항에 관하여 내용이 다른 주식을 말한다. 2011년 개정상법 전에는 이익배당우선주에 대해서만 의결권 없는 주식이 허용되었으나, 법개정으로 보통주식에 대해서도 이것이 허용된다. 의결권의 배제·제한에 관한 종류주식에 관한 규정(상344조의3)이 신설되고 의결권 없는 주식에 관한 상법 제370조가 삭제될 때, "회사가 수종의 주식을 발행하는 경우에는 정관으로 이익배당에 관한 우선적 내용이 있는 종류의 주식에 대하여 주주에게 의결권없는 것으로 할 수 있다"이 없어졌기 때문이다.

의결권의 배제·제한에 관한 종류주식이라도 의결권을 제외한 다른 권리는 행사가능하다. 주주총회에 출석하여 발언할 권리, 주주총회결의의 하자를 다투는 제소권 등이 그 예이다.

(2) 발행사항의 정관기재

회사가 의결권이 없는 종류주식이나 의결권이 제한되는 종류주식을 발행하는 경우에는 정관에 의결권을 행사할 수 없는 사항과 의결권행사 또는 부활의 조건을 정한 경우에는 그 조건 등을 정하여야 한다(상344조의3 1항).

(3) 발행한도

이러한 종류주식의 총수는 발행주식총수의 4분의 1을 초과하지 못한다. 이 경우 의결권이 없거나 제한되는 종류주식이 발행주식총수의 4분의 1을 초과하여 발행된 경우에는 회사는 지체 없이 그 제한을 초과하지 아니하도록 하기 위하여 필요한 조치를 하여야 한다(상344조의3 2항).

4. 상환주식

(1) 의의

상환주식이란 정관으로 정하는 바에 따라 회사의 이익으로써 소각할 수 있는 종류주식을 말한다(상345조 1항). 상환주식은 회사가 상환권을 가지는 상환사유부주식(수의(隨意)상환주식, 상345조 1항), 주주가 회사에 대하여 상환청구권을 가지는 상환청구권부주식(의무상환주식, 상345조 3항)로 분류될 수 있다. 상환주식은 종류주식(상환과 전환에 관한 것은 제외한다)에 한정하여 발행할 수 있다(상345조 5항).

상환주식은 상환되는 경우에 주식이 소각한다는 점에서 우선주가 보통주로 전환되는 전환주식과 다르다. 일정한 기간만 존속한다는 점에서는 사채와 유사하나, 반드시 이익으로써만 상환된다는 점에서 이익이 없더라도 일정한 이자를 주는 사채와 다르다.

(2) 발행사항의 정관기재 및 통지 등

회사가 상환권을 가지는 상환사유부주식의 경우에는 회사는 정관에 상환가액, 상환기간, 상환의 방법과 상환할 주식의 수를 정하여야 한다(상345조 1항, 2항). 이 경우 회사는 상환대상인 주식의 취득일부터 2주 전에 그 사실을 그 주식의 주주 및 주주명부에 적힌 권리자에게 따로 통지하여야 한다. 다만, 통지는 공고로 갈음할 수 있다(상345조 2항).

주주가 회사에 대하여 상환청구권을 가지는 상환청구권부주식의 경우에는 정관에 주주가 회사에 대하여 상환을 청구할 수 있다는 뜻, 상환가액, 상환청구기간, 상환의 방법을 정하여야 한다(상345조 3항).

(3) 상환대가 및 발행주식의 제한

회사는 상환시 주식의 취득의 대가로 현금 외에 유가증권(다른 종류주식은 제외한다)이나 그 밖의 자산을 교부할 수 있다. 상환대가가 다양화해졌다. 다만 상환대가로 다른 종류주식을 제외한 것은 상환주식이 전환주식으로 기능하지 않도록 하기 위한 것이다.

자산교부시 그 자산의 장부가액이 배당가능이익을 초과하여서는 아니 된다(상345조 4항). 상환주식은 종류주식(상환과 전환에 관한 것은 제외한다)에 한정하여 발행할 수 있다(상345조 5항). 보통주에 대해서는 상환조건을 붙일 수 없다. 이를 허용하면 보통주에 조건을 붙이기에 따라 적대적 M&A에 대한 방어수단으로 사용될 수 있기 때문이다.

(4) 상환의 효력

상환주식의 상환으로 상환주식만큼 주식수는 줄어드나 자본금은 감소되지 않는다. 자본금 감소절차에 의한 주식의 소각이 아니므로 자본금 감소가 되지 않기 때문이다. 상환주식수만큼은 발행된 것이므로 재발행할 수 없다(다수설).

5. 전환주식

(1) 전환주식의 의의

전환주식이란 주식을 다른 종류주식으로 전환하는 것이 가능한 종류주식을 말한다. 전환주식은 전환주식의 전환권이 주주에게만 있는 전환청구권부주식, 전환권이 회사에게 있는 전환사유부주식으로 분류할 수 있다. 2011년 상법개정 전에는 전자만 허용되었으나 우선주발행시 우선배당 부담의 선택적 해소, 적대적 M&A시 경영권의 방어 등 회사의 필요를 고려하여 법개정시 후자도 허용되게 되었다.

이 경우에는 전환의 조건, 전환의 청구기간과 전환으로 인하여 발행할 주식의 수와 내용을 정하여야 한다(상346조 1항).

(2) 발행사항의 정관기재 및 통지

회사가 종류주식을 발행하는 경우에는 정관으로 정하는 바에 따라 주주는 인수한 주식을 다른 종류주식으로 전환할 것을 청구할 수 있다(전환청구권부주식). 이 경우 전환의 조건, 전환의 청구기간, 전환으로 인하여 발행할 주식의 수와 내용을 정하여야 한다(상346조 1항).

회사가 종류주식을 발행하는 경우에는 정관에 일정한 사유가 발생할 때 회사가 주주의 인수 주식을 다른 종류주식으로 전환할 수 있음을 정할 수 있다(전환사유부주식). 이 경우 회사는 전환의 사유, 전환의 조건, 전환의 기간, 전환으로 인하여 발행할 주식의 수와 내용을 정하여야 한다(상346조 2항). 또한 이사회는 ① 전환할 주식, ② 2주 이상의 일정한 기간 내에 그 주권을 회사에 제출하여야 한다는 뜻, ③ 그 기간 내에 주권을 제출하지 아니할 때에는 그 주권이 무효로 된다는 뜻 등을 그 주식의 주주 및 주주명부에 적힌 권리자에게 따로 통지하여야 한다. 다만, 통지는 공고로 갈음할 수 있다(상346조 3항).

(3) 전환대가 및 발행주식수의 제한

2011년 개정상법시 전환의 대가를 다른 종류의 주식으로 하는 것을 허용하면서 현금, 사채 등의 자산이 제외되었다. 이를 허용하는 경우 상환주식과 구별되지 않기 때문이다.

종류주식의 수 중 새로 발행할 주식의 수는 전환청구기간 또는 전환의 기간 내에는 그 발행을 유보(留保)하여야 한다(상346조 4항).

(4) 발행절차

주식청약서 또는 신주인수권증서에 다음의 사항을 기재하여야 한다(상347조). ① 주식을 다른 종류의 주식으로 전환할 수 있다는 뜻, ② 전환의 조건, ③ 전환으로 인하여 발행할 주식의 내용, ④ 전환청구기간 또는 전환의 기간

(5) 신주식의 발행가액

전환으로 인하여 신주식을 발행하는 경우에는 전환 전의 주식의 발행가액을 신주식의 발행가액으로 한다(상348조). 전환 전 주식의 발행가액과 신주식의 발행가액은 총발행가액을 말하며, 1주의 발행가액을 말하는 것은 아니다.

(6) 전환청구의 절차 및 방법

주식의 전환을 청구하는 자는 청구서 2통에 주권을 첨부하여 회사에 제출하여야 한다(상349조 1항). 청구서에는 전환하고자 하는 주식의 종류, 수와 청구연월일을

기재하고 기명날인 또는 서명하여야 한다(상349조 2항).

(7) 전환의 효력발생시기

1) 원칙

주식의 전환은 주주가 전환을 청구한 경우에는 그 청구한 때에, 회사가 전환을 한 경우에는 주권을 회사에 제출하여야 하는 기간으로 정한 2주 이상의 일정한 기간이 끝난 때에 제346조 제3항 제2호의 기간이 끝난 때에 그 효력이 발생한다(상350조 1항).

2) 주주명부폐쇄기간 중 전환청구시의 특칙

주주명부의 폐쇄기간 중에 전환된 주식의 주주는 그 기간 중의 총회의 의결에 관하여는 의결권을 행사할 수 없다(상350조 2항). 주주명부 폐쇄 중이더라도 전환청구는 허용되어 무의결권주가 보통주로 바뀌더라도 그 보통주에는 폐쇄기간 중의 총회의 의결에 관해서는 의결권이 없다.

3) 이익배당에 관한 효력발생시기의 특칙

전환에 의하여 발행된 주식의 이익배당에 관하여는 주주가 전환을 청구한 때 또는 주권 제출기간이 끝난 때가 속하는 영업연도 말에 전환된 것으로 본다. 이 경우 신주에 대한 이익배당에 관하여는 정관으로 정하는 바에 따라 그 청구를 한 때 또는 주권 제출의 기간이 끝난 때가 속하는 영업연도의 직전 영업연도 말에 전환된 것으로 할 수 있다(상350조 3항).

예컨대 2018년 7월 1일 전환청구를 하는 경우 해당 연도말인 12월 31일에 전환된 것으로 보아 2018년에는 전환주식에 따른 이익배당을 하고, 2019년에는 보통주식의 이익배당을 한다. 정관으로 직전 연도 12월 31일에 전환된 것으로 정하는 경우에는 2017년 12월 말에 전환된 것으로 보아 2018년에 보통주식의 이익배당을 한다.

(8) 전환으로 인한 변경등기기간

주식의 전환으로 인한 변경등기는 전환을 청구한 날 또는 주권 제출기간이 끝난 날이 속하는 달의 마지막 날부터 2주 내에 본점소재지에서 하여야 한다(상351조). 전환을 청구한 경우 그때로부터 2주 내가 아니고 전환을 청구한 날이 속하는 달의 마지막 날부터 2주 내임을 주의해야 한다.

(9) 전환의 효과

"전환전총발행가액=신주식총발행가액"이 되어야 한다. 그 결과 자본금이 증가하거나 또는 변동이 없거나 자본금이 감소할 수 있다. 그러나 자본금이 감소하는 전환은 허용되지 않음을 주의해야 한다. 전환주식이 전환되더라도 수권주식총수에는 변동이 없다. 전환주식의 경우에는 종류가 다른 주식 상호 간의 교체이기 때문이다. 그러나 전환에 의하여 소멸된 전환주식의 수만큼 그 종류의 미발행주식수가 부활하여 재발행이 가능한지 여부에 대해서는 견해의 대립이 있다.

Ⅸ. 주주명부

1. 주주명부의 의의

주주명부란 주주 및 주권에 대한 사항을 명확히 하기 위하여 작성하는 장부를 말한다. 주식의 이전이 회사와는 무관하게 이루어지므로 회사가 주주를 확인하려는 필요성에서 인정되며, 전자주주명부도 인정된다.

상법이 주주명부제도를 둔 이유는 주식의 발행 및 양도에 따라 주주의 구성이 계속 변화하는 단체법적 법률관계의 특성상 회사가 다수의 주주와 관련된 법률관계를 외부적으로 용이하게 식별할 수 있는 형식적이고도 획일적인 기준에 의하여 처리할 수 있도록 하여 이와 관련된 사무처리의 효율성과 법적 안정성을 도모하기 위함이다. 이는 회사가 주주에 대한 실질적인 권리관계를 따로 조사하지 않고 주주명부의 기재에 따라 주주권을 행사할 수 있는 자를 획일적으로 확정하려는 것으로서, 주주권의 행사가 회사와 주주를 둘러싼 다수의 이해관계인 사이의 법률관계에 중대한 영향을 줄 수 있음을 고려한 것이며, 단지 해당 주주의 회사에 대한 권리행사 사무의 처리에 관한 회사의 편의만을 위한 것이라고 볼 수 없다. 회사는 정관으로 정하는 바에 따라 전자문서로 주주명부(이하 "전자주주명부"라 한다)를 작성할 수 있다(상352조의2 1항). 전자주주명부에는 통상 주주명부의 기재사항 외에 전자우편주소를 적어야 한다(상352조의2 2항). 전자주주명부의 비치 · 공시 및 열람의 방법에 관하여 필요한 사항은 대통령령으로 정한다(상352조의2 3항).

2. 주주명부의 기재사항

(1) 주식을 발행한 경우

주식을 발행한 때에는 주주명부에 다음의 사항을 기재하여야 한다(상352조 1항). ① 주주의 성명과 주소, ② 각 주주가 가진 주식의 종류와 그 수, ③ 각 주주가 가진 주식의 주권을 발행한 때에는 그 주권의 번호, ④ 각 주식의 취득연월일

(2) 전환주식을 발행한 경우

전환주식을 발행한 때에는 전환에 관한 사항도 주주명부에 기재하여야 한다(상352조 2항).

3. 주주명부의 효력

(1) 주주자격의 추정력(자격수여적 효력)

주주명부상의 명의인은 회사에 대하여 자신의 실질적인 권리를 입증할 필요 없이 그 기재만으로써 주주의 권리를 행사할 수 있는 자격이 추정된다. 주권을 제시할 필요도 없다. 다만 주주명부의 기재가 권리창설적 효력이 있는 것은 아니므로, 예컨대 반증에 의하여 명의인이 실질적으로 무권리자라는 사실이 입증되면 그의 주주권은 부인된다.

특별한 사정이 없는 한 주주명부에 적법하게 주주로 기재되어 있는 자는 회사에 대한 관계에서 주식에 관한 의결권 등 주주권을 행사할 수 있고, 회사 역시 주주명부상 주주 외에 실제 주식을 인수하거나 양수하고자 하였던 자가 따로 존재한다는 사실을 알았든 몰랐든 간에 주주명부상 주주의 주주권 행사를 부인할 수 없으며, 주주명부에 기재를 마치지 아니한 자의 주주권 행사를 인정할 수도 없다(대법원 2017.3.23. 선고 2015다248342 전원합의체 판결; 대법원 2017.8.29. 선고 2016다267722 판결; 대법원 2018.2.28. 선고 2015다50439 판결).

(2) 명의주주를 주주로 인정한 회사의 면책적 효력

회사는 주주명부상의 명의자를 주주로 보고 배당금청구권, 신주인수권 등의 주주의 권리를 인정하면 주주명부상의 주주가 진정한 주주가 아닌 경우에도 면책된다. 면책적 효력은 주주의 확정에 관해서 뿐만 아니라 주주의 주소 등 다른 사항에 대

해서도 인정된다. 따라서 주주 또는 질권자에 대한 회사의 통지 또는 최고는 주주명부에 기재한 주소 또는 그 자로부터 회사에 통지한 주소로 하면 된다(상353조 1항). 통지 또는 최고는 보통 그 도달한 시기에 도달한 것으로 본다(상353조 2항; 상304조 2항 준용).

(3) 명의주주의 회사에 대한 대항력

주주명부에 명의가 기재되는 것은 회사에 대하여 주주권을 행사하기 위한 대항요건이 된다. 적법한 양도계약에 의하여 주권의 교부를 받은 주식양수인은 그 양도의 효력을 회사에 주장하기 위하여 주주명부에 기재, 즉 명의개서를 하지 않으면 회사에 대해 주주권을 행사할 수 없게 된다.

같은 논리로, 주식의 양도계약이 해제된 경우에는 주권의 반환이 없더라도 주식양수인은 주주의 지위를 상실하고 주주권을 회복하지만 그 회복된 주주권을 회사에 대항하려면 명의개서를 하여야 한다.

4. 주주명부의 폐쇄와 기준일

(1) 주주명부의 폐쇄

1) 주주명부의 폐쇄의 의의

회사가 주주 또는 질권자로서 권리를 행사할 자를 확정할 목적으로 일정기간 주주명부상 기재의 변경을 정지하는 제도이다. 회사는 의결권을 행사하거나 배당을 받을 자 기타 주주 또는 질권자로서 권리를 행사할 자를 정하기 위하여 일정한 기간을 정하여 주주명부의 기재변경을 정지하거나 일정한 날에 주주명부에 기재된 주주 또는 질권자를 그 권리를 행사할 주주 또는 질권자로 볼 수 있다(상354조 1항).

2) 폐쇄기간

주주명부폐쇄기간은 3월을 초과하지 못한다(상354조 2항).

3) 폐쇄기간의 공고

회사가 주주명부폐쇄기간 또는 기준일을 정한 때에는 그 기간 또는 날의 2주간 전에 이를 공고하여야 한다. 그러나 정관으로 그 기간 또는 날을 지정한 때에는 그러하지 아니하다(상354조 4항).

4) 효력

명의개서, 질권등록 등이 금지된다. 위반시 효력은 무효이다(다수설). 회사가 명의개서를 허용하는 것도 안 된다. 그러나 권리변동과 무관한 사항, 예컨대 주소변경 등은 허용된다.

(2) 기준일

1) 기준일의 의의

주주 또는 질권자를 권리행사자로 확정하도록 정해진 특정한 날이다. 회사는 의결권을 행사하거나 배당을 받을 자 기타 주주 또는 질권자로서 권리를 행사할 자를 정하기 위하여 일정한 날에 주주명부에 기재된 주주 또는 질권자를 그 권리를 행사할 주주 또는 질권자로 볼 수 있다(상354조 1항).

2) 설정절차

기준일은 주주 또는 질권자로서 권리를 행사할 날에 앞선 3월 내의 날로 정하여야 한다(상354조 3항).

3) 기준일의 공고

회사가 기준일을 정한 때에는 그 날의 2주간 전에 이를 공고하여야 한다. 그러나 정관으로 기준일을 지정한 때에는 그러하지 아니하다(상354조 4항).

(3) 양 제도의 관계

실무에서는 아래와 같이 통상 주주명부의 폐쇄와 기준일을 병용하여 사용한다.

▌기준일과 주주명부 폐쇄에 관한 공고 예

임시주주총회 개최를 위한 기준일 및 주식명의개서 정지공고
상법 제354조 및 당사 정관 제13조에 의거 2019년 7월 9일 임시주주총회 개최와 관련하여 권리주주의 확정을 위해 다음과 같이 기준일을 정하고 주식의 명의개서, 질권의 등록 및 말소, 신탁재산표시 및 말소 등 주주명부 기재사항 변경을 정지하오니 양지하시기 바랍니다. -다음- 1. 기준일 : 2019년 6월 8일 2. 주식명의개서 정지기간 : 2019년 6월 9일부터 2019년 6월 19일 2019년 5월 24일 서울 동대문구 전농동 100 주식회사 시대인 대표이사 박상법 명의개서대리인 한국예탁결제원 사장 홍길동

X. 주권

1. 주권(株券)의 의의

사원권을 표창(表彰)하는 유가증권이다. 여기서 표창은 드러내어 밝힌다는 의미로 이해할 수 있다.

2. 주권의 발행과 예외

(1) 주권의 발행의 의의

회사의 권한 있는 기관이 주식을 표창하는 유가증권을 작성하여 주주 그밖에 주권을 받을 권한이나 자격이 있는 자에게 교부하는 것을 말한다.

(2) 주권의 발행시기

회사는 성립 후 또는 신주의 납입기일 후 **지체없이** 주권을 발행하여야 한다(상355조 1항). 주권은 **회사의 성립 후** 또는 **신주의 납입기일 후**가 아니면 발행하지 못한다(상355조 2항).

주주가 회사를 상대로 주권의 발행과 교부를 청구할 수 있다고 하더라도 이는 그 주식의 유통상 편의를 위한 것이거나 회사에 대한 관계에서 자신이 정당한 주주권자임을 법적으로 확인하는 의미를 갖는 데 그친다. 따라서 특별한 사정이 없는 한 그것만으로 그 주식에 대하여 권리를 주장하는 다른 사람과의 분쟁까지도 법적으로 유효·적절하게 해결할 수 있다고 단정하기 어렵다(대법원 2012.5.10. 선고 2011다101803 판결; 대법원 2013.2.14. 선고 2011다109708 판결; 대법원 2017.10.26. 선고 2016다23274 판결).

발행시기 제한에 위반한 주권발행은 무효이다. 즉 **회사의 성립 전 또는 신주의 납입기일 전에 발행한 주권은 무효로 한다. 그러나 발행한 자에 대한 손해배상의 청구에 영향을 미치지 아니한다**(상355조 3항).

(3) 효력발생시기

어음이론과 같이 작성시설, 발행시설, 교부시설이 있다. 어음이론과는 달리 주권은 사단법적 법리가 작용, 거래안전보다는 주주보호가 우선해야 하므로 교부시설이 타당하다(통설). 판례도 같은 입장이다(대법원 1977.4.12. 선고 76다2766 판결 ; 대법원 2000.3.23. 선고 99다67529 판결). 교부시설(交付時說)에 따르면 주권의 작성 후 주주에게 교부하기 전에는 주권으로서의 효력이 발행하지 않으므로 선의취득·압류·제권판결 등이 불가능하다.

제권판결(除權判決)은 공시최고절차에서 공시최고신청인의 신청에 의하여 법원이 하는 실권선언을 말한다. 주권에 대한 제권판결은 주주가 주권을 도난, 분실 등으로 상실한 경우에 공시최고절차를 통해 판결을 얻음으로써 상실된 주권을 무효로 한 다음 회사에 대하여 주권의 재발행을 청구할 수 있는 것을 말한다.

3. 주권의 기재사항

주권에는 ① 회사의 상호, ② 회사의 성립년월일, ③ 회사가 발행할 주식의 총수, ④ 액면주식을 발행하는 경우 1주의 금액, ⑤ 회사의 성립 후 발행된 주식에 관하여는 그 발행연월일, ⑥ 종류주식이 있는 경우에는 그 주식의 종류와 내용, ⑦ 주식의 양도에 관하여 이사회의 승인을 얻도록 정한 때에는 그 규정 등을 기재하고 대표이사가 기명날인 또는 서명하여야 한다(상356조).

대표이사가 주권 발행에 관한 주주총회나 이사회의 결의 없이 주주 명의와 발행연월일을 누락한 채 단독으로 주권을 발행한 경우 특별한 사정이 없는 한 주권의 발행은 대표이사의 권한이라고 할 것이고, 그 회사 정관의 규정상으로도 주권의 발행에 주주총회나 이사회의 의결을 거치도록 되어 있다고 볼 근거도 없으며, 기명주권의 경우에 주주의 이름이 기재되어 있지 않다거나 또한 주식의 발행연월일의 기재가 누락되어 있다고 하더라도 이는 주식의 본질에 관한 사항이 아니므로 주권의 무효사유가 된다고 할 수 없다(대법원 1996.1.26. 선고 94다24039 판결). 대표이사가 정관에 규정된 병합주권의 종류와 다른 주권을 발행하였다고 하더라도 회사가 이미 발행한 주식을 표창하는 주권을 발행한 것이라면 단순히 정관의 임의적 기재사항에 불과한 병합주권의 종류에 관한 규정에 위배되었다는 사유만으로 이미 발행된 주권이 무효라고 할 수는 없다(대법원 1996.1.26. 선고 94다24039 판결).

4. 주식의 전자등록

회사는 주권을 발행하는 대신 정관으로 정하는 바에 따라 전자등록기관(유가증권 등의 전자등록 업무를 취급하는 기관을 말한다)의 전자등록부에 주식을 등록할 수 있다(상356조의2 1항).

전자등록부에 등록된 주식의 양도나 입질(入質)은 전자등록부에 등록하여야 효력이 발생한다(상356조의2 2항). 전자등록부에 주식을 등록한 자는 그 등록된 주식에 대한 권리를 적법하게 보유한 것으로 추정하며, 이러한 전자등록부를 선의로, 그리고 중대한 과실 없이 신뢰하고 전자등록에 따라 권리를 취득한 자는 그 권리를 적법하게 취득한다(상356조의2 3항).

전자등록의 절차·방법 및 효과, 전자등록기관에 대한 감독, 그 밖에 주식의 전자등록 등에 필요한 사항은 따로 법률로 정한다(상356조의2 4항). 「주식·사채 등의 전자등록에 관한 법률」(소위 전자증권법)이 2016년 3월 22일 제정되어, 동법시행령에 따라 전자등록은 2019년 9월 16일부터 시행되고 있다. 이에 의하면 상장주식은 전부, 비상장주식은 발행인 등이 전자등록을 신청한 경우에 전자등록대상이 된다.

5. 주권의 종류

주권의 종류에는 기명주권과 무기명주권이 있다. 우리나라에서는 기명주권만 가능하다. 2014년 5월 2일 상법개정시 무기명주식 제도를 폐지하였다.

6. 주권의 불소지(不所持)

(1) 주권의 불소지의 의의

주식의 주주가 주권을 보유하기를 원하지 않는 경우 그 뜻을 회사에 신고하면 회사는 그 주권을 발행하지 않거나 회사부담으로 주권을 은행이나 신탁회사에 기탁할 수 있도록 하는 것을 말한다. 회사 측에서 보면 '주권불발행제도'가 된다.

주주의 입장에서 보면 주권의 장기 보유에 따른 도난이나 분실을 방지할 수 있고, 발행회사의 입장에서 보면 주권의 발행에 따른 경비를 절감하고 사무를 간소화하는 이점이 있다.

(2) 주주의 불소지신고

주주는 정관에 다른 정함이 있는 경우를 제외하고는 그 주식에 대하여 주권의 소지를 하지 아니하겠다는 뜻을 회사에 신고할 수 있다(상358조의2 1항). 소유주식 일부에 대한 불소지신고도 허용된다(다수설). 여기에서의 주주는 주주명부상의 주주를 말하며, 주주명부 폐쇄기간 중이라도 불소지신고를 할 수 있다.

(3) 회사의 조치

주권의 불소지 신고가 있는 때에는 회사는 지체 없이 주권을 발행하지 아니한다는 뜻을 주주명부와 그 복본에 기재하고, 그 사실을 주주에게 통지하여야 한다. 이 경우 회사는 그 주권을 발행할 수 없다(상358조의2 2항). 이미 발행된 주권이 있는 때에는 이를 회사에 제출하여야 하며, 회사는 제출된 주권을 무효로 하거나 명의개서대리인에게 임치하여야 한다(3항).

(4) 주권발행, 반환의 청구 허용

주권의 불소지 신고를 한 경우에도 주주는 언제든지 회사에 대하여 주권의 발행 또는 반환을 청구할 수 있다(상358조의2 4항). 주주는 주식양도 등에 사용할 목적 등을 위하여 언제든지 주권발행 또는 반환청구를 할 수 있다.

7. 주권의 선의취득

상실된 주권은 선의의 제3자에 의하여 선의취득될 수 있다(상359조; 수표법21조 준용). 주권의 선의취득은 주권의 소지라는 권리외관을 신뢰하여 거래한 사람을 보호하는 제도이다. 주권취득이 악의 또는 중대한 과실로 인한 때에는 선의취득이 인정되지 않는다.

여기서 악의 또는 중대한 과실이 있는지는 그 취득시기를 기준으로 결정하여야 한다. "악의"란 교부계약에 하자가 있다는 것을 알고 있었던 경우, 즉 종전 소지인이 무권리자 또는 무능력자라거나 대리권이 흠결되었다는 등의 사정을 알고 취득한 것을 말한다. "중대한 과실"이란 거래에서 필요로 하는 주의의무를 현저히 결여한 것을 말한다. 주권 등을 취득하면서 통상적인 거래기준으로 판단하여 볼 때 양도인이 무권리자임을 의심할 만한 사정이 있음에도 불구하고 이에 대하여 상당하다고 인정될 만한 조사를 하지 아니한 채 만연히 주권 등을 양수한 경우에는 양수인에게 상법 제359조, 수표법 제21조 단서에서 말하는 "중대한 과실"이 있다고 보아야 한다(대법원 2018.7.12. 선고 2015다251812 판결).

8. 주권의 상실과 제권판결(除權判決)

주권은 공시최고의 절차에 의하여 이를 무효로 할 수 있다(상360조 1항). **주권을 상실한 자는 제권판결을 얻지 아니하면 회사에 대하여 주권의 재발행을 청구하지 못한다**(상360조 2항).

제권판결의 효력, 즉 제권판결을 받은 자가 선의취득자에게 대항할 수 있는지에 대해서는 견해의 대립이 있다.

대항할 수 없다는 견해는 공시최고는 완전한 공지성(公知性)이 없어 유통보호에 문제가 있고, 제권판결은 형식적 자격만 부여하는 것이므로 선의취득자의 실체적 권리를 좌우하지 못한다는 것을 논거로 한다(다수설). 이에 의하면 제권판결이 있더라도 주권상실 후의 선의취득자는 권리를 상실하지 않는다.

판례는 대항할 수 있다는 입장이다. 즉 제권판결 이전에 주식을 선의취득한 자는 위 제권판결에 하자가 있다 하더라도 제권판결에 대한 불복의 소에 의하여 그 제권판결이 취소되지 않는 한 회사에 대하여 적법한 주주로서의 권한을 행사할 수 없다고 보고 있다(판례). 위 쟁점은 주권발행이 있고 이를 선의취득한 자가 제권판결이 후 이후 적법한 주주로서 권한을 행사할 수 있는지에 대한 것이다.

한편 주권발행 이후 이를 무효로 하는 제권판결이 있고 주권이 재발행되었는데 제권판결이 취소되는 판결이 선고 확정된 사례에서, 판례는 재발행된 주권의 소지인이 그 후 이를 선의취득할 수는 없다고 밝힌 바 있다(대법원 2013.12.12. 선고 2011다112247, 112254 판결). 제권판결에 대한 불복의 소가 제기되어 제권판결을 취소하는 판결이 선고 · 확정되면 재발행된 주권은 소급하여 무효로 되고 그 소지인이 그 후 이를 선의취득할 수 없다는 것이다. 제권판결이 취소된 경우에도 그 취소 전에 제권판결에 기초하여 재발행된 주권이 여전히 유효하여 그에 대한 선의취득이 성립할 수 있다면 그로 인하여 정당한 권리자는 권리를 상실하거나 행사할 수 없게 되는 불합리를 해소하기 위한 해석이다.

제2관 주식의 포괄적 교환

Ⅰ. 주식의 포괄적 교환의 의의

주식의 포괄적 교환이란 회사가 신주를 발행하여 다른 회사의 주주가 가진 주식 전부와 교환하도록 함으로써 그 다른 회사의 모회사가 되는 방식을 말한다. A회사는 신주를 발행하여 B회사의 주주가 가진 B회사의 주식 전부와 새로이 발행한 A회사의 주식을 교환하여 A회사는 B회사의 완전모회사가 되고 B회사의 주주는 A회사의 주주가 되도록 하는 것이다. 자회사를 완전자회사로 만들기 위하여 이용될 수도 있다. 그 모습은 흡수합병과 유사하지만 B회사의 법인격이 소멸하지 않는다는 점에서 차이가 있다.

이러한 방식은 현물출자 또는 신회사설립 후 회사주식 전부의 인수 등을 통한 지주회사의 설립방식에 비하여 쉽게 지주회사를 설립할 수 있는 이점이 있다.

「독점규제 및 공정거래에 관한 법률」 제8조에서 지주회사의 설립 또는 전환을 허용하고 있으므로 상법상 지주회사의 설립에 관한 제도적 보완을 위하여 2001년 개정 상법에 규정하게 되었다.

▌흡수합병과 포괄적 교환

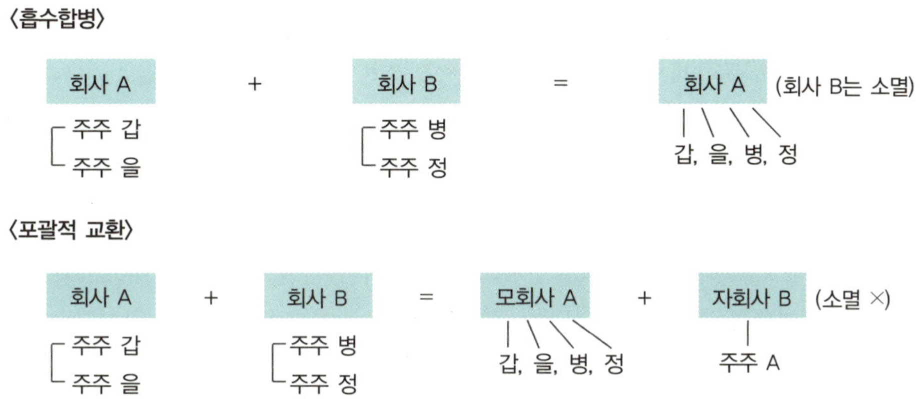

회사는 주식의 포괄적 교환에 의하여 다른 회사(완전자회사)의 발행주식의 총수를 소유하는 회사(완전모회사)가 될 수 있다(상360조의2 1항).

2015년 12월 1일 상법개정시 주식의 포괄적 교환시에 모회사 주식을 지급할 수 있도록 하는 삼각주식교환을 도입하고 이러한 삼각주식교환을 통하여 역삼각 합병이 가능하도록 하며, 회사 분할합병시 분할회사의 주주에게 모회사 주식이 지급될 수 있도록 하는 삼각분할합병 제도를 도입하였다. 역삼각합병이란 A회사의 자회사인 S회사가 T회사와 주식의 포괄적 교환을 하는 경우 T회사의 주주에게 모회사인 A회사의 주식을 교부하면서 T회사를 존속회사로 하는 합병을 하는 것을 말한다.

Ⅱ. 효력발생시기

주식교환의 경우에는 회사의 법인격이나 구조에는 변화가 없고 주주만이 변동될 뿐이므로 주식교환의 등기가 필요하지 않다. 따라서 그 효력발생시기를 공시할 필요가 있으며 법에서는 주식교환의 날로 정하고 있다.

주식의 포괄적 교환(이하 "교환"이라고 한다)에 의하여 완전자회사가 되는 회사의 주주가 가지는 그 회사의 주식은 주식을 교환하는 날에 주식교환에 의하여 완전모회사가

되는 회사에 당연히 이전하고, 그 완전자회사가 되는 회사의 주주는 그 완전모회사가 되는 회사가 주식교환을 위하여 발행하는 신주의 배정을 받거나 그 회사 자기주식의 이전을 받음으로써 그 회사의 주주가 된다(상360조의2 2항).

구체적으로 주식교환의 날은 언제인가? 주식교환의 전날까지 구주권을 제출하도록 되어 있고 구주권은 주식교환의 날에 무효가 되므로(상360조의8 1항), 결국 주권제출기간 만료시의 익일(翌日)이 주식교환의 날이 된다. 다만 법문상 자회사의 주주는 모회사로부터 신주의 배정을 받아야만 모회사의 주주가 되는 것처럼 보이는데, 자회사의 주주가 모회사의 주주로 되는 것은 주식교환계약과 주주총회의 결의에 부여한 법적 효과로서 인정되는 것이므로 주식교환을 할 날에 당연히 모회사의 주주가 되는 것으로 해석해야 한다는 견해가 있다.

Ⅲ. 주식교환의 절차

1. 주식교환계약서의 작성과 주총특별결의에 의한 승인

(1) 주식교환계약서의 작성

회사가 주식교환을 함에는 주식교환계약서를 작성하여 주주총회의 승인을 얻어야 한다(상360조의3 1항).

주식교환계약서에는 ① 완전모회사가 되는 회사가 주식교환으로 인하여 정관을 변경하는 경우에는 그 규정, ② 완전모회사가 되는 회사가 주식교환을 위하여 신주를 발행하거나 자기주식을 이전하는 경우에는 발행하는 신주 또는 이전하는 자기주식의 총수·종류, 종류별 주식의 수 및 완전자회사가 되는 회사의 주주에 대한 신주의 배정 또는 자기주식의 이전에 관한 사항, ③ 완전모회사가 되는 회사의 자본금 또는 준비금이 증가하는 경우에는 증가할 자본금 또는 준비금에 관한 사항, ④ 완전자회사가 되는 회사의 주주에게 그 대가의 전부 또는 일부로서 금전이나 그 밖의 재산을 제공하는 경우에는 그 내용 및 배정에 관한 사항, ⑤ 각 회사가 주식교환 결의를 할 주주총회의 기일, ⑥ 주식교환을 할 날, ⑦ 각 회사가 주식교환을 할 날까지 이익배당을 할 때에는 그 한도액, ⑧ 완전모회사가 되는 회사에 취임할 이사와 감사 또는 감사위원회의 위원을 정한 때에는 그 성명 및 주민등록번호 등의 사항을 기재하여야 한다(상360조의3 3항).

(2) 주주총회 특별결의에 의한 승인

주주총회의 승인은 특별결의에 의하여야 한다(상360조의3 2항). 특별결의는 출석한 주주의 의결권의 3분의 2 이상의 수와 발행주식총수의 3분의 1 이상의 수로써 하는 결의를 말한다. 출석한 주주의 의결권의 과반수와 발행주식총수의 4분의 1 이상의 수로써 하는 결의, 즉 보통결의와 비교된다.

주식의 포괄적 교환에 의하여 어느 종류의 주주에게 손해를 미치게 될 경우에는 그 회사의 주주총회의 특별결의 외에 종류주주총회의 결의를 얻어야 한다(상426조). 2011년 상법개정으로 주식교환으로 인하여 주식교환에 관련되는 각 회사의 주주의 부담이 가중되는 경우 주주총회 특별결의 및 종류주주총회 결의 외에 그 주주 전원의 동의가 있어야 한다(상360조의3 5항).

간이주식교환의 경우에는 완전자회사가 되는 회사의 주주총회의 승인은 이사회의 승인으로 갈음할 수 있고(상360조의9 1항), 소규모 주식교환의 경우에는 완전모회사가 되는 회사의 주주총회의 승인은 이사회의 승인으로 갈음할 수 있다(상360조의10 1항).

회사는 주주총회 소집의 통지와 공고에는 ① 주식교환계약서의 주요 내용, ② 주식매수청구권의 내용 및 행사방법, ③ 일방회사의 정관에 주식의 양도에 관하여 이사회의 승인을 요한다는 뜻의 규정이 있고 다른 회사의 정관에 그 규정이 없는 경우 그 뜻 등의 사항을 기재하여야 한다(상360조의3 4항).

(4) 삼각주식교환시 모회사 주식 취득과 처분

완전자회사가 되는 회사의 주주에게 제공하는 재산이 완전모회사가 되는 회사의 모회사 주식을 포함하는 경우에는 완전모회사가 되는 회사는 그 지급을 위하여 그 모회사의 주식을 취득할 수 있다(상360조의3 6항). 완전모회사가 되는 회사는 위 경우 취득한 그 회사의 모회사 주식을 주식교환 후에도 계속 보유하고 있는 경우 주식교환의 효력이 발생하는 날부터 6개월 이내에 그 주식을 처분하여야 한다(상360조의3 7항).

2. 주식교환 전 주주의 보호제도

(1) 주식교환계약서 등의 비치와 열람등사(사전공시제도)

이사는 주주총회의 회일의 2주간 전부터 주식교환의 날 이후 6월이 경과하는 날까지 ① 주식교환계약서, ② 완전모회사가 되는 회사가 주식교환을 위하여 신주를 발행하거나 자기주식을 이전하는 경우에는 완전자회사가 되는 회사의 주주에 대한 신주의 배정 또는 자기주식의 이전에 관하여 그 이유를 기재한 서면, ③ 주주총회의 이전 6월 내의 날에 작성한 각 회사의 대차대조표와 손익계산서 등의 서류를 본점에 비치하여야 한다(상360조의4 1항). 주주는 영업시간 내에 이러한 서류를 열람 또는 등사를 청구할 수 있다(상360조의4 2항; 391조의3 3항 준용).

(2) 반대주주의 주식매수청구권

주식의 포괄적 교환에 관한 주주총회의 결의사항에 관하여 **이사회의 결의**가 있는 때에 그 결의에 반대하는 주주(의결권이 없거나 제한되는 주주를 포함한다)는 **주주총회 전**에 회사에 대하여 서면으로 그 결의에 반대하는 의사를 통지한 경우에는 그 **총회의 결의일부터 20일 이내**에 주식의 종류와 수를 기재한 서면으로 회사에 대하여 자기가 소유하고 있는 주식의 매수를 청구할 수 있다(상360조의5 1항).

2015년 12월 1일 상법개정시 반대주주의 주식매수청구권 제도가 정비된 바 있다. 종전 무의결권 주주에게도 반대주주 주식매수청구권이 인정되는지에 대하여 명확하게 규정하고 있지 아니하여 실무상 혼란을 초래할 소지가 있고, 무의결권 주주들의 권리보호에 미흡한 측면이 있었다. 법개정시 무의결권 주주도 주식매수청구권을 행사할 수 있음을 명문으로 규정하고, 주식매수청구권이 인정되는 경우에는 무의결권 주주에게도 주주총회 소집을 통지하도록 규정하였다.

간이주식교환의 공고 또는 통지를 한 날부터 2주 내에 회사에 대하여 서면으로 합병에 반대하는 의사를 통지한 주주는 그 기간이 경과한 날부터 20일 이내에 주식의 종류와 수를 기재한 서면으로 회사에 대하여 자기가 소유하고 있는 주식의 매수를 청구할 수 있다(상360조의5 2항).

이러한 주식매수청구에 대하여 회사는 그 청구를 받은 날로부터 2월 이내에 그 주식을 매수하여야 한다(상360조의5 3항; 374조의2 2항 준용). 매수가액은 원칙적으로 주주와 회사 간의 협의에 의하여 정하여지고, 예외적으로 협의가 이루어지지 아니한 경우에는 회사 또는 주식매수를 청구한 주주는 법원에 대하여 매수가액의 결정을 청구할 수 있다(상360조의5 3항; 374조의2 3항 내지 5항 준용).

3. 주식교환의 방법

2015년 12월 1일 상법개정 전에는 주식교환은 신주를 발행하여 함이 원칙이었다. 이 경우 예외적으로 **완전모회사가 되는 회사는 주식교환을 함에 있어서 신주발행에 갈음하여 회사가 소유하는 자기의 주식으로서** 제342조에서 규정하는 자기주식의 처분규정에 의하여 상당한 시기에 처분하여야 할 주식을 **완전자회사가 되는 회사의 주주에게 이전할 수 있었다**(상360조의6). 2015년 12월 1일 상법개정으로 주식교환이 신주발행만이 아니고 자기주식 이전으로도 가능해짐으로써 위 규정은 삭제되었다.

4. 사후공시

이사는 주식교환의 날에 완전자회사가 되는 회사에 현존하는 순자산액과 주식교환으로 인하여 완전모회사에 이전한 완전자회사의 주식의 수 등을 기재한 서면을 주식교환의 날부터 6월간 본점에 비치하여야 한다(상360조의12 1항). 이 서면은 주주의 영업시간 내의 열람 및 등사청구에 제공하여야 한다(상360조의12 2항; 391조의3 3항 준용).

Ⅳ. 주식교환의 효력

1. 완전모회사의 자본금 증가

(1) 증가범위

주식교환을 함으로써 완전모회사는 자본금이 증가한다. 완전모회사의 자본금은 자회사의 주주에게 발행하는 신주의 액면총액을 말하는데, 이는 자회사의 순자산액과 부합해야 함이 원칙이다. 모회사의 증가하는 자본금이 자회사의 순자산액을 초과하면 액면미달발행이 되므로 자회사의 순자산액 범위에서 자본금을 증가시키도록 한 것이다.

(2) 공제되는 경우

① 자본금 계산에 있어서 주식교환의 교부금 및 자기주식을 교부하는 경우 모회사의 자산증가분은 그만큼 감소하므로 교부금 및 자기주식의 회계상 장부가액을 공제하여야 한다. 완전모회사가 되는 회사의 자본금은 주식교환의 날에 "완전자회사가 되는 회사에 현존하는 순자산액"에서 "완전자회사가 되는 회사의 주주에게 제공할 금전이나 그 밖의 재산의 가액과 완전자회사가 되는 회사의 주주에게 이전하는 자기주식의 장부가액의 합계액"을 공제한 금액을 초과하여 증가할 수 없다(상360조의7 1항).

② 이미 자회사의 주식을 소유하고 있는 경우에는 자회사의 발행주식총액에서 공제한 수가 모회사에 이전되는 주식수에 해당하는 순자산액이 모회사가 증가시킬 수 있는 자본금의 한도액이 된다. 따라서 모회사가 자회사주식을 가지고 있는 상황에서 교부금을 지급하고 모회사의 자기주식을 교부한 경우라면 모회사가 가진 자회사주식 부분을 최대한도로 하여 교부금과 모회사의 자기주식을 공제한 액을 자본금으로 증가시켜야 한다. 완전모회사가 되는 회사가 주식교환 이전에 완전자회사가 되는 회사의 주식을 이미 소유하고 있는 경우에는 완전모회사가 되는 회사의 자본금은 주식교환의 날에 완전자회사가 되는 회사에 현존하는 순자산액에 그 회사의 발행주식총수에 대한 주식교환으로 인하여 완전모회사가 되는 회사에 이전하는 주식의 수의 비율을 곱한 금액으로부터 제1항 각호의 금액을 공제한 금액의 한도를 초과하여 이를 증가할 수 없다(상360조의7 2항).

(3) 주식의 포괄적 교환을 통한 이익계산

증여세에 대한 판례에 따르면 완전자회사가 되는 회사의 주주가 주식의 포괄적 교환을 통하여 이익을 얻었는지 여부는 완전자회사가 되는 회사의 주주가 완전모회사가 되는 회사에 이전한 완전자회사가 되는 회사의 주식에 대한 상증세법상의 평가액과 완전모회사가 되는 회사로부터 배정받은 신주에 대한 상증세법상의 평가액의 차액, 즉 교환차익이 존재하는지 여부에 따라 결정된다(대법원 2014.9.26. 선고 2012두6797 판결; 대법원 2018.3.29. 선고 2012두27787 판결 등).

2. 완전자회사 주권의 실효

주식교환에 의하여 완전자회사가 되는 회사는 주주총회의 승인결의가 있는 때에는 ① 주주총회가 승인결의를 한 뜻, ② 주식교환의 날의 전날까지 주권을 회사에 제출하여야 한다는 뜻, ③ 주식교환의 날에 주권이 무효가 된다는 뜻을 주식교환의 날 1월 전에 공고하고, 주주명부에 기재된 주주와 질권자에 대하여 따로따로 그 통지를 하여야 한다(상360조의8 1항).

이때에 주권을 회사에 제출할 수 없는 자가 있는 때에는 회사는 그 자의 청구에 의하여 3월 이상의 기간을 정하고 이해관계인에 대하여 그 주권에 대한 이의가 있으면 그 기간 내에 제출할 뜻을 공고하고 그 기간이 경과한 후에 신주권을 청구자에게 교부할 수 있는데, 이러한 공고의 비용은 청구자의 부담으로 한다(상360조의8 2항; 442조 준용).

주식의 포괄적 교환으로 인하여 완전자회사가 되는 회사의 주식 1주에 대하여 완전모회사가 되는 회사의 주식 1주를 교환할 수 없는 경우에는 단주처리의 절차를 밟아야 한다(상360조의11 1항; 443조 준용). 완전자회사가 되는 회사의 주식을 목적으로 하는 질권에는 물상대위와 회사에 대한 주권교부청구권이 인정된다(상360조의11 2항; 339조, 340조 3항 준용).

3. 완전모회사의 이사 및 감사의 임기에 대한 특례

주식교환에 의하여 **완전모회사가 되는 회사의 이사 및 감사로서 주식교환 전에 취임한 자는** 주식교환계약서에 **다른 정함이 있는 경우를 제외하고는 주식교환 후 최초로 도래하는 결산기에 관한 정기총회가 종료하는 때에 퇴임한다**(상360조의13). 주식교환으로 인해 모회사의 주주구성에 변화가 생기므로 새로운 구성에 의한 주주총회가 이사와 감사를 선임하도록 하기 위함이다.

V. 주식교환의 특수절차

1. 간이주식교환

완전자회사가 되는 회사의 총주주의 동의가 있거나 그 회사의 발행주식총수의 100분의 90 이상을 완전모회사가 되는 회사가 소유하고 있는 때에는 완전자회사가 되는 회사의 주주총회의 승인은 이를 이사회의 승인으로 갈음할 수 있다(상360조의9 1항). 이를 간이주식교환(簡易株式交換)이라 한다.

완전자회사가 되는 회사는 주식교환계약서를 작성한 날부터 2주 내에 주주총회의 승인을 얻지 아니하고 주식교환을 한다는 뜻을 공고하거나 주주에게 통지하여야 한다. 다만, 총주주의 동의가 있는 때에는 그러하지 아니하다(상360조의9 2항). 모회사가 자회사의 주식 전부를 소유하는 경우가 아닌 간이교환의 경우에는 교환에 반대하는 주주가 있을 수 있고, 이들은 주식매수청구권을 행사할 수 있다.

2. 소규모주식교환

(1) 요건

완전모회사가 되는 회사가 주식교환을 위하여 발행하는 신주 및 이전하는 자기주식의 총수가 그 회사의 발행주식총수의 100분의 10을 초과하지 아니하는 경우에는 완전모회사가 되는 회사의 주주총회의 승인은 이를 이사회의 승인으로 갈음할 수 있다. 이를 소규모 주식교환이라 한다. 다만, 완전자회사가 되는 회사의 주주에게 제공할 금전이나 그 밖의 재산을 정한 경우에 그 금액 및 그 밖의 재산의 가액이 최종 대차대조표에 의하여 완전모회사에 현존하는 순자산액의 100분의 5를 초과하는 때에는 그러하지 아니하다(상360조의10 1항).

(2) 주식교환계약서의 기재와 통지 · 공고

이사회의 승인에 갈음하는 경우에는 주식교환계약서에 완전모회사가 되는 회사에 관하여는 주주총회의 승인을 얻지 아니하고 주식교환을 할 수 있는 뜻을 기재하여야 하며, 변경된 정관의 내용은 기재하지 못한다(상360조의10 3항).

완전모회사가 되는 회사는 주식교환계약서를 작성한 날부터 2주 내에 완전자회사가 되는 회사의 상호와 본점, 주식교환을 할 날 및 주주총회의 승인을 얻지 아니하고 주식교환을 한다는 뜻을 공고하거나 주주에게 통지하여야 한다(상360조의10 4항).

(3) 소규모 주식교환을 할 수 없는 경우

완전모회사가 되는 회사의 발행주식총수의 100분의 20 이상에 해당하는 주식을 가지는 주주가 공고 또는 통지를 한 날부터 2주 내에 회사에 대하여 서면으로 소규모 주식교환에 반대하는 의사를 통지한 때에는 소규모 주식교환이 가능하지 않다(상360조의10 5항). 주식교환을 위해 주주총회의 승인을 얻어야 함을 의미한다.

(4) 주식교환서 등의 사전공고의 기산일

소규모 주식교환의 경우 주식교환계약서 등의 사전공고의 기산일은 주주총회의 회일이 아니라 소규모 주식교환의 공고일 또는 통지일이다(상360조의10 6항).

(5) 반대주주의 주식매수청구권의 불인정

소규모 주식교환의 경우 반대주주의 주식매수청구권은 인정되지 않는다(상360조의10 7항).

Ⅵ. 주식교환의 하자

1. 주식교환 무효의 소의 절차

주식교환의 무효는 각 회사의 주주 · 이사 · 감사 · 감사위원회의 위원 또는 청산인에 한하여 주식교환의 날부터 6월 내에 소만으로 이를 주장할 수 있다(상360조의14 1항). 주식교환무효의 소는 완전모회사가 되는 회사의 본점소재지의 지방법원의 관할에 전속한다(상360조의14 2항).

2. 주식교환 무효판결의 효력

(1) 주식의 이전의무

주식교환을 무효로 하는 판결이 확정된 때에는 완전모회사가 된 회사(즉 A회사)는 주식교환을 위하여 발행한 신주 또는 이전한 자기주식의 주주에 대하여 그가 소유하였던 완전자회사가 된 회사의 주식(B회사의 주식)을 이전하여야 한다(상360조의14 3항). 무효판결시 A회사는 구주식을 B회사에 이전하는 것이 아니라 B회사의 주주에게 직접 이전하는 것으로 되어 있다.

(2) 합명회사 설립무효판결 등의 효력준용

제187조(소제기의 공고), 제188조(법원의 필요적 병합), 제189조(법원의 재량기각권), 제190조 본문(판결의 대세효), 제191조(악의・중과실이 있는 패소원고의 책임), 제192조(본점・지점소재지에서의 등기), 제377조(회사청구에 의한 악의제소주주의 담보제공의무) 및 제431조(신주발행의 불소급효)의 규정은 주식교환무효의 소에, 제339조(질권의 물상대위) 및 제340조 제3항(질권자의 주권교부청구)의 규정은 주식교환무효판결의 경우에 각각 이를 준용한다.

Ⅷ. 흡수합병과의 비교

	주식교환	흡수합병
법인격의 소멸 여부	법인격은 소멸되지 않음	일방회사는 법인격이 소멸됨
권리의무의 이전	주식만 이전됨(재산승계 ×)	재산의 포괄승계 ○
채권자보호절차	필요하지 않음	필요함
효력발생시기	주식교환의 날	합병등기시
주식매수청구권	인정됨(소규모 주식교환시 ×)	인정됨
간이・소규모시 특례	간이・소규모 주식교환 인정	간이・소규모 합병 인정
하자의 주장방법	무효의 소(불소급・재량기각)	무효의 소(불소급・재량기각)

제3관 주식의 포괄적 이전

Ⅰ. 주식의 포괄적 이전의 의의

주식의 포괄적 이전이란 회사가 별도의 완전모회사를 설립하여 회사주식을 모회사로 이전하면서 모회사의 주주가 되고 모회사는 신주식을 발행하여 기존회사의 주주에게 배정함으로써 지주회사를 설립하는 방식이다. A회사는 회사주식 전부를 설립되는 모회사인 B회사로 이전하면서 그 완전자회사가 되고, B회사는 주식을 발행하여 기존회사의 주주에게 배정하여 완전모회사가 되는 방식이다.

이러한 방식은 현물출자 또는 신회사설립 후 회사주식 전부의 인수 등을 통한 지주회사의 설립방식에 비하여 용이하게 지주회사를 설립할 수 있는 이점이 있다. 「독점규제 및 공정거래에관한법률」 제8조에서 지주회사의 설립 또는 전환을 허용하고 있으므로 상법상 지주회사의 설립에 관한 제도적 보완을 위하여 2001년 개정상법에 규정하게 되었는데, 회사가 별도의 완전모회사를 설립하는 방식에 의한다는 점에서 주식의 포괄적 교환과 구별된다.

▌신설합병과 포괄적 이전

〈신설합병〉

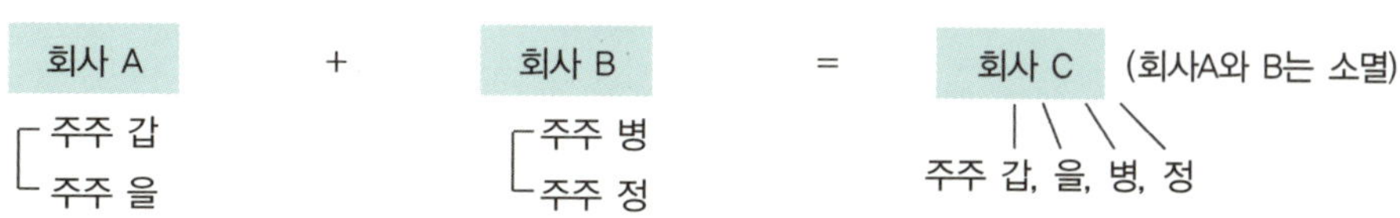

〈포괄적 이전〉

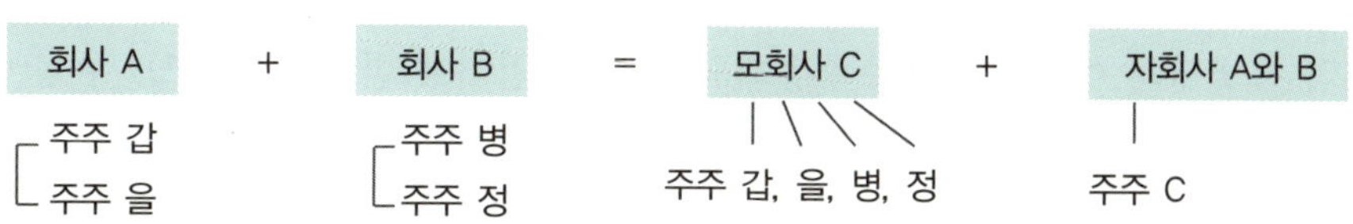

회사는 주식의 포괄적 이전(이하 "주식이전"이라 한다)에 의하여 완전모회사를 설립하고 완전자회사가 될 수 있다(상360조의15 1항). 주식이전에 의하여 완전자회사가 되

는 회사의 주주가 소유하는 그 회사의 주식은 주식이전에 의하여 설립하는 완전모회사에 이전하고, 그 완전자회사가 되는 회사의 주주는 그 완전모회사가 주식이전을 위하여 발행하는 주식의 배정을 받음으로써 그 완전모회사의 주주가 된다(상360조의15 2항).

Ⅱ. 주식의 포괄적 이전의 절차

1. 주식이전계약서의 작성과 주총특별결의에 의한 승인

(1) 주식이전계약서의 작성

주식이전을 하고자 하는 회사는 ① 설립하는 완전모회사의 정관의 규정, ② 설립하는 완전모회사가 주식이전에 있어서 발행하는 주식의 종류와 수 및 완전자회사가 되는 회사의 주주에 대한 주식의 배정에 관한 사항, ③ 설립하는 완전모회사의 자본금 및 자본준비금에 관한 사항, ④ 완전자회사가 되는 회사의 주주에게 금전이나 그 밖의 재산을 제공하는 경우에는 그 내용 및 배정에 관한 사항, ⑤ 주식이전을 할 시기, ⑥ 완전자회사가 되는 회사가 주식이전의 날까지 이익배당을 할 때에는 그 한도액, ⑦ 설립하는 완전모회사의 이사와 감사 또는 감사위원회의 위원의 성명 및 주민등록번호, ⑧ 회사가 공동으로 주식이전에 의하여 완전모회사를 설립하는 때에는 그 뜻 등을 기재한 **주식이전계획서를 작성하여 주주총회의 승인을 얻어야 한다**(상360조의16 1항).

(2) 주주총회의 특별결의에 의한 승인

주주총회의 승인은 **특별결의**에 의하여야 한다(상360조의16 2항). 주식의 포괄적 이전에 의하여 어느 종류의 주주에게 손해를 미치게 될 경우에는 그 회사의 주주총회의 특별결의 이외에 종류주주총회의 결의를 얻어야 한다(상436조). 주식이전으로 인하여 주식이전에 관련되는 각 회사의 주주의 부담이 가중되는 경우에는 주주총회 특별결의, 종류주주총회 결의 결의 외에 그 주주 전원의 동의가 있어야 한다(상360조의16 4항).

완전자회사가 되는 회사의 소집통지와 공고는 주식의 포괄적 교환의 규정을 준용한다(상360조의16 3항; 360조의3 4항 준용).

(3) 금융투자업자의 경우 금융위원회에 의한 승인

상법에 의한 것은 아니지만 「자본시장과 금융투자업에 관한 법률」(약칭으로는 자본시장법)에 따라 금융투자업자는 주식의 포괄적 교환을 하고자 하는 경우 금융위원회의 승인을 받아야 한다(자본시장법 417조 1항 2호). 주식의 포괄적 이전, 합병, 분할 또는 분할합병, 해산의 경우도 그러하다(자본시장법 417조 1항 1호~3호).

2. 주식이전 전 주주의 보호제도

(1) 주식이전계획서 등의 본점비치(사전공시제도)

이사는 주주총회의 회일의 2주 전부터 주식이전의 날 이후 6월을 경과하는 날까지 ① 주식이전계획서, ② 주식배정 이유를 기재한 서면 등의 서류를 본점에 비치하여야 한다(상360조의17 1항). 주주는 영업시간 내에 이러한 서류를 열람 또는 등사를 청구할 수 있다(상360조의17 2항; 391조의3 3항 준용).

(2) 반대주주의 주식매수청구권

주식의 포괄적 이전에 관한 주주총회의 결의사항에 관하여 이사회의 결의가 있는 때에 그 결의에 반대하는 주주는 회사에 대하여 주식매수청구권을 행사할 수 있다(상360조의22; 360조의5 준용).

Ⅲ. 주식의 포괄적 이전의 효력

1. 완전모회사의 자본금 증가

자본금 증가에는 일정한 제한이 있다. **설립하는 완전모회사의 자본금은 주식이전의 날에 완전자회사가 되는 회사에 현존하는 순자산액에서 그 회사의 주주에게 제공할 금전 및 그 밖의 재산의 가액을 뺀 액을 초과하지 못한다**(상360조의18).

2. 완전자회사의 주권의 실효

주식이전에 의하여 완전자회사가 되는 회사는 주주총회의 승인결의가 있는 때에는 ① 주주총회가 승인결의를 한 뜻, ② 1월을 초과하여 정한 기간 내에 주권을 회사에 제출하여야 한다는 뜻, ③ 주식이전의 날에 주권이 무효가 된다는 뜻을 공고하고, 주주명부에 기재된 주주와 질권자에 대하여 따로따로 그 통지를 하여야 한다(상360조의19 1항).

이때 제442조(구주권을 제출할 수 없는 자에 대한 공고 후 신주권 교부) 및 제444조(주권제출 없는 무기명식의 주권에 대한 단주처리방식 준용)의 규정은 포괄적 주식이전 결의를 한 경우에 이를 준용한다(상360조의19 2항).

3. 주식의 이전의 등기와 효력발생시기

(1) 주식이전의 등기

주식이전을 한 때에는 설립한 완전모회사의 본점의 소재지에서는 2주 내에, 지점의 소재지에서는 3주 내에 제317조 제2항에서 정하는 사항을 등기하여야 한다(상360조의20).

(2) 주식이전의 효력발생시기

주식이전은 이로 인하여 설립한 완전모회사가 그 본점소재지에서 제360조의20의 규정에 의한 설립등기를 함으로써 그 효력이 발생한다(상360조의21).

4. 단주처리, 주식이전계약사항을 기재한 서면의 사후공시

제360조의11(단주처리 등에 관한 규정의 준용) 및 제360조의12(주식교환사항을 기재한 서면의 사후공시)의 규정은 주식이전의 경우에 이를 준용한다(상360조의22).

Ⅳ. 주식의 포괄적 이전의 하자

1. 주식이전 무효의 소의 절차

주식이전의 무효는 각 회사의 주주 · 이사 · 감사 · 감사위원회의 위원 또는 청산인에 한하여 주식이전의 날부터 6월 내에 소만으로 이를 주장할 수 있다(상360조의23 1항). 주식이전 무효의 소는 완전모회사가 되는 회사의 본점소재지의 지방법원의 관할에 전속한다(상360조의23 2항).

2. 주식이전 무효판결의 효력

(1) 주식이전의무

주식이전을 무효로 하는 판결이 확정된 때에는 완전모회사가 된 회사(A회사)는 주식이전을 위하여 발행한 주식의 주주(B회사의 주주)에 대하여 그가 소유하였던 완전자회사가 된 회사(B회사)의 주식을 이전하여야 한다(상360조의23 3항).

(2) 합명회사 설립무효판결 등의 효력준용

제187조(소제기의 공고), 제188조(법원의 필요적 병합), 제189조(법원의 재량기각권), 제190조(판결의 대세효 · 불소급효), 제191조(악의 · 중과실이 있는 패소원고의 책임), 제192조(본점 · 지점소재지에서의 등기), 제193조(무효판결의 효과), 제377조(회사청구에 의한 악의제소주주의 담보제공의무)의 규정은 주식이전무효의 소에, 제339조(질권의 물상대위) 및 제340조 제3항(질권자의 주권교부청구)의 규정은 주식이전무효판결의 경우에 각각 이를 준용한다(상360조의23 4항).

(3) 주식교환의 무효판결과 비교

주식의 포괄적 교환과는 ① 상법 제190조의 불소급효 규정이 준용되고, 신주발행의 불소급효에 대한 제431조는 준용되지 않는다는 점(그러나 양자는 모두 불소급효가 인정된다는 점에서는 동일하다), ② 설립이 무효가 된 것이므로 주식이전의 경우에는 제193조가 준용되어 해산에 준한 청산을 해야 한다는 점이 다르다.

Ⅴ. 지배주주의 매도청구권과 소수주주의 매수청구권

1. 지배주주의 매도청구권

(1) 의의

지배주주의 매도청구권이란 대주주가 발행주식을 95% 이상 보유하는 경우(지배주주)에는 공정한 가액을 지급하고 소수주주의 주식을 강제로 매수할 수 있는 권리를 말한다. 2011년 상법개정으로 도입된 것으로 주주총회 개최비용 등 소수주주 관리비용을 절감하고 기동성 있는 의사결정이 가능하도록 하기 위해 대주주가 소수주주로부터 주식을 매입하여 100% 주주가 될 수 있게 해준 것이다. 이는 소수주식 전부취득제도 또는 소수주주 강제퇴출제도라고 불린다.

다만 대주주가 전횡하는 것을 방지하기 위하여 지배주주의 소수주식 취득요건을 발행주식총수의 95% 이상을 보유한 지배주주에 한하여 매도청구권이 부여되고, 주주총회의 승인을 받도록 하며, 회사의 경영상 목적달성을 위한 경우로 제한하고 있다(상360조 1항, 3항). 보유주식의 수를 산정할 때에는 모회사와 자회사가 보유한 주식을 합산한다. 이 경우 회사가 아닌 주주가 발행주식총수의 100분의 50을 초과하는 주식을 가진 회사가 보유하는 주식도 그 주주가 보유하는 주식과 합산한다(상360조 2항).

(2) 절차

매도청구와 관련하여 주주총회 승인을 받기 위해 주주총회의 소집을 통지할 때에는 ① 지배주주의 회사주식의 보유현황, ② 매도청구의 목적, ③ 매매가액의 산정 근거와 적정성에 관한 공인된 감정인의 평가, ④ 매매가액의 지급보증 등을 적어야 하고, 매도를 청구하는 지배주주는 주주총회에서 그 내용을 설명하여야 한다(상360조의24 4항).

지배주주는 매도청구의 날 1개월 전까지 ① 소수주주는 매매가액의 수령과 동시에 주권을 지배주주에게 교부하여야 한다는 뜻, ② 교부하지 아니할 경우 매매가액을 수령하거나 지배주주가 매매가액을 공탁한 날에 주권은 무효가 된다는 뜻 등을 공고하고, 주주명부에 적힌 주주와 질권자에게 따로 그 통지를 하여야 한다(상360조의2 5항).

(3) 매매가액 결정

매도청구를 받은 소수주주는 매도청구를 받은 날부터 2개월 내에 지배주주에게 그 주식을 매도하여야 한다(상360조의24 6항). 소수주주가 주식을 매도하는 경우 그 매매가액은 매도청구를 받은 소수주주와 매도를 청구한 지배주주 간의 협의로 결정한다(상360조의24 7항). 매도청구를 받은 날부터 30일 내에 위 매매가액에 대한 협의가 이루어지지 아니한 경우에는 매도청구를 받은 소수주주 또는 매도청구를 한 지배주주는 법원에 매매가액의 결정을 청구할 수 있다(상360조의24 8항). 이에 따라 법원이 주식의 매매가액을 결정하는 경우에는 회사의 재산상태와 그 밖의 사정을 고려하여 공정한 가액으로 산정하여야 한다(상360조의24 9항).

(4) 주식이전의 시기

주식을 취득하는 지배주주가 매매가액을 소수주주에게 지급한 때에 주식이 이전된 것으로 본다(상360조의26 1항). 매매가액을 지급할 소수주주를 알 수 없거나 소수주주가 수령을 거부할 경우에는 지배주주는 그 가액을 공탁할 수 있다. 이 경우 주식은 공탁한 날에 지배주주에게 이전된 것으로 본다(상360조의26 2항). 이는 후술하는 소수주주의 매도청구권 행사에 의한 경우도 같다.

2. 소수주주의 매수청구권

(1) 의의

소수주주의 매수청구권이란 지배주주가 있는 회사의 소수주주가 언제든지 지배주주에게 그 보유주식의 매수를 청구할 수 있는 권리를 말한다(상360조의25 1항). 2011년 상법개정시 지배주주의 매도청구권이 신설되면서 소수주주 입장에서도 지배주주가 전횡을 일삼을 경우 스스로 회사로부터 퇴거할 수 있는 방법을 열어준 것이다.

자회사의 소수주주가 상법 제360조의25 제1항에 따라 모회사에게 주식매수청구를 한 경우에 모회사가 지배주주에 해당하는지 여부를 판단함에 있어 상법 제360조의24 제1항은 회사의 발행주식총수를 기준으로 보유주식의 수의 비율을 산정하도록 규정할 뿐 발행주식총수의 범위에 제한을 두고 있지 않으므로 자회사의 자기주식은 발행주식총수에 포함되어야 한다. 또한 상법 제360조의24 제2항은 보유주식의 수를 산정할 때에는 모회사와 자회사가 보유한 주식을 합산하도록 규정할 뿐 자회사가 보유한 자기주식을 제외하도록 규정하고 있지 않으므로 자회사가 보유하고 있는 자기주식은 모회사의 보유주식에 합산되어야 한다. 이는 판례의 입장으로 자회사의 소수주주가 상법 제360조의25 제1항에 따라 모회사에 주식매수청구를 한 경우 모회사가 지배주주에 해당하는지는 자회사가 보유한 자기주식을 발행주식총수 및 모회사의 보유주식에 각각 합산하여 판단하여야 한다는 입장이다(대법원 2017.7.14. 자 2016마230 결정).

(2) 매매가액 결정

매수청구를 받은 지배주주는 매수를 청구한 날을 기준으로 2개월 내에 매수를 청구한 주주로부터 그 주식을 매수하여야 한다(상360조의25 2항). 이 경우 그 매매가액은 매수를 청구한 주주와 매수청구를 받은 지배주주 간의 협의로 결정한다(상360조의25 3항). 매수청구를 받은 날부터 30일 내에 매매가액에 대한 협의가 이루어지지 아니한 경우에는 매수청구를 받은 지배주주 또는 매수청구를 한 소수주주는 법원에 대하여 매매가액의 결정을 청구할 수 있다(상360조의25 4항). 이에 따라 법원이 주식의 매매가액을 결정하는 경우에는 회사의 재산상태와 그 밖의 사정을 고려하여 공정한 가액으로 산정하여야 한다(상360조의25 5항).

Ⅵ. 주식의 포괄적 교환과 주식의 포괄적 이전의 비교

	주식의 포괄적 교환	주식의 포괄적 이전
완전모회사의 성립	교환방식	설립방식
채권자보호절차	불필요	불필요
간이·소규모 특례	간이·소규모 주식교환 ○	인정되지 않음
효력발생시기	주식교환의 날	설립등기시
주식매수청구	인정됨(소규모 주식교환시 X)	인정됨
하자의 주장	무효의소(불소급·재량기각)	무효의소(불소급·재량기각)
무효판결의 효력	청산절차 불필요	해산에 준한 청산

제3절 주식회사의 기관

주식회사는 사단법인이므로 자연인과는 달리 기관을 통하여 활동한다. 또한 주식회사는 인적회사와는 달리 소유와 경영이 분리되어 소유자(주주)와 경영자(기관)가 분리되는 타인기관성을 갖는다.

상법상 주식회사의 필요기관으로는 주주총회, 이사회, 대표이사, 그리고 감사 또는 감사위원회가 있다. 임시기관으로는 검사인이 있다. 2011년 개정상법에서는 실무상 등기된 이사가 아니면서 대표이사의 지휘·감독하에 회사의 업무를 집행하는 자를 "집행임원"이라는 이름으로 도입하였다. 선택 여부는 개별회사가 자율적으로 정할 수 있도록 되어 있다(상408조의2).

제1관 주주총회

Ⅰ. 주주총회의 의의

회사의 기본조직과 경영에 관한 중요사항에 관하여 주주들이 회사의 의사를 결정하는 필요적 기관이다. 의사결정방법은 "결의"이므로 현실적인 주주들의 집회를 요한다. 이러한 주주총회의 결의는 "회사의 기본조직과 경영에 관한 회사의 의사"이므로 그 결의에 흠이 있으면 주식회사의 의사 자체의 흠이 된다.

Ⅱ. 주주총회의 권한

주주총회는 상법 또는 정관에 정하는 사항에 한하여 결의할 수 있다(상361조). 상법에서는 소유와 경영을 되도록 분리하기 위해 주주총회의 권한을 축소하고 이사회를 경영상 원칙적인 의사결정기관으로 하고 있다. 상법과 정관에서 정하는 사항에 한해서만 주주총회에서 정할 수 있는 것이고, 나머지 사항에 대해서는 이사회가 정한다는 것이다.

상법상 주주총회는 회사 소유자인 주주들의 모임으로서 여러 권한을 갖는다. 이러한 주주총회의 결의방법은 결의방법에 따라 보통결의사항, 특별결의사항, 특수결의사항 등이 있다. 주주와 회사에 미치는 영향의 중요도에 따라 주주의 의결권수를 강화하고 있다. 각 결의사항별로 주주총회의 권한을 소개하면 다음과 같다.

1. 주주총회의 보통결의사항에 속하는 권한

보통결의사항(출석한 주주의 의결권의 과반수와 발행주식총수의 1/4 이상의 수로써 결의하는 사항)으로 주요한 것은 다음과 같다. 이때 상법 제368조(총회의 결의방법과 의결권의 행사) 제1항에서 "총회의 결의는 이 법 또는 정관에 다른 정함이 있는 경우를 제외하고는 출석한 주주의 의결권의 과반수와 발행주식총수의 4분의 1 이상의 수로써 하여야 한다"고 규정하고 있다.

① 이사, 감사 선임(상382조 1항, 409조 1항) : 참고로 주주총회에서 이사나 감사를 선임하는 경우 선임결의와 피선임자의 승낙만 있으면 피선임자는 대표이사와 별도의 임용계약을 체결하였는지와 관계없이 이사나 감사의 지위를 취득한다는 판례(대법원 2017.3.23. 선고 2016다251215, 전원합의체 판결)가 있음.

② 이사의 보수결정(상388조) : 정관 등에서 이사의 퇴직금에 관하여 주주총회의 결의로 정한다고 규정하면서 퇴직금의 액수에 관하여만 정하고 있다면, 퇴직금 중간정산에 관한 주주총회의 결의가 있었음을 인정할 증거가 없는 한 이사는 퇴직금 중간정산금 청구권을 행사할 수 없다는 판례(대법원 2019.7.4. 선고 2017다17436 판결)가 있음.

③ 총회의 연기 또는 속행의 결정(상392조)

④ 재무제표의 승인(상449조)

⑤ 주식배당(상462조의2)

2. 주주총회의 특별결의사항에 속하는 권한

특별결의사항(출석한 주주의 의결권의 3분의 2 이상의 수와 발행주식총수의 3분의 1 이상의 수로써 결의하는 사항)을 조문순서대로 나열하면 다음과 같다. 참고로 정기총회결의에 의한 이익소각(상343조의2)은 2011년 상법개정시 삭제되었다. 2011년 개정상법으로 자기주식 취득이 자유화됨으로써 이익소각의 개념이 자기주식의 취득후 주식을 소각하는 개념으로 변경되었는데(상343조 1항 단서), 이때 정관에 의한 이익소각(상343조 1항 단서), 주주총회의 결의에 의한 주식소각(상343조의2) 규정이 삭제되었다.

상법 제434조(정관변경의 특별결의)에서 "제433조 제1항의 결의는 출석한 주주의 의결권의 3분의 2 이상의 수와 발행주식총수의 3분의 1 이상의 수로써 하여야 한다"고 규정하고 있고, 다른 권한의 경우에는 "제434조의 규정은 …에 준용한다"고 규정하고 있다.

① 신설합병시 설립위원의 선임(상175조 2항)
② 주식의 분할(상329조의 1항)
③ 주식매수선택권의 부여(상340조의2) : 정관에 정함이 있는 경우에 한함
④ 주식의 포괄적 교환과 포괄적 이전(상360조의3 2항, 360조의16 2항)
⑤ 영업양도, 양수, 임대 등(상374조). 간이영업양도, 양수, 임대의 경우는 이사회의 승인으로 갈음 가능하다(상374조의3, 2015.12.1. 신설).
⑥ 사후설립(상375조)
⑦ 이사 또는 감사의 해임(상385조). 이사와 감사의 선임은 보통결의사항인 것과 비교된다.
⑧ 정관변경(상434조)
⑨ 자본금 감소(상438조)
⑩ 주식의 할인발행(상417조)
⑪ 주주 외의 자에 대한 전환사채 및 신주인수권부사채의 발행(상513조 3항, 516조의2 4항) : 정관에 규정이 없는 경우에 한함
⑫ 해산결의(상518조)
⑬ 회사의 계속 및 휴면회사의 계속(상519조, 520조의2 3항)
⑭ 합병계약서의 승인(상522조)

⑮ 분할 및 분할합병계약서의 승인(상530조의3 2항)

3. 주주총회의 특수결의사항에 속하는 권한

특수결의사항(총주주의 동의를 요하는 사항)은 다음과 같다.

① **이사 또는 감사의 회사에 대한 책임의 면제**(상400조)

② **주식회사의 유한회사로 조직변경**(상604조)

상법 제400조(회사에 대한 책임의 감면) 제1항에서는 "제399조에 따른 이사의 책임은 주주 전원의 동의로 면제할 수 있다"고 규정하고 있다. 상법 제604조(주식회사의 유한회사에의 조직변경) 제1항 본문에서는 "주식회사는 총주주의 일치에 의한 총회의 결의로 그 조직을 변경하여 이를 유한회사로 할 수 있다"고 규정하고 있다.

Ⅲ. 주주총회의 소집절차

1. 주주총회 소집의 결정권자

주주총회의 소집은 상법에 다른 규정이 있는 경우 외에는 **이사회가 이를 결정**한다(상362조). 이러한 이사회의 결정의 **집행은 대표이사**가 한다(상389조 3항; 209조 준용). 이사가 1인인 소규모 주식회사의 경우에는 **이사가 결정하여 집행**한다(상383조 1항 단서, 6항). 예외적으로 소수주주(상366조 2항), 감사(상412조의3) 또는 감사위원회(상415조의2 6항; 412조의3 준용), 법원의 명령(상467조 3항)에 의하여 소집되는 경우도 있다.

2. 주주총회 소집의 통지

(1) 소집의 통지

주주총회를 소집할 때에는 주주총회일의 2주 전에 각 주주에게 서면으로 통지를 발송하거나 각 주주의 동의를 받아 전자문서로 통지를 발송하여야 한다. 다만, 그 통지가 주주명부상 주주의 주소에 계속 3년간 도달하지 아니한 경우에는 회사는 해당 주주에게 총회의 소집을 통지하지 아니할 수 있다(=장기불참주주에 대한 소집통지의 생략)(상363조 1항).

통지서에는 회의의 목적사항을 기재하여야 한다(상363조 2항). 예컨대 "제1호의안 : 이사선임의 건(이사 3명, 사외이사 1명), 제2호의안 : 감사선임의 건(감사 1명), 제3호의안 : 정관 일부 변경의 건(효율적인 경영을 위하여 이사 및 감사의 수 축소)" 등과 같이 회의목적사항을 기재하여야 한다.

(2) 소규모주식회사의 특례

1) 소집절차의 특례

자본금 총액이 10억원 미만인 회사가 주주총회를 소집하는 경우에는 주주총회일의 10일 전에 각 주주에게 서면으로 통지를 발송하거나 각 주주의 동의를 받아 전자문서로 통지를 발송할 수 있다(상363조 3항).

2) 결의방법의 특례

자본금 총액이 10억원 미만인 회사는 주주 전원의 동의가 있을 경우에는 소집절차 없이 주주총회를 개최할 수 있고, 서면에 의한 결의로써 주주총회의 결의를 갈음할 수 있다(상363조 4항 1문). 결의의 목적사항에 대하여 주주 전원이 서면으로 동의를 한 때에는 서면에 의한 결의가 있는 것으로 본다(상363조 4항 2문). 서면에 의한 결의는 주주총회의 결의와 같은 효력이 있다(상363조 5항). 서면에 의한 결의에 대하여는 주주총회에 관한 규정을 준용한다(상363조 6항).

(3) 무의결권주에 대한 적용 배제와 예외

의결권 없는 주주에 대하여는 소집의 통지를 하지 아니한다(상363조 7항 본문). 다만 통지서에 적은 회의의 목적사항에 상법 제360조의5, 제360조의22, 제374조의2, 제522조의3 또는 제530조의11에 따라 반대주주의 주식매수청구권이 인정되는 사항이 포함된 경우에는 소집의 통지를 하여야 한다(상363조 7항 단서).

3. 회의목적사항에 대한 주주제안권

(1) 취지

주주총회는 이사회가 그 목적사항을 기재하여 소집하고(상363조), 그 목적사항에 대해서만 결의할 수 있다. 그러나 주주총회의 의사결정의 효과는 궁극적으로 주주에게 귀속됨에도 불구하고 주주가 의안을 발의할 기회가 봉쇄되어 있었다. 특히 소수주주들의 경우에는 더욱 그러하다.

이러한 부당함을 해결하기 위해 일정한 요건을 갖춘 주주들에게 회의목적사항의 제안을 청구할 수 있도록 하는 주주제안제도가 주식회사에 도입되었다. 주주의 적극적인 경영참여와 경영감시를 강화하기 위하여 1998년 12월 28일 상법개정시 도입된 것이다.

(2) 청구상대방 및 청구절차

1) 의제제안

의결권 없는 주식을 제외한 발행주식총수의 100분의 3 이상에 해당하는 주식을 가진 주주는 이사에게 주주총회일(정기주주총회의 경우 직전 연도의 정기주주총회일에 해당하는 그 해의 해당일)의 6주 전에 서면 또는 전자문서로 일정한 사항을 주주총회의 목적사항으로 할 것을 제안(이를 줄여 "주주제안"이라 함)할 수 있다(상363조의2 1항).

의결권 없는 주식을 제외하는 것은 제안자 자신이 의결에 참여할 수 없다면 주주제안권을 인정하는 실익이 적기 때문이다. 100분의 3 요건은 반드시 1인의 주주가 이 요건을 구비할 필요는 없고, 수인의 주주가 공동으로 이 요건을 구비하여 행사할 수도 있다.

2) 의안제안

100분의 3 요건을 갖춘 주주는 이사에게 주주총회일의 6주 전에 서면 또는 전자문서로 회의의 목적으로 할 사항에 추가하여 당해 주주가 제출하는 의안의 요령을 통지에 기재할 것을 청구할 수 있다(상363조의2 2항).

예컨대 주식배당을 실시하자는 안건을 제출하고(의제제안), 현재 회사의 경영상황으로 금전배당액의 25% 내에서 주식배당을 실시하자고 제안하는 경우이다(의안제안).

(3) 이사 및 이사회의 조치

이사는 주주제안이 있는 경우에는 이를 **이사회에 보고**하고, 이사회는 주주제안의 내용이 법령 또는 정관을 위반하는 경우와 그 밖에 대통령령으로 정하는 경우를 제외하고는 **이를 주주총회의 목적사항으로 하여야 한다**(상363조의2 3항 1문). 주주총회의 목적사항으로 함은 의무적이므로 이를 무시한 총회결의는 하자가 있는 것이 된다.

다만, 의제제안을 무시하여 소집통지서에 기재도 하지 않고 의제로 상정도 하지 않았다면 이에 대응한 어떤 결의도 없으므로 주주는 이사에 대해 손해배상을 청구할 수 있다. 이사는 **과태료의 제재**도 받는다(상635조 1항 21호). 그러나 의안제안을 무시한 경우에는 그 결의는 취소사유가 된다고 보는 것이 타당하다.

주주제안을 한 자의 청구가 있는 때에는 주주총회에서 당해 의안을 설명할 기회를 주어야 한다(상363조의2 3항 2문).

4. 주주총회 소집지

총회는 정관에 다른 정함이 없으면 본점소재지 또는 이에 인접한 지에 소집하여야 한다(상364조). 건물의 옥상이나 다방을 소집장소로 정한 경우에도 유효하다(판례).

5. 주주총회 종류 등

(1) 정기총회

정기총회는 **매년 1회** 일정한 시기에 이를 소집하여야 한다(상365조 1항). 연 2회 이상의 결산기를 정한 회사는 **매기**에 총회를 소집하여야 한다(상365조 2항).

(2) 임시총회

임시총회는 필요있는 경우에 수시 이를 소집한다(상365조 3항).

(3) 소수주주에 의한 임시주주총회 소집청구 특칙

1) 소수주주의 자격, 소집청구 방법

발행주식총수의 100분의 3 이상에 해당하는 주식을 가진 주주는 회의의 목적사항과 소집의 이유를 적은 서면 또는 전자문서를 이사회에 제출하여 임시총회의 소집을 청구할 수 있다(상366조 1항). 임시총회 소집청구가 있은 후 지체없이 총회소집의 절차를 밟지 아니한 때에는 청구한 주주는 **법원의 허가**를 얻어 총회를 소집할 수 있다. 이 경우 주주총회의 의장은 법원이 이해관계인의 청구나 직권으로 선임할 수 있다(상366조 2항).

법원이 상법 제366조 제2항에 따라 총회의 소집을 구하는 소수주주에게 회의의 목적사항을 정하여 이를 허가하는 경우 법원이 총회의 소집기간을 구체적으로 정하지 않은 경우에도 소집허가를 받은 주주는 소집의 목적에 비추어 상당한 기간 내에 총회를 소집하여야 한다(대법원 2018.3.15. 선고 2016다275679 판결). 소수주주에게 총회의 소집권한이 부여되는 경우 총회에서 결의할 사항은 이미 정해진 상태이고 일정기간이 경과하면 소집허가결정의 기초가 되었던 사정에 변경이 생길 수 있기 때문이다. 총회소집허가결정일로부터 상당한 기간이 경과하도록 총회가 소집되지 않았다면 소집허가결정에 따른 소집권한은 특별한 사정이 없는 한 소멸한다.

2) 통지목적사항 이외의 조사를 위한 검사인 선임

소수주주에 의한 임시주주총회는 회사의 업무와 재산상태를 조사하게 하기 위하여 검사인을 선임할 수 있다(상366조 3항).

(4) 통지목적사항 조사 및 총회소집절차 등 적법성 조사를 위한 검사인 선임

총회는 이사가 제출한 서류와 감사의 보고서를 조사하게 하기 위하여 검사인(檢査人)을 선임할 수 있다(상367조 1항). 회사 또는 발행주식총수의 100분의 1 이상에 해당하는 주식을 가진 주주는 총회의 소집절차나 결의방법의 적법성을 조사하기 위하여 총회 전에 법원에 검사인의 선임을 청구할 수 있다(상367조 2항).

(5) 총회의 질서유지

1) 총회의장의 선임방법

총회의 의장은 정관에서 정함이 없는 때에는 총회에서 선임한다(상366조의2 1

항).

2) 의장의 의사정리권 · 총회질서 유지권

총회의 의장은 총회의 질서를 유지하고 의사(議事)를 정리한다(상366조의2 2항).

3) 현저한 질서문란자에 대한 의장의 발언정지 또는 퇴장명령권

총회의 의장은 고의로 의사진행을 방해하기 위한 발언 · 행동을 하는 등 현저히 질서를 문란하게 하는 자에 대하여 그 발언의 정지 또는 퇴장을 명할 수 있다(상366조의2 3항).

Ⅳ. 주주총회의 결의방법 및 의결권의 행사

1. 주주총회 결의방법

(1) 결의의 법적 성질

사단법상의 합동행위이다(통설).

(2) 일반원칙

가부동수시 부결되며, 의장의 캐스팅보트는 1주1의결권에 반해 무효이다(통설).

(3) 보통결의

1) 총회결의의 일반원칙

총회의 결의는 상법 또는 정관에 다른 정함이 있는 경우를 제외하고는 **출석한 주주의 의결권의 과반수**와 **발행주식총수의 4분의 1 이상**의 수로써 하여야 한다(상368조 1항).

판례는 위 규정에서 주주총회의 성립에 관한 의사정족수를 따로 정하고 있지는 않지만, 보통결의의 요건을 정관에서 달리 정할 수 있음을 허용하고 있으므로 정관에 의하여 의사정족수를 규정하는 것은 가능하다고 보았다(대법원 2017.1.12. 선고 2016다217741 판결). 주식회사의 정관에서 이사의 선임을 발행주식총수의 과반수

에 해당하는 주식을 가진 주주의 출석과 출석주주의 의결권의 과반수에 의한다고 규정한 경우의 사례이다.

2) 정족수, 의결권수의 계산방법

총회의 결의에 관하여는 의결권 없는 주주가 가진 주식의 수는 발행주식의 총수에 산입하지 아니한다(상371조 1항). 총회의 결의에 관하여는 이에 특별한 이해관계가 있어 행사할 수 없는 의결권의 수, 감사의 선임 및 상장회사의 감사 또는 감사위원회 위원의 선임 또는 해임시 그 비율을 초과하는 주식으로서 행사할 수 없는 주식의 의결권수는 출석한 주주의 의결권의 수에 산입하지 아니한다(불출석의제)(상371조 2항).

위 상법 제371조는 제1항에서 "발행주식총수에 산입하지 않는 주식"에 대하여 정하면서 상법 제409조 제2항의 의결권 없는 주식(감사의 주주총회 선임시 3% 초과주식)은 이에 포함시키지 않고 있고, 제2항에서 "출석한 주주의 의결권수에 산입하지 않는 주식"에 대하여 정하면서는 3% 초과주식을 이에 포함시키고 있다. 판례는 감사의 선임에서 3% 초과주식이 상법 제368조 제1항에서 말하는 "발행주식총수"에 산입되지 않는다고 보았다(대법원 2016.8.17. 선고 2016다222996 판결). 만약 3% 초과주식이 상법 제368조 제1항에서 말하는 "발행주식총수"에 산입된다고 보게 되면, 어느 한 주주가 발행주식총수의 78%를 초과하여 소유하는 경우와 같이 3% 초과 주식의 수가 발행주식총수의 75%를 넘는 경우에는 상법 제368조 제1항에서 말하는 "발행주식총수의 4분의 1 이상의 수"라는 요건을 충족시키는 것이 원천적으로 불가능하게 되는데, 이러한 결과는 감사를 주식회사의 필요적 상설기관으로 규정하고 있는 상법의 기본 입장과 모순된다고 보았다. 또한 자본금 총액이 10억원 미만이어서 감사를 반드시 선임하지 않아도 되는 주식회사라고 하여 달리 볼 것도 아니라고 판단하였다.

(4) 의결권의 대리행사방법

주주는 대리인으로 하여금 그 의결권을 행사하게 할 수 있다. 이 경우에는 그 대리인은 대리권을 증명하는 서면을 총회에 제출하여야 한다(상368조 2항).

의결권의 행사를 구체적이고 개별적인 사항에 국한하여 위임해야 한다고 해석하여야 할 근거는 없고 포괄적으로 위임할 수도 있다(대법원 1969.7.8. 선고 69다688 판결, 대법원 2014.1.23. 선고 2013다56839 판결 등). 주주로부터 의결권 행사를 위임받은 대리인은 특별한 사정이 없는 한 그 의결권 행사의 취지에 따라 제3자에게 그 의결권의 대리행사를 재위임할 수 있다(대법원 2009.4.23. 선고 2005다22701, 22718 판결; 대법원 2014.1.23. 선고 2013다56839 판결 등).

대리인 자격을 정관에 의하여 제한할 수 있느냐에 대하여 유효설, 무효설, 제한적 유효설(원칙적으로 유효한데 법인은 직원의 대리를, 개인주주는 가족의 대리를 제한할 수 없다는 견해)이 대립하고 있다.

(5) 서면에 의한 의결권의 행사

1) 정관상 서면에 의한 의결권의 허용

주주는 정관이 정한 바에 따라 총회에 출석하지 아니하고 **서면에 의하여 의결권을 행사할 수 있다**(상368조의3 1항). 일본은 우리와 달리 이 제도를 대회사(大會社)에만 인정한다. 서면에 의한 의결권제도로 인하여 주주총회가 형해화될 위험성이 있다.

2) 회사의 필요서면 및 참고자료 첨부의무

회사는 총회의 소집통지서에 주주가 서면에 의한 의결권을 행사하는 데 필요한 서면과 참고자료를 첨부하여야 한다(상368조의3 2항). 행사에 필요한 서면이란 예컨대 투표용지 등을 말한다.

(6) 특별이해관계 있는 주주의 의결권행사 제한

총회의 결의에 관하여 **특별한 이해관계가 있는 자는 의결권을 행사하지 못한다**(상368조 3항). 특별한 이해관계란 특정한 주주가 주주로서의 지위와 관계없이 개인적으로 이해관계를 가질 때를 말한다(통설).

의결권행사가 제한되는 특별이해관계 있는 주주는 ① 이사·감사의 책임 면제시 이사와 감사, ② 이사·감사의 책임 해제시(재무제표승인) 결의(상450조)(다른 견해 있음), ③ 영업양도·양수 등의 상대방인 주주, ④ 이사·감사의 보수·공로금 결정시의 이사·감사가 주주인 경우 등이다. 그러나 주주인 지위에서 행하는 경우, 예컨대 이사의 해임·선임 결의시는 의결권행사가 가능함에 유의하여야 한다.

2. 주주총회시 의결권의 불통일행사

(1) 허용성 및 절차

주주가 2 이상의 의결권을 가지고 있는 때에는 이를 통일하지 아니하고 행사할 수 있다. 이 경우 주주총회일의 3일 전에 회사에 대하여 서면 또는 전자문서로 그 뜻과 이유를 통지하여야 한다(상368조의2 1항). 이 경우 3일 전까지 도달하여야 한다(통설). 불통일행사는 단일 의안(議案)을 전제로 한다. 따라서 어느 의안은 불통일, 어느 의안은 통일적으로 행사할 수도 있다.

(2) 회사의 거부권

주주가 주식의 신탁을 인수하였거나 기타 타인을 위하여 주식을 가지고 있는 경우 외에는 회사는 주주의 의결권의 불통일행사를 거부할 수 있다(상368조의2 2항).

회사는 거부 또는 승인의 재량권을 갖는다. 다만 ① 주주가 주식의 신탁을 인수한 경우(예 : 신탁회사), ② 타인을 위하여 주식을 가지고 있는 경우(예 : 주식공유자, 명의개서 미필양도인, 위탁매매인 등)에는 거부할 수 없다.

3. 주주총회시 전자적 방법에 의한 의결권의 행사

회사는 이사회의 결의로 주주가 총회에 출석하지 아니하고 전자적 방법으로 의결권을 행사할 수 있음을 정할 수 있다(상368조의4 1항). 회사는 상법 제363조에 따라 소집통지를 할 때에는 주주가 전자적 방법으로 의결권을 행사할 수 있다는 내용을 통지하여야 한다(상368조의4 2항).

회사가 전자적 방법에 의한 의결권행사를 정한 경우에 주주는 주주 확인절차 등 대통령령으로 정하는 바에 따라 의결권을 행사하여야 한다. 이 경우 회사는 의결권행사에 필요한 양식과 참고자료를 주주에게 전자적 방법으로 제공하여야 한다(상368조의4 3항). 동일한 주식에 관하여 의결권을 행사하는 경우 전자적 방법 또는 서면 중 어느 하나의 방법을 선택하여야 한다(상368조의4 4항). 전자적 방법과 서면 두 방법 동시에 의결권을 행사할 수 없다.

회사는 의결권행사에 관한 전자적 기록을 총회가 끝난 날부터 3개월간 본점에 갖추어 두어 열람하게 하고 총회가 끝난 날부터 5년간 보존하여야 한다(상368조의4

5항). 주주 확인절차 등 전자적 방법에 의한 의결권행사의 절차와 그 밖에 필요한 사항은 대통령령으로 정한다(상368조의4 6항).

4. 의결권

(1) 1주1의결권의 원칙

의결권은 1주마다 1개로 한다(상369조 1항).

(2) 의결권이 없는 경우

1) 회사의 자기주식

회사가 가진 자기주식은 의결권이 없다(상369조 2항).

2) 모자관계 없는 회사 간의 상호소유주식

회사, 모회사 및 자회사 또는 자회사가 다른 회사의 발행주식의 총수의 10분의 1을 초과하는 주식을 가지고 있는 경우 그 다른 회사가 가지고 있는 회사 또는 모회사의 주식은 의결권이 없다(상369조 3항).

① A회사가 C회사 주식 10% 이상 소유시 → C는 A회사에 의결권 행사할 수 없다.

② A(모회사), B(자회사) 합하여 C회사 10% 이상 소유시 → C는 A회사의 의결권 행사는 불가능하다. 그러나 B회사에 대하여는 경우에 따라 행사 가능한데, 법문상 모회사의 주식에만 의결권이 인정되지 않기 때문이다. 예컨대 A회사는 B회사 주식의 51%와 C회사 주식 5%를 소유하고, B회사는 C회사 주식의 8%를 소유하는 경우 C회사가 소유하는 B회사 주식은 의결권이 있다.

③ A(모회사)는 0%, B(자회사)는 10% 이상 C회사 소유시 : A회사는 모회사이므로 B회사는 단독으로 10% 이상 소유했으므로 C회사는 양쪽 모두 의결권을 행사할 수 없다.

3) 의결권 배제에 관한 종류주식

2011년 상법개정으로 회사는 이익배당우선주 이외에도 의결권이 없는 주식을 발행할 수 있게 되었다(상370조는 삭제). 회사가 의결권이 없는 종류주식이나 의결권이 제한되는 종류주식을 발행하는 경우에는 정관에 의결권을 행사할 수 없는 사항과 의결권행사 또는 부활의 조건을 정한 경우에는 그 조건 등을 정하여야 한다(상344조의3 1항). 다만 의결권 없는 종류주식뿐만 아니라 의결권이 제한되는 종류주식을 모두 합친 종류주식의 총수는 발행주식총수의 4분의 1을 초과하지 못한다. 이 경우 의결권이 없거나 제한되는 종류주식이 발행주식총수의 4분의 1을 초과하여 발행된 경우에는 회사는 지체 없이 그 제한을 초과하지 아니하도록 하기 위하여 필요한 조치를 하여야 한다(상344조의3 2항).

Ⅴ. 주주총회의 연기, 속행의 결의

총회에서는 회의의 속행 또는 연기의 결의를 할 수 있다(상372조 1항). 이때에는 주주총회의 경우와 같이 다시 소집절차를 밟을 필요가 없다(상372조 2항).

Ⅵ. 주주총회 의사록

총회의 의사에는 의사록을 작성하여야 한다(상373조 1항). 의사록에는 의사의 경과요령과 그 결과를 기재하고 의장과 출석한 이사가 기명날인 또는 서명하여야 한다(상373조 2항).

Ⅶ. 주주총회의 특별결의사항

1. 주주총회의 특별결의사항

(1) 법 규정

회사가 다음 어느 하나에 해당하는 행위를 함에는 주주총회의 특별결의(출석한 주주의 의결권의 3분의 2 이상의 수와 발행주식총수의 3분의 1 이상의 수)가 있어야 한다(상374조 1항).

① 영업의 전부 또는 중요한 일부의 양도, ② 영업전부의 임대 또는 경영위임, 타인과 영업의 손익전부를 같이하는 계약, 그 밖에 이에 준하는 계약의 체결, 변경 또는 해약, ③ 회사의 영업에 중대한 영향을 미치는 다른 회사의 영업 전부 또는 일부의 양수.

2011년 상법개정으로 다른 회사의 영업 전부를 양수하더라도 회사의 영업에 중대한 영향을 미치는 경우에만 주주총회 특별결의를 얻도록 바뀌었다.

(2) 판단기준

위 영업의 "중요한 일부"에 해당하는지 여부가 판례상 다투어지는 경우가 많다.

먼저 판례는 주식회사가 사업목적으로 삼는 영업 중 일부를 양도하는 경우 상법 제374조 제1항 제1호 소정의 "영업의 중요한 일부의 양도"에 해당하는지는 양도대상 영업의 자산, 매출액, 수익 등이 전체 영업에서 차지하는 비중, 일부 영업의 양도가 장차 회사의 영업규모, 수익성 등에 미치는 영향 등을 종합적으로 고려하여 판단하여야 한다고 보고 있다(대법원 2014.10.15. 선고 2013다38633 판례).

판례상 인정된 예는 회사의 유일무이한 재산을 매도담보한 경우, 회사존속의 기초인 중요재산을 처분하는 경우 등이다. 판례상 부정된 예는 회사중요재산의 근저당설정, 단순한 영업용재산의 양도 등이다.

주식회사가 회사 존속의 기초가 되는 중요한 재산을 처분할 당시에 이미 사실상 영업을 중단하고 있었던 상태라면 그 처분으로 인하여 비로소 영업의 전부 또는 일부가 폐지 또는 중단됨에 이른 것이라고는 할 수 없으므로 이러한 경우에는 주주총회의 특별결의가 없었다 하여 그 처분행위가 무효로 되는 것은 아니다(판례). 여기서 "영업의 중단"이라고 함은 영업의 계속을 포기하고 일체의 영업활동을 중단한 것으로서 영업의 폐지에 준하는 상태를 말하고 단순히 회사의 자금사정 등 경영상태의 악화로 일시 영업활동을 중지한 경우는 여기에 해당하지 않는다(대법원 1992.8.18. 선고 91다14369 판결; 대법원 2014.9.4. 선고 2014다6404 판결).

주식회사가 영업의 전부 또는 중요한 일부를 양도한 후 주주총회의 특별결의가 없었다는 이유를 들어 스스로 약정의 무효를 주장하는 것이 신의성실의 원칙에 반하는지 여부가 다투어진 사례에서, 판례는 주식회사가 영업의 전부 또는 중요한 일부를 양도한 후 주주총회의 특별결의가 없었다는 이유를 들어 스스로 그 약정의 무효를 주장하더라도 주주 전원이 그와 같은 약정에 동의한 것으로 볼 수 있는 등 특별한 사정이 인정되지 않는다면 위와 같은 무효 주장이 신의성실 원칙에 반한다고 할 수는 없다고 판단하였다(대법원 2018.4.26. 선고 2017다288757 판결).

(3) 간이영업양도, 양수, 임대 등의 예외 : 이사회 승인으로 갈음

2015년 12월 1일 상법개정시 기업의 효율적인 구조조정이 원활해질 수 있도록 간이한 영업양도, 양수, 임대 제도를 도입하였다. 이에 따라 위 주주총회 특별결의 사항에 해당하는 행위(상법 제374조 제1항 각호의 행위)를 하는 회사의 총주주의 동의가 있거나 그 회사의 발행주식총수의 100분의 90 이상을 해당 행위의 상대방이 소유하고 있는 경우에는 그 회사의 주주총회의 승인은 이를 이사회의 승인으로 갈음할 수 있다(상374조의3 1항).

이 경우 회사는 영업양도, 양수, 임대 등의 계약서 작성일부터 2주 이내에 주주총회의 승인을 받지 아니하고 영업양도, 양수, 임대 등을 한다는 뜻을 공고하거나 주주에게 통지하여야 한다. 다만, 총주주의 동의가 있는 경우에는 그러하지 아니하다(상374조의3 2항). 공고 또는 통지를 한 날부터 2주 이내에 회사에 대하여 서면으로 영업양도, 양수, 임대 등에 반대하는 의사를 통지한 주주는 그 기간이 경과한 날부터 20일 이내에 주식의 종류와 수를 기재한 서면으로 회사에 대하여 자기가 소유하고 있는 주식의 매수를 청구할 수 있다(상374조의3 3항).

2. 주주총회 특별결의사항이 있는 경우 소집통지의 특칙

영업양도, 양수, 임대 등에 관한 주주총회의 소집의 통지를 하는 때에는 반대주주의 주식매수청구권의 내용 및 행사방법을 명시하여야 한다(상374조 2항).

3. 주주총회 특별결의사항에 반대하는 주주의 주식매수청구권

(1) 의의

다수파주주들에 의한 회사의 구조변경에 반대하는 소수주주들로 하여금 다수주주들에 의한 회사의 구조변경권을 승낙하면서 그들의 주식을 매수하도록 하는 권리이다. 합병(소규모합병시 존속회사 제외), 주식의 포괄적 교환(소규모교환시 모회사

제외)이나 포괄적 이전, 영업양도 등에 인정된다.

그러나 정관의 변경이나 회사해산, 분할(분할합병의 경우는 인정)의 경우에는 인정되지 않는다. 회사해산의 경우에는 모든 주주가 영향을 받는 것이므로 주식매수청구권을 인정할 수 없다. 분할의 경우 주주의 지위에 영향이 없으므로 주식매수청구권을 인정할 실익이 없다.

(2) 청구권자 및 청구절차

결의사항에 반대하는 주주(의결권이 없거나 제한되는 주주를 포함)는 주주총회 전에 회사에 대하여 서면으로 그 결의에 반대하는 의사를 통지한 경우에는 그 총회의 결의일부터 20일 이내에 주식의 종류와 수를 기재한 서면으로 회사에 대하여 자기가 소유하고 있는 주식의 매수를 청구할 수 있다(상374조의2 1항). 결의사항에 반대하는 통지를 하여야 주식의 매수를 청구할 수 있다.

청구권자와 관련하여 2015년 12월 1일 상법개정시 무의결권 주주도 주식매수청구권을 행사할 수 있음을 명문으로 규정하고, 주식매수청구권이 인정되는 경우에는 무의결권 주주에게도 주주총회 소집을 통지하도록 규정하였다.

(3) 청구의 효과

회사는 주식매수청구를 받으면 매수청구기간이 종료하는 날부터 2개월 이내에 그 주식을 매수하여야 한다(상374조의2 2항). 주식매수청구권은 형성권이기 때문에 그 청구에 의하여 당연히 매매계약이 성립하며, 회사의 승낙을 요하지 않는다.

(4) 매수가액의 결정

1) 원칙(협의)

주식의 매수가액은 주주와 회사 간의 협의에 의하여 결정한다(상374조의2 3항).

2) 협의불성립시 법원에 대한 가액결정청구

주식매수청구기간이 종료하는 날부터 30일 이내에 협의가 이루어지지 아니한 경우에는 회사 또는 주식의 매수를 청구한 주주는 법원에 대하여 매수가액의 결정을 청구할 수 있다(상374조의2 4항). 법원이 주식의 매수가액을 결정하는 경우에는 회사의 재산상태 그 밖의 사정을 참작하여 공정한 가액으로 이를 산정하여야 한다(상374조의2 5항).

4. 사후설립과 주주총회 특별결의 규정의 준용

회사가 그 성립 후 2년 내에 그 성립 전부터 존재하는 재산으로서 영업을 위하여 계속하여 사용하여야 할 것을 자본금의 100분의 5 이상에 해당하는 대가로 취득하는 계약을 하는 경우에는 주주총회의 특별결의가 있어야 한다(상375조; 374조 준용).

사후설립은 현물출자, 재산인수와는 다음과 같이 개념상 구별된다. ① 현물출자 : 설립등기 전 재산이전(인도+서류구비)을 해야 하는 사단법상의 행위이다. ② 재산인수 : 설립등기 전 계약+설립등기 후 재산이전(변태설립사항임)으로 개인법상의 거래행위이다. ③ 사후설립 : 설립등기 후 계약 및 재산이전을 하고 개인법상의 거래행위이다.

Ⅷ. 주주총회결의의 하자

1. 주주총회결의 하자(瑕疵, 흠)의 의의

의결권 남용에 대한 사후적 시정조치로서 결의취소의소(형성의소), 결의무효 및 부존재확인의소(확인의소), 부당결의의 취소·변경의 소(형성의소)를 규정하고 있다.

주주총회의 결의는 사단적 법률행위이므로 그 설립과정에 다수인의 의사와 이해관계가 개입되며, 결의가 이루어지면 결의의 유효를 전제로 여러 후행행위가 이루어지므로 민법상의 무효·취소의 법리에 따라 이를 해결한다면 단체법률관계의 불안정을 초래하여 다수인의 이익을 해칠 가능성이 높다.

따라서 상법은 소의 종류를 법정하고, 그 하자를 소만으로 주장하게 하는 등 이를 조정하고 있다. 다만, 상법상 결의에 관한 소는 적극적으로 결의한 경우에만 적용되고, 부결한 결의에 대해서는 적용이 없다는 점을 주의해야 한다.

2. 주주총회 결의취소의 소

(1) 취소원인 및 제기권자

총회의 소집절차 또는 결의방법이 법령 또는 정관에 위반하거나 현저하게 불공정한 때 또는 그 결의의 내용이 정관에 위반한 때에는 주주·이사 또는 감사는 결의의 날로부터 2월 내에 결의취소의 소를 제기할 수 있다(상376조 1항). 결의취소의 소는 형성의 소이며 피고는 회사이다(통설, 판례).

판례상의 취소원인은, ① 이사회결의 없는 대표이사의 주총 소집, ② 일부 주주에의 통지 누락, ③ 의결권 없는 자의 의결권행사, ④ 소집통지서에 기재 안 된 사항의 결의, ⑤ 정족수 미달의 결의 등이다.

종전 입장의 확인이기는 하지만, 판례는 소집권자에 의하여 소집된 주주총회결의의 경우 이사회결의 없이 구두로 소집통지를 하고 법정소집기간을 준수하지 않았으며 극히 일부 주주에 대한 소집통지를 빠뜨린 하자 또는 정족수 미달의 하자가 주주총회결의 취소사유에 불과하다고 보고 있다(대법원 2014.11.27. 선고 2011다41420 판결). 무효 또는 부존재한 결의로 보지 않는 것이다.

주식교환에 의해 주주가 원고적격을 잃는 경우도 있다. 甲주식회사의 주주인 乙 등이 주주총회결의 부존재 확인 및 취소를 구하는 소를 제기하였는데 소송 계속 중에 甲회사와 丙주식회사의 주식교환에 따라 丙회사가 甲회사의 완전모회사가 되고 乙 등은 丙회사의 주주가 된 사안에서, 판례는 乙 등에게 주주총회결의 부존재 확인을 구할 이익이 없고, 결의취소의 소를 제기할 원고적격도 인정되지 않는다고 판단하였다(대법원 2016.7.22. 선고 2015다66397 판결).

(2) 합명회사 설립무효 규정의 준용

상법 제186조(전속관할), 제187조(소제기의 공고), 제188조(소의 병합심리), 제190조 본문(판결의 대세효)과 제191조(패소원고의 책임)의 규정이 준용된다(상376조 2항). 다만 제190조 본문만이 준용되므로 취소판결에는 소급효가 있음을 주의해야 한다.

(3) 회사청구에 의한 악의제소주주의 담보제공의무

주주가 결의취소의 소를 제기한 때에는 법원은 회사의 청구에 의하여 상당한 담보를 제공할 것을 명할 수 있다(상377조 1항 본문). 그러나 그 주주가 이사 또는 감사인 때에는 그러하지 아니하다(상377조 1항 단서).

회사가 담보의 제공을 청구함에는 제소주주가 악의임을 소명하여야 한다(상377조 2항; 176조 4항 준용). 이 경우에 악의란 주주가 정당한 이유없이 회사를 곤경에 빠지게 하려는 의도가 있는 것을 말한다.

(4) 원고승소판결의 효력

1) 판결의 대세효

결의취소의 판결이 확정되면 그 효력은 당사자 이외의 제3자에 대하여도 미치게 된다(상376조 2항; 190조 본문 준용).

2) 소급효

1995년 개정상법에서는 상법 제190조 본문만 준용하는 것으로 하였고(상376조 2항), 불소급효에 관한 상법 제190조 단서는 준용되지 않도록 하였다. 이에 따라 결의취소의 판결에 대하여 소급효가 인정되는 것으로 해석된다(다수설).

결의가 소급하여 무효가 됨으로써 제3자의 이익을 해하게 되는 경우 제3자의 보호가 문제된다. 이 문제는 상법 제39조(부실등기의 효력), 상법 제395조(표현대표이사의 행위에 대한 회사의 책임) 또는 민법의 표현대리에 관한 규정 등 외관이론에 의하여 해결할 수 있는 여지가 있다.

3) 결의취소의 등기

결의한 사항이 등기된 경우에 결의취소의 판결이 확정된 때에는 본점과 지점의 소재지에서 등기하여야 한다(상378조).

(5) 악의 또는 중과실이 있는 패소원고의 책임

원고에게 악의 또는 중대한 과실이 있으면 원고는 연대하여 회사에 대하여 손해를 배상할 책임이 있다(상376조 2항; 191조 준용).

(6) 법원 재량에 의한 청구기각

결의취소의 소가 제기된 경우에 결의의 내용, 회사의 현황과 제반사정을 참작하여 그 취소가 부적당하다고 인정한 때에는 법원은 그 청구를 기각할 수 있다(상379조). 다만 그 전제로서 주주총회결의 자체는 법률상 존재해야 한다. 주주총회결의의 존재 자체가 부정되는 경우에는 재량에 의한 청구기각은 인정되지 않는다(판례).

헌법재판소에서 위 법원 재량에 의한 청구기각에 대한 상법 조문의 위헌 여부가 논란이 된 바 있다(헌재 2007.12.27. 선고 2006헌바73). 법원에서는 주주총회 결의시 소액주주의 위임장을 부당하게 접수 거부하여 의결권 행사방법에 대한 상법 제368조 제3항을 위반한 사실은 인정하면서도 그러한 하자는 의결정족수 등에 비추어 주주총회 결의의 결과에 영향을 미치지 않는다는 사정을 참작하여 상법 제379조에 의하여 재량기각의 판결을 선고하였다. 이러한 판결의 옳고 그름을 따짐에 있어 상법 제379조가 헌법에 위반되는지 여부가 논란이 되었다. 다만 헌법재판소는 이 사건을 제때 다투지 않았다는 이유로 위 조문의 위헌 여부에 대한 결론은 내리지 않고 사건 자체를 각하하였다.

3. 주주총회 결의무효확인의 소

(1) 무효원인 및 제기권자

주주총회의 결의의 내용이 법령에 위반하는 실질적인 하자가 있는 경우에는 그 결의는 당연히 무효가 된다(상380조). 그러므로 소의 이익이 있는 자는 누구든지 결의무효확인의 소를 제기할 수 있다.

무효원인으로는 ① 주주평등의 원칙에 위반한 경우, ② 유한책임의 원칙을 위반한 경우, ③ 회사채권자의 이익에 반하는 결의 등 주식회사의 본질에 반하는 경우, ④ 자산재평가원칙에 반하여 작성한 재무제표를 승인한 경우, ⑤ 선량한 풍속 기타 사회질서에 반하는 결의 등이 있다.

판례에서 무효원인으로 인정하지 않은 사례도 있다. 예탁금 회원제 골프장을 운영하는 甲주식회사가 주주회원들 중 일부로 구성된 주주회원모임과 체결한 "주주회원의 골프장 이용혜택을 변경할 경우 주주회원모임과 협의하고 중요한 사항은 주주총회에 회부하여야 한다"는 내용의 약정에 따라 주주총회에서 주주회원의 골프장 이용혜택을 축소하는 결의를 하자, 주주회원들이 주위적으로 결의의 무효 확인과 예비적으로 결의의 취소를 구한 사안(대법원 2013.2.28. 선고 2010다58223 판결)에서 대법원은 주위적 및 예비적 청구 모두 부적법하다는 이유로 자판하여 소를 각하하였다. 위 결의는 甲회사와 개별주주회원 사이의 계약상 법률관계에 해당하는 골프장 이용혜택의 조정에 관하여 甲회사와 주주회원모임이 임의로 약정한 절차적 요건일 뿐이지 甲회사와 그 기관 및 주주들 사이의 단체법적 법률관계를 획일적으로 규율하는 의미가 전혀 없다는 것이 그 근거이다.

(2) 소의 성질

결의무효확인의 소의 성질에 대해서는 이를 형성의 소로 보는 견해와 확인의 소로 보는 견해로 나뉜다. 형성의 소로 보는 견해(형성소송설)에 따르면 소로써만 결의무효를 주장할 수 있고, 확인의 소로 보는 견해(확인소송설)에 따르면 결의무효확인의 소 자체뿐만 아니라 다른 소송에서 항변이나 선결문제로도 결의무효를 주장할 수 있게 된다.

판례는 "주주총회결의의 내용이 법령 또는 정관에 위반되는 경우는 그 결의는 당연히 무효인 것이므로 일반원칙에 의하여 누구나 언제든지 어떠한 방법으로도 그 무효를 주장할 수 있는 것이고, 그 무효의 주장은 소의 방법에 한한다고 해석할 수 없다"는 확인소송설의 입장이다.

(3) 합명회사 설립무효 규정의 준용

상법 제186조 내지 제188조, 제190조 본문(판결의 대세효, 소급효), 제191조(패소원고의 책임), 제377조(악의제소주주의 담보제공의무)와 제378조(결의취소의 등기)의 규정이 준용된다(상380조). 판결의 소급효가 인정된다.

4. 주주총회 결의부존재확인의 소

(1) 부존재원인 및 제기권자

결의의 취소에 비하여 주주총회의 **소집절차 또는 결의방법에 총회결의가 존재한다고 볼 수 없을 정도의 중대한 하자가 있는 때에는 소의 이익이 있는 자**는 누구든지 결의부존재확인의 소를 제기할 수 있다(상380조).

부존재원인의 절차상 하자가 중대한 경우이므로 결의취소의 경우와의 구별 문제가 발생한다. 판례상의 부존재원인으로는 ① 권한 없는 자에 의한 총회의 소집, ② 부존재인 결의에 의하여 선임된 대표이사에 의하여 소집된 총회, ③ 총회의 산회선언 후 일부 주주들이 별도의 장소에서 한 결의, ④ 전혀 소집절차를 밟지 않은 경우, ⑤ 비주주가 참여한 결의, ⑥ 의사록에만 결의가 있었던 것과 같이 기재되어 있는 경우(1인회사의 경우는 예외), ⑦ 일부 주주에게만 소집통지를 한 경우(발행주식총수 20,000주식 중 12,000주식에 기한 의결권을 행사할 수 있는 자에게 소집통지 안 한 경우) 등이 있다.

판례에서 부존재원인으로 인정하지 않는 경우도 있다. 주식회사가 설립된 이후 총 주식을 한 사람이 소유하게 된 이른바 1인회사의 경우에는 그 주주가 유일한 주주로서 주주총회에 출석하면 전원 총회로서 성립하고 그 주주의 의사대로 결의가 될 것임이 명백하므로 따로 총회소집절차가 필요 없고, 실제로 총회를 개최한 사실이 없었다 하더라도 그 1인주주에 의하여 의결이 있었던 것으로 주주총회의사록이 작성되었다면 특별한 사정이 없는 한 그 내용의 결의가 있었던 것으로 볼 수 있다(대법원 2004.12.10. 선고 2004다25123 판결 등)는 판례의 입장에 따라 주주총회가 실제 개최되지는 아니하였고 이사회에 의한 소집결의 및 대표이사에 의한 소집절차가 생략된 경우에도 내용의 결의가 있었던 것으로 볼 수 있다고 판단하여 주주총회 결의에 중대한 하자가 있다는 이유로 그 부존재의 확인을 구하는 원고청구를 배척하였다(대법원 2014.1.23. 선고 2013다56839 판결).

(2) 소의 성질

결의부존재확인의 소에 대해서도 결의무효확인의 소와 마찬가지로 그 성질에 대해 형성소송설과 확인소송설의 견해 대립이 있다. 판례는 확인소송설의 입장이다. 즉 "원래 상법 제380조에 규정된 주주총회결의부존재확인의 소는 그 법적 성질이 확인의 소에 속하고 그 부존재확인판결도 확인판결이라고 보아야 할 것이어서, 설립무효의 판결 또는 설립취소의 판결과 같은 형성판결에 적용되는 상법 제190조의 규정을 주주총회결의 부존재확인판결에도 준용하는 것이 타당한 것인지의 여부가 이론상 문제될 수 있으나, 그럼에도 불구하고 상법 제380조가 제190조의 규정을 준용하고 있는 것은, 제380조 소정의 주주총회결의 부존재확인의 소도 이를 회사법상의 소로 취급하여 그 판결에 대세적 효력을 부여하되, 주주나 제3자를 보호하기 위하여 그 판결이 확정되기까지 그 주주총회의 결의를 기초로 하여 이미 형성된 법률관계를 유효한 것으로 취급함으로써 회사에 관한 법률관계에 법적 안정성을 보장하여 주려는 법정책적인 판단의 결과이다"라고 보고 있다.

(3) 합명회사 설립무효 규정의 준용

결의무효확인의 소와 마찬가지이다. 소급효가 인정된다.

5. 주주총회 부당결의의 취소 · 변경의 소

주주가 결의에 관하여 **특별한 이해관계가 있기 때문에 의결권을 행사할 수 없었던 경우**에 결의가 **현저하게 부당**하고 **그 주주가 의결권을 행사하였더라면 이를 저지할 수 있었을 때**에는 그 주주는 그 결의의 날로부터 2월 내에 결의의 취소의 소 또는 변경의 소를 제기할 수 있다(상381조 1항). 형성의 소이다.

제186조 내지 제188조, 제190조 본문(판결의 대세효, 소급효), 제191조(패소원고의 책임), 제377조(악의제소주주의 담보제공의무)와 제378조(결의취소의 등기)의 규정은 부당결의의 취소 · 변경의 소에 준용한다(상381조 2항).

6. 주주총회 결의의 하자 비교

	취소의 소	무효확인의 소	부존재의 소	부당결의 취소 · 변경의 소
소의 원인	절차상의 하자(소집절차 · 결의방법이 법령 · 정관에 위반 또는 현저히 불공정) 및 결의 내용의 정관 위반	내용상의 하자(결의 내용이 법령 · 사회질서, 주식회사의 본질에 위반)	절차상의 중대한 하자(소집절차 및 결의방법상의 중대한 하자)	내용상의 하자(특별이해관계인인 주주를 배제하고 한 결의의 내용이 현저히 부당하고, 의결권을 행사하였다면 당해 결의를 저지할 수 있었던 경우)
성질	형성의 소	확인소송설(판례)	확인소송설(판례)	형성의 소
제소권자	주주 · 이사 · 감사	소의 이익이 있는 자이면 누구나	소의 이익이 있는 자이면 누구나	의결권을 행사하지 못한 주주
제소기간	결의일로부터 2월	제한 없음	제한 없음	결의일로부터 2월
절차 · 효력	피고 · 전속관할 · 소제기 공고 · 병합심리 · 패소원고의 책임 · 주주의 담보제공의무 · 등기, 대세적 효력 · 소급효 준용			
재량기각	허용(상379조)	허용 안됨(재량기각은 주주총회 자체가 법률상 존재함을 전제로 하기 때문)		

제2관 이사와 이사회

상법상 주식회사의 업무집행기관은 원칙적으로 이사 전원으로 구성되고 업무집행을 의결하는 이사회와 이사회(또는 주주총회)에서 선임되고 업무집행 자체를 수행하며 제3자에 대하여 회사를 대표하는 대표이사로 구성된다. 이사는 이사회의 구성원과 대표이사가 될 수 있는 전제자격이 된다(다수설).

Ⅰ. 이사

1. 이사의 의의

주식회사에서 이사란 주식회사의 업무집행의 의사결정기관인 이사회의 구성원을 말한다. 유한회사의 이사는 이사회를 구성하지 않고 각자가 회사업무의 집행기관이다.

이사는 사내이사, 사외이사, 그 밖에 상무에 종사하지 아니하는 이사(기타 비상무이사)로 구분되고, 주식회사는 이를 구별하여 등기하여야 한다(상317조 2항 8호). 사내이사는 회사의 상무에 종사하는 자를 말한다. 회사의 상무에 종사하지 않는 자는 사외이사와 기타 비상무이사로 나뉜다. 사외이사는 회사의 상무에 종사하지 않는 이사로서 경영의 객관성 확보를 위해 법령상 엄격한 요건을 갖추어야 한다(상382조 3항).

2. 이사의 선임

(1) 주주총회에서 선임

이사는 주주총회에서 선임한다(상382조 1항). 회사설립시에는 발기인이 선임하거나(발기설립) 창립총회에서 선임하고(모집설립), 설립 이후에는 주주총회에서 선임한다. 이때 주주총회의 보통결의에 의한다. 이러한 이사의 선임권은 주주총회의 고유권한으로서 정관이나 주주총회의 결의에 의하여도 타인에게 위임할 수 없다.

이사의 지위는 주주총회의 선임결의가 있고 선임된 사람의 동의가 있으면 취득된다(대법원 2017.3.23. 선고 2016다251215 전원합의체 판결).

이사는 선임 후 2주간 내에 등기하여야 한다. 그러나 이사선임의 효력은 주주총회의 결의시에 발생하고 등기의 유무와는 무관하다.

1995년 12월 29일 상법개정 전에는 이사의 선임결의의 정족수 규정이 있었다. "이사의 선임결의는 정관에 다른 정함이 있는 경우에도 발행주식의 총수의 과반수에 해당하는 주식을 가진 주주의 출석으로 그 의결권의 과반수로 하여야 한다"는 규정이다(상384조 삭제). 이 규정이 삭제되어 현재는 정관에 이사선임결의의 정족수를 달리 정할 수 있다.

(2) 사외이사 자격 및 상실요건

사외이사(社外理事)는 해당 회사의 상무(常務)에 종사하지 아니하는 이사로서 다음의 어느 하나에 해당하지 아니하는 자를 말한다. 사외이사가 다음 어느 하나에 해당하는 경우에는 그 직을 상실한다(상382조 3항).

① 회사의 상무에 종사하는 이사·집행임원 및 피용자 또는 최근 2년 이내에 회사의 상무에 종사한 이사·감사·집행임원 및 피용자
② 최대주주가 자연인인 경우 본인과 그 배우자 및 직계 존속·비속
③ 최대주주가 법인인 경우 그 법인의 이사·감사·집행임원 및 피용자
④ 이사·감사·집행임원의 배우자 및 직계 존속·비속
⑤ 회사의 모회사 또는 자회사의 이사·감사·집행임원 및 피용자
⑥ 회사와 거래관계 등 중요한 이해관계에 있는 법인의 이사·감사·집행임원 및 피용자
⑦ 회사의 이사·집행임원 및 피용자가 이사·집행임원으로 있는 다른 회사의 이사·감사·집행임원 및 피용자

3. 2인 이상의 이사선임시의 집중투표제

(1) 집중투표제의 의의

집중투표제란 2인 이상의 이사의 선임에서 각 주주가 1주마다 선임할 이사의 수와 동일한 의결권을 갖고 이 의결권을 이사후보자 1인 또는 수인에게 집중하여 투

표하는 방법으로 그 의결권을 행사하는 제도이다. 소수자파 주주들에 의한 이사선임권을 강화하려는 취지에서 1주에 복수의 의결권을 인정하는 제도이다.

예컨대 발행주식총수 100주 중 발행주식의 30주를 갑(甲)이, 70주를 을(乙)이 소유하고 있는 경우를 생각해보자. 이사 3인을 선임한다면 乙은 통상의 경우 자신이 선임하고자 하는 사람을 전원 이사로 선임할 수 있다. 이사선임은 주주총회 보통결의 사항이기 때문이다. 그러나 집중투표의 경우에는 그렇지 않다. 이 경우 甲의 의결권은 90개, 乙의 의결권은 210개가 되어 甲이 어느 한 사람을 이사로 선임하고자 한다면(예컨대 A) 그에게 집중투표하여 A를 이사로 선임할 수 있기 때문이다.

결국 소수자주주도 자기 측의 사람을 이사로 선임하여 다수자주주에 의해 선임된 이사들을 견제할 수 있도록 하는 제도이다.

(2) 청구권자 및 청구방법

2인 이상의 이사의 선임을 목적으로 하는 **총회의 소집**이 있는 때에는 **의결권 없는 주식을 제외한 발행주식총수의 100분의 3 이상**에 해당하는 주식을 가진 주주는 "**정관에서 달리 정하는 경우를 제외하고는**" 회사에 대하여 집중투표의 방법으로 이사를 선임할 것을 청구할 수 있다(상382조의2 1항). 청구는 주주총회일의 7일 전까지 서면 또는 전자문서로 하여야 한다(상382조 2항).

집중투표제는 ① 주주총회에서 선임되지 않는 경우인 발기설립시의 발기인, 모집설립시의 창립총회에는 적용되지 않는다. ② 2인 이상의 이사 선임시에 적용되므로 1인 선임시에는 적용이 없다. 다만 2인 이상을 동시(同時) 선임할 경우에 적용되므로 따로 선임할 때는 적용이 없다. ③ 정관에 달리 정하는 경우를 제외하고는 3%이상 소수주주에게 원칙으로 인정된다.

대통령령이 정하는 상장회사의 경우(최근 사업연도 말 현재의 자산총액이 2조원 이상, 상법시행령 33조)에는 의결권 있는 주식총수의 100분의 1 이상의 주식을 보유한 자가 주주총회일 6주 전까지 서면 또는 전자문서로 집중투표를 회사에 청구할 수 있다(상542조의7 2항). 이러한 상장회사의 경우에는 집중투표제를 배제하는 것으로 정관을 변경하는 경우에 100분의 3을 초과하는 주식을 소유한 주주의 의결권은 100분의 3까지로 제한된다(상542조의7 3항).

(3) 청구취지의 공시

1) 취지의 공시

청구가 있는 경우에는 의장은 의결에 앞서 그러한 청구가 있다는 취지를 알려야 한다(상382조의2 5항). 의장은 집중투표청구가 있음을 의결 전에 공시하여야 하고, 공시의 흠결은 결의취소사유가 된다. 집중투표의 청구가 있는 경우 의결권의 행사 방법이 달라질 수 있기 때문이다.

2) 청구서류의 공시의무

서면은 총회가 종결될 때까지 이를 본점에 비치하고 주주로 하여금 영업시간 내에 열람할 수 있게 하여야 한다(상382조의2 6항).

(4) 청구의 효과로서의 이사의 수와 동일한 수의 의결권 취득

청구가 있는 경우에 이사의 선임결의에 관하여 각 주주는 1주마다 선임할 이사의 수와 동일한 수의 의결권을 가지며, 그 의결권은 이사 후보자 1인 또는 수인에게 집중하여 투표하는 방법으로 행사할 수 있다(상382조의2 3항).

(5) 집중투표에 의한 이사선임 결정방법

집중투표의 방법으로 이사를 선임하는 경우에는 **투표의 최다수를 얻은 자부터 순차적**으로 이사에 선임되는 것으로 한다(상382조의2 4항).

(6) 정관에 규정한 의사정족수와 관계

주식회사의 정관에서 이사의 선임을 발행주식총수의 과반수에 해당하는 주식을 가진 주주의 출석과 출석주주의 의결권의 과반수에 의한다고 규정하는 경우 집중투표에 관한 상법 제382조의2가 정관에 규정된 의사정족수 규정을 배제한다고 볼 것은 아니므로 이사의 선임을 집중투표의 방법으로 하는 경우에도 정관에 규정한 의사정족수는 충족되어야 한다(대법원 2017.1.12. 선고 2016다217741 판결).

4. 이사와 회사와의 관계

(1) 원칙

회사와 이사의 관계는 「민법」의 위임에 관한 규정을 준용한다(상382조 2항). 위임은 당사자 일방이 상대방에 대하여 사무의 처리를 위탁하고 상대방이 이를 승낙함으로써 성립하는 계약이다. 이사는 위임의 본 뜻에 따라 선량한 관리자의 주의로써 사무를 처리해야 한다(민법 681조). 다만 민법상의 수임인과는 달리 이사에게는 보수를 주어야 하므로(상법의 유상성) 이사의 보수를 정관에서 정하지 않았으면 주주총회에서 결의해야 한다(상388조).

(2) 이사의 충실의무

이사는 법령과 정관의 규정에 따라 회사를 위하여 그 직무를 충실하게 수행하여야 한다(상382조의3).

(3) 이사의 비밀유지의무

이사는 재임 중 뿐만 아니라 **퇴임 후에도** 직무상 알게 된 회사의 영업상 비밀을 누설하여서는 아니된다(상382조의4). 이사회의 활성화를 위하여 이사의 정보접근권을 강화하면서 그 책임도 강화하기 위하여 이사의 비밀유지의무를 신설한 것이다.

5. 이사의 원수

(1) 이사의 원수(員數)

이사는 **3명 이상**이어야 한다. 다만, **자본금의 총액이 10억원 미만인 회사(소규모 주식회사)는 1명 또는 2명으로 할 수 있다**(상383조 1항).

(2) 이사가 3인 미만인 경우의 특례

1) 주주총회가 이사회 기능을 대신할 때

"이사회"는 각각 "주주총회"로, "이사회의 결의가 있는 때"는 "주주총회의 소집통지가 있는 때"로 보는 경우가 있다(상383조 4항).

주식양도시 이사회 승인 관련 주식청약서 기재사항, 설립등기사항, 정관기재사항, 양도승인 청구, 양도상대방 지정청구, 양수인에 의한 승인, 주권 기재사항 등에 대한 것(상302조 2항 5호의2, 317조 2항 3호의2, 335조 1항 단서 및 2항, 335조의2 1항 · 3항, 335조의3 1항 · 2항, 335조의7 1항, 356조 6호의2), 주식매수선택권 관련 정관기재사항에 대한 것(상340조의3 1항 5호), 경업허가, 회사의 기회 및 자산의 유용 허용시 이사회 승인 관련한 것(상 397조 1항 · 2항, 397조의2 1항), 이사회결의시 회사에 대한 책임에 관한 것(상398조), 신주발행시 정관규정 없는 것에 대한 이사회 결정에 대한 것(상416조 본문), 무액면주식발행, 준비금의 자본금 전입, 중간배당, 현물배당, 사채발행, 전환사채발행시 이사회 결정에 대한 것 등(상451조 2항, 461조 1항 본문 및 3항, 462조의3 1항, 464조의2 1항, 469조, 513조 2항 본문 및 516조의2 2항 본문)은 전자의 경우이다. 주주총회가 의사결정기관이 됨을 의미한다.

주식교환시 반대주주의 주식매수청구권, 합병시 합병반대주주의 주식매수청구권 관련 이사회결의와 관련한 것(상360조의5 1항 및 522조의3 1항)은 후자의 경우이다.

2) 이사회에 관한 규정이 적용되지 않는 경우

정관으로 미리 이익배당 허용시 주주총회 결의를 갈음하는 이사회결의를 인정하는 자기주식 취득(상341조 2항 단서), 집행임원 설치회사의 이사회결의, 감사의 이사회 소집청구, 재무제표 등의 승인에 대한 특칙, 이사회의 소집, 이사회의 결의방법, 감사의 이사회출석 · 의견진술권, 이사회의 의사록, 이사회의 연기 · 속행, 이사회에 의한 이사의 직무집행 감독, 이사회결의 찬성 이사의 책임, 흡수합병의 보고총회시 주주총회에 대한 보고에 갈음한 이사회의 공고, 신설합병의 창립총회시 주주총회에 대한 보고에 갈음한 이사회의 공고, 이사회의 결의로 주주총회를 갈음할 수 있는 간이합병이나 소규모합병, 채권자보호절차의 경우 주주총회의 승인결의로 의제되는 이사회 승인결의의 규정은 이를 적용하지 아니한다(상383조 5항).

3) 각 이사의 회사대표

소규모 주식회사의 경우 각 이사(정관에 따라 대표이사를 정한 경우에는 그 대표이사)가 회사를 대표한다. 이때 이사는 회사가 보유하는 자기주식 소각, 전환주식 발행시 통지, 주주총회 소집의 결정, 주주제안의 수리, 소수주주에 의한 임시총회 소집청구의 수리, 이사회의 권한 및 감사에 의한 임시총회 소집청구의 수리, 중간배당에 관련된 이사회의 기능을 담당한다(상383조 6항).

이사회의 기능 중 이사의 권한남용이 우려되는 것은 주주총회의 권한으로 하고 권한남용과 무관한 사항들은 이사 각자가 결정하도록 하고 있다.

6. 이사의 임기

(1) 원칙

이사의 임기는 3년을 초과하지 못한다(상383조 2항).

(2) 임기연장의 특례

이사의 임기는 정관으로 그 임기 중의 최종의 결산기에 관한 정기주주총회의 종결에 이르기까지 연장할 수 있다(상383조 3항). 이사의 임기가 최종 결산기의 말일과 당해 결산기에 관한 정기주주총회 사이에 만료되는 경우에 정관으로 그 임기를 정기주주총회 종결일까지 연장할 수 있도록 허용하는 규정이다. 예컨대 회사의 결산일이 12월 31일이고 정기주주총회는 2월 28일에 개최되는 회사에서 이사의 임기가 1월 31일에 만료된다면 정관으로 2월 28일까지 임기가 연장된다고 정할 수 있다는 취지이다.

이사로 하여금 임기 중의 결산에 대한 책임을 지도록 하는 취지 외에 정기주주총회를 목전에 두고 이사선임을 위한 임시주주총회를 열게 하는 번거로움을 덜기 위한 취지이다.

7. 이사의 종임

(1) 일반적인 종임사유

이사는 위임의 종료사유에 의하여 종임된다. 이사의 사임에 의하여 언제든지 종료될 수 있다(약정종료사유). 법인의 이사를 사임하는 행위는 상대방 있는 단독행위라 할 것이어서 그 의사표시가 상대방에게 도달함과 동시에 그 효력을 발생하고 그 의사표시가 효력을 발생한 후에는 마음대로 이를 철회할 수 없음이 원칙이나, 사임서 제시 당시 즉각적인 철회권유로 사임서 제출을 미루거나, 대표자에게 사표의 처리를 일임하거나, 사임서의 작성일자를 제출일 이후로 기재한 경우 등 사임의사가 즉각적이라고 볼 수 없는 특별한 사정이 있을 경우에는 별도의 사임서 제출이나 대표자의 수리행위 등이 있어야 사임의 효력이 발생하고, 그 이전에 사임의사를 철회할 수 있다(대법원 2006.6.15. 선고 2004다10909 판결; 대법원 2011.9.8. 선고 2009다31260 판결).

또한 회사의 해산·파산, 이사의 사망·파산·성년후견개시 심판에 의하여 종료된다(법정종료사유). 임기의 만료, 정관소정자격의 상실 등에 의해서도 종임된다.

이사가 종임한 때에는 이를 등기하여야 한다(상317조 2항 8호, 4항; 183조 준용).

(2) 주주총회 특별결의에 의한 해임 : 해임결의

이사는 언제든지 주주총회 특별결의로 이를 해임할 수 있다. 그러나 이사의 임기를 정한 경우에 정당한 이유 없이 그 임기만료 전에 이를 해임한 때에는 그 이사는 회사에 대하여 해임으로 인한 손해의 배상을 청구할 수 있다(상385조 1항).

이사의 해임은 주주총회의 결의에 의해서만 해임할 수 있으며 정관으로도 이사회의 결의에 의해 해임한다는 식으로 달리 이사의 해임방법을 정할 수 없다. 그런데 법인의 정관에 이사의 해임사유에 관한 규정이 있는 경우 법인으로서는 이사의 중대한 의무위반 또는 정상적인 사무집행 불능 등의 특별한 사정이 없는 이상 정관에서 정하지 아니한 사유로 이사를 해임할 수 없다(대법원 2013.11.28. 선고 2011다41741 판결). 법인이 정관에 이사의 해임사유 및 절차 등을 따로 정한 경우 그 규정은 법인과 이사와의 관계를 명확히 함은 물론 이사의 신분을 보장하는 의미도 아울러 가지고 있다고 보는 것이다.

판례에서는 "정당한 이유"란 주주와 이사 사이에 불화 등 단순히 주관적인 신뢰관계가 상실된 것만으로는 부족하고, 이사가 법령이나 정관에 위배된 행위를 하였거나 정신적·육체적으로 경영자로서의 직무를 감당하기 현저하게 곤란한 경우, 회사의 중요한 사업계획 수립이나 그 추진에 실패함으로써 경영능력에 대한 근본적인 신뢰관계가 상실된 경우 등과 같이 당해 이사가 경영자로서 업무를 집행하는 데 장해가 될 객관적 상황이 발생한 경우라야 한다고 보고 있다(대법원 2004.10.15. 선고 2004다25611 판결; 대법원 2014.5.29. 선고 2012다98720 판결).

손해배상의 범위는 재임기간에 받을 수 있는 보수액이다.

이사의 임기를 정하지 않은 경우에는 언제든지 이사를 해임할 수 있고 이 경우 손해배상책임은 없다(판례).

(3) 소수주주의 해임청구 : 해임판결

이사가 그 직무에 관하여 부정행위 또는 법령이나 정관에 위반한 중대한 사실이 있음에도 불구하고 주주총회에서 그 해임을 부결한 때에는 발행주식의 총수의 100

분의 3 이상에 해당하는 주식을 가진 주주는 총회의 결의가 있은 날부터 1월 내에 그 이사의 해임을 본점소재지의 지방법원에 청구할 수 있다(상385조 2항, 3항; 186조 준용). 이사의 부정행위가 있음에도 대주주의 비호를 받아 해임결의가 부결되는 경우 소수주주가 주도하여 시정할 수 있는 기회를 준 것이다.

8. 이사결원시의 특칙

(1) 퇴임이사의 권리의무

법률 또는 정관에 정한 이사의 원수를 결한 경우에는 임기의 만료 또는 사임으로 인하여 퇴임한 이사는 새로 선임된 이사가 취임할 때까지 이사의 권리의무가 있다(상386조 1항). 이사의 수가 3인이 되지 않게 되면 이사회의 개최가 불가능하므로 이 규정은 의미가 있다.

법상의 정원은 충족하지만 정관에 정한 정원에는 미달하는 경우에도 이 규정이 적용되는지 여부에 대하여 판례는 정관상의 정원을 일부 결하더라도 회사의 운영에 장애가 없다면 이 규정을 적용할 필요 없이 당연히 퇴임한다는 태도를 취하고 있다(판례).

퇴임한 이사가 새로 선임된 이사, 즉 후임이사가 취임할 때까지 권리의무가 있는 경우 이사의 퇴임등기는 퇴임이사의 퇴임일부터 기산하는 것이 아니고 후임이사의 취임일부터 기산한다고 보아야 하며, 후임이사가 취임하기 전에는 퇴임한 이사의 퇴임등기만을 따로 신청할 수 없다(판례).

(2) 일시이사의 선임

임기만료 또는 사임으로 인해 이사의 원수를 결하여 필요하다고 인정할 때에는 법원은 이사, 감사 기타의 이해관계인의 청구에 의하여 일시이사의 직무를 행할 자를 선임할 수 있다. 이 경우에는 본점의 소재지에서 그 등기를 하여야 한다(상386조 2항).

일시이사의 선임사유는 임기만료나 사임에 한하는 것은 아니고 이사의 사망이나 해임 등 어떤 사유에서든 정원을 결한 모든 경우를 포함하는 뜻으로 해석된다(판례). 일시이사나 퇴임이사는 직무대행자와는 달리 그 권한이 상무(常務)에 제한되는 것은 아니고 정상적인 이사의 모든 권리의무에 미친다(판례).

9. 이사의 자격

(1) 원칙

자격제한 없음이 원칙이다. 다만 법인이 이사가 될 수 있는지 여부는 견해가 대립한다. 정관으로 이사의 자격제한을 두는 것은 그 내용이 사회질서에 반하지 않는 한 유효하다.

(2) 정관에 의한 이사자격의 제한(자격주)

정관으로 이사가 가질 주식의 수를 정한 경우에 다른 규정이 없는 때에는 이사는 그 수의 주권을 감사에게 공탁하여야 한다(상387조). 이것은 이사의 자격요건을 유지시키고 한편 이사의 내부자거래를 차단시키기 위한 것이다.

10. 이사의 보수

이사의 보수는 **정관**에 그 액을 정하지 아니한 때에는 **주주총회의 결의**로 이를 정한다(상388조). 총액만 정하고 내용은 이사회가 정할 수 있으며, 퇴직위로금을 포함한다(판례).

Ⅱ. 이사회

1. 이사회의 의의

이사회는 회사의 업무집행에 관한 의사결정을 위해 이사 전원으로 구성되는 주식회사의 필요적 상설기관이다. 업무집행에 관한 의사결정기관이며, 그 구체적인 집행은 대표이사에 의한다.

다만 업무집행이라 하면 회사의 운영과 관련된 모든 사무를 지칭한다고 볼 수 있으나 그 중에는 성질상 주주총회의 결의사항으로 해야 할 경우도 있다. 즉 주주총회와의 관계가 문제되는데, 주주총회의 고유권한을 제외한 나머지는 원칙적으로 모두 이사회의 결의에 의한다고 볼 수 있다. 즉, 원칙적인 의사결정기관은 이사회로 볼 수 있다.

2. 이사회의 소집

(1) 소집권자

이사회는 각 이사가 소집한다. 그러나 이사회의 결의로 소집할 이사를 정한 때에는 그러하지 아니하다(상390조 1항). 소집권자로 지정되지 않은 다른 이사는 소집권자인 이사에게 이사회 소집을 요구할 수 있다. 소집권자인 이사가 정당한 이유없이 이사회소집을 거절하는 경우에는 다른 이사가 이사회를 소집할 수 있다(상390조 2항).

(2) 소집절차

이사회를 소집함에는 회일을 정하고 그 1주간 전에 각 이사 및 감사에 대하여 통지를 발송하여야 한다. 그러나 그 기간은 정관으로 단축할 수 있다(상390조 3항).

일부의 이사에게 통지하지 않고 소집하여 결의한 것은 무효이다. 통지를 받지 못한 이사가 출석하여 반대하였더라도 결의에 영향이 없었을 것이라는 가정이 성립하더라도 역시 무효이다(판례). 다만 일체 경영에 참가한 일 없이 항상 다른 이사에게 결정을 위임하고 의사록에 날인만 했던 이사에게 통지하지 않고 결의한 이사회에 대하여는 유효하다고 한다(판례).

이사회 소집통지를 할 때에는 회사의 정관에 이사들에게 회의의 목적사항을 함께 통지하도록 정하고 있거나 회의의 목적사항을 함께 통지하지 아니하면 이사회에서의 심의 · 의결에 현저한 지장을 초래하는 등의 특별한 사정이 없는 한 주주총회 소집통지의 경우와 달리 회의의 목적사항을 함께 통지할 필요는 없다(대법원 2011.6.24. 선고 2009다35033 판결).

(3) 전원동의시의 소집절차의 생략

이사회는 이사 및 감사 전원의 동의가 있는 때에는 통지 없이 언제든지 회의할 수 있다(상390조 4항). 이사 및 감사 전원의 동의는 회의 때마다 함을 요하지 않고 이사회에서 전원동의로 다음 일시를 정하든지 하여 사전에 동의를 얻어놓고 소집통지 없이 회의할 수도 있다.

3. 이사회의 결의방법

(1) 결의요건 및 그 가중의 허용

이사회의 결의는 이사 과반수의 출석과 출석이사의 과반수로 하여야 한다. 그러나 정관으로 그 비율을 높게 정할 수 있다(상391조 1항). 이사과반수란 이사 전원의 과반수를 말하며 퇴임이사나 일시이사, 직무대행자를 포함한다. 예컨대 6인의 이사 중 3인이 출석하여 전원 찬성하더라도 성립정족수에 미달하므로 무효이다(판례). 과반수 이사가 출석해야 한다는 이사회의 성립요건은 개회시뿐만 아니라 토의·결의의 전 과정을 통해 유지되어야 하므로 재적 9인의 이사 중 5인이 출석했다가 1인이 중간에 퇴장한 경우 나머지 인원으로 결의할 수 없다. 이사회결의가 가부동수인 경우 의장 등에게 결정권을 부여할 수 있는지 여부에 대해서는 무효설과 유효설이 대립하고 있다.

이사회는 이사 개개인의 능력과 고도의 신뢰관계에 기초해서 구체적인 업무집행의 결정을 하는 기관이므로 이사는 직접 의결권을 행사해야 하고 대리행사를 할 수 없다. 다른 이사에게 의결권을 위임할 수도 없어 이에 위반한 이사회결의는 무효이다. 이사회의 결의는 이사들의 구체적 회합을 요하므로 서면결의는 인정되지 않고 이사회결의에 대해 이사의 책임소재를 밝히기 위해서는 각각의 찬반의사가 밝혀져야 하므로 무기명투표도 허용되지 않는다.

(2) 전화회의에 의한 결의방법의 인정

정관에서 달리 정하는 경우를 제외하고 이사회는 이사의 전부 또는 일부가 직접 회의에 출석하지 아니하고 모든 이사가 음성을 동시에 송수신하는 원격통신수단에 의하여 결의에 참가하는 것을 허용할 수 있다. 이 경우 당해 이사는 이사회에 직접 출석한 것으로 본다(상391조 2항). 2011년 상법개정 전에는 화상회의는 허용되지만 전화회의는 허용되지 않는 것으로 해석되었다. 법개정으로 전화회의도 허용되어 이사회 결의방법이 실질적으로 확대되었다.

(3) 특별이해관계인

이사회의 결의에 특별한 이해관계를 가진 이사는 의결권을 행사하지 못한다(상391조 2항; 368조 3항 준용). 이사와 회사 간의 거래(상398조)에서의 당해 이사의 경우가 그 예이다. 대표이사의 선임이나 해임의 경우는 주주총회에서와 마찬가지의 이유로 특별한 이해관계가 있는 것으로 인정되지 않는다.

특별이해관계인인 이사도 이사회의 소집통지를 받고 이사회에 출석하여 의견을 진술할 수 있으므로 이사회의 출석정족수에는 산입되나 의결정족수에는 산입되지 아니한다(상391조 2항; 371조 2항 준용).

(4) 감사의 이사회출석, 의견진술권

1) 출석 및 의견진술권

감사는 이사회에 출석하여 의견을 진술할 수 있다(상391조의2 1항). 이것은 이사회에서 업무집행의 결정을 하는 경우에 감사에게 위법한 결의를 사전에 방지할 기회를 주기 위한 것인데, 감사에게는 의견진술권만 있을 뿐 의결권은 없다. 그러나 의견진술권이 있으므로 감사에게도 이사회의 소집통지를 해야 한다.

2) 이사회에 대한 보고의무

감사는 이사가 법령 또는 정관에 위반한 행위를 하거나 그 행위를 할 염려가 있다고 인정한 때에는 이사회에 이를 보고하여야 한다(상391조의2 2항). 이것은 이사회에 대하여 감독권의 발동을 촉구하는 의미를 가지며, 이를 위하여 이사회의 소집을 요구할 권리는 인정되지 않는다.

(5) 이사회결의의 하자

이사회결의에 대하여 하자가 있는 경우 주주총회에서와 같은 특별규정이 없으므로 민법상 일반원칙에 따라 무효가 된다. 다만 이사회결의가 외부적 대표행위와 결합할 때 제3자 등을 보호하기 위하여 다음과 같이 조절하고 있다.

① 내부적 행위 : 이사회결의만으로 효력이 발생하는 경우에는 그 결의에 하자가 있으므로 무효이다. 예컨대 지배인선임, 준비금의 자본금 전입과 같이 거래안전을 고려함이 없이 회사의 이익을 보호해야 하는 경우이다.

② 주주총회결의 : 이사회결의가 주주총회 소집과 관련된 것이면 이는 주주총회결의의 하자, 즉 결의취소로 포섭된다(통설, 판례).

③ 신주발행 : 이사회결의에 하자가 있는 신주발행의 효력에 대하여는 유효설과 무효설이 대립한다(업무집행행위라는 견해와 신주발행의 유효요건이라는 견해의 대립).

④ 사채발행 : 이사회결의에 하자가 있는 사채발행의 경우 사채발행행위는 회사에 유리한 행위이며 사채발행무효의 소가 인정되지 않으므로 유효하다(통설).

4. 이사회의 의사록

(1) 작성의무

이사회의 의사에 관하여는 의사록을 작성하여야 한다(상391조의3 1항).

(2) 의사록의 작성방법

의사록에는 의사의 안건, 경과요령, 그 결과, 반대하는 자와 그 반대이유를 기재하고 출석한 이사 및 감사가 기명날인 또는 서명하여야 한다(상391조의3 2항). 반대하는 자와 반대이유를 반드시 기재해야 하므로 이사회결의에서는 무기명투표가 인정되지 않는다.

(3) 의사록의 공개

1) 열람, 등사의 청구방법

주주는 영업시간 내에 이사회의사록의 열람 또는 등사를 청구할 수 있다(상391조의3 3항). 주주는 열람이나 등사를 청구함에 있어 이유개시를 요하지 않으며, 채권자의 열람 및 등사는 인정되지 않는다.

이사회결의 등을 위해 이사회에 제출된 관련 서류라도 그것이 이사회 의사록에 첨부되지 않았다면 이는 이사회의사록 열람·등사청구의 대상에 해당하지 않으나, 이사회의사록에서 “별첨”, “별지” 또는 “첨부” 등의 용어를 사용하면서 내용을 인용하고 있는 첨부자료는 해당 이사회의사록의 일부를 구성하는 것으로서 이사회 의사록 열람·등사청구의 대상에 해당한다(대법원 2014.7.21.자 2013마657 결정).

상법 제391조의3 제4항의 규정에 의한 이사회의사록의 열람 등 허가사건은 비송사건절차법 제72조 제1항에 규정된 비송사건이므로 민사소송의 방법으로 이사회 회의록의 열람 또는 등사를 청구하는 것은 허용되지 않는다(대법원 2013.11.28. 선고 2013다50367 판결).

2) 회사의 공개거부시의 열람방법

회사는 열람 또는 등사의 청구에 대하여 이유를 붙여 이를 거절할 수 있다. 이 경우 주주는 법원의 허가를 얻어 이사회의사록을 열람 또는 등사할 수 있다(상391조의3 4항). 회사의 거절이유가 타당하더라도 주주가 이사의 책임을 추궁하기 위해서 필요하거나 기타 이사의 해임청구 등 주주의 권리행사에 부득이하게 필요한 경우에는 열람이나 등사를 허가하여야 할 것이다.

주주의 이사회의사록에 대한 열람 · 등사청구가 있는 경우 회사는 청구가 부당함을 증명하여 이를 거부할 수 있는데, 주주의 열람 · 등사권 행사가 부당한 것인지는 행사에 이르게 된 경위, 행사의 목적, 악의성 유무 등 제반 사정을 종합적으로 고려하여 판단하여야 하고, 특히 주주의 이와 같은 열람 · 등사권 행사가 회사업무의 운영 또는 주주 공동의 이익을 해치거나 주주가 회사의 경쟁자로서 취득한 정보를 경업에 이용할 우려가 있거나 또는 회사에 지나치게 불리한 시기를 택하여 행사하는 경우 등에는 정당한 목적을 결하여 부당한 것이라고 보아야 한다(대법원 2014.7.21. 자 2013마657 결정).

열람 · 등사청구하는 주주가 적대적 인수 · 합병을 시도하고 있다는 사정만으로 청구가 정당한 목적을 결하여 부당한 것이라고 볼 수 없고, 주주가 회사의 경쟁자로서 취득한 정보를 경업에 이용할 우려가 있거나 회사에 지나치게 불리한 시기를 택하여 행사하는 등의 경우가 아닌 한 허용되어야 한다(대법원 2014.7.21. 자 2013마657 결정).

한편 회사의 채권자도 이사에게 손해배상책임을 추궁하기 위한 경우에는 이사회의 의사록을 열람하거나 등사할 필요가 있을 것인데 법원에 열람 · 등사허가를 청구할 수 있는 권리마저 인정하지 않은 것은 의문이라는 견해도 있다.

5. 이사회의 연기, 속행

이사회는 회의의 연기 또는 속행의 결의를 할 수 있다. 이때에는 주주총회의 경우와 같이 다시 소집절차를 밟을 필요는 없다(상392조; 372조 준용).

6. 이사회의 권한

(1) 업무집행에 관한 회사의 의사결정기관

중요한 자산의 처분 및 양도, 대규모 재산의 차입, 지배인의 선임 또는 해임과 지점의 설치·이전 또는 폐지 등 회사의 업무집행은 이사회의 결의로 한다(상393조 1항).

지배인의 선임이나 해임, 지점의 설치·이전이나 폐지는 보기에 따라서는 대표이사의 일상적인 업무집행권에 포함되는 것으로 오해할 소지가 있으므로 주의적으로 규정한 것이다. 주식회사의 회생절차개시신청은 대표이사의 업무권한인 일상업무에 속하지 아니한 중요한 업무에 해당하여 이사회결의가 필요하다는 판례(대법원 2019.8.14. 선고 2019다204463 판결)도 있다.

한편 대표이사의 선임, 신주발행, 준비금의 자본금 전입, 전환사채의 발행, 신주인수권부사채의 발행 등은 원칙적으로 이사회의 권한으로 되어 있으나 정관에 규정을 두어 이를 주주총회의 권한으로 할 수 있다.

중요한 자산의 처분에 해당하는 경우 이사회가 그에 관하여 직접 결의하지 아니한 채 대표이사에게 그 처분에 관한 사항을 일임할 수 없는 것이므로, 이사회규정상 이사회 부의사항으로 정해져 있지 아니하더라도 반드시 이사회결의를 거쳐야 한다(대법원 2005.7.28. 선고 2005다3649 판결).

(2) 이사의 직무집행감독기관

1) 이사의 직무집행감독

이사회는 이사의 직무의 집행을 감독한다(상393조 2항). 이사회는 업무집행에 관한 결정권을 원칙적으로 가지고 그 집행을 대표이사 등에게 맡기는 것이므로 이사회는 자기시정의 기능으로서 당연히 이사의 업무집행을 감독할 권한을 갖는다고 봄이 타당하다. 본 규정은 이 점을 명문화한 것이다.

감독은 위법·부당한 행위에 대한 것뿐만 아니라 합목적성 등에 대한 사항도 가능하다. 이 점에서 이사의 다른 이사에 대한 감시권이나 감사의 감사권과 구별된다.

2) 이사의 대표이사에 대한 업무보고요구권

이사는 대표이사로 하여금 다른 이사 또는 피용자의 업무에 관하여 이사회에 보고할 것을 요구할 수 있다(상393조 3항). 이사회의 감독권 및 이사의 감시권의 실효성을 제고하기 위하여 이사의 정보요구권을 주의적으로 신설한 것으로 해석된다.

3) 이사의 업무집행상황 보고의무

이사는 3월에 1회 이상 업무의 집행상황을 이사회에 보고하여야 한다(상393조 4항). 이사회 감독권의 실효성을 제고하고 이사회에 대한 정보제공을 강행적으로 보장하기 위하여 이사(대표이사)는 3월에 1회 이상 업무의 집행상황을 이사회에 보고하도록 한 것인데 이는 이사회가 최소 3월에 1회 이상 소집되어야 함을 의미한다.

(3) 이사회 내 위원회

1) 의의 및 설치방법

이사는 정관이 정한 바에 따라 위원회를 설치할 수 있다(상393조의2 1항). 정관이 정하는 바에 따라 2인 이상의 이사로 구성·설치할 수 있다. 2인 이하의 이사로 구성된 소규모회사는 설치할 수 없다.

위원회의 종류는 정관에 의한다. 다만 일정규모 이상의 상장회사는 사외이사추천위원회와 감사위원회를 두도록 되어 있다.

2) 위원회의 권한

상법은 이사회가 위원회에 수권할 수 있는 범위를 매우 넓게 인정하고 있다. 이사회는 **다음 각 호의 사항을 제외하고는 그 권한을 위원회에 위임할 수 있다**(상393조의2 2항). **① 주주총회의 승인을 요하는 사항의 제안(정관변경이나 재무제표의 승인, 합병 등), ② 대표이사의 선임 및 해임, ③ 위원회의 설치와 그 위원의 선임 및 해임, ④ 정관에서 정하는 사항(정관으로 위임을 불허하는 사항)** 등은 위원회에 그 권한을 위임할 수 없다. 위 사항에 들지 않은 경우, 예컨대 자회사에 대한 조사권은 위원회에 위임가능하다.

이사회가 위임한 사항에 대해 위원회가 결의를 하면 이사회가 위원회의 결의를 변경하는 결의를 하지 않는 한 위원회의 결의가 곧 이사회의 결의로 인정된다.

3) 위원회의 구성

위원회는 2인 이상의 이사로 구성한다(상393조의2 3항).

4) 위원회 결의시의 조치

위원회는 결의된 사항을 각 이사에게 통지하여야 한다. 이 경우 이를 통지받은 각 이사는 이사회의 소집을 요구할 수 있으며, 이사회는 위원회가 결의한 사항에 대하여 다

시 결의할 수 있다(상393조의2 4항). 이때의 이사회소집은 위원회의 결의를 재고하기 위한 소집이다. 이사회의 다른 결의가 있으면 위원회의 결의는 그 효력을 잃는다.

5) 이사회의 소집과 결의 규정의 준용

상법 제386조 제1항(퇴임한 이사의 권리의무), 제390조(이사회의 소집), 제391조(이사회의 결의방법), 제391조의3(이사회의 의사록), 제392조(이사회의 연기, 속행)의 규정은 이사회 내 위원회에 준용한다(상393조 5항). 위원회가 위임받은 사항을 수행하기 위해서는 위원회를 소집·결의해야 하기 때문에 이사회의 소집 및 결의 규정을 준용하는 것이다.

7. 주주총회와 이사회의 비교

	주주총회	이사회
공통점	필수기관, 회의체기관, 다수결에 의한 의사결정	좌동. 다만 이사회내 위원회 제도가 신설되었음.
권한	본법 또는 정관에 정하는 사항에 한함	• 주총권한 이외의 원칙적 의사결정 • 중요한 자산의 처분 및 양도, 대규모 자산의 차입, 지배인선임과 지점의 설치·이전·폐지 등
소집권자	이사회(임시주총은 소수주주)	• 소집권자인 이사/각 이사 • 소집권자인 이사의 부당한 소집거절시 다른 이사가 소집 가능(신설)
소집절차	• 2주 전 통지, 3주 전 공고 요함 • 전자문서에 의한 통지도 가능	1주간 전 통지
소집통지	• 의결권 있는 주주(무의결권주×) • 장기불참주주에 대한 통지 생략	이사, 감사 전원
소집시기	정기총회·임시총회	수시 소집
결의요건	• 보통·특별결의(1주1의결권) • 2인 이상 이사선임시 집중투표제	과반수출석, 과반수찬성 (가중만 가능)
결의방법	• 의결권의 대리행사 가능 • 서면결의 가능(정관)	• 대리행사 불허용 • 서면결의 불허 • 무기명투표불허(책임소재 명확위함)
결의하자	주총결의 하자를 다투는 소(訴)에 의함	민법 일반에 의하여 무효가 원칙

Ⅲ. 대표이사

1. 대표이사의 의의

대표이사는 회사를 대표하고 업무를 집행하는 권한을 가진 이사이며 주식회사의 필요적 상설기관이다.

2. 대표이사의 선임과 종임

(1) 선임

회사는 이사회의 결의로 회사를 대표할 이사를 선정하여야 한다. 그러나 정관으로 주주총회에서 이를 선정할 것을 정할 수 있다(상389조 1항). 대표이사의 지위는 이사회 또는 주주총회 결의에 의하지 않는 한 다른 방법으로 주어질 수 없다. 예컨대 어느 이사가 장기간 대표이사의 직무를 수행했더라도 사실상의 대표이사일 수는 있으나 그것을 대표이사의 행위로 볼 수는 없다는 것이 판례의 태도이다.

대표이사의 자격은 이사이면 되고, 그 밖의 특별한 자격제한은 없다.

대표이사의 수에는 제한이 없다. 이사 전원을 대표이사로 선임할 수 있다(반대견해 있음).

(2) 종임

대표이사는 이사임을 전제로 하므로 이사직에서 퇴임하면 당연히 대표이사의 지위도 잃게 된다. 그러나 반대로 대표이사의 자격을 상실하더라도 이사의 자격을 상실하는 것은 아니다.

회사는 정당한 사유가 있거나 없거나 언제든지 이사회의 결의로 대표이사를 해임할 수 있다. 정관으로 주주총회에서 대표이사를 선임하도록 한 경우에는 주주총회의 결의로 대표이사로 해임할 수 있다.

대표이사의 임기를 정한 경우에 회사가 정당한 사유없이 그 임기만료 전에 대표이사를 해임한 때에도 그 대표이사는 회사에 대하여 해임으로 인한 손해배상을 청구할 수 있는가? 학설은 긍정하는 견해도 있으나 판례는 상법 제385조 1항 단서는 주주의 지배권 확보와 경영자의 지위 안정을 목적으로 한 규정이므로 이를 부정하고 있다(대법원 2004.12.10 선고 2004다25123 판결).

대표이사는 언제든지 그 직을 사임할 수 있다. 다만 회사가 불리한 시기에 사임하여 회사에 손해가 발생한 때에는 이를 배상하여야 한다(민법 689조 2항).

법률 또는 정관에 정한 대표이사의 원수(員數)를 결한 경우에는 임기의 만료 또는 사임으로 인하여 퇴임한 대표이사는 새로 선임된 대표이사가 취임할 때까지 대표이사의 권리의무가 있다(상389조 3항; 386조 1항 준용). 필요한 때에는 일시 대표이사의 직무를 행할 자의 선임을 법원에 청구할 수 있다(상389조 3항; 386조 1항 준용).

3. 대표이사의 권한

(1) 업무집행권

상법 제209조(합명회사 대표사원)의 규정은 대표이사에 준용한다(상389조 3항). 즉 대표이사는 업무집행권을 갖는다. 그 범위는 ① 이사회로부터 일반적(이사회 규칙으로)·개별적(특정 사안 결의로) 위임받은 사항과 ② 일상업무이다.

(2) 대표권

1) 내용 및 범위

대표이사는 회사의 영업에 관하여 재판상·재판 외의 모든 행위를 할 권한이 있다. 회사의 권리능력은 대표이사의 행위를 통하여 인정되므로 결국 대표이사의 대표권은 회사의 권리능력의 범위와 일치하게 된다. 대표행위의 효력은 사실행위나 불법행위에도 미친다는 점에서 대리와 구별된다.

2) 대표권의 행사방법

대표이사가 수인 있는 경우에도 수인의 대표이사는 원칙적으로 각자 독립하여 회사를 대표한다(각자대표).

회사는 대표권의 남용을 방지하기 위하여 이사회(또는 주주총회)의 결의로써 예외적으로 수인의 대표이사가 공동으로 회사를 대표하도록 정할 수 있다(공동대표)(상389조 2항). 공동대표이사가 상대방으로부터 의사표시를 수령하는 경우(수동대표)에는 공동대표이사 중의 1인이 하면 그 효력이 생긴다(상389조 3항; 208조 2항 준용).

(3) 대표권의 제한

1) 회사와 이사 간의 소송

회사가 이사에 대하여 또는 이사가 회사에 대하여 소를 제기하는 경우에 감사는 그 소에 관하여 회사를 대표한다. 회사가 대표소송의 청구를 받는 경우에도 회사를 대표한다(상394조 1항). 이것은 소송의 공정한 수행을 위한 것으로서 강행규정이다. 다만, 이미 이사의 자리를 떠나 이사가 아닌 사람을 상대로 회사가 제소하는 경우에는 감사의 회사 대표성을 정한 제394조 1항은 적용되지 않는다(판례).

감사위원회의 위원이 소의 당사자인 경우에는 감사위원회 또는 이사는 법원에 회사를 대표할 자를 선임하여 줄 것을 신청하여야 한다(상394조 2항).

2) 법률상 선행절차의 요구시

영업양도, 사후설립, 신주발행이나 사채발행 등과 같이 대표이사의 행위가 이사회결의 또는 주주총회결의와 같은 일정한 선행절차를 밟도록 요구하는 경우에는 그 결의를 얻어서 대표행위를 하여야 한다.

(4) 부적법한 대표행위의 효력

1) 대표이사의 불법행위

대표이사가 그 업무집행으로 인하여 타인에게 손해를 가한 때에는 회사와 그 대표이사는 연대하여(부진정연대채무) 그 손해를 배상할 책임이 있다(상389조 3항; 210조 준용).

2) 대표권 남용행위

외관상으로는 대표이사의 권한 내의 적법한 행위이지만 주관적으로는 자기 또는 제3자의 이익을 위하여 행하는 행위로서 회사에 손실을 끼치는 것을 말한다. 외관상 적법한 행위임을 요하므로 내부적으로 가해진 대표이사의 제한을 초과하거나 법률상 필요한 절차를 거치지 않은 경우에는 위법한 행위로서 대표권 남용이 아니다. 즉 적법한 행위이지만 주관적 목적이 결여된 경우에만 대표권 남용이 된다. 대표이사의 대표권 남용행위의 예로 회사의 대표이사가 개인채무에 대하여 회사 명의의

차용증을 작성하여 준 것을 들 수 있다.

대표이사의 대표권 남용행위는 원칙적으로 유효하고 상대방이 악의·중과실인 경우에는 책임을 진다(통설, 판례). 결론적으로 대리권 남용과 동일한 결과가 된다.

3) 이사회결의 없는 독단적 대표행위

이사회결의 하자로 연결된다. 따라서 주식회사의 대표이사가 이사회의 결의를 거쳐야 할 대외적 거래행위에 관하여 이를 거치지 아니한 경우 이와 같은 이사회 결의사항은 회사의 내부적 의사결정에 불과하다 할 것이므로, 그 거래상대방이 그와 같은 이사회결의가 없었음을 알았거나 알 수 있었을 경우가 아니라면 그 거래행위는 유효하다고 본다. 이 경우 거래의 상대방이 이사회의 결의가 없었음을 알았거나 알 수 있었음은 이를 주장하는 회사 측이 주장·입증하여야 한다(판례).

4. 표현대표이사(表見代表理事)에 대한 회사의 책임

(1) 의의

사장, 부사장, 전무, 상무 기타 회사를 대표할 권한이 있는 것으로 인정될 만한 명칭을 사용한 이사의 행위에 대하여는 그 이사가 회사를 대표할 권한이 없는 경우에도 회사는 선의의 제3자에 대하여 그 책임을 진다(상395조).

법규정의 취지는 회사의 대표이사가 아닌 이사가 외관상 회사의 대표권이 있는 것으로 인정될 만한 명칭을 사용하여 거래행위를 하고, 이러한 외관이 생겨난 데에 관하여 회사에 귀책사유가 있는 경우에 그 외관을 믿은 선의의 제3자를 보호함으로써 상거래의 신뢰와 안전을 도모하려는 데에 있다(판례).

(2) 요건

1) 외관의 존재 : "대표권이 있는 것으로 보이는 명칭" 사용한 거래

① 사장, 부사장 등은 예시적이다.

② 이사의 행위이어야만 하는가가 문제된다. 반드시 이사의 자격을 요하는 것은 아니고 사용인도 가능하다는 것이 통설·판례이다. 예컨대 지배인이 상무로 칭하고 대표행위시에는 표현대표이사가 된다.

③ "이사"에는 공동대표이사가 단지 대표이사로만 명칭을 사용한 경우에도 성립

을 인정함이 통설·판례이다. 즉 "회사가 공동으로만 회사를 대표할 수 있는 공동대표이사에게 대표이사라는 명칭의 사용을 용인 내지 방임한 경우에는 회사가 이사자격이 없는 자에게 표현대표이사의 명칭을 사용하게 한 경우이거나 이사자격 없이 그 명칭을 사용하는 것을 알고서도 용인상태에 둔 경우와 마찬가지로, 회사는 상법 제395조에 의한 표현책임을 면할 수 없다"(판례). 이에 대하여 공동대표이사제도 취지가 몰각된다는 견해도 있다.

④ 표현대표이사가 자기의 명칭을 사용하지 아니하고 대표이사의 명칭을 사용하여 행위를 한 경우에도 적용된다. 이 경우 상대방의 악의 또는 중대한 과실은 표현대표이사의 대표권이 아니라 대표이사를 대리하여 행위를 할 권한이 있는지에 관한 것이다(대법원 2003.7.22. 선고 2002다40432 판결; 대법원 2011.3.10. 선고 2010다100339 판결; 대법원 2013.7.11. 선고 2013다16473 판결).

2) 외관부여 : 사용허락

① 사용허락의 주체는 대표이사가 통상적이나 이사회결의로 명칭사용을 허락한 경우도 포함된다. 진정한 대표이사가 표현대표를 허용하거나 이사 전원이 아닐지라도 적어도 이사회의 결의의 성립을 위하여 회사의 정관에서 정한 이사의 수, 그와 같은 정관의 규정이 없다면 최소한 이사 정원의 과반수의 이사가 적극적 또는 묵시적으로 표현대표를 허용한 경우라면 회사에게 귀책사유가 있다고 인정할 수 있다(대법원 1992.9.22. 선고 91다5365 판결; 대법원 2013.9.26. 선고 2011다870 판결).

② 사용허락은 묵시적인 것도 포함된다. 회사의 명칭사용 승인 없이 임의로 명칭을 참칭한 자의 행위에 대하여는 비록 그 명칭사용을 알지 못하고 제지하지 못한 점에 있어 회사에 과실이 있더라도 그 회사의 책임은 없다.

즉 "상법 제395조에 의하여 표현대표자의 행위에 대하여 회사가 책임을 지는 것은 회사가 표현대표자의 명칭 사용을 명시적으로나 묵시적으로 승인할 경우에만 한하는 것이고 회사의 명칭사용 승인 없이 임의로 명칭을 참칭한 자의 행위에 대하여는 비록 그 명칭사용을 알지 못하고 제지하지 못한 점에 있어서 회사에게 과실이 있다고 할지라도 그 회사의 책임으로 돌려 선의의 제3자에 대하여 책임을 지게 하는 취지가 아니다"(판례).

③ 대표이사 선임하지 않고 선임등기만이 행해진 경우 그러한 자의 대표행위는 사용허락으로 볼 수 있는가? (부실등기에 관한 상법 제39조와의 관계)

i) 대표이사의 고의・과실에 의한 등기를 한 때 : 사용허락 여부의 문의 없이 부실등기에 관한 제39조에 의하여 책임을 부담한다. 따라서 회사가 대표 명의 사용을 묵인한 경우 제3자가 이를 입증하면 제395조 책임부담이 가능하다(판례). 다만 제39조에 의해 이미 보호받고 있으므로 제395조를 적용할 실익이 없다.

ii) 대표이사 아닌 이사가 위조하여 대표이사 변경등기를 한 경우 : 제39조의 고의・과실 판단기준은 대표이사이다. 따라서 제39조의 적용이 부정되며, 제395조의 적용이 문제된다.

④ 주주총회 결의 하자로 소급효가 적용되는 경우(=그 결과 이사 선임이 무효로 되는 경우), 사실상 이사・대표이사의 거래행위는 회사의 귀책사유가 있으면 적용되는가? 적용된다고 본다.

3) 외관의 신뢰

① 선의의 제3자에 대하여는 무권대표행위도 유권대표행위로 의제되어 회사가 책임을 부담하는데, 과실선의자를 포함하며 이때의 제3자는 거래상대방 이외의 신뢰한 제3자를 모두 포함한다(통설). 상대방에게 중과실이 있으면 회사의 책임은 없다.

상대방에게 중과실이 있는지 여부의 판단에 있어서는 주의할 것이 있다. 각 명칭에 대하여 거래통념상 제3자가 가질 수 있는 신뢰의 정도는 회사의 규모 등에 따라 다를 수 있다는 점이다. 즉 상법 제395조가 표현대표이사의 명칭으로 사장, 부사장, 전무, 상무 등의 명칭을 나란히 예시하고 있다 하더라도 그 각 명칭에 대하여 거래통념상 제3자가 가질 수 있는 신뢰의 정도는 한결같다고 할 수 없으므로 위와 같은 각 명칭에 대하여 제3자가 그 명칭을 사용한 이사가 회사를 대표할 권한이 있다고 믿었는지 여부, 그와 같이 믿음에 있어서 중과실이 있는지 여부 등은 거래통념에 비추어 개별적・구체적으로 결정하여야 할 것이다. 특히 규모가 큰 주식회사에 있어서 "대표이사 전무" 또는 "대표이사 상무" 등의 명칭을 사용하지 아니하고, 단지 "전무이사" 또는 "상무이사" 등의 명칭을 사용하는 이사에 대하여는 제3자가 악의라거나 중과실이 있다는 회사 측의 항변을 배척함에 있어서는 구체적인 당해 거래의 당사자와 거래내용 등에 관하여 신중한 심리를 필요로 하고, 함부로 그 항변을 배척하여서는 아니된다.

따라서 금융기관 임직원이 상장회사의 전무이사/주택사업본부장에게 회사를 대표하여 백지어음에 배서할 권한이 있다고 믿었다면 중과실이 있으므로 회사의 금융기관에 대한 책임이 인정되지 않는다(판례).

② 상법 제395조 소정의 "선의"란 표현대표이사가 대표권이 없음을 알지 못한 것을 말하는 것이지 반드시 형식상 대표이사가 아니라는 것을 알지 못한 것에 한정할 필요는 없다(판례).

③ 대표이사는 등기사항이므로 등기가 되면 선의의 제3자에게도 대항한다는 제37조와 모순되는 결과를 인정하는 본조의 관계를 어떻게 볼 것인가 문제된다. 예외규정이라는 견해도 있으나 다수설과 판례는 서로 차원(법익)을 달리한다는 이차원설(異次元說)을 취한다.

4) 거래행위

① 이사의 행위는 법률행위만을 뜻하므로 불법행위나 재판상 행위에는 적용 없다.

② 회사가 책임을 져야 할 표현대표이사의 행위는 대외적 행위에 국한한다.

③ 표현대표행위가 아니고 진정한 대표자명의로 무권대행(=위조)을 한 경우도 포함되는지 여부가 문제된다. 판례는 적용을 긍정한다. 적용을 부정하고 민법의 표현대리를 적용하자는 견해도 있다.

Ⅳ. 이사의 의무

1. 이사의 충실의무

회사와 이사의 관계에 대하여는 위임에 관한 규정이 준용되므로 이사는 회사의 업무를 집행함에 있어서 선관주의 의무를 부담한다. 이하에서 설명하는 경업피지의무나 이사의 자기거래제한 등은 이러한 선관주의의무의 구체화된 형태라고 볼 수 있다. 그런데 상법은 이사의 충실의무를 따로 규정하고 있으므로(상382조의3) 선관주의 의무와의 관계가 문제된다. 대부분의 학설은 이 규정을 선관주의의무를 부연 설명하는 데 그치고 이사에게 새로운 의미를 부여한 것은 아니라고 해석한다.

2. 정관 등의 비치, 공시의무

(1) 비치장부 및 비치장소

이사는 회사의 정관·주주총회의 의사록을 본점과 지점에, 주주명부·사채원부를 본점에 비치하여야 한다. 이 경우 명의개서대리인을 둔 때에는 주주명부나 사채원부 또는 그 복본을 명의개서대리인의 영업소에 비치할 수 있다(상396조 1항).

(2) 주주 등의 열람청구

주주와 회사채권자는 영업시간 내에 언제든지 서류의 열람 또는 등사를 청구할 수 있다(상396조 2항). 이는 주주가 주주권을 효과적으로 행사할 수 있게 함으로써 주주를 보호함과 동시에 회사의 이익을 보호하려는 데에 그 목적이 있다. 그와 함께 소수주주들로 하여금 다른 주주들과의 주주권 공동행사나 의결권 대리행사 권유 등을 할 수 있게 하여 지배주주의 주주권 남용을 방지하는 기능도 담당한다.

주주 또는 회사채권자가 상법 제396조 제2항에 의하여 주주명부 등의 열람·등사청구를 한 경우 회사는 그 청구에 정당한 목적이 없는 등의 특별한 사정이 없는 한 이를 거절할 수 없고, 이 경우 정당한 목적이 없다는 점에 관한 증명책임은 회사가 부담한다(대법원 2017.11.9. 선고 2015다235841 판결).

3. 이사의 경업피지의무

(1) 경업금지의 내용

이사는 **이사회의 승인**이 없으면 자기 또는 제3자의 계산으로 **회사의 영업부류에 속한 거래**를 하거나 **동종영업을 목적으로 하는 다른 회사의 무한책임사원이나 이사**가 되지 못한다(상397조 1항).

이 규정의 취지는 이사가 그 지위를 이용하여 자신의 개인적 이익을 추구함으로써 회사의 이익을 침해할 우려가 큰 경업을 금지하여 이사로 하여금 선량한 관리자의 주의로써 회사를 유효적절하게 운영하여 그 직무를 충실하게 수행하여야 할 의무를 다하도록 하려는 데 있다.

이사는 경업대상 회사의 이사, 대표이사가 되는 경우뿐만 아니라 그 회사의 지배주주가 되어 그 회사의 의사결정과 업무집행에 관여할 수 있게 되는 경우에도 자신이 속한 회사 이사회의 승인을 얻어야 한다(대법원 2018.10.25. 선고 2016다16191 판결). 경업의 대상이 되는 회사가 영업을 개시하지 못한 채 공장의 부지를 매수하는 등 영업의 준비작업을 추진하고 있는 단계에 있다 하여 위 규정에서 말하는 “동종영업을 목적으로 하는 다른 회사”가 아니라고 볼 수는 없다(대법원 1993.4.9. 선고 92다53583 판결).

(2) 경업금지위반의 효과

1) 회사의 개입권 행사

이사가 경업금지규정에 위반하여 거래를 한 경우에 회사는 이사회의 결의로 그 이사의 거래가 자기의 계산으로 한 것인 때에는 이를 회사의 계산으로 한 것으로 볼 수 있고 제3자의 계산으로 한 것인 때에는 그 이사에 대하여 이로 인한 이득의 양도를 청구할 수 있다(상397조 2항).

2) 개입권 행사기간

회사의 개입권은 거래가 있은 날로부터 **1년**을 경과하면 소멸한다(상397조 3항).

4. 회사의 기회 및 자산의 유용금지

이사는 이사회의 승인 없이 현재 또는 장래에 회사의 이익이 될 수 있는 ① 직무를 수행하는 과정에서 알게 되거나 회사의 정보를 이용한 사업기회, ② 회사가 수행하고 있거나 수행할 사업과 밀접한 관계가 있는 사업기회의 어느 하나에 해당하는 회사의 사업기회를 자기 또는 제3자의 이익을 위하여 이용하여서는 아니 된다. 이 경우 이사회의 승인은 이사 3분의 2 이상의 수로써 하여야 한다(상397조의2 1항). 이를 위반하여 회사에 손해를 발생시킨 이사 및 승인한 이사는 연대하여 손해를 배상할 책임이 있으며 이로 인하여 이사 또는 제3자가 얻은 이익은 손해로 추정한다(상397조의2 2항). 이러한 회사 기회 및 자산 유용금지의무는 충실의무의 한 예시규정으로, 2011년 상법개정시 회사경영의 투명성을 높이기 위해 도입된 것이다.

5. 회사와의 자기거래제한 의무

(1) 의의

① 이사뿐만 아니라 주요 주주, ② 이들의 배우자 및 직계존비속, ③ 배우자의 직계존비속, ④ ①~③의 자가 단독 또는 공동으로 의결권 있는 발행주식총수의 100분의 50 이상을 가진 회사 및 그 자회사, ⑤ ①~③의 자가 ④의 회사와 합하여 의결권 있는 발행주식총수의 100분의 50 이상을 가진 회사의 어느 하나에 해당하는 자가 자기 또는 제3자의 계산으로 회사와 거래를 하기 위하여는 미리 이사회에서 해당 거래에 관한 중요사실을 밝히고 이사회의 승인을 받아야 한다. 이 경우 이사회의 승인은 이사 3분의 2 이상의 수로써 하여야 하고, 그 거래의 내용과 절차는 공정하여야 한다(상398조).

종전 이사의 자기거래 제한규정이 있었지만 2011년 상법개정으로 이사 이외의 자의 경우도 회사와 자기거래가 제한되고, 사전승인시 이사회 특별결의를 요한다는 점에서 이사의 자기거래 승인요건이 강화되었다고 할 수 있다.

(2) 이사의 범위 등

1) 이사의 범위

거래당시의 이사 또는 그에 준하는 직무대행자, 청산인을 의미한다. 따라서 거래당시 이사직위를 떠난 자(퇴임이사) 또는 사실상의 이사는 제외된다(판례).

2) 이사회의 승인

① 승인은 사전에 개별적으로 받아야 한다. 반복적인 동종거래는 포괄승인이 가능하다. 한편 사후승인도 가능하다는 판례도 있다(대법원 2007.5.10. 선고 2005다4284 판결).

② 1인주주인 이사와 회사 간에는 필요하지 않다는 것이 판례이다.

③ 승인은 거래의 유효요건일 뿐이므로 이사의 책임이 면제되는 것은 아니다.

④ 이사가 1인인 소규모주식회사는 주주총회의 승인을 요한다.

⑤ 총주주의 동의가 있는 경우에는 이사회의 승인을 얻을 필요가 없다.

3) 위반시의 효력

승인이 있는 때에 한하여 거래할 수 있으므로 위반시 효력이 문제된다. 선의 제3

자에 대항하지 못한다는 상대적 무효설이 통설·판례이다. 이 경우 이사는 법령위반(상399조)에 해당하므로 손해배상책임을 지며, 이는 총주주 동의로 면제할 수 있다.

회사가 대표이사의 자기거래행위가 이사회 승인을 얻지 못하여 무효임을 제3자에게 주장하려면 이사회 승인을 얻지 못한 사실 외에 제3자가 이사회 승인이 없었음을 알았거나 이를 알지 못한 데 중대한 과실이 있다는 사실을 증명하여야 한다(대법원 2014.6.26. 선고 2012다73530 판결).

4) "계산으로"

회사의 계산으로 거래를 하지 못하므로 누구의 명의로 거래를 하더라도 관계없다.

5) 거래의 범위

① 회사와 이사 간의 이해가 충돌하는 거래를 의미한다. 따라서 약관에 의한 거래, 채무의 이행, 회사에 유리한 거래는 제외된다.
② 직접거래, 간접거래(회사가 이사의 채무인수시) 모두 포함된다.
③ 갑·을 회사의 쌍방대리형태도 가능하다는 것이 판례이다.
④ 어음행위도 포함된다는 것이 통설·판례이다.

V. 이사의 책임

1. 회사에 대한 책임

(1) 책임발생의 원인

이사가 고의 또는 과실로 법령 또는 정관에 위반한 행위를 하거나 그 임무를 게을리한 경우에는 그 이사는 회사에 대하여 연대하여 손해를 배상할 책임이 있다(상399조 1항). 통설과 판례는 본조에 의한 이사의 책임을 위임계약의 불이행으로 인한 책임, 즉 채무불이행책임으로 보고 있으므로 그 책임의 소멸시효는 10년이다.

법령과 정관에 위반한 행위에 대해 무과실책임인지 여부가 다툼이 있었으나,

2011년 법개정으로 과실책임이라는 것을 분명히 하였다. 다만 법령과 정관에 위반한 행위의 경우 대부분 고의나 과실에 기인하여 행해지므로 법령이나 정관에 위반한 행위를 한 이사에게 무과실의 입증책임이 있다고 본다.

임무해태는 통상 선량한 관리자의 주의의무를 위반하는 것이므로 법령이나 정관의 개별규정에 위반하지 않더라도 인정되는 경우가 많이 있다. 예컨대 이사회의 승인을 얻어 거래하였으나 거래가 불공정하여 회사에 손해가 생겼다면 법령이나 정관위반 행위는 아니지만 임무해태 행위에는 해당할 수 있다.

대표이사는 이사회의 구성원으로서 다른 대표이사를 비롯한 업무담당이사의 전반적인 업무집행을 감시할 권한과 책임이 있으므로 다른 대표이사나 업무담당이사의 업무집행이 위법하다고 의심할 만한 사유가 있음에도 악의 또는 중대한 과실로 인하여 감시의무를 위반하여 이를 방치한 때에는 그로 말미암아 제3자가 입은 손해에 대하여 배상책임을 면할 수 없다(판례).

(2) 이사회결의에 의한 책임발생시의 특칙

법령이나 정관위반 행위 또는 임무해태 행위가 이사회의 결의에 의한 것인 때에는 그 결의에 찬성한 이사도 책임이 있다(상399조 2항). 이와 같이 해석하는 이유는 이사의 의결권 행사도 주의의무가 미치는 직무수행 행위이기 때문이다. 결의에 찬성한 이사가 책임을 지는 것은 결의사항 자체가 법령이나 정관에 위반하거나 임무해태로 볼 수 있는 경우에 한한다. 그 **결의에 참가한 이사로서 이의를 한 기재가 의사록에 없는 자는 그 결의에 찬성한 것으로 추정한다**(상399조 3항). 따라서 책임을 면하고자 하는 이사는 결의에 참가하지 않은 사실 또는 반대한 사실을 입증할 필요가 있다.

판례에서는 이사가 이사회에 출석하여 결의에 기권하였다고 의사록에 기재된 경우 상법 제399조 제3항에 따라 이사회 결의에 찬성한 것으로 추정할 수 없다고 판단한 바 있다(대법원 2019.5.16. 선고 2016다260455 판결). 이 판례에서는 카지노사업자인 갑주식회사의 이사회에서 주주 중 1인인 을지방자치단체에 대한 기부행위를 결의하였는데, 갑회사가 이사회결의에 찬성한 이사인 병 등을 상대로 상법 제399조에 따른 손해배상을 구한 사안에서, 제반 사정에 비추어 병 등이 위 결의에 찬성한 것은 이사의 선량한 관리자로서의 주의의무에 위배되는 행위에 해당한다고 본 원심판단을 수긍하였다.

(3) 책임의 감면요건

이사의 회사에 대한 책임은 **주주 전원의 동의로 면제할 수 있다**(상400조 1항). 총주주에는 무의결권주주가 포함되며 동의는 묵시적으로도 가능하다. 다만 이사의 임무해태가 동시에 불법행위의 요건을 충족할 경우 총주주의 동의로 책임을 면제하더라도 이는 상법 399조의 책임을 면제하는 것이고, 불법행위책임을 면제하려면 별개로 채무면제절차를 밟아야 한다(판례). 이 경우 어느 하나의 책임을 묻는 소의 제기는 다른 책임의 시효를 중단하는 효력이 없다(판례).

그리고 법령을 위반한 행위에 대하여는 원칙적으로 경영판단의 원칙이 적용되지 않는다(판례). 그 이외에 경영판단의 원칙에 의해 이사의 회사에 대한 책임이 면제될 수 있는 경우가 있을 수는 있다. 판례에 따르면, "금융기관의 이사가 대출 관련 임무를 수행함에 있어 필요한 정보를 충분히 수집·조사하고 검토하는 절차를 거친 다음 이를 근거로 금융기관의 최대 이익에 부합한다고 합리적으로 신뢰하고 신의성실에 따라 경영상의 판단을 내렸고, 그 내용이 현저히 불합리하지 아니하여 이사로서 통상 선택할 수 있는 범위 안에 있는 것이라면, 비록 사후에 회사가 손해를 입게 되는 결과가 발생하였다고 하더라도 그로 인하여 이사가 회사에 대하여 손해배상책임을 부담한다고 할 수 없다"고 보고 있다(판례).

유능한 경영인을 쉽게 영입하고 이사의 진취적 경영을 활성화하기 위해 2011년 상법개정시 회사에 대한 이사의 책임이 이사의 최근 1년간의 보수액의 6배(사외이사는 3배) 이내로 제한되고, 이를 초과하는 금액에 대하여는 면제될 수 있게 되었다(상400조 2항 본문). 다만 고의 또는 중대한 과실로 회사에 손해를 발생시킨 경우 경업금지의무, 회사의 기회 및 자산유용금지의무, 회사와의 거래제한의무 등 위반의 경우에는 그러하지 아니하다(상400조 2항 단서).

2. 제3자에 대한 책임

(1) 책임발생 원인

이사가 고의 또는 중대한 과실로 인하여 그 임무를 게을리 한 때에는 그 이사는 제3자에 대하여 연대하여 손해를 배상할 책임이 있다(상401조 1항).

① 임무해태는 위법한 것이어야 한다. 즉 단순히 통상의 거래행위로 인하여 부담하는 회사의 채무를 이행하지 않는 것만으로는 고의 또는 중대한 과실로 그

임무를 해태한 것이라고 할 수 없지만, 이사의 직무상 충실 및 선관의무 위반의 행위로서 위법성이 있는 경우에는 고의 또는 중대한 과실로 그 임무를 해태한 경우에 해당한다(판례).

② 제3자에는 주주도 포함된다(통설).

③ 손해의 범위에 대하여, 다수설은 직·간접손해 모두를 포함하는 것으로 해석하지만, 판례는 직접손해에 한정한다. 예컨대 대표이사의 횡령으로 회사재산이 감소하고 그 결과 주주 이익이 침해된 것과 같은 간접손해는 포함되지 않는다(판례). 한편 회사의 재산을 횡령한 이사가 악의 또는 중대한 과실로 부실공시를 하여 재무구조의 악화 사실이 증권시장에 알려지지 아니함으로써 회사 발행주식의 주가가 정상주가보다 높게 형성되고, 주식매수인이 그러한 사실을 알지 못한 채 주식을 취득하였다가 그 후 그 사실이 증권시장에 공표되어 주가가 하락한 경우에는 주주는 이사의 부실공시로 인하여 정상주가보다 높은 가격에 주식을 매수하였다가 주가가 하락함으로써 직접 손해를 입은 것이므로 이사에 대하여 상법 제401조 제1항에 의하여 손해배상을 청구할 수 있다(대법원 2012.12.13. 선고 2010다77743 판결).

④ 지배주주가 이사를 겸하고 지배주주의 개인사업처럼 운영되는 소규모의 회사에서 회사재산의 부족으로 채권자가 채권을 회수하지 못하는 경우 본조에 의하여 채권자는 이사인 지배주주의 개인재산에까지 책임재산을 확대할 수 있으므로 이사의 제3자에 대한 책임이 법인격부인의 대체적 기능을 할 수 있다는 점이 최근 강조되고 있다.

(2) 책임발생원인이 이사회인 경우의 특례

이사의 책임이 이사회의 결의에 의한 행위로 인한 것이면 결의에 찬성한 이사도 연대하여 책임을 지며 의사록에 이의를 한 기재가 없는 때에는 찬성한 것으로 추정한다(상401조 2항).

(3) 책임의 성질

이사와 제3자는 직접적인 법률관계가 없는데 손해배상책임을 인정하므로 그 근거에 대하여 법정책임설(통설), 불법행위책임특칙설 등의 견해가 있다. 통설에 의하면 법정책임이므로 민법상 불법행위책임도 추궁할 수 있다. 제3자에 대한 것이므로 총주주 동의에 의한 면제는 인정되지 않는다.

판례는 상법 제401조에 의한 이사의 제3자에 대한 손해배상채무의 소멸시효기간을 10년으로 보고 있다(판례). "상법 제401조에 의한 이사의 제3자에 대한 손해배상책임이 제3자를 보호하기 위하여 상법이 인정하는 특수한 책임이라는 점을 감안할 때 일반 불법행위책임의 단기소멸시효를 규정한 민법 제766조 제1항은 적용될 여지가 없고, 달리 별도로 시효를 정한 규정이 없는 이상 일반 채권으로서 민법 제162조 제1항에 따라 그 소멸시효기간은 10년이라고 봄이 상당하다"고 보고 있다. 판례는 「주식회사의 외부감사에 관한 법률」 제17조 제7항이 정하는 단기소멸시효 적용도 부정하고 있다(판례).

3. 업무집행지시자등(=사실상 이사)의 책임

(1) 의의

법률상 이사가 아니더라도 이사로 간주함으로써 재벌총수 등 사실상 경영자에 대한 책임추궁 수단이다. 독일·영국의 제도를 도입한 것이다.

(2) 사실상 이사의 범위

① 회사에 대한 자신의 영향력을 이용하여 이사에게 업무집행을 지시한 자(=업무집행지시자), ② 이사의 이름으로 직접 업무를 집행한 자(=무권대행자), ③ 이사가 아니면서 명예회장·회장·사장·부사장·전무·상무·이사 기타 회사의 업무를 집행할 권한이 있는 것으로 인정될 만한 명칭을 사용하여 회사의 업무를 집행한 자(=표현이사)는 그 지시하거나 집행한 업무에 관하여 이사의 회사에 대한 책임·제3자에 대한 책임 및 주주의 대표소송의 적용에 있어서 이를 이사로 본다(상401조의2 1항).

사실상 이사에 대한 책임을 추궁하는 것이므로 업무집행지시자 등은 법률상 이사가 아님이 전제된다. 업무집행지시자의 경우에는 회사에 대한 영향력을 이용한다는 점이 주요한 징표이다. 무권대행자는 영향력을 이용하여 직접 업무를 집행한 경우를, 표현이사의 경우는 그 명칭 자체가 영향력이 있는 경우를 규정한 것이다. 표현이사는 직명 자체에 업무집행권이 표상되어 있기 때문에 그에 더하여 회사에 대해 영향력을 가진 자일 것까지 요건으로 하고 있는 것은 아니다. 업무집행지시자와 무권대행자는 회사에 대해 영향력을 가진 자를 전제로 하는 것과 대비된다.

(3) 이사와 사실상 이사의 연대책임

회사 또는 제3자에 대하여 손해를 배상할 책임이 있는 이사는 사실상의 이사와 연대하여 그 책임을 진다(상401조의2 2항). 업무집행지시자의 지시로 업무를 집행한 이사와 사실상의 이사는 연대하여 책임을 진다는 취지이다.

Ⅵ. 이사의 업무집행에 관한 주주의 통제수단

1. 위법행위유지청구권

이사가 법령 또는 정관에 위반한 행위를 하여 이로 인하여 회사에 회복할 수 없는 손해가 생길 염려가 있는 경우에는 감사 또는 발행주식의 총수의 100분의 1 이상에 해당하는 주식을 가진 주주는 회사를 위하여 이사에 대하여 그 행위를 유지(留止)할 것을 청구할 수 있다(상402조).

위법행위유지청구권은 원래 영미법상의 제도인데, 이사가 ① 법령 또는 정관에 위반한 행위를 하고, ② 이로 인해 회사에 회복할 수 없는 손해가 생길 염려가 있는 경우에, ③ 감사(사유 있으면 필요적) 또는 1% 이상의 소수주주가, ④ 이사에 대하여, ⑤ 사전에 행위의 유지를 청구하는 제도이다.

이것은, ① 회사가, ② 법령 또는 정관에 위반하여, ③ 현저하게 불공정한 신주를 발행하는 경우, ④ 단독주주가, ⑤ 사전에, ⑥ 회사에 대하여 청구하는 신주발행유지청구권과 비교된다.

2. 대표소송

(1) 의의 및 청구권자

발행주식의 총수의 100분의 1 이상에 해당하는 주식을 가진 주주는 회사에 대하여 이사의 책임을 추궁할 소의 제기를 청구할 수 있다(상403조 1항).

대표소송이란, ① 1% 이상(무의결권주 포함)의 소수주주가, ② 회사에 대하여, ③ 이사(퇴임이사와 사실상의 이사를 포함하며, 퇴임이사의 책임을 묻는 경우에는 감사가 아닌 대표이사가 회사를 대표한다)의, ④ 책임(이사가 회사에 대하여 부담하는 모든 책임을 말한다)을 추궁할 소의 제기를, ⑤ 그 이유를 기재한 서면으로 청구하는 것이다.

다만, 파산절차가 진행 중인 회사의 주주가 회사의 이사 또는 감사를 상대로 대표소송을 제기할 수는 없다(판례). 파산절차에 있어서 회사의 재산을 관리·처분하는 권리는 파산관재인에게 속하며, 따라서 이사 또는 감사에 대한 책임을 추궁하는 소에 있어서도 이를 제기할 것인지의 여부는 파산관재인의 판단에 위임되어 있다고 해석해야 하기 때문이다. 주주가 회사에 대하여 책임추궁의 소의 제기를 청구하였지만 회사가 소를 제기하지 않고 있는 사이에 회사에 대하여 파산선고가 있은 경우에도 마찬가지이다(판례).

(2) 청구방법

이사의 책임을 추궁할 소의 제기 청구는 그 이유를 기재한 서면으로 하여야 한다(상403조 2항). 회사가 이사를 상대로 하는 소송은 감사가 대표하므로 청구는 감사에게 하여야 한다.

(3) 회사에 대한 제소청구 없이 제소가 가능한 경우

회사가 제소의 청구를 받은 날로부터 30일 내에 소를 제기하지 아니한 때에는 소수주주는 즉시 회사를 위하여 소를 제기할 수 있다(상403조 3항). **30일의 경과로 인하여 회사에 회복할 수 없는 손해가 생길 염려가 있는 경우에는 소수주주는 즉시 소를 제기할 수 있다**(상403조 4항). 회복할 수 없는 손해라 함은 시효가 완성하거나 이사가 도피하거나 재산을 처분하려 하는 등 법률상 또는 사실상 이사에 대한 책임추궁이 불가능 또는 무익해질 염려가 있는 경우를 말한다.

(4) 보유주식이 감소한 경우의 제소의 효력과 이중대표소송

소를 제기한 주주의 보유주식이 제소 후 발행주식총수의 100분의 1 미만으로 감소한 경우(발행주식을 보유하지 아니하게 된 경우를 제외한다)에도 제소의 효력에는 영향이 없다(상403조 5항). 제소 당시에 소수주주의 요건을 충족하였기 때문에 주식을 전혀 보유하지 않는 경우가 아닌 한 제소의 효력에는 영향이 없다.

대표소송을 제기한 주주가 소송의 계속 중에 주식을 전혀 보유하지 아니하게 되어 주주의 지위를 상실하면 특별한 사정이 없는 한 그 주주는 원고적격을 상실하여 그가 제기한 소는 부적법하게 되고(상403조 5항), 이는 그 주주가 자신의 의사에 반하여 주주의 지위를 상실하였다 하여 달리 볼 것은 아니다(대법원 2018.11.29. 선고 2017다35717 판결). 甲은행 발행주식의 약 0.013%를 보유한 주주인 乙 등이 대표소송을 제기한 후 소송 계속 중 甲은행과 丙주식회사가 주식교환을 완료하여 丙회사가 甲은행의 100% 주주가 되고 乙은 甲은행의 주주로서의 지위를 상실한 사안에서, 판례는 대표소송 제기 후 甲은행의 주식을 전혀 보유하지 않게 된 乙은 원고적격을 상실하였다고 보았다.

한편 자회사의 이사의 임무해태로 자회사에 손해가 발생한 경우 모회사의 주주가 자회사의 이사를 상대로 하여 대표소송을 제기할 수 있는지 문제될 수 있다. 이러한 경우를 이중대표소송(二重代表訴訟)이라고 한다. 판례는 원고적격을 부정하였다(대법원 2004.9.23 선고 2003다49221 판결).

(5) 제소주주 및 회사의 소취하 등 소송행위 제한

대표소송을 제기한 경우 당사자는 법원의 허가를 얻지 아니하고는 소의 취하, 청구의 포기·인낙, 화해를 할 수 없다(상403조 6항). 소수주주의 청구에 따라 회사가 소를 제기한 경우나 소수주주가 소를 제기한 경우 모두 마찬가지이다. 소수주주는 공익을 위하여 제소한 것이므로 당사자처분권주의가 제한된다. 다만 청구의 인낙은 이사가 하는 것으로서 금할 이유가 없고 따라서 입법의 착오라고 하는 견해가 있다.

(6) 악의제소주주의 담보제공의무 등 준용

이사가 대표소송을 제기하는 주주의 악의를 소명하여 청구할 때에는 법원은 주주에게 상당한 담보를 제공할 것을 명할 수 있다(상403조 7항). 주주의 악의란 피고인 이사를 해할 것을 알고 제소하는 것을 말한다.

(7) 소제기의 효과

1) 회사의 소송참가

회사는 대표소송에 참가할 수 있다(상404조 1항). 참가의 법적 성격은 공동소송참가이며, 원고가 주주요건을 유지하지 못하여 소각하판결이 선고되기 이전에 회사가 공동소송참가를 신청하더라도 여전히 그 소송계속 상태가 유지되고 있는 것이므로 적법한 참가가 된다(판례). 참가를 하는 경우 이사를 상대로 한 것이 되므로 감사가 회사를 대표한다. 회사는 주주를 위해 참가할 수 있을 뿐이고 이사를 위해서는 참가할 수 없다고 본다.

2) 제소주주의 소송고지의무

대표소송을 제기한 소수주주는 소를 제기한 후 지체 없이 회사에 대하여 그 소송의 고지를 하여야 한다(상404조 2항). 일반적으로 소송고지는 고지자의 자유이지만 회사의 소송참가를 위해 법률상 소송고지의무를 지운 것이다. 따라서 주주가 고지를 하지 않은 경우 주주는 회사에 대하여 손해배상책임을 진다는 견해가 유력하다.

(8) 제소주주의 권리의무

1) 승소한 경우의 소송비용 지급청구권과 회사의 구상권

대표소송을 제기한 소수주주가 승소한 때에는 그 주주는 회사에 대하여 소송비용 및 그 밖에 소송으로 인하여 지출한 비용 중 상당한 금액의 지급을 청구할 수 있다. 이 경우 소송비용을 지급한 회사는 이사 또는 감사에 대하여 구상권이 있다(상405조 1항).

2) 패소한 경우(악의 제소시에만 손해배상책임)

대표소송을 제기한 소수주주가 패소한 때에는 악의인 경우 외에는 회사에 대하여 손해를 배상할 책임이 없다(상405조 2항). 대표소송을 제기하는 주주에게 무거운 위험부담을 주게 되면 대표소송 제기를 꺼려할 것이므로 이를 고려하여 악의인 경우에만 손해배상책임을 인정하게 한 것이다.

(9) 대표소송과 재심의 소

1) 재심의 소 제기요건

대표소송이 제기된 경우에 원고와 피고의 공모로 인하여 소송의 목적인 회사의 권리를 사해할 목적으로써 판결을 하게 한 때에는 회사 또는 주주는 확정한 종국판결에 대하여 재심의 소를 제기할 수 있다(상406조 1항). 대표소송은 타인인 소수주주가 회사의 이사에 대한 소송을 수행하는 것이므로 원고와 피고 간의 부당한 결탁, 예컨대 부당하게 청구의 액수를 줄이거나 또는 고의적으로 원고의 패소를 유도하는 등으로 인해 회사의 권리를 침해할 수 있기 때문에, 이러한 경우 회사의 침해된 권리를 회복하기 위하여 재심제도를 인정하는 것이다. 재심소송의 제소권자는 회사 또는 주주이며 이 경우 소수주주가 아니라도 무방하며 재심청구 당시의 주주이면 족하다.

2) 제소주주의 권리의무

재심의 소에서 주주가 승소한 때에는 회사에 대하여 소송비용 외에 소송으로 인하여 지출한 비용 중 상당한 금액의 지급을 청구할 수 있다(상406조 2항).

3. 이사 지위의 박탈 청구

(1) 의의

이사선임 결의의 무효나 취소, 이사해임의 소 등이 해당한다.

(2) 청구시 법원의 조치

1) 직무집행정지 및 직무대행자 선임

이사선임결의의 무효나 취소 또는 이사해임의 소가 제기된 경우에는 법원은 당사자의 신청에 의하여 가처분으로써 이사의 직무집행을 정지할 수 있고 또는 직무대행자를 선임할 수 있다. 급박한 사정이 있는 때에는 본안소송의 제기 전에도 그 처분을 할 수 있다(상407조 1항). 이사선임결의의 무효나 취소를 본안소송으로 하는 경우 이사직무집행정지 가처분에 있어서 당해 이사만 피신청인이 될 수 있을 뿐 회사에게는 피신청인의 적격이 없다.

주식회사의 대표이사 및 이사에 대한 직무집행을 정지하고 직무대행자를 선임하는 법원의 가처분결정은 그 결정 이전에 직무집행이 정지된 주식회사 대표이사의 퇴임등기와 직무집행이 정지된 이사가 대표이사로 취임하는 등기가 경료되었다고 할지라도 직무집행이 정지된 이사에 대하여는 여전히 효력이 있으므로 가처분결정에 의하여 선임된 대표이사 및 이사 직무대행자의 권한은 유효하게 존속하고, 반면에 가처분결정 이전에 직무집행이 정지된 이사가 대표이사로 선임되었다고 할지라도 그 선임결의의 적법 여부에 관계없이 대표이사로서의 권한을 가지지 못한다(대법원 2014.3.27. 선고 2013다39551 판결).

2) 당사자신청에 따른 처분의 변경, 취소

법원은 당사자의 신청에 의하여 직무집행정지 또는 직무대행자선임의 가처분을 변경 또는 취소할 수 있다(상407조 2항). 당사자라 함은 피신청인을 말한다. 가처분취소와 변경의 요건에 관하여 특별한 규정이 없으므로 민사집행법이 정하는 절차에 의하여 취소・변경하여야 한다.

3) 본점, 지점에서의 등기

이사의 직무집행정지 또는 직무대행자선임의 처분이 있는 때에는 본점과 지점의 소재지에서 그 등기를 하여야 한다(상407조 3항). 가처분은 제3자의 이해관계에도 영향을 미치므로 이를 공시할 필요가 있기 때문이다. 이 등기는 법원의 촉탁에 의한다.

(3) 직무대행자에 대한 특칙

1) 직무대행자의 권한

직무대행자는 가처분명령에 다른 정함이 있는 경우 외에는 회사의 상무에 속하지 아니한 행위를 하지 못한다. 그러나 법원의 허가를 얻은 경우에는 그러하지 아니하다(상408조 1항).

상법 제408조 제1항이 규정하는 회사의 "상무"라 함은 일반적으로 회사에서 일상 행해져야 하는 사무, 회사가 영업을 계속함에 있어서 통상 행하는 영업범위 내의 사무 또는 회사경영에 중요한 영향을 주지 않는 통상의 업무 등을 의미한다. 어느 행위가 구체적으로 이 상무에 속하는가 하는 것은 당해 회사의 기구, 업무의 종류・성질, 기타 제반 사정을 고려하여 객관적으로 판단되어야 한다. 판례에서는 "직무대행자가 정기주주총회를 소집함에 있어서도 그 안건에 이사회의 구성 자체를 변경하는 행위나 상법 제374조의 특별결의사항에 해당하는 행위 등 회사의 경영 및 지배에 영향을 미칠 수 있는 것이 포함되어 있다면 그 안건의 범위에서 정기총회의 소집이 상무에 속하지 않는다고 할 것이고, 직무대행자가 정기주주총회를 소집하는 행위가 상무에 속하지 아니함에도 법원의 허가 없이 이를 소집하여 결의한 때에는 소집절차상의 하자로 결의취소사유에 해당한다"고 판단하였다(대법원 2007.6.28. 선고 2006다62362 판결).

2) 직무대행자의 권한위반행위와 선의 제3자에 대한 회사의 책임

직무대행자가 상무에서 벗어난 행위를 한 경우에도 회사는 선의의 제3자에 대하여 책임을 진다(상408조 2항).

Ⅶ. 집행임원

1. 집행임원의 의의

집행임원이란 통상 등기된 이사가 아니면서 지휘·감독하에 회사의 업무를 집행자는 자를 말한다. 실무상 이러한 집행임원은 회사마다 많이 존재하고 있고 정관이나 내규에 근거를 두고 있는 경우가 많았다. 집행임원의 지위를 법적으로 확보해 주면서도 이들에 의한 회사나 제3자에 대한 손해를 방지하기 위해 2011년 상법개정 시 집행임원에 대한 규정을 명문으로 두게 되었다(상408조의2~408조의9). 다만 선택 여부는 개별회사가 자율적으로 결정할 수 있도록 하였다(상408조의2 1항).

2. 집행임원과 회사, 이사회, 대표이사의 관계

집행임원을 둔 회사(집행임원 설치회사)는 대표이사를 두지 못한다(상408조의2 1항). 집행임원 설치회사와 집행임원의 관계는 「민법」 중 위임에 관한 규정을 준용한다(상408조의2 2항).

집행임원 설치회사의 이사회는 ① 집행임원과 대표집행임원의 선임·해임, ② 집행임원의 업무집행 감독, ③ 집행임원과 집행임원 설치회사의 소송에서 집행임원 설치회사를 대표할 자의 선임, ④ 집행임원에게 업무집행에 관한 의사결정의 위임(이 법에서 이사회 권한사항으로 정한 경우는 제외한다), ⑤ 집행임원이 여러 명인 경우 집행임원의 직무분담 및 지휘·명령관계, 그 밖에 집행임원의 상호관계에 관한 사항의 결정, ⑥ 정관에 규정이 없거나 주주총회의 승인이 없는 경우 집행임원의 보수결정 등의 권한을 갖는다(상408조의2 3항).

집행임원 설치회사는 이사회의 회의를 주관하기 위하여 이사회 의장을 두어야 한다. 이 경우 이사회 의장은 정관의 규정이 없으면 이사회결의로 선임한다(상408조의2 4항).

3. 집행임원의 임기

집행임원의 임기는 정관에 다른 규정이 없으면 2년을 초과하지 못한다(상408조의3 1항). 그 임기는 정관에 그 임기 중의 최종 결산기에 관한 정기주주총회가 종결한 후 가장 먼저 소집하는 이사회의 종결시까지로 정할 수 있다(상408조의3 2항).

4. 집행임원의 권한과 의무

집행임원의 권한은 ① 집행임원 설치회사의 업무집행, ② 정관이나 이사회의 결의에 의하여 위임받은 업무집행에 관한 의사결정에 관한 사항으로 한다(상408조의4). 또한 집행임원은 필요하면 회의의 목적사항과 소집이유를 적은 서면을 이사(소집권자가 있는 경우에는 소집권자를 말한다)에게 제출하여 이사회 소집을 청구할 수 있다(상408조의7 1항). 위 소집청구를 한 후 이사가 지체 없이 이사회 소집의 절차를 밟지 아니하면 소집을 청구한 집행임원은 법원의 허가를 받아 이사회를 소집할 수 있다. 이 경우 이사회 의장은 법원이 이해관계자의 청구에 의하여 또는 직권으로 선임할 수 있다(상408조의7 2항).

집행임원은 3개월에 1회 이상 업무의 집행상황을 이사회에 보고하여야 한다(상408조의6 1항). 집행임원은 이 외에도 이사회의 요구가 있으면 언제든지 이사회에 출석하여 요구한 사항을 보고하여야 한다(상408조의6 2항). 이사는 대표집행임원으로 하여금 다른 집행임원 또는 피용자의 업무에 관하여 이사회에 보고할 것을 요구할 수 있다(상408조의6 3항).

5. 대표집행임원

2명 이상의 집행임원이 선임된 경우에는 이사회결의로 집행임원 설치회사를 대표할 대표집행임원을 선임하여야 한다. 다만, 집행임원이 1명인 경우에는 그 집행임원이 대표집행임원이 된다(상408조의5 1항). 대표집행임원에 관하여는 상법에 다른 규정이 없으면 주식회사의 대표이사에 관한 규정을 준용한다(상408조의5 2항). 표현대표집행임원에 대해서는 집행임원 설치회사가 책임을 진다(상408조의5 3항; 상395조 준용).

6. 집행임원의 책임

집행임원이 고의 또는 과실로 법령이나 정관을 위반한 행위를 하거나 그 임무를 게을리한 경우에는 그 집행임원은 집행임원 설치회사에 손해를 배상할 책임이 있다(상408조의8 1항). 집행임원이 고의 또는 중대한 과실로 그 임무를 게을리한 경우에는 그 집행임원은 제3자에게 손해를 배상할 책임이 있다(상408조의8 2항). 집행임원이 집행임원 설치회사 또는 제3자에게 손해를 배상할 책임이 있는 경우에 다른 집행임원·이사 또는 감사도 그 책임이 있으면 다른 집행임원·이사 또는 감사와 연대하여 배상할 책임이 있다(상408조의8 3항).

7. 준용규정

집행임원에 대하여는 이사의 충실의무(382조의3), 이사의 비밀유지의무(382조의4), 정관등의 비치·공시의무(396조), 경업금지의무(397조), 회사의 기회 및 자산의 운용금지의무(397조의2), 이사 등과 회사 간의 거래의 제한(398조), 회사에 대한 책임의 감면(400조), 업무집행자 등의 책임(401조의2), 유지청구권(402조), 주주 대표소송관련(403조~406조), 직무집행정지, 직무대행자 선임(407조), 직무대행자의 권한(408조), 감사의 직무와 보고요구, 조사의 권한(412조), 이사의 보고의무(412조의2)에 관한 규정을 준용한다(상408조의9).

제3관 감사 및 감사위원회

Ⅰ. 감사

1. 감사(監事)의 의의

회계 및 업무의 감사를 임무로 하는 주식회사의 필요적 상설기관이다. 주주는 주주총회에서 결산의 승인을 통하여 또는 소수주주권의 행사에 의하여 이사의 행위를 감독할 권한도 있다. 그러나 이것은 임시적이고 잠정적인 감독수단일 뿐이므로 회계 및 업무감사를 위한 상설기관으로서의 감사제도를 두게 된 것이다.

2. 감사의 선임

(1) 선임권자

감사는 주주총회에서 선임한다(상409조 1항). 다만 설립시에는 발기인(발기설립시) 또는 창립총회(모집설립)에서 선임한다. 감사의 수에는 제한이 없다. 다만 감사에 대해서는 이사회제도와 같이 다수결을 전제로 하는 회의체는 존재하지 않으므로 감사가 수인이더라도 각자가 독립하여 권한을 행사하게 된다.

주주총회에서 감사를 선임하는 경우 선임결의와 피선임자의 승낙만 있으면 피선임자는 대표이사와 별도의 임용계약을 체결하였는지와 관계없이 감사의 지위를 취득한다(대법원 2017.3.23. 선고 2016다251215 전원합의체 판결). 감사선임결의에도 불구하고 대표이사가 임용계약의 청약을 하지 아니하여 감사로서의 지위를 취득하지 못한다고 하면 상법은 제409조 제2항에서 감사 선임에 관하여 대주주의 의결권을 제한한 취지가 몰각되어 부당하다는 점, 이사의 직무집행에 대한 감사를 임무로 하는 감사의 취임 여부를 감사의 대상인 대표이사에게 맡기는 것이 단체법의 성격에 비추어 보아도 적절하지 아니한 점 등을 그 근거로 들고 있다.

주주총회 선임, 발기설립과 모집설립시 임원설립 규정에도 불구하고 자본금의 총액이 10억원 미만인 회사의 경우에는 감사를 선임하지 아니할 수 있다(상409조 4항). 감사를 선임하지 아니한 회사가 이사에 대하여 또는 이사가 그 회사에 대하여 소를 제기하는 경우에 회사, 이사 또는 이해관계인은 법원에 회사를 대표할 자를 선임하여 줄 것을 신청하여야 한다(상409조 5항). 감사를 선임하지 아니한 경우에는 제412조(직무와 보고요구·조사의 권한), 제412조의2(이사의 보고의무) 및 제412조의5(자회사의 조사권) 제1항·제2항 중 "감사"는 각각 "주주총회"로 본다(상409조 6항).

(2) 감사선임시의 대주주 의결권 제한

1) 100분의 3 초과주식의 의결권 제한

의결권 없는 주식을 제외한 발행주식의 총수의 100분의 3을 초과하는 수의 주식을 가진 주주는 그 초과하는 주식에 관하여 감사의 선임에 있어서는 의결권을 행사하지 못한다(상409조 2항). 즉 감사선임시 3% 초과주식은 의결권이 제한된다.

한편 위 감사의 선임에서 3% 초과주식은 상법 제371조의 규정에도 불구하고 상법 제368조 제1항에서 말하는 "발행주식총수"에 산입되지 않는다(대법원 2016.8.17. 선고 2016다222996 판결).

2) 정관에 의한 초과비율의 완화 특칙

회사는 정관으로 발행주식총수의 100분의 3의 비율보다 낮은 비율을 정할 수 있다(상409조 3항). 즉 정관으로 낮은 비율을 정할 수 있는데, 예컨대 2%는 가능하지만 4%로 정하는 것은 허용되지 않는다.

3. 감사와 회사와의 관계

감사와 회사의 관계는 위임에 관한 규정을 준용하므로 감사는 선관주의의무를 부담하는데, 이사와는 달리 업무집행에는 관여하지 않으므로 회사와 감사와의 사이에 이해관계의 대립이 발생하는 일이 없고 따라서 경업금지의무, 자기거래의 제한의무 등의 적용이 없다. 회사가 해산하더라도 청산 중의 회사에 관하여 감사는 여전히 필요하므로 해산에 의하여 당연히 감사의 종임을 가져오지 않는다.

감사의 선임과 종임은 등기사항이다. 제388조(이사의 보수), 제400조(이사의 책임의 면제), 제401조(이사회결의에 의한 경우의 특례)와 제403조 내지 제407조(대표소송)의 규정은 감사에 준용한다(상415조).

판례는 이른바 명목상 이사·감사(법적으로는 주식회사 이사·감사의 지위를 갖지만 회사와의 명시적 또는 묵시적 약정에 따라 이사·감사로서의 실질적인 직무를 수행하지 않는 자를 말함)가 회사에 대하여 정관의 규정 또는 주주총회의 결의로 결정된 보수의 청구권을 인정하고 있다(대법원 2015.7.23. 선고 2014다236311 판결). 명목상 이사·감사도 법인인 회사의 기관으로서 회사가 사회적 실체로서 성립하고 활동하는 데 필요한 기초를 제공함과 아울러 상법이 정한 권한과 의무를 갖고

의무 위반에 따른 책임을 부담하는 것은 일반적인 이사 · 감사와 다를 바 없기 때문이다. 다만 오로지 보수의 지급이라는 형식으로 회사의 자금을 개인에게 지급하기 위한 방편으로 이사 · 감사로 선임한 것이라는 등의 특별한 사정이 있는 경우에는 보수청구권이 인정되지 않는다.

4. 감사의 해임

(1) 주주총회 특별결의에 의한 해임

주주총회의 특별결의에 의하여 감사를 해임할 수 있다. 임기만료 또는 사임으로 인하여 감사의 정족수를 결한 경우에는 새로 선임된 감사가 취임할 때까지 전임감사의 권리의무가 계속되지만, 해임이나 사망 등으로 인한 경우에는 법원은 이해관계인의 청구에 의하여 임시감사를 선임할 수 있다.

(2) 해임에 관한 감사의 의견진술권

감사는 주주총회에서 감사의 해임에 관하여 의견을 진술할 수 있다(상409조의2). 감사는 자신의 해임뿐 아니라 다른 감사의 해임에 관해서도 의견을 진술할 수 있다. 감사의 의견진술권을 인정하는 것은 감사의 업무의 객관성을 보장하기 위해서는 그 신분보장이 되어야 하는데, 감사의 해임결의가 주주에게 보다 접근기회가 많은 이사 등에 의해 오도될 우려가 있어 감사에게 결의의 공정을 촉구할 기회를 부여하기 위해서이다.

5. 감사의 임기

감사의 임기는 취임 후 3년 내의 최종의 결산기에 관한 정기총회의 종결시까지로 한다(상410조). 즉 취임 후 "3년 내에 도래"하는 "결산기의 말일"을 기준으로 하여 임기가 정해진다.

예컨대, 12월 결산법인의 정기총회는 2월 28일에 열린다고 가정하자. 이 경우 1월 1일부터 2월 28일 이전에 선임된 감사의 임기는 언제나 3년을 넘게 된다. 그러나 3월 1일 이후에 취임한 감사의 임기는 언제나 3년에 미달한다. 2017년 3월 2일에 취임한 감사의 경우 2020년 3월 이전에 도달한 정기총회의 결산일은 2019년 12

월 31일, 그 주주총회 종결일은 2020년 2월 28일이 되기 때문이다.

6. 감사의 자격으로서 겸임금지의 특칙

감사는 회사 및 자회사의 이사 또는 지배인 기타의 사용인의 직무를 겸하지 못한다(상411조). 이사는 바로 감사에 의한 업무감사를 받아야 할 자이고 지배인 등의 사용인은 이사의 지휘감독을 받는 자이므로 감사가 이사나 사용인을 겸한다면 감사업무의 객관성을 기할 수 없기 때문에 감사에게는 겸직을 금지하는 것이다.

7. 감사의 권한

(1) 직무집행감사권

감사는 이사의 직무의 집행을 감사한다(상412조 1항). 감사는 원칙적으로 위법성 감사를 하되, 규정이 있는 경우(상413조 등)에는 상당성 감사를 할 수 있다. 감사는 회사의 비용으로 전문가의 도움을 구할 수 있다(상 412조 3항). 이는 효율적인 감사수행을 위하여 2011년 상법개정시 신설된 조항이다.

(2) 영업에 관한 보고요구 및 조사권

1) 보고요구 및 조사권

감사는 언제든지 이사에 대하여 영업에 관한 보고를 요구하거나 회사의 업무와 재산상태를 조사할 수 있다(상412조 2항). 감사는 회사의 비용으로 전문가의 도움을 구할 수 있다(상412조 3항).

2) 이사의 보고의무

이사는 회사에 현저하게 손해를 미칠 염려가 있는 사실을 발견한 때에는 즉시 감사에게 이를 보고하여야 한다(상412조의2).

(3) 임시주주총회의 소집청구권

1) 절차 및 방법

감사는 회의의 목적사항과 소집의 이유를 기재한 서면을 이사회에 제출하여 임시총회의 소집을 청구할 수 있다(상412조의3 1항). 감사가 총회의 소집을 청구할 수 있는 경우에 대하여 상법에는 규정이 없으므로 감사의 업무와 관련하여 이를 청구할 수 있다고 본다.

2) 회사의 소집불응시의 특례

임시주주총회의 소집청구가 있은 후 이사회가 지체없이 총회소집의 절차를 밟지 않은 때에는 청구한 감사가 법원의 허가를 얻어 스스로 총회를 소집할 수 있다(상412조의3 2항).

(4) 이사회의 소집청구권

감사는 필요하면 회의의 목적사항과 소집이유를 서면에 적어 이사(소집권자가 있는 경우에는 소집권자를 말한다)에게 제출하여 이사회 소집을 청구할 수 있다(상412조의4 1항). 위 청구를 하였는데도 이사가 지체 없이 이사회를 소집하지 아니하면 그 청구한 감사가 이사회를 소집할 수 있다(상412조의4 2항).

종전에는 감사는 이사가 법령 또는 정관에 위반하거나 위반할 염려가 있다고 인정한 때에는 이사회에 보고할 의무가 있음에도 감사에게는 주주총회소집청구권만 인정되고 이사회 소집청구권은 인정되지 않고 있었다. 감사기능의 효율성을 확보하기 위해서 2011년 상법개정시 감사에게 이사회 소집청구권이 신설되었다.

(5) 모회사 감사의 자회사 조사권

1) 자회사에 대한 영업보고의 요구 원칙

모회사의 감사는 그 직무를 수행하기 위하여 필요한 때에는 자회사에 대하여 영업의 보고를 요구할 수 있다(상412조의5 1항). 모회사의 업무에는 자회사에 관한 사항이 포함될 것이므로 모회사감사의 직무수행상 필요한 때에는 별개의 법인인 자회사에 대하여 영업보고를 요구할 수 있도록 한 것이다.

2) 자회사 조사권

모회사의 감사는 자회사가 지체 없이 보고를 하지 아니할 때 또는 그 보고의 내용을 확인할 필요가 있는 때에는 자회사의 업무와 재산상태를 조사할 수 있다(상412조의5 2항).

3) 자회사의 조사 등 수인의무

자회사는 정당한 이유가 없는 한 모회사의 감사에 대한 영업보고 또는 모회사의 감사에 의한 조사를 거부하지 못한다(상412조의5 3항).

8. 감사의 의무

(1) 감사의 선관주의의무

감사와 회사와의 관계는 위임에 관한 규정이 준용되므로 감사는 선량한 관리자의 주의로써 위임사무를 처리할 의무가 있다.

이러한 선관주의의무는 가중되는 경우도 있을 수 있다. 대규모 상장기업에서 일부 임직원의 전횡이 방치되고 있거나 중요한 재무정보에 대한 감사의 접근이 조직적 · 지속적으로 차단되고 있는 상황이라면 감사의 주의의무는 경감되는 것이 아니라 오히려 현격히 가중된다(판례).

(2) 감사의 영업비밀준수의무

감사는 재임 중 뿐만 아니라 퇴임 후에도 직무상 알게 된 회사의 영업상 비밀을 누설하여서는 아니된다.

(3) 주주총회에의 조사 · 보고의무

감사는 이사가 주주총회에 제출할 의안 및 서류를 조사하여 법령 또는 정관에 위반하거나 현저하게 부당한 사항이 있는지의 여부에 관하여 주주총회에 그 의견을 진술하여야 한다(상413조).

(4) 이사회에 대한 보고의무

감사는 이사가 법령 또는 정관에 위반한 행위를 하거나 그 행위를 할 염려가 있다고 인정한 때에는 이사회에 이를 보고하여야 한다.

(5) 감사록 작성의무

감사는 감사에 관하여 감사록을 작성하여야 한다(상413조의2 1항). 감사록에는 감사의 실시요령과 그 결과를 기재하고 감사를 실시한 감사가 기명날인 또는 서명하여야 한다(상413조의2 2항).

(6) 감사보고서의 작성 및 제출의무

감사는 매결산기에 이사로부터 제출받은 재무제표와 영업보고서를 감사하여 정기총회회일의 2주간 전에 이사에게 감사보고서를 제출하여야 한다.

9. 감사의 보수

이사의 보수에 관한 제388조를 준용하므로 정관에 그 액을 정하지 아니한 때에는 주주총회의 결의로 이를 정한다(상415조).

10. 감사의 책임

(1) 회사에 대한 책임

감사가 그 임무를 해태한 때에는 그 감사는 회사에 대하여 연대하여 손해를 배상할 책임이 있다(상414조 1항). 이 책임은 채무불이행책임이며, 이 책임의 면제는 이사의 경우와 같이 총주주의 동의가 필요하다. 다만 불법행위로 인한 책임은 총주주의 동의로 면제되지 않는다. 책임추궁을 위해서는 대표소송이 인정된다.

(2) 악의 · 중대한 과실로 인한 임무해태와 제3자에 대한 손해배상책임

감사가 악의 또는 중대한 과실로 인하여 그 임무를 해태한 때에는 그 감사는 제3자에 대하여 연대하여 손해를 배상할 책임이 있다(상414조 2항).

판례는 주식회사의 감사가 직무수행 의사 없이 명의만 빌려줌으로써 이사로 하여금 분식된 재무제표 등을 작성 · 이용하여 제3자에게 손해를 입히도록 묵인 · 방치한 경우 악의 또는 중대한 과실을 인정하고 있다(판례). 한편 “주식회사의 감사가 감사로서 결산과 관련한 업무 자체를 수행하기는 하였으나 재무제표 등이 허위로 기재되었다는 사실을 과실로 알지 못한 경우에는 문제된 분식결산이 쉽게 발견 가능한 것이어서 조금만 주의를 기울였더라면 허위로 작성된 사실을 알아내 이사가 허위의 재무제표 등을 주주총회에서 승인받는 것을 저지할 수 있었다는 등 중대한 과실을 추단할 만한 사정이 인정되어야 비로소 제3자에 대한 손해배상의 책임을 인정할 수 있고, 분식결산이 회사의 다른 임직원들에 의하여 조직적으로 교묘하게 이루어진 것이어서 감사가 쉽게 발견할 수 없었던 때에는 분식결산을 발견하지 못하였다는 사

정만으로 중대한 과실이 있다고 할 수는 없고, 따라서 감사에게 분식결산으로 인하여 제3자가 입은 손해에 대한 배상책임을 인정할 수 없다"고 보고 있다.

(3) 감사책임시의 이사의 연대책임

감사가 회사 또는 제3자에 대하여 손해를 배상할 책임이 있는 경우에 이사도 그 책임이 있는 때에는 그 감사와 이사는 연대하여 배상할 책임이 있다(상414조 3항).

(4) 회사에 대한 책임의 면제

제382조 제2항(위임관계), 제382조의4(비밀유지의무), 제385조(이사의 해임), 제386조(이사의 결원), 제388조(이사의 보수), 제400조(이사의 책임의 면제), 제401조(이사회결의에 의한 경우의 특례)와 제403조 내지 제407조(대표소송)의 규정은 감사에 준용한다(상415조). 감사는 업무집행을 하지 않으므로 경업금지, 자기거래제한에 관한 규정이 준용되지 않음에 유의해야 한다.

11. 감사에 대한 주주의 통제수단

대표소송, 이사의 직무집행정지 및 직무대행자선임에 관한 규정을 준용한다.

Ⅱ. 감사위원회

1. 감사위원회의 의의 : 감사의 대체기관성

회사는 정관이 정한 바에 따라 감사에 갈음하여 이사회 내 위원회로서 감사위원회를 설치할 수 있다. 감사위원회를 설치한 경우에는 감사를 둘 수 없다(상415조의2 1항). 감사위원회는 조직상 이사회의 하부기관이지만 감사에 갈음하는 기관이므로 기능상으로는 이사회로부터 독립하여 감사업무를 수행한다. 일반회사에서 감사위원회를 두느냐 여부는 임의이나 감사위원회를 두는 경우 정관에 규정이 있어야 하는데, 대형 증권회사와 대형 주권상장법인의 경우에는 반드시 감사위원회를 설치하도록 되어 있다.

2. 감사위원회의 구성 및 제한

감사위원회는 3인 이상의 이사로 구성한다. 다만, 사외이사가 위원의 3분의 2 이상이어야 한다(상415조의2 2항). 사외이사가 3분의 2 이상이어야, 즉 2인 이상이어야 한다는 취지이다. 사내이사가 3분의 1을 넘을 수 없다.

3. 감사위원회 위원의 해임요건

감사위원회의 위원의 해임에 관한 이사회의 결의는 이사 총수의 3분의 2 이상의 결의로 하여야 한다(상415조의2 3항). 이것은 감사위원회 위원의 해임을 어렵게 하여 감사위원회의 독립성을 보장하려는 것이다. 감사위원회의 위원에서 해임되더라도 이사의 지위를 잃는 것은 아니므로 이사의 지위까지 박탈하려면 다시 주주총회의 해임결의를 요한다.

4. 감사위원회 대표자 선정

감사위원회는 그 결의로 위원회를 대표할 자를 선정하여야 한다. 이 경우 수인의 위원이 공동으로 위원회를 대표할 것을 정할 수 있다(상415조의2 4항). 감사위원회의 소집이나 운영방법은 이사회 내 위원회의 운영방법에 따를 것이지만, 일반 위원회와 다르게 대표위원을 선정해야 하므로 감사위원회는 감사업무에 관한 의사결정을 하고 그 결정의 집행은 대표위원이 하는 형식으로 운영되어야 할 것이다.

5. 감사전문가의 조력에 대한 특칙

감사위원회는 회사의 비용으로 전문가의 조력을 구할 수 있다(상415조의2 5항). 감사위원회 위원이 감사를 함에 있어 공인회계사나 변호사 등의 조력을 받을 수 있도록 보장함으로써 감사의 실효성을 높이기 위한 것이다.

6. 감사위원회 결의에 대한 이사회 재결의의 불가

통상의 이사회 내 위원회의 경우에는 위원회 결과 통지를 받은 각 이사는 이사회의 소집을 요구할 수 있으며, 이사회는 위원회가 결의한 사항에 대하여 다시 결의할 수 있다(상393조의2 4항). 그러나 감사위원회의 경우에는 이러한 소집요구 및 재결의가 가능하지 않다(상415조의 6항).

7. 감사규정의 준용

감사위원회는 감사에 갈음하는 기관이므로 그 권한이나 의무, 책임은 대체로 감사와 같다(상415조의2 7항). 회사와 이사 간의 소송에 있어서는 감사위원회가 그 소에 대하여 회사를 대표하지만, 감사위원회 위원이 소의 당사자인 경우에는 감사위원회 또는 이사는 법원에 회사를 대표할 자의 선임을 신청하여야 한다. 한편 감사위원회 위원은 이사이므로 감사와는 달리 경업금지의무나 자기거래제한 등의 적용을 받게 된다.

주식회사의 감사위원회는 이사의 직무집행을 감사하고, 이사가 법령 또는 정관에 위반한 행위를 하거나 그러한 행위를 할 염려가 있다고 인정한 때에는 이사회에 이를 보고하여야 하며, 이사가 법령 또는 정관에 위반한 행위를 하여 이로 인하여 회사에 회복할 수 없는 손해가 생길 염려가 있는 경우에는 그 행위에 대한 유지청구를 하는 등의 의무가 있다(상415조의2 7항, 412조 1항, 391조의2, 402조). 감사위원회의 위원은 상법상 위와 같은 의무 또는 기타 법령이나 정관에서 정한 의무를 선량한 관리자의 주의의무를 다하여 이행하여야 하고, 고의 · 과실로 선량한 관리자의 주의의무를 위반하여 그 임무를 해태한 때에는 그로 인하여 회사가 입은 손해를 배상할 책임이 있다(상415조의2 7항, 414조 1항, 382조 2항).

감사위원의 선량한 관리자의 주의의무 관련 손해배상책임에 대한 판례가 있다. 甲상호저축은행이 상근감사위원이었던 乙을 상대로 丙주식회사 등에 대한 불법 · 부당대출로 인한 손해배상을 구한 사안에서, 乙은 자신이 서명한 대출관련 심사부의안과 대출심사자료만 선량한 관리자의 주의의무로 검토하였더라도 丙회사 등에 대한 대출이 형식적인 신용조사만을 거쳐 충분한 채권보전조치 없이 이루어지는 것임을 쉽게 알 수 있었으므로, 관계 서류의 제출 요구 등을 통해 대출이 위법 · 부당한 것인지 여부에 관하여 추가로 조사하거나 감사위원회를 통해 이사회에 위와 같은 사실을 보고하여 위법·부당한 행위의 시정 등을 요구할 의무가 있었음에도 그와 같은 의무를 다하지 않았다고 볼 여지가 충분한데도, 이와 달리 본 원심판단에 법리오해 등의 잘못이 있다고 판단하였다(대법원 2017.11.23. 선고 2017다251694 판결).

제4절 신주의 발행

Ⅰ. 총설

1. 신주발행의 의의

넓게는 회사설립 이후에 이루어지는 일체의 주식발행을 뜻한다. 따라서 자금조달 목적 이외의 다른 목적을 위하여 주식이 발행되는 특수한 신주발행의 경우를 포함한다. 그러나 협의로는 자기자본금의 증가방법으로서 신주를 발행하는 것, 즉 통상의 신주발행을 의미한다.

참고) 기업의 자금조달 : 선택의 문제(재무관리 측면+경영권 측면)
주식 : 경영권 위험, 자금흐름 안정(이자 ×)
사채 : 경영권 안정, 자금흐름 불안정(이자 ○)
전환사채, 신주인수권부사채는 사채→주식으로 접근; 무의결권주, 상환주식 등은 주식→사채로 접근

2. 신주발행의 종류

(1) 통상의 신주발행

자금조달을 목적으로 주주·제3자에게 유상신주를 발행하는 것을 말한다.

(2) 특수한 신주발행

자금조달 이외의 특수한 목적을 위하여 신주를 발행하는 것을 말한다. 주식병합, 주식분할, 주식배당, 준비금의 자본금 전입, 전환주식(또는 전환사채)의 전환, 신주인수권부사채의 신주인수권 행사, 흡수합병시의 신주발행 등을 말한다.

3. 통상의 신주발행과 특수한 신주발행의 비교

	통상의 신주발행	특수한 신주발행
의의	자금조달을 목적으로 주주・제3자에게 유상 신주를 발행하는 것. 원칙으로 주주에 신주인수권이 있다(현물출자시는 예외) → 신주인수권증서에 의해서만 양도 가능	자금조달 이외의 특수한 목적을 위하여 신주를 발행하는 것. 신주인수권은 인정되지 않음이 원칙
발행사항의 결정	이사회	• 자본금 감소・합병 : 주총특별결의 • 주식배당 : 주총 보통결의 • 준비금전입 : 이사회 • 전환주식 : 전환청구시 등
인수・납입 절차	필요	불필요
자본금 증가	증가한다	• 대부분 증가한다 • 감소 : 주식병합에 의한 감소시 • 불변 : 전환주식
효력 발생일	납입기일 익일	• 전환청구시 : 전환주식 • 합병등기시 : 합병시 • 주권제출기간 만료시 : 주식병합 • 신주배정일 또는 총회일 : 준비금의 자본금 전입 • 주총결의 종료시 : 주식배당
신주발행의 성립	납입기일까지 납입된 것(불확정)	최초 결정된 수만큼(확정)

Ⅱ. 통상의 신주발행절차

1. 개관

발행사항의 결정(416조) : 5월 10일	이사회(정관으로 주주총회로 규정 가능)
발행 및 배정기준일 공고(418조) : 5월 23일 (배정기준일 6월 7일)	발행공고 후 2주 이후의 날이 배정기준일
신주인수권자에 대한 최고(419조) · 신주인수권증서 발행(420조의2)	청약일의 2주 전
청약일(419조) : 7월 11일	최고 후 2주 이후의 날
배정(421조) : 주당 0.2주	신주인수권자 : 재량 ×, 공모주주 : 재량 ○
납입(421조) : 7월 16일	
주주자격취득(423조) : 7월 17일	납입기일의 익일
등기(426조)	2주간 내

2. 발행사항의 결정

회사가 그 성립 후에 주식을 발행하는 경우에는 ① 신주의 종류와 수, ② 신주의 발행가액과 납입기일, ③ 무액면주식의 경우에는 신주의 발행가액 중 자본금으로 계상하는 금액, ④ 신주의 인수방법, **⑤ 현물출자에 관한 사항(현물출자를 하는 자의 성명과 그 목적인 재산의 종류, 수량, 가액과 이에 대하여 부여할 주식의 종류와 수), ⑥ 주주가 가지는 신주인수권을 양도할 수 있는 것에 관한 사항, ⑦ 주주의 청구가 있는 때에만 신주인수권증서를 발행한다는 것과 그 청구기간**에 대해 정관에 규정이 없는 것은 **이사회**가 이를 결정한다. 그러나 상법에 다른 규정이 있거나 정관으로 주주총회에서 결정하기로 정한 경우에는 그러하지 아니하다(상416조).

3. 액면미달의 신주발행

(1) 발행조건

회사가 성립한 날로부터 2년을 경과한 후에 주식을 발행하는 경우에는 회사는 주주

총회 특별결의와 법원의 인가를 얻어서 주식을 액면미달의 가액으로 발행할 수 있다(상417조 1항).

(2) 주주총회의 특별결의에 의한 최저발행가액의 결정

액면미달의 주식발행을 결의하는 주주총회의 결의에서는 주식의 최저발행가액을 정하여야 한다(상417조 2항).

(3) 법원의 통제감독권

법원은 회사의 현황과 제반사정을 참작하여 최저발행가액을 변경하여 인가할 수 있다. 이 경우에 법원은 회사의 재산상태 기타 필요한 사항을 조사하기 위하여 검사인을 선임할 수 있다(상417조 3항).

(4) 발행시기의 제한

액면미달주식은 법원의 인가를 얻은 날로부터 1월 내에 발행하여야 한다. 법원은 이 기간을 연장하여 인가할 수 있다(상417조 4항).

4. 신주의 배정, 배정일의 지정 및 공고

(1) 주주의 신주인수권 강화

1) 주주의 원칙적 신주인수권

주주는 그가 가진 주식의 수에 따라서 신주의 배정을 받을 권리가 있다(상418조 1항). 이 경우의 신주인수권은 구체적인 것이 아니고 주주에게 추상적으로 신주인수권이 있음을 선언한 규정이다. 다만 ① 주주에는 회사의 자기주식·자회사가 취득한 모회사 주식은 제외된다. 실권주와 단주도 해석상 제외된다. ② 그가 가진 주식의 수에 따라서 배정을 받는다고 하므로 이것은 통상의 신주발행시를 의미하고 특수한 신주발행시는 제외된다.

2) 예외

회사는 신기술의 도입, 재무구조의 개선 등 회사의 경영상 목적을 달성하기 위하여 필요한 경우에 한하여 정관에 정하는 바에 따라 주주 외의 자에게 신주를 배정할 수 있다(상418조 2항). 해석론을 정리하면 다음과 같다.

① 제3자의 신주인수권은 이와 같이 정관에 의하여 부여되지만 우리사주조합원과 같이 법률에 의하여 부여되는 경우도 있다. 정관에 규정이 없더라도 정관변경에 필요한 특별결의로 이를 부여할 수도 있다고 본다.

② 회사의 내부계약인 정관의 규정만으로 제3자의 권리의무에 영향을 줄 수 없으므로 제3자의 신주인수권은 회사와 제3자 사이의 계약에 의하여 발생하는 계약상의 권리이다.

③ 제3자에게 신주인수권을 부여하는 것은 주주의 신주인수권을 제한 내지 박탈하는 결과가 되므로 신기술의 도입 등 회사목적의 달성에 필요하고(필요성) 적합한 경우(적합성)로서 최소한의 범위(목적과 수단의 비례성)에 한하는 것으로 해석한다. 따라서 주주의 지배권변동을 위해 제3자에게 신주인수권을 부여하는 것은 허용되지 않는다.

④ 제3자의 신주인수권을 양도할 수 있는지 여부에 대하여는 부정하는 견해가 많으나 이를 인정하는 견해도 유력하다. 다만 법률의 규정에 의하여 발생하는 제3자의 신주인수권은 양도할 수 없다(통설).

⑤ 제3자의 신주인수권을 무시한 경우에는 회사가 계약위반의 책임을 지는 데 그치고 신주발행이 무효로 되지 않는다.

(2) 신주배정일의 지정 및 공고

회사는 신주배정일을 정하여 그 날에 주주명부에 기재된 주주가 신주인수권을 가진다는 뜻과 신주인수권을 양도할 수 있을 경우에는 그 뜻을 신주배정일의 2주간전에 공고하여야 한다. 그러나 신주배정일이 주주명부폐쇄기간 중인 때에는 그 기간의 초일의 2주간 전에 이를 공고하여야 한다(상418조 3항). 신주배정일의 공고는 주식을 양수한 자가 명의개서를 하여 신주인수권을 행사할 기회를 확보해주기 위한 것이며, 따라서 적어도 2주간 전에 공고하도록 한 것이다.

주주 외의 자에게 신주를 배정하는 경우 회사는 ① 신주의 종류와 수, ② 신주의 발행가액과 납입기일, ③ 무액면주식의 경우에는 신주의 발행가액 중 자본금으로 계상하는 금액, ④ 신주의 인수방법, ⑤ 현물출자에 관한 사항을 그 납입기일의 2주 전까지 주주에게 통지하거나 공고하여야 한다(상418조 4항).

5. 신주인수권자에 대한 최고(催告)

(1) 의의

신주인수권은 권리일 뿐 의무는 아니므로 권리행사 여부의 확정을 위함이다.

(2) 최고방법 및 최고사항

회사는 신주의 인수권을 가진 자에 대하여 그 인수권을 가지는 주식의 종류 및 수와 청약기일까지 주식인수의 청약을 하지 아니하면 그 권리를 잃는다는 뜻을 통지하여야 한다. 이 경우 제416조 제5호(신주인수권의 양도 허용) 및 제6호(신주인수권 증서의 발행사항)에 규정한 사항의 정함이 있는 때에는 그 내용도 통지하여야 한다(상419조 1항).

(3) 통지기간

통지는 청약기일의 **2주간 전**에 이를 하여야 한다(상419조 2항). 청약기일의 2주간 전이라고 규정되어 있지만 결과적으로 통지는 신주배정기준일 이후에 하게 된다.

(4) 통지기간 도과와 주식인수청약의 효력

통지에도 불구하고 청약기일까지 주식인수의 청약을 하지 아니한 때에는 신주의 인수권을 가진 자는 그 권리를 잃는다(상419조 3항). 즉 실권주가 된다. 이 경우 회사는 다시 주식인수인을 구할 수도 있고 아니면 실권주에 대한 신주의 발행을 그만 둘 수 있다. 실권주를 그대로 방치하는 경우 실권주는 수권주식 중의 미발행주식으로 남게 된다.

6. 주식청약서에 의한 청약

이사는 주식청약서를 작성하여 ① 상호, 회사가 발행할 주식의 총수, 액면주식을 발행하는 경우 1주의 금액, ② 주주에게 배당할 이익으로 주식을 소각할 것을 정한 때에는 그 규정, 납입을 맡을 은행 기타 금융기관과 납입장소, 명의개서대리인을 둔 때에는 그 성명·주소 및 영업소, ③ 신주의 종류와 수, 신주의 발행가액과 납입기일, 무액면주식의 경우에는 신주의 발행가액 중 자본금으로 계상하는 금액, 신주의 인수방법, 현물출자를 하는 자의 성명과 그 목적인 재산의 종류, 수량, 가액과 이에 대하여 부여할 주식의 종류와 수, ④ 주식의 액면미달 발행시 그 발행조건과 미상각액(未償却額), ⑤ 주주에 대한 신주인수권의 제한에 관한 사항 또는 특정한 제3자에게 이를 부여할 것을 정한 때에는 그 사항, ⑥ 주식발행의 결의연월일 등을 적어야 한다(상420조).

7. 신주인수권증서에 의한 청약의 특례

(1) 발행요건 및 기재사항

1) 발행요건

신주인수권을 양도할 수 있음을 정한 경우에 회사는 주주의 청구가 있을 때에만 신주인수권증서를 발행한다는 정함이 있는 때에는 그 정함에 따라, 그 정함이 없는 때에는 청약기일의 2주간 전에 신주인수권증서를 발행하여야 한다(상420조의2 1항).

2) 신주인수권증서의 기재사항

신주인수권증서에는 ① 신주인수권증서라는 뜻의 표시, ② 주식청약서에 적어야 할 사항, ③ 신주인수권의 목적인 주식의 종류와 수, ④ 일정기일까지 주식의 청약을 하지 아니할 때에는 그 권리를 잃는다는 뜻과 번호를 기재하고 이사가 기명날인 또는 서명하여야 한다(상420조의2 2항).

(2) 신주인수권의 양도방법

신주인수권의 양도는 신주인수권증서의 교부에 의하여서만 이를 행한다(상420조의3 1항). 신주인수권증서의 점유자는 적법한 소지인으로 추정되고, 따라서 이러한 점유자로부터 악의 또는 중대한 과실 없이 이를 양수한 자에 대하여는 선의취득이 인정된다.

(3) 신주인수권의 전자등록

회사는 신주인수권증서를 발행하는 대신 정관으로 정하는 바에 따라 전자등록기관의 전자등록부에 신주인수권을 등록할 수 있다. 이 경우 제356조의2 제2항부터 제4항까지의 규정(주식의 전자등록)을 준용한다(상420조의4). 2011년 상법개정시 신설되었다.

(4) 신주인수권증서에 의한 청약

1) 신주인수권증서에 의한 청약의 원칙

신주인수권증서를 발행한 경우에는 신주인수권증서에 의하여 주식의 청약을 한다. 이 경우 주식청약자는 신주인수권증서에 인수할 주식의 종류와 수 및 주소를 기재하고 기명날인 또는 서명하여야 한다(상420조의5 1항).

2) 신주인수권증서에 의한 청약의 우위성

신주인수권증서를 상실한 자는 주식청약서에 의하여 주식의 청약을 할 수 있다. 그러나 그 청약은 신주인수권증서에 의한 청약이 있는 때에는 그 효력을 잃는다(상420조의5 2항). 따라서 신주인수권증서를 분실한 경우 제권판결을 받는 것이 아니고 주식청약서에 의한 청약을 하게 된다. 신주인수권증서는 약 2주간 정도의 단기간에 유통되는 증권이므로 이에 대하여 공시최고절차에 의한 제권판결을 인정하기 곤란하기 때문이다.

8. 주식에 대한 납입

(1) 인수가액 전액 납입의 원칙

이사는 신주의 인수인으로 하여금 그 배정한 주수(株數)에 따라 납입기일에 그 인수한 주식에 대한 인수가액의 전액을 납입시켜야 한다(상421조 1항). 신주의 인수인은 회사의 동의 없이 납입채무와 주식회사에 대한 채권을 상계할 수 없다(상421조 2항). 2011년 상법개정으로 제한적이기는 하지만 납입의무를 채권과 상계할 수 있는 길을 터주었다.

(2) 현물출자시의 절차 특칙

기본적으로 회사설립의 경우와 같다. 다만 회사설립의 경우는 변태설립사항으로 되어 있으나 통상의 신주발행의 경우에는 법원의 감독에 따라 이사회의 결정사항으로 되어 있다는 점이 다르다.

현물출자에 관하여 법원의 검사절차를 거치지 않은 경우 판례는 그러한 검사절차를 거치지 않았더라도 현물출자에 의한 신주발행은 무효가 아니라고 한다. 주식회사의 현물출자에 있어서 이사는 법원에 검사인의 선임을 청구하여 일정한 사항을 조사하도록 하고 법원은 그 보고서를 심사하도록 되어 있으나 이와 같은 절차를 거치지 아니한 신주발행 및 변경등기가 당연무효가 된다고 볼 수 없다는 것이다(대법원 1980.2.12. 선고 79다509 판결). 현물출자에 대한 평가가 객관적으로 공정하게 이루어졌다면 그러한 신주발행을 무효라고 할 수는 없고 오히려 유효라고 할 수 있다.

1) 이사에 의한 검사인 선임청구과 그 예외

현물출자를 하는 자가 있는 경우에는 이사는 이에 관한 사항을 조사하게 하기 위하여 검사인의 선임을 법원에 청구하여야 한다. 이 경우 공인된 감정인의 감정으로 검사인의 조사에 갈음할 수 있다(상422조 1항).

검사인을 선임하지 않아도 되는 경우가 있다. ① 현물출자의 목적인 재산의 가액이 자본금의 5분의 1을 초과하지 아니하고 대통령령으로 정한 금액(5천만원, 상법 시행령 14조 1항)을 초과하지 아니하는 경우, ② 현물출자의 목적인 재산이 거래소의 시세 있는 유가증권인 경우 이사회 결정에 따라 결정된 가격이 대통령령으로 정한 방법으로 산정된 시세를 초과하지 아니하는 경우, ③ 변제기가 돌아온 회사에 대한 금전채권을 출자의 목적으로 하는 경우로서 그 가액이 회사장부에 적혀 있는 가액을 초과하지 아니하는 경우, ④ 그 밖에 ①부터 ③까지의 규정에 준하는 경우로서 대통령령으로 정하는 경우 등이다(상422조 2항). 소규모이거나 가격의 공정성이 객관적으로 확보되는 경우 현물출자에 대한 규제를 완화함으로써 회사설립절차를 간소화하기 위한 것이다. 2011년 상법개정시 반영되었다.

2) 검사인 보고서 등에 의한 법원의 변경권

법원은 검사인의 조사보고서 또는 감정인 감정결과를 심사하여 현물출자 사항을 부당하다고 인정한 때에는 이를 변경하여 이사와 현물출자를 한 자에게 통고할 수 있다(상422조 3항).

3) 법원의 변경에 불복하는 자의 인수취소권

법원의 현물출자 변경통고에 불복하는 현물출자를 한 자는 그 주식의 인수를 취소할 수 있다(상422조 4항). 법원의 통고가 있은 후 2주 내에 주식의 인수를 취소한 현물출자를 한 자가 없는 때에는 현물출자 사항은 통고에 따라 변경된 것으로 본다(상422조 5항).

9. 신주발행의 효력발생

(1) 효력발생시기 : 납입기일의 다음날

신주의 인수인은 납입 또는 현물출자의 이행을 한 때에는 납입기일의 다음날로부터 주주의 권리의무가 있다. 이 경우 신주에 대한 이익이나 이자의 배당에 대하여는 정관이 정하는 바에 따라 그 청구를 한 때가 속하는 영업연도의 직전 영업연도 말에 전환된 것으로 할 수 있다(상423조 1항).

(2) 효력발생범위

신주의 인수인이 납입기일에 납입 또는 현물출자의 이행을 하지 아니한 때에는 그 권리를 잃는다(상423조 2항). 모집설립의 경우 실권예고부통지를 해야 하는 것과 달리 통상의 신주발행의 경우 이행이 없으면 당연히 주식인수인으로서의 권리를 상실한다. 결과적으로 실제적으로 인수하고 납입된 주식의 한도 내에서 신주발행의 효력이 생기며, 실권주식은 미발행주식으로 남게 되고, 이사가 이에 대하여 담보책임을 부담하지 않는다. 이 점이 전액이 인수·납입되어야 하는 설립의 경우와 다른 점이다.

(3) 출자를 미이행한 인수인의 손해배상책임

실권한 경우에도 신주의 인수인에 대한 손해배상의 청구에 영향을 미치지 아니한다(상423조 3항).

10. 신주발행에 대한 주주의 통제

(1) 신주발행유지청구권

회사가 법령 또는 정관에 위반하거나 현저하게 불공정한 방법에 의하여 주식을 발행함으로써 주주가 불이익을 받을 염려가 있는 경우에는 그 주주는 회사에 대하여 그 발행을 유지(留止)할 것을 청구할 수 있다(상424조). 신주발행유지청구의 요건은 다음과 같이 해석된다.

① 주주가 : 단독주주권이다. 따라서 신주발행유지청구권은 위법한 신주발행으로 인하여 주주가 불이익을 받을 염려가 있다면 단 1주만을 보유해도 행사할 수 있다. 제3자의 신수인수권을 무시한 경우라도 제3자가 신주발행유지청구를 하지 못한다. 손해배상청구는 가능하다.

② 불이익을 받을 염려가 있는 경우 : 특정 주주에게 직접적으로 불이익이 발생하는 경우를 의미한다.

③ 회사를 상대방으로 하여,

④ 청구할 수 있다 : 소로써 청구한 경우 그에 위반되는 신주발행은 무효이나, 소 이외의 방법으로 주장한 경우에는 그에 위반한 신주발행도 유효하지만 이사의 책임이 인정된다(통설).

(2) 불공정한 주식인수인의 추가출자추궁권

1) 불공정한 주식인수인의 책임범위

이사와 통모하여 현저하게 불공정한 발행가액으로 주식을 인수한 자는 회사에 대하여 공정한 발행가액과의 차액에 상당한 금액을 지급할 의무가 있다(상424조의2 1항). 통모인수인이 지는 책임은 불공정한 발행가액과 공정한 발행가액과의 차액에 상당한 금액을 회사에 지급할 의무이며 이 책임을 부담하는 자는 인수인 자신이다. 이 책임은 추가출자의무로서의 성질이 있으므로 회사는 이 의무를 면제하거나 지급금액의 반환을 할 수 없으며 통모지급인도 그 지급에 관하여 상계로써 대항할 수 없다.

2) 책임추궁방법(대표소송)

대표소송의 규정은 통모인수인의 책임을 추궁하는 소에 관하여 이를 준용한다(상424조의2 2항). 회사의 대표이사가 이사와 통모한 자에 대하여 책임을 추궁하는 소를 제기하는 것은 사실상 쉽지 않으므로 주주가 대표소송에 의하여 통모인수인의 책임을 추궁할 수 있도록 한 것이다. 이 경우 회사 또는 대표소송을 제기하는 주주가 발행가액이 현저하게 불공정하다는 사실을 증명해야 한다.

3) 이사의 손해배상책임과의 관계

통모인수인이 책임을 지는 경우에도 이사의 회사 또는 주주에 대한 손해배상의 책임

에 영향을 미치지 아니한다(상424조의2 3항). 이사의 손해배상책임과 통모인수인의 책임은 부진정연대관계에 있다고 본다.

11. 회사설립시의 주식발행절차의 준용

제302조 제1항(주식청약서에 의한 주식청약), 제3항(비진의표시의 적용 배제), 제303조(주식인수인의 납입의무), 제305조 제2항(주식청약서에 기재된 납입장소에서의 납입), 제3항(현물출자시 납입기일에 등기 등 서류 완비하여 교부해야 한다는 것), 제306조(납입금의 보관자 등의 변경시 법원의 허가), 제318조(납입금보관자의 증명과 납입의 부실을 이유로 회사에 대항하지 못한다는 것)와 제319조(권리주양도는 회사에 대해 효력이 없다는 것)의 규정은 신주의 발행에 준용한다(상425조 1항). 신주인수권증서를 발행하는 경우에는 신주인수권증서에 기재된 납입장소에서 이를 납입한다(상425조 2항).

12. 신주발행시의 등기

(1) 변경등기에 관한 제183조 준용

신주발행의 효력이 발생하면 회사의 발행주식총수 및 자본금의 총액이 증가하고 주식의 종류와 수와 변경이 생기므로 회사는 납입기일로부터 2주 내에 본점소재지에서 변경등기를 해야 한다.

(2) 액면미달 발행시 미상각액 등기

액면미달의 주식을 발행한 경우에 주식의 발행으로 인한 변경등기에는 미상각액을 등기하여야 한다(상426조). 이것은 회사채권자를 보호하기 위한 것인데, 액면미달금액은 주식발행 후 3년 내의 매결산기에 균등액 이상을 상각하여야 하고, 미상각액은 신주발행으로 인한 변경등기시에도 등기해야 한다는 것이다.

(3) 변경등기의 효력

1) 인수의 무효주장, 취소의 제한

신주의 발행으로 인한 변경등기를 한 날로부터 1년을 경과한 후에는 신주를 인수한 자는 주식청약서 또는 신주인수권증서의 요건의 흠결을 이유로 하여 그 인수의 무효를 주장하거나 사기, 강박 또는 착오를 이유로 하여 인수를 취소하지 못한다. 그 주식에 대하여 주주의 권리를 행사한 때에도 같다(상427조). 자본금의 변경등기는 자본금 증가의 효력발생요건은 아니고 단지 자본금 증가를 공시하는 효력만 있는 것이지만, 신주인수의 무효나 취소의 주장을 제한하고 이사에게 자본금 충실책임을 지우는 부수적 효력이 있다. 특히 설립등기 후 주식인수의 무효나 취소가 제한되는 것과 달리 통상의 신주발행의 경우에는 변경등기를 한 날로부터 1년이라는 점에 주의해야 한다.

2) 이사의 인수담보책임

신주의 발행으로 인한 변경등기가 있은 후에 아직 인수하지 아니한 주식이 있거나 주식인수의 청약이 취소된 때에는 이사가 이를 공동으로 인수한 것으로 본다(상428조 1항). 이사의 자본충실책임은 오로지 등기에 의하여 공시된 발행주식총수 및 자본금의 액에 대한 신뢰를 보호하기 위한 것이며 발기인의 그것과 달리 인수담보책임에 한하는데, 통상의 신주발행의 경우에는 인수가 있더라도 납입기일까지 납입이 없으면 인수인은 당연히 실권하고 실권한 주식은 처음부터 인수가 없었던 주식과 마찬가지로 되기 때문이다.

3) 이사의 인수담보책임과 손해배상책임과의 관계

이사가 인수담보책임을 지는 경우에도 이사에 대한 손해배상의 청구에 영향을 미치지 아니한다(상428조 2항).

13. 신주발행무효의 소

(1) 신주발행무효의 소의 의의

주식 전부를 무효로 하는 신주발행무효의 소만이 인정된다. 무효원인에 관한 명문규정은 없다.

통상 무효원인으로 거론되는 것은, ① 발행예정주식의 총수를 초과한 신주발행, ② 법정절차를 무시한 액면미달 발행, ③ 정관에 근거 없는 신주의 발행(예 : 상환주식), ④ 주주의 신주인수권을 무시한 발행(현저하게 불공정한 발행이 되는 경우) 등이다. 현물출자의 검사를 흠결한 경우에 대해서는 무효라는 견해도 있으나, 현물출자의 평가가 부당하지 않는 한 유효라는 견해가 판례와 다수설이다.

(2) 제소권자 및 제소방법

신주발행의 무효는 주주·이사 또는 감사에 한하여 신주를 발행한 날로부터 6월 내에 소만으로 이를 주장할 수 있다(상429조). 여기에서 신주를 발행한 날이라 함은 신주발행의 효력이 발생하는 날인 납입기일의 다음날을 말한다. 이 소의 피고는 회사이다. 주주는 주주명부에 등재된 자에 한하여 제소할 수 있다(대법원 2003.2.26. 선고 2000다42786 판결). 이사와 감사도 제소 당시의 이사와 감사이면 족하다.

6월 내에 제소해야 한다는 것은 제소기간을 제한하는 뜻만이 아니라 6월 내에 제기한 소에서 6월 이후에 새로운 무효원인을 청구원인으로 추가할 수 없다는 뜻도 포함하는 것으로 해석된다(대법원 2004.6.25. 선고 2000다37326 판결; 대법원 2012.11.15. 선고 2010다49380 판결). 새로운 무효사유를 출소기간 경과 후에도 주장할 수 있도록 하면 법률관계가 불안정하게 되어 상법 제429조의 취지가 몰각된다는 점을 고려한 것이다.

참고로, 이사회의 결의 또는 주주총회결의의 하자에 기하여 신주발행이 무효가 되는 경우에는 주주총회결의의 하자를 원인으로 하거나 또는 신주발행무효의 소 모두 제기가 가능한데, 이 경우 어느 소를 제기해야 하는지 문제될 수 있다. 신주발행이 효력을 발생하기 전에는 그 결의하자의 소를, 신주발행이 효력을 발생한 경우에는 신주발행무효의 소만 제기할 수 있다(흡수설)고 해석하는 것이 통설 및 판례이다.

(3) 합명회사 설립무효, 취소의소 절차의 준용

제186조(전속관할), 제187조(소제기의 공고), 제188조(소의 병합심리), 제189조(하자의 보완 등과 청구의 기각)·제190조 본문(판결의 대세적 효력)·제191조(패소원고의 책임)·제192조(등기방법) 및 제377조(제소주주의 담보제공의무)의 규정은 신주발행무효의 소에 관하여 이를 준용한다(상430조).

(4) 신주발행무효판결의 효력

1) 판결의 불소급효

신주발행무효의 판결이 확정된 때에는 신주는 장래에 대하여 그 효력을 잃는다(상431조 1항). 주식이 장래를 향하여 실효되므로 신주의 주주는 주주권을 상실하게 되며, 그 주권은 선의취득이 대상이 될 수 없다. 소급효를 인정하지 않는 것은 거래의 안전을 위한 것이다. 따라서 신주발행의 유효를 전제로 그 이후 판결시까지 이루어진 모든 행위는 유효하다. 주식이 실효함에 따라 신주발행으로 인하여 늘어난 발행주식수와 자본금은 발행 전의 상태로 돌아가 발행예정주식총수의 미발행부분이 부활되고 이 부분에 대해서는 다시 신주발행이 가능하다. 신주발행으로 인한 자본금 변경등기를 경정해야 함은 당연하다.

2) 주권의 회수를 위한 통지의무

신주발행무효의 판결이 확정된 경우에는 회사는 지체 없이 그 뜻과 일정한 기간 내에 신주의 주권을 회사에 제출할 것을 공고하고 주주명부에 기재된 주주와 질권자에 대하여는 각별로 그 통지를 하여야 한다. 그러나 그 기간은 3월 이상으로 하여야 한다(상431조 2항). 주권을 회수하는 것은 무효인 주권이 유통되어 선의의 피해자가 생기는 것을 방지하고자 함이고 회수절차를 밟지 않았다 하여 주권이 유효해지거나 선의취득이 가능해지는 것은 아니다.

(5) 무효판결과 납입금액의 환급

1) 회사의 환급의무

신주발행무효의 판결이 확정된 때에는 회사는 신주의 주주에 대하여 그 납입한 금액을 반환하여야 한다(상432조 1항). 신주의 주주란 무효판결 당시의 주주를 말한다. 주금의 반환은 주식의 실효에 대한 보상이라고 할 수 있는데, 현물출자의 경우에는 출자 당시의 평가액을 반환한다.

2) 사정변경시의 환급액증감

신주의 납입기일과 신주발행 무효판결 확정시까지 사이의 재산상태에 변동이 있어서 납입금액을 그대로 반환하는 것이 신주발행무효 판결확정시의 회사의 재산상태에 비추어 현저하게 부당한 때에는 법원은 회사 또는 주주의 청구에 의하여 그 금액의 증감을 명할 수 있다(상432조 2항). 원래의 인수가액을 반환하는 것이 회사의 재산상태에 비추어 형평에 맞지 않기 때문에 법원에서 금액의 증감을 명할 수 있도록 한 것이다.

3) 인수인, 물권자의 물상대위

신주의 주주가 반환을 받을 금액에 대하여 질권자는 물상대위권을 갖는다(상432조 3

항). 반환된 주금액은 실효한 주식의 변형물이므로 실효된 주식에 질권을 가진 자는 반환되는 주금액에 대하여 질권을 행사하며, 등록질권자는 그 금액으로 우선변제에 충당할 수 있다.

제5절 정관의 변경

I. 정관의 변경의 의의

회사의 조직과 활동에 관한 근본규칙인 실질적 의의의 정관을 변경하는 것을 말한다. 변경범위에는 제한이 없으므로 원시정관에 정관변경을 불허하거나 특별규정만은 변경할 수 없다는 규정을 두었더라도 그 규정은 무효이며, 이에 불구하고 정관을 변경할 수 있다.

본점의 지명이나 지번의 변경 등 정관이 어떠한 사실관계나 법령에 기초하고 있는 경우 그 기초관계가 변경되면 정관도 그에 따라 자동적으로 변경되나 그것은 상법상의 정관변경이 아니다.

회사의 동일성은 법인격이 존속하는 한 유지되는 것이므로 정관변경에 의해 회사의 동일성에 변화가 오는 것은 아니다.

II. 정관의 변경절차

1. 주주총회의 특별결의

(1) 결의요건

정관의 변경은 주주총회의 결의에 의하여야 한다(상433조 1항). 이 결의는 출석한 주주의 의결권의 3분의 2 이상의 수와 발행주식총수의 3분의 1 이상의 수로써 하여야 한다(상434조).

(2) 의안요령의 주주총회소집통지서 기재의무

정관의 변경에 관한 의안의 요령은 제363조(주주총회의 소집통지)에 따른 통지에 기재하여야 한다(상433조 2항). 예컨대 정관 몇 조를 어떠한 내용으로 변경한다는 것을 소집통지와 공고에 기재하여야 한다.

2. 종류주주총회의 결의

(1) 종류주주총회의 결의가 요구되는 경우

회사가 종류주식을 발행한 경우에 정관을 변경함으로써 **어느 종류주식의 주주에게 손해를 미치게 될 때**에는 주주총회의 결의 외에 그 종류주식의 주주의 총회의 결의가 있어야 한다(상435조 1항). 위 규정의 취지는 주식회사가 보통주 이외의 수종의 주식을 발행하고 있는 경우에 보통주를 가진 다수의 주주들이 일방적으로 어느 종류의 주식을 가진 소수주주들에게 손해를 미치는 내용으로 정관을 변경할 수 있게 할 경우에 그 종류의 주식을 가진 소수주주들이 부당한 불이익을 받게 되는 결과를 방지하기 위한 것이다.

종류주주총회는 정관변경 등의 사유로 특정 종류의 주주에게 손해를 미치게 될 때 해당 주주들만으로 열리는 총회를 말한다. 어느 종류의 주주에게 손해를 미치는 경우라 함은 우선주에 대한 배당률을 낮추는 경우 누적적 우선주를 비누적적 우선주로 한다든지 하는 경우 등을 말한다.

(2) 결의요건

종류주주총회의 결의는 **출석한 주주의 의결권의 3분의 2 이상**의 수와 **그 종류의 발행주식총수의 3분의 1 이상**의 수로써 하여야 한다(상435조 2항). 종류주주총회의 결의를 이와 다르게 정할 수 없다.

(3) 주주총회의 소집, 진행 등 절차의 준용

종류주주총회에서는 의결권 없는 주식도 의결권을 가지며, 의결권 없는 주식에 대한 규정을 제외하고는 주주총회에 관한 규정을 준용한다(상435조 3항).

3. 종류주주총회의 결의가 준용되는 경우의 특칙

종류주주총회의 결의는 신주의 인수나 병합, 분할, 소각, 합병으로 인한 신주배정 등에 관해 어느 종류의 주주에게 불리하게 정하는 경우와 회사의 분할 또는 분할합병, 주식교환, 주식이전 및 회사의 합병으로 인하여 어느 종류의 주주에게 손해를 미치게 될 경우에 준용한다(상436조).

불리해지는 주주들의 결의를 요하는 것은 예컨대 보통주에 우선주보다 많은 신주를 배정한다든지 보통주보다 우선주의 병합비율을 불리하게 한다든지 하는 경우를 말한다. 어느 종류의 주주에게 손해를 미치게 되는 경우란 예컨대 합병시 소멸회사, 주식교환이나 이전시의 완전자회사에서 보통주보다 우선주의 합병비율을 불리하게 정하는 경우 등이 그 예이다.

4. 종류주주총회 흠결의 효과

종류주주총회의 결의가 필요함에도 주주총회의 결의만으로 결의한 경우 그 효력에 대하여 다수설은 일반주주총회는 완전한 효력을 발생하지 못하고 부동적인 상태에 있다가 종류주주총회의 결의가 있으면 확정적으로 유효해지고 종류주주총회의 결의가 없으면 확정적으로 무효가 된다고 해석한다. 그러나 이에 대해 총회결의가 효력을 발생하기 위한 절차적인 요건을 결한 것이므로 취소사유가 된다는 견해도 있다.

5. 다른 회사와의 비교

(1) 합명 · 합자회사의 정관변경

사원의 개성이 중시되고 조합적 실체를 가지므로 총사원의 동의를 얻어야 한다.

(2) 주식회사의 정관변경

주총특별결의가 요구되며, 종류주주총회 결의도 필요한 경우에는 얻어야 한다. 다만 수권주식총수의 변경시에는 정관변경을 요하나 자본금 증감변경은 정관변경 사유가 아님에 유의해야 한다. 정관에는 주금액과 발행주식총수만이 기재되기 때문이다.

(3) 유한회사의 정관변경

사원총회특별결의가 필요하다(요건가중). 다만 자본금 총액이 정관의 절대적 기재사항이 되므로 주식회사와 달리 자본금의 증감은 정관변경사항이 된다.

(4) 유한책임회사의 정관변경

정관에 다른 규정이 없는 경우 총사원의 동의가 있어야 한다(상287조의16). 총사원의 동의를 필요로 하는 점에서는 합명회사의 경우와 같으나 정관에서 달리 정할 수 있다는 점에서는 다르다.

제6절 자본금의 감소

Ⅰ. 자본금 감소의 의의

회사의 자본금을 실질적으로 또는 계산상으로 감소시키는 것을 말하며, 법정절차에 의하여만 가능하다.

실질적인 자본금 감소란 자본금의 감소와 더불어 일정한 금액을 주주에게 되돌려줌으로써 회사의 순자산도 같이 감소시키는 것인데 현재의 자본금이 과잉이므로 이를 주주에게 돌려줄 목적 또는 회사해산을 예상하고 합병절차를 간편하게 할 목적 등 다양한 계기에 의해 이루어진다.

계산상(명목상)의 자본금 감소란 자본금만 줄이고 순자산은 사외에 유출시키지 않는 것인데 자본금의 결손이 있으나 당분간 회복할 가망이 없는 회사에서 자본금을 순자산에 부합하도록 하기 위해 하는 경우가 대부분이다.

Ⅱ. 자본금 감소의 방법

1. 주금액의 감소

발행주식수는 줄이지 않으면서 주식의 액면가만을 낮추는 방법이다. 예컨대 액면 5,000원인 주식을 액면 500원으로 하는 경우이다. 따라서 언제나 정관변경이 요구되며, 액면가는 균일하므로 모든 주주에게 평등하게 적용된다.

이 경우 감소되는 액면차액 4,500원을 주주에게 환급하면 실질상의 감자를 하는 것이 되지만, 회사손실을 명목상으로만 감자로 처리하는 경우에는 결국 주주의 손실이 되므로 이를 절기(切棄)라고 한다.

2. 주식수의 감소방법

(1) 주식의 소각

일정한 주식을 절대적으로 소멸시키는 행위이다. 소각을 동의한 주주의 주식에 대해서만 할 수도 있고(임의소각), 동의에 관계없이 회사가 일방적으로 할 수도 있다(강제소각). 또한 대가의 지급 여부에 따라 주금을 지급하는 유상소각과 지급하지 않는 무상소각이 있다. 따라서 임의・무상소각, 임의・유상소각, 강제・무상소각, 강제・유상소각의 4가지 조합이 가능한데, 상법상으로 임의・무상소각은 인정되기 어렵다. 다만 주주 간 임의・무상소각이 있으면 세법상으로 이를 증여로 보아 증여세를 과세하는 경우가 많이 발생한다.

(2) 주식의 병합

수 개의 주식을 합하여 그보다 적은 수의 주식으로 바꾸는 행위이다. 예컨대 10주의 주식을 합하여 7주의 신주식으로 하는 경우이다. 그러나 이 경우 10주 이상을 가진 주주만이 병합가능하고 10주 미만을 가진 자는 단주가 발생하게 된다. 즉 100주를 가진 주주는 70주가 되는데, 19주를 가진 주주는 10주에 대해서는 7주가 병합되지만 나머지 9주에 대해서는 병합이 허용되지 않아 단주가 된다. 그 결과 소수주주의 지분율이 감소한다.

이러한 주식병합은 소수파 축출수단으로 악용될 수 있으므로 결국 소수주주를 어떻게 보호할 것인가의 문제가 제기된다. 해석상으로는 비율에 의하여 주식병합이 되는 것으로 보아 예컨대 19×10분의 7=13.03으로 되어 13주를 부여하고 0.3주의 단주가 생기는 것으로 처리해야 할 것이다.

Ⅲ. 자본금 감소의 절차

1. 자본금 감소의 결의

자본금의 감소에는 주주총회의 특별결의가 있어야 한다(상438조 1항). 특히 회사의 자본금 구조의 변경을 초래하는 것이기 때문이다. 결손의 보전(補塡)을 위한 자본금의 감소는 주주총회의 보통결의(출석한 주주의 의결권의 과반수와 발행주식총수의 4분의 1 이상의 수)에 의한다(상438조 2항). 결손전보를 위한 자본금 감소의 경우에는 주주에 대한 출자반환이 이루어지지 않음에도 절차적 요건이 과중하므로 2011년 상법개정시 그 절차를 완화한 것이다.

자본금의 감소에 관한 의안의 요령은 주주총회의 소집통지에 적어야 한다(상438조 3항). 주식의 병합이나 소각에 관하여 주식의 종류에 따라 다른 정함을 함으로써 어느 종류의 주주가 손해를 받게 되는 경우에는 종류주주총회의 결의가 필요하다.

2. 자본금 감소방법의 결정

(1) 결정방법

자본금 감소의 주주총회 특별결의에서는 그 감소의 방법을 정하여야 한다(상439조 1항). 예컨대 감소방법으로 주금액을 감소시키는 경우에는 정관변경도 필요하지만 그 밖의 경우에는 정관변경이 필요하지 않다.

(2) 채권자에 대한 이의의 최고 등

회사는 자본금 감소결의일로부터 2주간 내에 1월 이상의 기간을 정하여 이의를 제출할 것을 공고하여야 한다. 이의제출기간 내에 이의가 없으면 자본금 감소를 승인한 것으로 보아 감소절차를 속행한다. 이의가 있으면 회사는 채무를 변제하거나 상당한 담보를 제공하는 등의 조치를 취하여야 한다(상439조 2항 본문). 결손의 보전을 위하여 자본금을 감소하는 경우에는 그러하지 아니하다(2항 단서). 이의의 제출에는 특별한 방식을 요하지 않으며 구두나 서면으로 해도 된다. 회사가 이러한 절차를 밟지 않은 경우 이의제출채권자는 자본금 감소무효의 소를 제기할 수 있다.

(3) 사채권자의 이의방법에 대한 특칙

사채권자가 이의를 제기하려면 사채권자집회의 결의가 있어야 한다. 이 경우에는 법원은 이해관계인의 청구에 의하여 사채권자를 위하여 이의제기기간을 연장할 수 있다(상439조 3항).

▌ 무상소각에 의한 자본금 감소 및 주권제출 공고의 예

자본금 감소 및 주권제출 공고

당 회사는 2019년 5월 19일 임시주주총회에서 자본금의 총액 금 10억원 중 금 8억원을 감소하여 금 2억원으로 하고 발행주식의 총수 2백만주를 40만주로 각각 변경하면서 1주의 금액 금 500원의 주식 160만주에 대하여 안분비례에 기준하여 무상소각하기로 결의하였으므로 본 자본금 감소에 이의가 있는 채권자 및 주주께서는 본 공고일로부터 1개월 이내에 이의 및 구주권을 제출하시기 바랍니다.

2019년 5월 23일
주식회사 갑을엔지니어링
서울 서초구 방배동 100 대표이사 한국남

3. 주식병합에 의한 자본금 감소절차의 특칙

(1) 주권제출을 위한 공고, 통지

주식을 병합할 경우에는 회사는 1월 이상의 기간을 정하여 그 뜻과 그 기간 내에 주권을 회사에 제출할 것을 공고하고 주주명부에 기재된 주주와 질권자에 대하여는 각별로 그 통지를 하여야 한다(상440조).

(2) 주식병합의 효력발생시기

주식의 병합은 주권제출기간이 만료한 때에 그 효력이 생긴다. 그러나 이의기간 및 이의에 따른 담보제공 등의 후속절차가 종료하지 아니한 때에는 그 종료한 때에 효력이 생긴다(상441조). 주식병합의 효력은 전체 주주에 대해 통일적으로 발생해야 하므

로 주주의 주권제출 유무에 관계없이 발생한다.

(3) 주권제출을 할 수 없는 자에 대한 신주권 교부방법

주식을 병합하는 경우에 구주권을 회사에 제출할 수 없는 자가 있는 때에는 회사는 그 자의 청구에 의하여 3월 이상의 기간을 정하고 이해관계인에 대하여 그 주권에 대한 이의가 있으면 그 기간 내에 제출할 뜻을 공고하고 그 기간이 경과한 후에 신주권을 청구자에게 교부할 수 있다. 이 공고의 비용은 청구자의 부담으로 한다(상442조 1항, 2항). 이 절차는 마치 주권을 분실한 자가 공고절차를 거치면 마치 공시최고에 의한 제권판결을 받은 것과 비슷한데, 이 공고에 제권판결에 갈음하는 효력을 줄 수는 없으며 신주권을 교부받은 자가 주주권을 취득한다고 볼 수도 없다. 실제의 권리자인지 여부는 별도로 다루어지게 된다. **단주의 금액을 배분할 경우에도 주권을 제출할 수 없는 자가 있는 경우에는 같은 절차에 의한다**(상443조 2항)

(4) 단주가 있는 경우의 처리

병합에 적당하지 아니한 수의 주식이 있는 때에는 **그 병합에 적당하지 아니한 부분에 대하여 발행한 신주를 경매하여 각 주수에 따라 그 대금을 종전의 주주에게 지급하여야 한다**. 그러나 거래소의 시세 있는 주식은 거래소를 통하여 매각하고, 거래소의 시세 없는 주식은 법원의 허가를 받아 경매 외의 방법으로 매각할 수 있다(상443조 1항).

Ⅳ. 자본금 감소의 효력

1. 효력발생시기

병합 · 강제소각의 경우는 주권의 제출기간이 만료된 때에, 임의소각의 경우에도 채권자보호절차를 밟아야 하므로 회사가 소각을 위하여 취득한 주식을 회사가 소멸시킨 때에 자본금 감소의 효력이 생긴다.

2. 미발행주식과의 관계

소각이나 병합에 의해 발행주식수가 감소하는데, 이 부분은 이사회에 의한 신주발행권한의 행사에 의하여 발행된 주식이므로, 즉 이사회가 수권된 발행권한을 이미 행사했던 것이므로 이중으로 수권할 수 없어 재발행할 수 없다(통설). 자본금이 감소되더라도 발행예정주식총수에는 변함이 없다.

3. 감자차익의 처리

자본금 감소의 경우에 그 감소액이 주식의 소각, 주금의 반환에 요한 금액과 결손의 전보에 충당한 금액을 초과한 경우의 초과액인 감자차익은 자본준비금으로 적립한다.

4. 질권의 효력

액면가가 감액되는 경우 주식의 동일성이 달라지는 것은 아니므로 질권에는 영향이 없고 다만 신주권과 교환하면 된다. 소각 · 병합으로 인해 받는 주식이나 금액에 대해서도 질권이 미치며 등록질권자는 그 금전으로 우선하여 변제에 충당할 수 있다.

5. 자본금 감소의 등기

자본금 감소로 인해 등기사항에 변동이 생기므로 변경등기를 해야 한다. 자본금 감소의 효력은 주식의 소각이나 병합절차가 종료함으로써 생기는 것이지 등기에 의해 발생하는 것은 아니다.

V. 자본금 감소의 무효

1. 자본금 감소의 무효원인

법률상 명문규정은 없다. 그러나 ① 자본금 감소를 위한 주주총회의 결의에 하자가 있는 경우, ② 채권자보호절차를 밟지 않은 경우, ③ 자본금 감소의 방법 기타 절차에 있어 주식평등의 원칙에 반하는 경우, ④ 기타 법령이나 정관에 위반하거나 현저히 불공정한 경우에 무효원인이 된다.

2. 자본금 감소무효의 소

(1) 제소권자 및 주장방법

자본금 감소의 무효는 주주 · 이사 · 감사 · 청산인 · 파산관재인 또는 자본감소를 승인하지 아니한 채권자만이 자본금 감소로 인한 변경등기가 있은 날로부터 6월 내에 소만으로 주장할 수 있다(상445조). 주주에는 자본금 감소에 의하여 자기가 가지는 주식 전부를 소각당한 자도 포함된다. 자본금 감소를 승인하지 아니한 채권자는 채권자 보호절차에 하자가 있는 것을 이유로 하는 경우에 한하는 것이며 따라서 소 제기 후라도 채권자가 회사로부터 변제를 받았다면 소의 이익이 없으므로 제소할 수 없다고 본다. 회사를 피고로 하되 변경등기가 있은 날로부터 6월 내에 제기하여야 한다.

(2) 준용규정

제186조(전속관할), 제187조(소제기의 공고), 제188조(소의 병합심리), 제189조(하자의 보완등과 청구의 기각), 제190조 본문(판결의 대세적효력), 제191조(패소원고의 책임), 제192조(등기방법) 및 제377조(제소주주의 담보제공의무)의 규정은 제445조의 소에 관하여 이를 준용한다(상446조). 즉 신주발행무효의 소 규정과 동일하다.

다만 신주발행무효의 소에는 불소급효를 인정하는 별도의 규정이 있으나(상431조), 자본금 감소무효의 소에는 별도의 규정이 없다. 즉 자본금 감소무효의 소에는 소급효가 인정됨을 주의해야 한다.

(3) 무효판결의 효과

자본금 감소가 무효로 됨에 따라 자본금은 감소 이전의 상태로 회복하고, 액면가를 감액한 경우에는 감소 전의 액면가로 회복된다. 소각된 주식은 부활하며, 병합된 주식은 병합 전의 주식으로 분할된다.

제7절 주식회사의 회계

I. 총설

회사의 회계라 함은 회사가 주체가 되어 일정한 결산기를 단위로 회사의 자산상태와 수익을 인식·평가하고, 수익 또는 손실을 처리하기 위한 의사결정을 하는 일련의 행위를 말한다. 주식회사 자산은 회사채무의 유일한 담보가 되므로 회사의 재무관계에 대한 공시 및 그에 따른 통제규정이 필요하다. 그리하여 상법은 계산에 필요한 조직법적 절차를 정함과 동시에 회사의 재산적 기초를 유지하도록 할 목적으로 회사의 회계규정을 두고 있다.

예컨대 계산서류로서 재무제표를 규정하면서 그 서류들의 확정절차를 규정하고 있고(상447조, 449조), 회사의 재산적 기초를 유지하여 자본금충실의 이념에 봉사하도록 할 목적으로 준비금의 적립을 강제하고(상458조) 그 사용을 제한하며(상460조), 배당의 요건을 규정하고 있다. 또한 주주의 회계장부열람권(상467조)이나 주주권의 행사와 관련한 회사의 이익공여금지(상467조의2) 등을 인정함으로써 주주의 감독기능도 규정하고 있다.

한편 2011년 개정상법에서는 상법의 회계규정을 대폭 삭제하고 "회사의 회계는 이 법과 대통령령으로 규정한 것을 제외하고는 일반적으로 공정하고 타당한 회계관행에 따른다"는 회계의 원칙규정을 신설하였다(상446조의2). 상법에 회계에 일반규정을 두어 추후 변화하는 회계관행에 신속하게 대응하기 위한 것이다.

이에 따라 제452조(자산의 평가방법), 제453조(창업비의 계상), 제453조의2(개업비의 계상), 제454조(신주발행비용의 계상), 제455조(액면미달금액의 계상), 제456

조(사채차액의 계상), 제457조(배당건설이자의 계상), 제457조의2(연구개발비의 계상)는 삭제하고, 상법에는 회계서류의 종류와 자본금·준비금·배당지원 등 기본적인 사항만을 남겨 두고 있다.

Ⅱ. 주식회사의 회계서류

1. 재무제표와 영업보고서

(1) 재무제표의 의의 및 작성의무자

이사는 결산기마다 ① 대차대조표, ② 손익계산서, ③ 그 밖에 회사의 재무상태와 경영성과를 표시하는 것으로서 대통령령으로 정하는 서류와 그 부속명세서를 작성하여 이사회의 승인을 얻어야 한다(상447조 1항). 대통령령으로 정하는 회사의 이사는 연결재무제표(聯結財務諸表)를 작성하여 이사회의 승인을 받아야 한다(상447조 2항).

대차대조표(貸借對照表, balance sheet) 또는 재무상태표는 기준일(영업연도 말)에 있어서의 기업의 재무상태를 명확히 보고하기 위하여 기준일 현재의 회사의 모든 자산을 차변(왼쪽)에, 자본금(주주의 청구권) 및 부채(채권자의 청구권)를 대변(오른쪽)에 기재하는 방식으로 작성하는 재무제표이다. 차변의 자산금액이 대변의 자본금 및 부채금액보다 크면 그 차액만큼 당기순이익이 발생한 것이 되며, 작은 경우에는 당기순손실이 발생한 것이 된다. 이러한 당기순이익(순손실)은 아래의 손익계산서로부터 도출된다.

손익계산서는 기업의 영업기간 중의 경영성과를 표시하기 위하여 그 기간 중의 모든 수익과 이에 대응하는 비용을 차감하는 형식으로 하여 표시된 재무제표를 말한다.

종전 이익잉여금처분계산서 또는 결손금처리계산서를 "그 밖에 회사의 재무상태와 경영성과를 표시하는 것으로서 대통령령으로 정하는 서류"로 규정한 것은 위 재무제표 이외에도 기업회계기준상 현금흐름표와 자본명세서 등도 포함시키기 위한 입법이다.

(2) 영업보고서의 작성의무자 및 기재사항

이사는 매결산기에 영업보고서를 작성하여 이사회의 승인을 얻어야 한다(상447조의2 1항). 영업보고서에는 대통령령이 정하는 바에 의하여 영업에 관한 중요한 사항을 기재하여야 한다(상447조 2항). 즉 영업보고서는 재무제표는 아니지만 영업에 관한 중요한 사항을 기재한 일종의 설명서이므로 주주총회에 제출하여 내용을 보고하여야 하지만 그 승인을 요하는 것은 아니다.

(3) 감사에 대한 제출의무

이사는 정기총회회일의 6주간 전에 재무제표 및 영업보고서를 감사에게 제출하여야 한다(상447조의3).

2. 감사보고서

(1) 작성의무자 및 작성기간

감사는 재무제표와 영업보고서를 받은 날로부터 4주간 내에 감사보고서를 이사에게 제출하여야 한다(상447조의4 1항).

(2) 기재내용

감사보고서에는 감사방법의 개요와 재무제표작성의 정확 여부, 이사의 직무수행에 관하여 부정한 행위 또는 법령이나 정관의 규정에 위반하는 중대한 사실이 있는 경우에는 그 사실 등의 사항을 기재하여야 한다(상447조의4 2항). 감사(監事)가 감사(監査)를 하기 위하여 필요한 조사를 할 수 없었던 경우에는 감사보고서(監査報告書)에 그 뜻과 이유를 적어야 한다(상447조의4 3항).

3. 재무제표, 영업보고서, 감사보고서의 비치 및 공시

(1) 비치기간 및 장소

이사는 정기총회회일의 1주간 전부터 재무제표와 영업보고서, 감사보고서를 본점에 5년간, 그 등본을 지점에 3년간 비치하여야 한다(상448조 1항).

(2) 열람 및 등초본교부청구

주주와 회사채권자는 영업시간 내에 언제든지 재무제표와 영업보고서, 감사보고서를 열람할 수 있으며 회사가 정한 비용을 지급하고 그 서류의 등본이나 초본의 교부를 청구할 수 있다(상448조 2항).

4. 재무제표 등의 승인 및 공고

(1) 재무제표에 대한 정기총회의 승인절차

1) 이사의 승인 요구

이사는 재무제표를 정기총회에 제출하여 그 승인을 요구하여야 한다(상449조 1항).

2) 승인 후의 대차대조표 공고의무

이사는 재무제표에 대한 총회의 승인을 얻은 때에는 지체 없이 대차대조표를 공고하여야 한다(상449조 3항).

(2) 정기총회에 대한 이사의 영업보고서 내용 보고의무

이사는 영업보고서를 정기총회에 제출하여 그 내용을 보고하여야 한다(상449조 2항).

(3) 재무제표 등의 승인에 대한 특칙

회사는 정관으로 정하는 바에 따라 재무제표를 이사회의 결의로 승인할 수 있다. 다만, 이 경우에는 재무제표가 법령 및 정관에 따라 회사의 재무상태 및 경영성과를 적정하게 표시하고 있다는 외부감사인의 의견이 있을 것, 감사(감사위원회 설치회사의 경우에는 감사위원을 말한다) 전원의 동의가 있을 것이라는 요건을 모두 충족하여야 한다(상449조의2 1항). 이때 이사회가 승인한 경우에는 이사는 재무제표의 내용을 주주총회에 보고하여야 한다(상449조의2 2항). 이처럼 2011년 상법개정으로 정관이 정하는 바에 따라 일정한 요건을 갖춘 경우에는 재무제표 확정의 승인을 이사회의 결의로 할 수 있게 함에 따라 배당의 결정을 원칙적으로 주주총회의 권한으로 하면서 예외적으로 재무제표 승인을 이사회가 하는 회사에 한하여는 이사회에서 배당을 결정할 수 있게 되었다(상462조 2항).

5. 재무제표 승인의 효력

(1) 재무제표의 확정

따라서 주주의 배당금지급청구권도 확정된다.

(2) 이사, 감사의 책임 해제의 기준점

정기총회에서 **재무제표의 승인을 한 후 2년 내에 다른 결의가 없으면 회사는 이사와 감사의 책임을 해제한 것으로 본다.** 그러나 **이사 또는 감사의 부정행위가 있는 경우에는 면제되지 않는다**(상450조). 책임의 해제는 재무제표 등을 통해 알 수 있는 사항에 한한다.

상호신용금고의 대표이사가 충분한 담보를 확보하지 아니하고 동일인 대출한도를 초과하여 대출한 것은 재무제표 등을 통하여 알 수 있는 사항이 아니므로 정기총회에서 재무제표 등을 승인한 후 2년 내에 다른 결의가 없었다고 하여 대표이사의 손해배상책임이 해제되었다고 볼 수 없다(판례).

위 상법 제450조는 이사 등의 회사에 대한 책임에 관한 규정으로서 이사 등의 제3자에 대한 책임에 대하여는 적용되지 아니한다. 그리고 주식회사의 감사가 실질적으로 감사로서의 직무를 수행할 의사가 전혀 없으면서도 자신의 도장을 이사에게 맡기는 등의 방식으로 그 명의만을 빌려줌으로써 회사의 이사로 하여금 어떠한 간섭이나 감독도 받지 않고 재무제표 등에 허위의 사실을 기재한 다음 그와 같이 분식된 재무제표 등을 이용하여 거래상대방인 제3자에게 손해를 입히도록 묵인하거나 방치한 경우 감사는 악의 또는 중대한 과실로 인하여 임무를 해태한 때에 해당하여 그로 말미암아 제3자가 입은 손해를 배상할 책임이 있다(대법원 2008.2.14. 선고 2006다82601 판결 등).

Ⅲ. 주식회사의 자본금

주식회사의 자본금은 상법에서 달리 규정한 경우 외에는 발행주식의 액면총액으로 한다(상451조 1항). 다만 예외적으로 이익소각이나 상환주식의 상환의 경우 주식수와 그 액면총액이 감소하지만 자본금 감소의 절차를 밟지 않으므로 자본금의 액이 감소하지 않는다. 이때 자본금과 주식 간의 등식이 깨어진다. 자본금은 등기사항이지만 정관의 기재사항은 아니다.

한편 회사가 무액면주식을 발행하는 경우 회사의 자본금은 주식발행가액의 2분의 1 이상의 금액으로서 이사회(제416조 단서에서 정한 주식발행의 경우에는 주주총회를 말한다)에서 자본금으로 계상하기로 한 금액의 총액으로 한다. 이 경우 주식의 발행가액 중 자본금으로 계상하지 아니하는 금액은 자본준비금으로 계상하여야 한다(상451조 2항). 회사의 자본금은 액면주식을 무액면주식으로 전환하거나 무액면주식을 액면주식으로 전환함으로써 변경할 수 없다(상451조 3항).

Ⅳ. 주식회사의 준비금

1. 준비금의 의의 및 종류

자산에서 부채를 공제한 회사순자산이 회사의 자본금을 초과하는 금액 중에서 회사에 적립된 금액을 말한다. 이는 일종의 기업저축이라고 할 수 있다. 이러한 준비금은 적립근거에 따라 법정준비금과 임의준비금으로 나뉘며, 법정준비금은 다시 그 재원의 성질에 따라 매결산기의 이익을 재원으로 하는 이익준비금과 자본금계정에서의 초과익 등을 재원으로 하는 자본준비금으로 나뉜다.

2. 법정준비금

(1) 이익준비금

1) 이익준비금의 의의

매결산기의 이익을 재원으로 하여 회사에 유보되는 준비금을 말한다.

2) 적립방법 및 한도

회사는 그 자본금의 2분의 1에 달할 때까지 매결산기의 이익배당액의 10분의 1 이상의 금액을 이익준비금으로 적립하여야 한다(상458조 본문). 즉 매 영업연도에 금전으로 배당하기로 결정한 배당액의 10분의 1씩을 반드시 적립해야 한다. 그 합계액이 자본의 2분의 1에 도달하게 되면 이익준비금의 적립의무는 소멸하게 된다. 2011년 상법개정시 제462조의4의 신설로 현물배당을 인정하게 됨에 따라 "금전에 의한 이익배당액" 중 "금전에 의한"이란 표현을 삭제하였다.

주식배당의 경우에는 이익준비금을 적립하지 않아도 된다(상458조 단서). 주식배당은 새로이 주식을 발행하여 주주에게 그 지분비율에 따라 무상으로 배당하는 것이다. 이는 배당가능이익을 재원으로 하지만 현금의 사외유출을 수반하지 않기 때문에 2011년 상법개정시 이익준비금 적립대상에서 제외하였다.

(2) 자본준비금

1) 자본준비금의 의의

자본금 계정에서의 초과액 등을 재원으로 회사에 유보되는 준비금을 말한다.

2) 자본준비금에 해당하는 자본거래 및 유보액

자본준비금은 영업활동 이외의 자본거래에서 발생한 자본잉여금을 재원으로 하여 적립되는 법정준비금으로 그 자체가 잉여자본으로서 자본금의 성질을 갖고 있기 때문에 적립이 강제된다(상459조 1항).

회사는 자본거래에서 발생한 잉여금을 대통령령으로 정하는 바에 따라 자본준비금으로 적립하여야 한다(상459조 1항). 2011년 상법개정 전에는 자본준비금의 재원을 열거하였으나, 법개정으로 자본준비금으로 적립해야 할 자본잉여금을 법률에서 구체적으로 열거하지 아니하고 대통령령으로 규정하도록 위임하고 있다. 일반적으로 자본준비금의 항목이 회계상 자본잉여금과 반드시 일치하는 것이 아니고 법률에 구체적인 회계규정을 두지 않는 세계적 추세와 기업회계기준과의 일치를 고려하여 추후 변화하는 회계관행에 신속·적절히 대응할 수 있도록 하기 위한 것이다. 회사는 회계기준에 따라 자본잉여금을 자본준비금으로 적립하여야 한다(상법시행령 18조).

여기에서는 법개정 전 열거된 사항을 함께 소개한다.

① 주식발행초과금 : 액면 이상의 주식을 발행한 때에는 그 액면을 초과한 금액

② 교환차익 : 주식의 포괄적 교환을 한 경우에는 제360조의7에 규정하는 자본증가의 한도액이 완전모회사의 증가한 자본액을 초과한 경우의 초과액

③ **이전차익** : 주식의 포괄적 이전을 한 경우에는 제360조의18에 규정하는 자본의 한도액이 설립된 완전모회사의 자본액을 초과한 경우의 그 초과액

④ **감자차익** : 자본감소의 경우에 그 감소액이 주식의 소각, 주금의 반환에 요한 금액과 결손의 전보에 충당한 금액을 초과한 때에는 그 초과금액

⑤ **합병차익** : 회사합병의 경우에 소멸된 회사로부터 승계한 재산의 가액이 그 회사로부터 승계한 채무액, 그 회사의 주주에게 지급한 금액과 합병 후 존속하는 회사의 자본증가액 또는 합병으로 인하여 설립된 회사의 자본액을 초과한 때에는 그 초과금액

⑥ **분할합병차익** : 제530조의2의 규정에 의한 분할 또는 분할합병으로 인하여 설립된 회사 또는 존속하는 회사에 출자된 재산의 가액이 출자한 회사로부터 승계한 채무액, 출자한 회사의 주주에게 지급한 금액과 설립된 회사의 자본액 또는 존속하는 회사의 자본증가액을 초과한 때에는 그 초과금액

⑦ **기타 자본거래에서 발생한 잉여금** : 자본보전을 목적으로 제공된 자산수증이익과 채무면제이익, 자기주식처분이익과 그 밖의 기타 자본잉여금을 말한다.

3) 합병, 분할차익금의 승계에 관한 특례

합병, 분할 또는 분할합병의 경우 소멸 또는 분할되는 회사의 이익준비금이나 그 밖의 법정준비금은 합병, 분할, 분할합병 후 존속되거나 새로 설립되는 회사가 승계할 수 있다(상459조 2항). 합병차익에 포함된 이익준비금 기타 법정준비금을 그 준비금의 목적이나 용도에 그대로 사용하기 위하여 같은 명목의 준비금으로 승계할 수 있도록 한 것이다. 이를 인정하지 않으면 합병차익 전부를 자본준비금으로 적립해야 하므로 소멸회사가 적립한 이익준비금이나 다른 법에 의한 법정준비금을 별도로 적립해야 하는 문제가 발생하기 때문이다. 승계하는 경우 자본준비금은 자본준비금으로, 이익준비금은 이익준비금으로 승계해야 하며, 이러한 승계는 법정준비금에만 인정되고 임의준비금에는 인정되지 않는다.

(3) 법정준비금의 사용 제한

1) 자본금 결손의 전보충당

법정준비금은 자본금의 결손전보에 충당하는 경우 외에는 처분하지 못한다(상460조). 결손이란 결산기 말의 순자산액이 자본금과 법정준비금에 미달하는 것을 말한

다. 임의준비금에 의하여 전보가 가능하다면 이를 결손이라고 할 수 없다. 법정준비금의 사용 여부는 회사의 임의이므로 결손을 전보하지 않고 그대로 이월결손금으로 처리해도 무방하며, 결손의 전보 여부는 재무제표를 승인하는 주주총회에서 결정된다.

2) 충당의 순서

2011년 상법개정 전에는 자본의 결손전보를 위하여 법정준비금을 사용하는 경우 이익준비금을 자본의 결손전보에 먼저 충당하고 부족한 경우 자본준비금을 사용하도록 순서를 제한하고 있었다(상460조 2항). 법개정시 이러한 사용순서를 폐지하여 준비금의 사용을 유연화하였다.

3. 준비금의 자본금전입

(1) 대상이 되는 준비금

법정준비금만이 해당된다. 임의준비금은 주주에게 배당할 이익의 성질을 가지므로 이를 자본금에 전입하여 배당할 수 없는 자본금으로 고정화한다면 주주의 이익배당청구권을 해칠 수 있으므로 임의준비금의 자본금전입은 인정되지 않는다. 또 자본금에 전입할 수 있는 준비금은 직전 결산기의 대차대조표에 의하여 확정된 준비금에 한하고, 결손을 전보한 잔액에 한하여 전입할 수 있다. 따라서 자본금전입은 어느 때라도 할 수 있으나 영업연도 중간에 발생한 준비금은 자본금전입의 대상이 되지 않는다.

(2) 전입절차

1) 이사회에 의한 자본금 전입 결정

회사는 이사회의 결의에 의하여 준비금의 전부 또는 일부를 자본금에 전입할 수 있다. 그러나 정관으로 주주총회에서 결정하기로 정한 경우에는 그러하지 아니하다(상461조 1항). 통상의 신주발행이 이사회의 결의사항이므로 이와 균형을 맞추기 위해 이사회의 결의를 원칙으로 하였으나 준비금을 자본금에 전입하면 주주의 배당가능이익을 감소시키는 원인이 되므로 주주들이 스스로 전입여부의 의사결정권을 갖고자 하면 정관으로 주주총회의 결의사항으로 하도록 한 것이다. 자본금전입의 한도에 대하여는 제한이 없다.

2) 무상신주의 발행

준비금을 자본금에 전입하는 경우에는 주주에 대하여 그가 가진 주식의 수에 따라 주식을 발행하여야 한다. 이 경우 1주에 미달하는 단수에 대하여는 이를 매각한 금액을 단주의 주주에게 분배한다(상461조 2항). 자본금전입에 따라 자본금이 증가하므로 이를 액면가로 나눈 수의 신주를 발행하여야 하며, 이 경우 각 주주에 대하여 그가 가진 주식의 수에 따라 발행한다. 이 경우 주주는 별도의 신주인수 절차 없이 주주가 되므로 제3자가 신주인수권을 가질 여지가 없다. 신주의 발행은 발행예정주식총수에 여분이 있는 경우 그 범위 내에서만 가능하며 액면가로 발행한다. 준비금의 자본금전입은 내부의 유보자금을 액면가로 환산하여 신주를 무상으로 발행하는 것이므로 보통주주에게나 우선주주에게나 모두 보통주식으로 발행해야 한다. 회사의 자기주식에 대하여는 신주의 무상교부가 인정되지 않는다고 본다.

3) 신주배정일의 지정 및 공고

준비금의 자본금전입에 관한 이사회의 결의가 있은 때에는 회사는 일정한 날(=배정기준일)을 정하여 그날에 주주명부에 기재된 주주가 신주의 주주가 된다는 뜻을 그날의 2주간 전에 공고하여야 한다. 그러나 그 날이 주주명부폐쇄 기간 중인 때에는 그 기간의 초일의 2주간 전에 이를 공고하여야 한다(상461조 3항). 신주가 되는 시기는 이사회결의일이 아닌 배정기준일이다. 이사회의 결의는 주주가 즉시 알 수 없으므로 자본금전입을 예고해줌으로써 명의개서의 기회를 주고 주식의 양도에 유의하도록 하기 위하여 별도의 배정기준일을 따로 정하는 것이다. 주주총회결의에 의한 경우 주주에게 준비금의 전입사실이 통지되므로 결의일로부터 바로 주주가 된다.

(3) 자본금전입의 효과

1) 효력발생시기

① 이사회결의에 의한 경우 : 신주배정일

② 주주총회결의에 의한 경우 : 주주총회결의에 의하는 경우에는 주주총회의 결의가 있은 때로부터 신주의 주주가 된다(상461조 4항).

③ 이익배당에 관한 특례 : 이익배당에 관하여는 정관에 규정을 두어 직전 영업연도 말일에 신주가 발행된 것으로 볼 수 있다(상461조 6항).

2) 신주주 및 질권자에 대한 주식의 종류와 수 등 통지의무

준비금의 자본금전입에 의하여 신주의 주주가 된 때에는 이사는 지체 없이 신주를 받은 주주와 주주명부에 기재된 질권자에 대하여 그 주주가 받은 주식의 종류와 수를 통지하여야 한다(상461조 5항).

3) 신주에 대한 질권의 물상대위

종전의 주식을 목적으로 하는 질권은 등록질이든 약식질이든 신주 및 단주의 매각대금에 대해서 물상대위가 인정된다(상461조 7항).

(4) 위법한 자본금전입

이사회 또는 주주총회의 결의 없는 자본금전입, 결의에 하자가 있거나 결의는 유효하지만 준비금이 없었던 경우 등 자본금전입이 위법한 경우에는 효력이 없다. 준비금의 자본금전입은 준비금의 존재와 권한 있는 기관의 의사결정이 주요한 요소이므로 이러한 것 중 어느 하나를 결하면 당연 무효라고 해석할 수밖에 없기 때문이다.

4. 준비금의 감소

회사는 적립된 자본준비금 및 이익준비금의 총액이 자본금의 1.5배를 초과하는 경우에 주주총회의 결의에 따라 그 초과한 금액 범위에서 자본준비금과 이익준비금을 감액할 수 있다(상461조의2). 준비금의 용도가 결손전보와 자본전입으로 제한되어 준비금제도의 효용이 떨어진 실정에서 법정준비금의 사용에 탄력을 부여하기 위해 2011년 상법개정시 신설된 것이다.

Ⅵ. 주식회사의 이익배당

1. 이익배당의 요건

(1) 배당가능이익의 존재

회사는 대차대조표상의 **순자산액으로부터** 다음의 금액을 공제한 액을 한도로 하여 이익배당을 할 수 있다(상462조 1항).

① **자본금의 액**(=자본금) : 발행주식수×액면가액의 합계와 같음이 원칙이다.
② **그 결산기까지 적립된 자본준비금과 이익준비금의 합계액**(=법정준비금)
③ **그 결산기에 적립하여야 할 이익준비금의 액**(=배당액의 10분의 1 이상)
④ 대통령령으로 정하는 미실현이익 : 기업회계기준의 발생주의 적용시 당기순이익에 미실현이익이 포함되기 때문(2011년 법개정시 추가).

(2) 주주총회의 승인 원칙과 예외 : 재무제표의 승인으로 확정됨

이익배당은 주주총회의 결의로 정한다. 다만, 정관에 규정이 있고 일정한 요건을 갖추어 재무제표를 이사회가 승인하는 경우에는 이사회의 결의로 정한다(상462조 2항). 2011년 상법개정으로 일정한 경우 투자 및 자본조달정책을 관리하는 이사들이 배당을 결정할 수 있게 됨으로써 배당절차가 단축되고 의사결정과정이 보다 유연화해졌다.

(3) 배당가능이익에 의한 이익배당이 아닌 경우의 효력

1) 회사채권자에 의한 회사로의 반환청구

배당가능이익이 없음에도 이익을 배당한 때에는 회사채권자는 이를 회사에 반환할 것을 청구할 수 있다(상462조 3항). 이익배당은 배당가능이익이 있음을 전제로 하는 것이다. 따라서 배당가능이익이 없음에도 이익배당을 하거나 배당가능이익을 초과하여 이익배당을 하는 것은 위법한 배당으로서 당연무효이다. 이것은 회사의 자본충실을 해칠 뿐 아니라 사실상 자본금의 환급이기 때문이다.

한편 회사가 자산을 부당하게 높게 평가하거나 회사의 채무를 낮게 평가하는 방법에 의하여 실질적으로는 배당가능이익이 없으나 형식적으로는 배당가능이익이 있는 것처럼 회계장부를 조작하는 것을 분식결산이라고 하는데, 이에 의하여 이익배당이 된 경우에도 위법배당에 해당함은 물론이다. 이와 같은 위법배당이 있으면 이는 당연무효로서 배당을 받은 주주도 부당이득을 한 것이 된다. 따라서 채권자는 "주주가 받은 배당 전액"을 회사로 반환하도록 하는 청구권을 행사할 수 있도록 한 것이다.

청구의 방법은 청구권의 행사에 의할 수도 있고 소송에 의할 수도 있다. 이 경우 주주는 선의·악의를 불문하고 배당액을 회사에 반환해야 한다. 채권자는 위법한 배당 전액의 반환을 청구할 수 있으며 자기의 채권액에 국한하여 청구할 수 있는 것은 아니다.

2) 반환청구의 소의 관할

소에 의하여 반환청구를 하는 경우에는 회사의 본점소재지를 관할하는 지방법원에 제기해야 한다(상462조 4항). 채권자는 어떠한 방법으로든지 청구할 수 있으며 반드시 소에 의한 청구만이 인정되는 것이 아니다.

2. 이익배당의 방법 : 현금배당, 주식배당, 현물배당 등

현금으로 배당금을 지급하는 현금배당이 가장 흔한 형태로서 통상 이익배당이라고 하면 이것을 말한다. 상법상 자기회사의 주식을 새로이 발행하여 배당하는 주식배당도 인정한다. 한편 2011년 상법개정으로 현물배당이 가능해졌다(상462조의4). 대신 배당가능이익이 없더라도 일정한 요건에 따라 일정한도 내의 배당을 인정하는 건설이자배당은 삭제되었다(상463조).

3. 각종 배당의 비교

	이익배당	중간배당	주식배당
의의	영업 통한 당기순이익 배당	직전 영업연도 이익 사후배당	이익 일부를 신주식으로 배당
요건	• 배당가능이익 • 주총(예외적 이사회) 재무제표승인 • 지분에 따른 평등배당 • 승인결의일부터 1월 내 지급	• 영업연도가 1년인 주식(유한)회사 • 정관규정 • 1회에 한하여 • 이사회결의 • 금전 배당	• 배당가능이익 • 주총(예외적 이사회)의 재무제표 승인 • 이익배당총액의 2분의 1의 범위 내 • 수권주식범위 내 • 주식평등원칙 • 액면가 발행
효과	주총의 승인결의에 의하여 구체적 이익배당청구권으로 전화	• 직전 결산기 배당가능이익 없는 경우의 배당 : 위법배당 • 회사채권자는 위법한 중간배당을 받은 주주에 회사로의 반환청구 가능	• 자본금의 증가 • 배당결의가 있는 정기총회가 종료된 때로부터 주주가 된다 • 등록질권자의 권리는 배당주식에 효력 ○
기타	• 자기주식에는 부정	• 좌동	• 법적 성질은 이익배당(다수설, 주식분할설도 있음) • 좌동

4. 주식배당

(1) 배당방법의 결정 및 한도액

회사는 주주총회의 결의에 의하여 이익의 배당을 "새로이 발행하는 주식으로써" 할 수 있다. 그러나 주식에 의한 배당은 이익배당총액의 2분의 1에 상당하는 금액을 초과하지 못한다(상462조의2 1항). 주식배당을 최대한으로 하는 경우에도 금전배당액의 2분의 1까지만 허용되는 것이다. 상장법인의 경우 주식의 시가가 액면가 이상인 한 이익배당 전액을 주식배당으로 할 수 있다. 어쨌든 주식배당을 하는 경우 주식배당액만큼 회사의 자본금은 증가하게 된다.

주식배당을 하는 경우 신주식을 발행하므로 미발행수권주식의 범위 내에서만 발행할 수 있는 것은 통상의 신주발행과 같다. 미국의 경우 회사가 보유하는 자기주식으로도 주식배당을 할 수 있으나 상법상 자기주식에 의한 주식배당은 인정되지 않고 반드시 새로이 신주를 발행해야 한다.

현금배당에 따른 자금압박을 피하고 주식수의 증가에 따른 시장성 제고 등의 목적을 위하여 주식배당을 하게 된다.

(2) 발행가액

1) 권면액의 원칙

주식배당은 주식의 권면액(=액면액)으로 하며, 회사가 종류주식을 발행한 때에는 각각 그와 같은 종류의 주식으로 할 수 있다(상462조의2 2항). 본조의 해석에 관하여 다수설은 종래의 주식의 종류를 묻지 않고 종류주식에 대하여 종류주식의 주주에게 같은 종류의 주식을 발행하여도 무방하다고 해석하고 있으나 종전의 주식과 같은 종류의 주식으로 하는 것이 타당하다는 견해도 유력하다.

2) 단주가 있는 경우의 처리방법

주식으로 배당할 이익의 금액 중 주식의 권면액에 미달하는 단주가 있는 때에는 그 부분에 대하여는 발행한 신주를 경매하고 각 주수에 따라 대금을 주주에게 지급한다는 규정을 준용한다(상462조의2 3항).

(3) 주식배당의 효과

1) 주주가 되는 시기

주식으로 배당을 받은 주주는 주식배당의 결의가 있는 주주총회가 종결한 때부터 신주의 주주가 된다. 주식배당의 결정은 주주총회의 결의를 거쳐야 확정되므로 그 결의가 있는 주주총회가 종결한 때에 신주의 주주가 되는 것이다. 결의시로 하지 않는 것은 총회개최 중에 주식수의 변경이 발생하여 절차가 번잡해지기 때문이다. **이 경우 이익배당에 관하여는 직전 영업연도 말에 전환한 것으로 할 수 있다는 규정을 준용한다**(상462조의2 4항; 350조 3항 후단 준용).

2) 주주, 질권자에 대한 배당통지

이사는 주식배당의 결의가 있는 때에는 지체 없이 배당을 받을 주주와 주주명부에 기재된 질권자에게 그 주주가 받을 주식의 종류와 수를 통지하여야 한다(상462조의2 5항).

3) 배당신주에 대한 질권의 물상대위

등록질권자의 권리는 주식배당의 규정에 의해 주주가 받을 주식에 미친다. 이 경우 등록질권자는 회사에 대하여 그 주권의 교부를 청구할 수 있다(상462조의2 6항). 주식배당의 본질은 이익배당이며 약식질은 이익배당에 효력이 미치지 않는다고 보면 주식배당에는 약식질의 효력이 미치지 않는다.

(4) 위법한 주식배당의 효력

주식배당이 위법한 경우에는 이로 인해 발행된 신주의 효력이 아울러 판단되어야 하므로 신주발행무효의 소에 준하여 해결해야 한다(통설). 다만 주금의 납입이 행해지지 않았으므로 주금을 환급해주는 문제는 발생하지 않는다. 발행예정주식총수를 초과하는 발행이어서 무효가 되는 경우와 같이 이익배당 자체는 유효하지만 주식으로 환산하는 절차가 잘못된 경우에는 주식이 무효로 되는 대신 배당금을 지급해야 할 것이다. 어느 경우에나 소급효는 없으므로 판결시까지 배당된 신주가 유효함을 전제로 한 모든 행위는 유효하다.

5. 중간배당

(1) 중간배당의 의의

배당은 매 결산기 말에 함이 원칙이다. 그러나 결산기에 일시에 현금배당을 함으로써 자금압박 등이 오므로 이를 완화하기 위하여 영업연도 중의 1회에 한해서 중간배당을 할 수 있도록 하였다. 당기의 영업이익이 아니고 전년도 발생이익의 일부를 후불하는 것임에 유의해야 한다.

(2) 중간배당의 요건

연 1회의 결산기를 정한 회사는 영업연도 중 1회에 한하여 이사회의 결의로 일정한 날을 정하여 그날의 주주에 대하여 이익을 배당(중간배당)할 수 있음을 정관으로 정할 수 있다(상462조의3 1항). 연 2회의 결산기를 정한 회사는 중간배당을 할 수 없는데, 결국 이는 6개월을 주기로 하여 배당을 가능하게 하려는 입법의도로 만들어진 것이다. 중간배당을 받을 자격이 있는 주주는 정관이 정한 일정한 날의 주주이다. 2011년 상법개정으로 현물배당이 가능해지면서 중간배당에 대해 "금전으로 이익을 배당한다"는 부분에서 "금전으로" 부분이 삭제되었다.

(3) 중간배당가능이익의 한도

중간배당은 직전 결산기의 대차대조표상의 순자산액에서 다음 각호의 금액을 공제한 액을 한도로 한다(상462조의3 2항). ① 직전 결산기의 자본금의 액, ② 직전 결산기까지 적립된 자본준비금과 이익준비금의 합계액, ③ 직전 결산기의 정기총회에서 이익으로 배당하거나 또는 지급하기로 정한 금액, ④ 중간배당에 따라 당해 결산기에 적립하여야 할 이익준비금. 즉 직전 결산기에 관한 정기총회에서 이익잉여금을 처분하고 남은 잔액을 한도로 하여(=①+②+③의 액을 차감한 액수) 중간배당을 할 수 있는 것이므로 그 실질은 이익배당의 후급이라고 볼 수 있다.

(4) 중간배당의 제한과 이사의 책임

1) 중간배당이 금지되는 경우

회사는 당해 결산기의 대차대조표상의 순자산액이, 자본금과 적립된 법정준비금, 당기의 이익준비금의 합계액에 미치지 못할 우려가 있는 때에는 중간배당을 하여서는 아니된다(상462조의3 3항).

중간배당은 당해 영업연도의 결산시 이익이 날 것을 예상하여 직전 정기총회에서 이익잉여금을 처분하고 남은 잔액을 배당하는 것인데, 당해 결산기의 손익계산 결과 손실이 발생한다면 이는 결국 배당가능이익 없이 배당을 하는 것이 된다. 따라서 당해 결산기의 순자산액이 제462조 제1항 각호의 금액의 합계액에 이르지 못할 우려가 있을 때, 즉 순손실이 발생할 우려가 있을 때에는 중간배당을 할 수 없도록 하는 것이다. 결국 중간배당은 최소한 당기에 손실이 발생하지 않을 것이라는 확신이 있는 상황에서나 가능한 것이다.

2) 이사의 배당차액배상책임

당해 결산기 대차대조표상의 순재산액이 제462조 제1항 각호의 금액의 합계액에 미치지 못함에도 불구하고(=배당가능이익이 없음에도) 중간배당을 한 경우 이사는 회사에 대하여 연대하여 그 차액(배당액이 그 차액보다 적을 경우에는 배당액)을 배상할 책임이 있다. 다만, 이사가 제3항의 우려가 없다고 판단함에 있어 주의를 게을리하지 아니하였음을 증명한 때에는 그러하지 아니하다(상462조의3 4항). 즉 책임을 면하려는 이사가 무과실의 입증책임을 부담한다.

3) 이사회결의에 의한 경우의 이사책임 및 책임의 면제와 그 반환

이사회의 중간배당결의에 찬성한 이사도 연대하여 책임을 지며, 이는 총주주의 동의로 면제할 수 있다. 당기 결산기에 손실이 발생할 우려가 있음에도 불구하고 중간배당을 한 경우에는 채권자는 주주에게 배당금의 반환을 청구할 수 있다(상462조의3 6항).

(5) 이익배당규정과의 관계

중간배당에 대하여는 이익배당에 관한 규정을 준용하고 있으며(상462조의3 5항). 이를 정리하면 다음과 같다.

① 등록질권자는 입질된 주식에 대한 이익배당을 받아 자기채권의 변제에 충당할 수 있는데, 중간배당에 대해서도 같은 권리를 행사할 수 있다.

② 회사는 이익이나 이자의 배당에 관해 내용이 다른 종류주식을 발행할 수 있는데, 이때의 이익배당에는 중간배당을 포함한다. 무의결권주의 의결권 부활에 있어서도 중간배당을 이익배당으로 본다.

③ 영업연도 중에 발행한 주식에 대하여는 중간배당을 하지 않으나 정관에 규정을 두어 직전 사업연도 말에 발행된 것으로 보아 다른 주식과 동일하게 배당

할 수 있으며, 이것은 통상의 신주를 발행한 경우나 준비금을 자본전입한 경우, 주식배당을 한 경우, 전환사채를 영업연도 중에 주식으로 전환한 경우, 신주인수권부사채에 기해 신주를 발행한 경우에도 같다.

④ 주주명부의 폐쇄에 관한 규정도 준용된다. 다만 중간배당은 정관에서 정해진 날에 행해지는 것이므로 주주명부의 폐쇄는 필요 없으며 따라서 입법착오라고 하는 견해가 있다.

⑤ 중간배당을 하는 경우에도 그 10분의 1에 해당하는 금액을 이익준비금으로 적립해야 한다.

6. 현물배당

회사는 정관으로 금전 외의 재산으로 배당을 할 수 있음을 정할 수 있다(상462조의4 1항). 현물배당을 결정한 회사는 주주가 배당되는 금전 외의 재산 대신 금전의 지급을 회사에 청구할 수 있도록 한 경우에는 그 금액 및 청구할 수 있는 기간, 일정 수 미만의 주식을 보유한 주주에게 금전 외의 재산 대신 금전을 지급하기로 한 경우에는 그 일정 수 및 금액을 정할 수 있다(상462조의4 2항).

7. 이익배당의 기준

이익이나 이자의 배당은 "각 주주가 가진 주식의 수에 따라" 지급한다. 그러나 종류주식을 발행한 경우에는 그러하지 아니하다(상464조). 즉 주주평등의 원칙에 따른 배당이어야 한다. 그러나 회사가 정관의 규정에 따라 종류주식을 발행한 경우에는(상344조 1항) 회사는 주식의 종류에 따라 다른 배당을 할 수 있다.

8. 이익배당의 지급시기

(1) 지급시기

회사는 배당금을 주주총회(이사회가 하는 예외적인 경우 있음)의 재무제표의 승인결의가 있은 날부터 1월 내에, 중간배당은 이사회의 결의가 있은 날부터 1월 이내에 지급

하여야 한다. 다만, 주주총회 또는 이사회에서 배당금의 지급시기를 따로 정한 경우에는 그러하지 아니하다(상464조의2 1항). 결의가 있은 날로부터 1월 내에 지급하도록 한 것은 배당금지급의 지연을 막기 위한 것이다. 배당금지급이 지연되면 회사는 채무불이행책임을 지며, 이사에게 손해배상책임이 발생한다.

(2) 지급의무 존속기간

배당금의 지급청구권은 5년간 이를 행사하지 아니하면 소멸시효가 완성된다(상464조의2 2항). 상행위로 인한 채권은 아니지만 배당사무 등의 신속한 처리를 위하여 5년으로 단축한 것이며, 소멸시효의 기산점은 배당결의시가 아니고 위 1개월이 경과한 때 또는 배당결의시에 따로 정한 기한이 경과한 때이다.

Ⅶ. 주식회사의 회계와 주주의 통제

1. 소수주주의 회계장부열람권

(1) 열람, 등사의 청구방법

발행주식의 총수의 100분의 3 이상에 해당하는 주식을 가진 주주는 이유를 붙인 서면으로 회계의 장부와 서류의 열람 또는 등사를 청구할 수 있다(상466조 1항). 소수주주에게만 회계장부열람권을 허용하는 것은 회계장부는 재무제표 등 공시서류보다 회사의 영업비밀이 있을 가능성이 높기 때문이다. 주주는 열람등사권을 피보전권리로 하여 열람·등사를 명하는 가처분도 신청할 수 있다.

(2) 회사의 거부권 제한

회사는 소수주주의 청구가 부당함을 증명하지 아니하면 이를 거부하지 못한다(상466조 2항). 원칙적으로 허용하되 거부하려면 그 청구의 부당함을 입증해야 한다.

2. 소수주주의 회사의 업무, 재산상태의 검사청구권

(1) 사유 및 청구방법

회사의 업무집행에 관하여 부정행위 또는 법령이나 정관에 위반한 중대한 사실이 있음을 의심할 사유가 있는 때에는 발행주식총수의 100분의 3 이상에 해당하는 주식을 가진 주주는 회사의 업무와 재산상태를 조사하게 하기 위하여 법원에 검사인의 선임을 청구할 수 있다(상467조 1항).

검사인 선임청구는 업무집행을 침해하는 이례적인 행위이므로 단순히 결산보고서의 내용이 실지 재산상태와 일치하는지 여부에 의심이 간다는 정도의 막연한 것으로 사유를 삼을 수 없으며 또 이사에 대한 퇴임등기를 태만히 한다는 등 단순한 임무해태도 사유가 될 수 없는 것으로서 그 청구사유를 구체적으로 소명해야 한다(판례).

(2) 검사인의 조사결과 보고의무

검사인은 그 조사의 결과를 법원에 보고하여야 한다(상467조 2항).

(3) 법원의 주주총회소집명령

법원은 검사인의 보고에 의하여 필요하다고 인정한 때에는 대표이사에게 주주총회의 소집을 명할 수 있다. 검사인은 주주총회에 보고서를 제출하여야 한다(상467조 3항). 법원의 명령으로 소집된 주주총회에서는 소집목적에 구애되지 아니하고 이사의 해임과 선임 등 필요한 결의를 할 수 있다고 본다.

(4) 이사, 감사에 의한 검사인보고서의 주주총회 보고의무

이사와 감사는 지체 없이 주주총회에 제출된 검사인의 보고서의 정확 여부를 조사하여 이를 주주총회에 보고하여야 한다(상467조 4항).

3. 이익공여의 반환청구권

(1) 이익공여의 요건

회사는 누구에게든지 주주의 권리행사와 관련하여 재산상의 이익을 공여할 수 없다(상467조의2 1항). 본조는 이른바 총회꾼과 회사의 불건전한 거래를 근절시키고자

하는 취지에서 이들에게 제공된 이익을 회사에 회복시키기 위한 사법적 수단이 필요하여 도입된 규정이다.

주주의 권리행사와 관련하여 이익을 공여한다는 것은 주주권의 행사, 불행사, 행사방법 등을 합의하고 이에 관해 이익이 공여되는 경우를 말하는데 결의취소의 소를 제기하지 않는다든지 하는 의결권 이외의 주주권행사와 관련하여 이익이 제공되는 것도 포함하므로 반드시 주주총회에서의 주주권행사에 국한하는 것은 아니다. 주주권행사와 관련하여 이익이 공여되면 족하고 그 주주권의 행사 또는 불행사가 적법한지 여부는 문제되지 않는다. 누구에게든지 이익을 공여하는 것을 허용하지 않겠다는 취지이므로 이익공여의 상대방에 대해서는 제한이 없다.

이익공여의 주체는 회사인 경우를 말하는 것으로 보이나 회사의 계산으로 이익이 제공되는 것을 금지한다는 취지이므로 주주가 다른 주주에게 이익을 공여하는 것은 본조의 적용범위가 아니다. 다만 주주총회에 참석한 주주에게 간단한 기념품을 나누어 주거나 음식을 접대하는 것은 사회통념상 이익공여로 보지 않는다.

(2) 이익공여로 추정되는 경우

회사가 특정의 주주에 대하여 무상으로 재산상의 이익을 공여한 경우에는 주주의 권리행사와 관련하여 이를 공여한 것으로 추정한다. 회사가 특정의 주주에 대하여 유상으로 재산상의 이익을 공여한 경우에 있어서 **회사가 얻은 이익이 공여한 이익에 비하여 현저하게 적은 때**에도 또한 같다(상467조의2 2항). 따라서 이러한 경우에는 입증책임이 전환되는 결과 이익의 공여를 받은 자가 주주권의 행사와 관련이 없음을 입증해야 한다.

판례에서 주주제로 운영되는 골프장인 주식회사가 주주총회 사전투표에 참여하는 주주들에게 주주당 1회에 한하여 양도가능한 골프장 예약권을 부여하고, 사전투표에 참여하거나 주주총회에서 직접 의결권을 행사하는 주주들에게 20만원 상당의 상품교환권을 지급한 경우 주주의 권리행사와 관련하여 이를 공여한 것으로 추정된다고 본 바 있다(대법원 2014.7.11. 자 2013마2397 결정).

(3) 이익공여금지 위반의 효과 : 상대방의 반환의무

회사가 주주의 권리행사와 관련하여 재산상의 이익을 공여한 때에는 그 이익을 공여받은 자는 이를 회사에 반환하여야 한다. 이 경우 회사에 대하여 대가를 지급한 것이 있는 때에는 그 반환을 받을 수 있다(상467조의2 3항). 본조에 위반한 이익공여는 무효이고 따라서 공여받은 이익은 부당이득으로서 원래 불법원인급여 또는 비채변제의 논리에 따라 회사에게는 반환청구권이 없다는 주장이 가능할 수 있다. 이에 따라 회사에게 반환청구권을 인정하는 별개의 규정을 둔 것이다.

이 경우 회사가 대가를 받은 것이 있으면 이를 반환하되 대가의 반환과 이익의 반환은 동시이행의 관계에 있다고 본다. 다만 본조의 목적은 주주권행사와 관련된 불공정한 거래를 방지하자는 취지이고 또 주주권행사 자체는 위법하거나 불공정한 것임을 요하지 않으므로 이익공여와 관련하여 행사된 주주권행사의 효력에는 영향이 없다.

(4) 소수주주의 대표소송에 의한 이익반환청구의 소

대표소송의 규정은 이익의 반환을 청구하는 소에 대하여 이를 준용한다(상467조의2 4항). 회사가 이익을 공여한 후 다시 이의 반환을 청구하는 것을 기대하기 어려우므로 소수주주의 대표소송에 관한 규정을 준용하는 것이다.

Ⅷ. 사용인의 우선변제권 특칙

1. 사용인의 우선변제권의 의의

사회정책적 고려로 인한 법정담보권(다수설)이다. 따라서 명문의 규정은 없으나 회사재산의 경매청구권도 허용된다(통설).

2. 사용인의 우선변제권의 내용

신원보증금의 반환을 받을 채권 기타 회사와 사용인 간의 고용관계로 인한 채권이 있는 자는 회사의 총재산에 대하여 우선변제를 받을 권리가 있다. 그러나 질권이나 저당권이나 「동산·채권 등의 담보에 관한 법률」에 우선하지 못한다(상468조). 고용관계로 인한 채권은 급여와 상여금 등 정기적으로 지급하는 보수, 비정기적인 특별상여금, 퇴직금 등이 모두 포함된다.

제8절 사채

제1관 통칙

Ⅰ. 사채의 의의

1. 사채의 개념

사채란 회사가 일반투자자로부터 비교적 장기에 걸친 거액의 자금을 집단적으로 조달하기 위하여 채권발행의 형식으로 부담하는 채무를 말한다.

2011년 개정상법 전에는 상법 제469조에서 사채발행에 관한 일반적인 규정을 두고, 제513조와 제516조의2에서 각각 전환사채와 신주인수권부사채의 발행에 관한 근거를 규정하고 있을 뿐 그 외의 사채발행에 관해서는 언급이 없었다.

2011년 법개정시에는 다양한 종류의 사채발행이 가능하도록 하는 명문의 근거를 두었다. 이익배당에 참가할 수 있는 사채, 주식이나 그 밖의 다른 유가증권으로 교환 또는 상환할 수 있는 사채 뿐만아니라 유가증권이나 통화 또는 그 밖에 대통령령으로 정하는 자산이나 지표 등의 변동과 연계하여 미리 정하여진 방법에 따라 상환 또는 지급금액이 결정되는 사채도 사채의 종류로 열거하고 있다(상469조 2항). 이 개정을 통해 파생상품적 요소가 결합된 사채도 상법상 사채에 포함됨이 분명해졌다.

2. 사채와 주식의 비교

(1) 양자의 접근성

1) 주식의 사채화

① 배당평균준비금의 적립, 비밀준비금의 적립 및 배당담보계약 등으로 이익배당의 평균화 도모

② 비참가적·누적적 우선주, 의결권 없는 주식, 상환주식 등은 사채와 유사

2) 사채의 주식화(=주식화된 사채) : 전환사채, 신주인수권부사채

(2) 사채와 주식의 비교

	사채	주식
출자자 지위	회사채권자에 불과한 제3자(개인법 성격)	사원인 지위(단체법 성격)
출자의 효과	이익 유무에 불구, 이자 지급	배당가능한 이익이 있어야 배당
출자의 회수	기한도래시·해산시는 주주보다 우선 변제	해산시 채무변제가 된 후 잔여재산에 대하여만 분배청구함
납입방법	분할납입도 가능하다(상474조) 금전납입만이 허용된다(상476조)	전액납입만이 허용된다 현물출자도 허용된다
자본구성	타인자본(부채)	자기자본(자본금)
액면미달 발행	할인발행이 일반적이다	원칙 불가
발행한도	제한 없음(종전 발행직전 대차대조표 순자산액 4배 초과불가, 상470조)	신주발행 : 발행예정주식총수 범위내
자기증권 취득	원칙 허용	원칙 허용
납입에 대한 상계	대항할 수 있다	원칙 불가(신주의 경우 허용)
액면의 의의	채권의 금액 의미 제한 없음(종전 10,000원 이상, 상472조)	비율적 단위 100원 이상(무액면주식의 경우 예외)
양자의 공통점	1) 발행의 결정 – 이사회결의(상469조) 2) 증권 발행(채권) 3) 명의개서(상479조)	

Ⅱ. 사채발행의 결정 등

1. 사채발행의 결정

회사는 **이사회의 결의**에 의하여 사채를 모집할 수 있다(상469조 1항). 정관으로 정하는 바에 따라 이사회는 대표이사에게 사채의 금액 및 종류를 정하여 1년을 초과하지 아니하는 기간 내에 사채를 발행할 것을 위임할 수 있다(상469조 4항). 정관으로 정하는 바에 따라 이사회는 대표이사에게 사채의 금액 및 종류를 정하여 1년

을 초과하지 아니하는 기간 내에 사채를 발행할 것을 위임할 수 있다(상469조 3항).

2. 사채발행에 관한 제한과 그 폐지

2011년 상법개정 전에는 회사채권자의 보호의 차원에서 사채총액의 한도제한(최종의 대차대조표에 의하여 회사에 현존하는 순자산액의 4배를 초과하지 못함, 상470조), 사채재모집의 제한(회사는 전에 모집한 사채의 총액의 납입이 완료된 후가 아니면 다시 사채를 모집하지 못함, 상471조), 사채금액의 제한(1만원 미만 사채의 발행금지, 상472조) 등이 있었다. 이러한 제한은 법개정으로 모두 삭제되었다.

Ⅲ. 사채발행방법

1. 직접발행

(1) 직접모집

회사가 사채청약서에 의하여 직접 사채를 모집하는 경우이다(상474조). 그러나 현실적으로는 매우 드물다.

사채의 모집에 응하고자 하는 자는 사채청약서 2통에 그 인수할 사채의 수와 주소를 기재하고 기명날인 또는 서명하여야 한다(상474조 1항). 사채청약서는 이사가 작성하고 사채의 총액, 각 사채의 금액, 사채발행의 가액 또는 그 최저가액, 사채의 이율 등을 적어야 한다(상474조 2항).

(2) 매출발행

총액의 확정 없이 일정기간 동안 채권을 매출하는 방식으로 사채를 발행하는 방법이다. 특별법상으로만 인정된다.

2. 간접발행

수탁회사에 의한 위탁모집 또는 인수모집에 따라 사채를 발행하는 방법이다.

3. 사채총액의 인수방법에 의한 발행

전조(사채청약서에 의한 청약)의 규정은 계약에 의하여 사채의 총액을 인수하는 경우에는 이를 적용하지 아니한다. 사채모집의 위탁을 받은 회사가 사채의 일부를 인수하는 경우에는 그 일부에 대하여도 같다(상475조). 즉 특정인이 사채총액을 포괄적으로 인수하기 때문이다.

Ⅳ. 사채의 발행절차

1. 사채발행의 결정

2. 사채의 청약

3. 사채의 납입

(1) 직접모집시

사채의 모집이 완료한 때에는 이사는 지체 없이 인수인에 대하여 각 사채의 전액 또는 제1회의 납입을 시켜야 한다(상476조 1항).

(2) 위탁모집시

사채모집의 위탁을 받은 회사는 그 명의로 위탁회사를 위하여 자기명의로 타인으로부터 청약을 받아 이에 대해 배정하고 납입을 받는 행위를 할 수 있다(상476조 2항).

4. 채권의 발행

(1) 채권발행의 제한

채권은 사채전액의 납입이 완료한 후가 아니면 이를 발행하지 못한다(상478조 1항).

(2) 채권의 형식적 유효요건

채권에는 채권번호 등 일정한 사항을 기재하고 대표이사가 기명날인 또는 서명하여야 한다(상478조 2항). 채권(債券)을 발행하는 대신 정관으로 정하는 바에 따라 전자등록기관의 전자등록부에 채권(債權)을 등록할 수 있다(상478조 3항).

V. 사채의 유통과 상환의 보호

1. 사채의 양도성

(1) 기명사채의 이전과 회사에 대한 대항력

기명사채의 이전은 취득자의 성명과 주소를 사채원부에 기재하고 그 성명을 채권에 기재하지 아니하면 회사 기타의 제3자에게 대항하지 못한다(상479조 1항). 정관의 규정에 따라 명의개서대리인이 있는 경우에는 명의개서대리인이 이를 한다(상479조 2항).

기명사채는 주식과는 달리 당연한 지시채권은 아니므로 그 양도는 지시식으로 되어 있지 않는 한 당사자의 의사표시와 사채권의 교부로서 효력이 생기지만, 회사 기타 제3자에게 대항하기 위해서는 취득자의 성명과 주소를 사채원부에 기재하고 그 성명을 기재하는 절차에 의한다. 다만 기명사채를 발행하는 예는 드물다.

(2) 기명식, 무기명식 간의 전환

사채권자는 언제든지 기명식의 채권을 무기명식으로, 무기명식의 채권을 기명식으로 할 것을 회사에 청구할 수 있다. 그러나 채권을 기명식 또는 무기명식에 한할 것으로 정한 때에는 그러하지 아니하다(상480조).

2. 사채관리회사의 도입

(1) 사채관리회사의 의의와 지정 · 위탁

사채관리회사는 사채를 발행하는 회사가 사채의 관리를 위탁할 수 있는 회사를 말한다. 수탁회사가 사채의 모집과 상환업무를 동시에 행사하는 것은 사채권자의 보호를 위하여 불합리한 면이 있다는 점에서 2011년 상법개정시 관리업무만을 담당하는 사채관리회사 설립이 허용되었다. 회사는 사채를 발행하는 경우에 사채관리회사를 정하여 변제의 수령, 채권의 보전, 그 밖에 사채의 관리를 위탁할 수 있다(상480조의2).

(2) 사채관리회사의 자격

은행, 신탁회사, 그 밖에 대통령령으로 정하는 자가 아니면 사채관리회사가 될 수 없다(상480조의3 1항). 사채의 인수인은 그 사채의 사채관리회사가 될 수 없다(상480조의3 2항). 사채를 발행한 회사와 특수한 이해관계가 있는 자로서 대통령령으로 정하는 자는 사채관리회사가 될 수 없다(상480조의3 3항).

(3) 사채관리회사의 사임

사채관리회사는 사채를 발행한 회사와 사채권자집회의 동의를 받아 사임할 수 있다. 부득이한 사유가 있어 법원의 허가를 받은 경우에도 같다(상481조).

(4) 사채관리회사의 해임

사채관리회사가 그 사무를 처리하기에 적임이 아니거나 그 밖에 정당한 사유가 있을 때에는 법원은 사채를 발행하는 회사 또는 사채권자집회의 청구에 의하여 사채관리회사를 해임할 수 있다(상482조).

(5) 사채관리회사의 사무승계자

사채관리회사의 사임 또는 해임으로 인하여 사채관리회사가 없게 된 경우에는 사채를 발행한 회사는 그 사무를 승계할 사채관리회사를 정하여 사채권자를 위하여 사채관리를 위탁하여야 한다. 이 경우 회사는 지체 없이 사채권자집회를 소집하여 동의를 받아야 한다(상483조 1항). 부득이한 사유가 있는 때에는 이해관계인은 사무승계자의 선임을 법원에 청구할 수 있다(상483조 2항).

(6) 사채관리회사의 권한

사채관리회사는 사채권자를 위하여 사채에 관한 채권을 변제받거나 채권의 실현을 보전하기 위하여 필요한 재판상 또는 재판 외의 모든 행위를 할 수 있다(상484조 1항). 사채관리회사는 변제를 받으면 지체 없이 그 뜻을 공고하고, 알고 있는 사채권자에게 통지하여야 한다(상484조 2항). 이때 사채권자는 사채관리회사에 사채상환액 및 이자지급을 청구할 수 있다. 이 경우 사채권이 발행된 때에는 사채권과 상환하여 상환액지급청구를 하고, 이권(利券)과 상환하여 이자지급청구를 하여야 한다(상484조 3항).

사채관리회사가 ① 해당 사채 전부에 대한 지급의 유예, 그 채무의 불이행으로 발생한 책임의 면제 또는 화해, ② 해당 사채 전부에 관한 소송행위 또는 채무자회생 및 파산에 관한 절차에 속하는 행위의 어느 하나에 해당하는 행위(사채에 관한 채권을 변제받거나 채권의 실현을 보전하기 위한 행위는 제외한다)를 하는 경우에는 사채권자집회의 결의에 의하여야 한다. 다만, 사채를 발행하는 회사는 ②의 행위를 사채관리회사가 사채권자집회결의에 의하지 아니하고 할 수 있음을 정할 수 있다(상484조 4항). 이때 사채관리회사가 사채권자집회의 결의에 의하지 아니하고 ②의 행위를 한 때에는 지체 없이 그 뜻을 공고하고, 알고 있는 사채권자에게는 따로 통지하여야 한다(상484조 5항).

위에서 공고는 사채를 발행한 회사가 하는 공고와 같은 방법으로 하여야 한다(상484조 6항). 사채관리회사는 그 관리를 위탁받은 사채에 관한 행위를 위하여 필요하면 법원의 허가를 받아 사채를 발행한 회사의 업무와 재산상태를 조사할 수 있다(상484조 7항).

(7) 사채관리회사의 의무 및 책임

사채관리회사는 사채권자를 위하여 공평하고 성실하게 사채를 관리하여야 한다(상484조의2 1항). 사채관리회사는 사채권자에 대하여 선량한 관리자의 주의로 사채를 관리하여야 한다(상484조의2 2항). 사채관리회사가 상법이나 사채권자집회결의를 위반한 행위를 한 때에는 사채권자에 대하여 연대하여 이로 인하여 발생한 손해를 배상할 책임이 있다(상484조의2 3항).

(8) 둘 이상의 사채관리회사가 있는 경우의 권한과 의무

사채관리회사가 둘 이상 있을 때에는 그 권한에 속하는 행위는 공동으로 하여야 한다(상485조 1항). 이 경우에 **사채관리회사가 변제를 받은 때에는 사채관리회사는 사채권자에 대하여 연대하여 변제액을 지급할 의무가 있다(상485조 2항).**

3. 사채의 상환

(1) 의의

사채의 상환이란 기채회사가 사채권자에게 채무를 변제하여 사채의 법률관계를 종료시키는 것을 말한다.

(2) 이권발행시의 특칙

1) 이권의 의의

무기명채권에 관하여 각 이자지급기의 이자청구권을 표창하는 유가증권으로 채권과 독립하여 거래된다. 이자청구시마다 채권을 제시하여 이자 수령했음을 채권에 기재해야 하는 어려움을 해결하기 위해 이권을 발행한다. 다만 사채는 할인발행이 일반적이어서 이자는 액면가액에 포함되어 이자지급기의 이자 문제가 발생할 여지는 없다. 즉 이권의 발행은 사채를 할증발행한 경우에 문제된다.

2) 이권 흠결시의 상환

이권 있는 무기명식의 사채를 상환하는 경우에 이권이 흠결된 때에는 그 이권에 상당한 금액을 상환액으로부터 공제한다(상486조 1항). 이권소지인은 언제든지 그 이권과 상환하여 공제액의 지급을 청구할 수 있다(상486조 2항).

(3) 원리청구권의 소멸시효

1) 사채의 상환청구권

사채의 상환청구권은 10년간 행사하지 아니하면 소멸시효가 완성한다(상487조 1항). 수탁회사에 대한 사채권자의 상환청구권도 같다(상487조 2항).

2) 이자 또는 이권소지인의 공제액 지급청구권

사채의 이자와 이권소지인의 공제액 지급청구권은 5년간 행사하지 아니하면 소멸시효가 완성한다(상487조 3항).

Ⅵ. 사채원부

1. 사채원부(社債原簿)의 의의

사채권자 및 채권에 관한 사항을 기재한 장부를 말한다.

2. 사채원부의 기재사항

회사는 사채원부를 작성하고 사채권자의 성명과 주소, 각 사채의 납입금액 등 일정한 사항을 기재하여야 한다(상488조).

3. 사채원부의 효력

사채응모자 또는 사채권자에 대한 통지와 최고는 사채원부에 기재한 주소 또는 그 자로부터 회사에 통지한 주소로 한다(상489조 1항). 기명사채 이전의 대항요건으로 의미가 있으나 실제상 무기명채권이 대부분이므로 사채원부의 의미가 별로 없다.

4. 사채의 공유자에 대한 통지 등

수인이 공동으로 사채를 인수한 경우에는 연대하여 납부할 책임이 있고, 공동사채권자는 그 권리를 행사할 자 1인을 정해야 하며 그 권리행사자가 없으면 공동사채권자에 대한 통지나 최고는 그 1인에 대해 하면 된다(상489조 2항).

제2관 사채권자집회

Ⅰ. 사채권자집회의 의의 등

1. 사채권자집회의 의의

사채권자집회는 사채권자에게 중대한 이해관계가 있는 사항에 관하여 의사를 결정하는 임시적 회의기관이다. 사채권자집회는 발행회사에 대하여 채권자의 위치에서는 회사 밖의 회의체이므로 회사의 기관은 아니다. 사채권자의 다수성, 변동성, 사채권자의 이해에 중대한 이해관계가 있는 사항에 관한 의사결정 필요성 등 때문에 사채권자의 보호와 회사의 편의를 위한 제도이다.

2. 사채권자집회의 권한

사채권자집회는 상법에서 규정하고 있는 사항 및 사채권자의 이해관계가 있는 사항에 관하여 결의를 할 수 있다(상490조). 2011년 상법개정시 법원의 허가부분을 삭제하였다.

3. 사채권자집회의 소집

(1) 소집권자

사채권자집회는 **사채를 발행한 회사 또는 사채관리회사**가 소집한다(상491조 1항). 사채의 종류별로 해당 종류의 사채 총액(상환받은 액은 제외한다)의 10분의 1 이상에 해당하는 사채를 가진 사채권자는 회의 목적인 사항과 소집 이유를 적은 서면 또는 전자문서를 사채를 발행한 회사 또는 사채관리회사에 제출하여 사채권자집회의 소집을 청구할 수 있다(상491조 2항). 회사의 소집이 없는 경우에는 법원허가 얻은 소수사채권자가 직접 소집할 수 있다(상491조 3항). 무기명식의 채권을 가진 자는 그 채권을 공탁하지 아니하면 사채권자집회 소집청구권을 행사하지 못한다(상491조 4항).

(2) 소집절차

주주총회의 소집절차 규정을 준용한다(상510조 1항)

4. 사채권자집회의 결의

(1) 의결권

1) 의결권의 수

각 사채권자는 그가 가지는 해당 종류의 사채 금액의 합계액(상환받은 액은 제외한다)에 따라 의결권을 가진다(상492조 1항). 2011년 상법개정시 사채의 권면액이 폐지되기 전에는 "사채의 최저액"마다 1개의 의결권이 주어졌다.

2) 무기명채권자의 의결권 행사 특칙

무기명식의 채권을 가진 자는 회일로부터 1주간 전에 채권을 공탁하지 아니하면 그 의결권을 행사하지 못한다(상492조 2항).

(2) 사채발행회사 또는 수탁회사의 대표자출석 및 의견제출권

사채를 발행한 회사 또는 사채관리회사는 그 대표자를 사채권자집회에 출석하게 하거나 서면으로 의견을 제출할 수 있다(상493조 1항). 사채권자집회의 소집은 사채발행회사 또는 사채관리회사에 통지하여야 한다(상493조 2항). 이 경우 회의의 목적사항을 기재하여 2주간 전에 서면 또는 전자문서로 통지를 발송하며 계속 3년간 통지가 도달하지 않은 경우에는 사채권자집회의 소집을 통지하지 않을 수 있다(상493조 3항).

(3) 사채발행회사 대표자에 대한 출석청구권

사채권자집회 또는 그 소집자는 필요 있다고 인정하는 때에는 사채를 발행한 회사에 대하여 그 대표자의 출석을 청구할 수 있다(상494조).

(4) 결의방법

1) 주주총회의 특별결의요건에 따르는 결의방법 원칙

사채권자집회의 결의는 주주총회의 특별결의요건에 따라 결의한다(상495조 1항).

2) 결의요건 완화 특칙

사채관리회사의 사임의 동의, 해임의 청구와 사무승계자의 선임, 기채회사의 대표자의 집회출석청구 등 중요하지 않은 사항에 대해서는 출석한 사채권자의 의결권의 과반수로 결정할 수 있다(상495조 2항).

3) 서면에 의한 결의

사채권자집회에 출석하지 아니한 사채권자는 서면에 의하여 의결권을 행사할 수 있다(상495조 3항). 서면에 의한 의결권행사는 의결권행사서면에 필요한 사항을 적어 사채권자집회 전일까지 의결권행사서면을 소집자에게 제출하여야 한다(상495조 4항). 서면에 의하여 행사한 의결권의 수는 출석한 의결권자의 의결권 수에 포함한다(상495조 5항).

4) 전자적 방법에 의한 의결권의 행사

사채권자집회도 주주총회의 경우처럼 사채권자가 전자적 방법에 의해 의결권을 행사할 수 있다(상495조 6항).

5. 사채권자집회 결의의 인가

(1) 결의의 인가청구

사채권자집회의 소집자는 결의한 날로부터 1주간 내에 결의의 인가를 법원에 청구하여야 한다(상496조). 이처럼 결의에 관하여 법원의 인가를 받도록 한 것은 사채권자를 보호함과 함께 결의의 하자 문제를 비송사건인 인가절차에 흡수시키기 위한 것이다.

(2) 결의의 불인가사유

1) 법정 불인가사유

법원은 사채권자집회의 소집절차 또는 그 결의방법이 법령이나 사채모집계획서의 기재에 위반한 때, 결의가 부당한 방법에 의하여 성립하게 된 때, 결의가 현저하게 불공정한 때, **결의가 사채권자의 일반이익에 반하는 경우**에는 사채권자집회의 결의를 인가하지 못한다(상497조 1항).

2) 사정참작에 의한 인가가 가능한 경우

사채권자집회의 소집절차 또는 그 결의방법이 법령이나 사채모집계획서의 기재에 위반한 때, 결의가 부당한 방법에 의하여 성립하게 된 때에는 법원은 결의의 내용 기타 모든 사정을 참작하여 결의를 인가할 수 있다(상497조 2항).

(3) 결의인가의 효력

1) 결의의 효력발생요건

사채권자집회의 결의는 **법원의 인가**를 얻음으로써 그 효력이 생긴다. 다만, 그 종류의 사채권자 전원이 동의한 결의는 법원의 인가가 필요하지 아니하다(상498조 1항). 집회의 결의에 대하여 법원의 인가를 얻도록 한 결과 주주총회의 경우와는 달리 사채권자집회의 결의에 관하여는 결의취소의 소, 결의무효확인·결의부존재확인의 소 등의 제도가 인정되지 않는다.

2) 총채권자에 대한 효력발생요건

사채권자집회의 결의는 그 종류의 사채를 가진 모든 사채권자에게 그 효력이 있다(상498조 2항). 집회의 결의가 법원의 인가에 의하여 효력을 발생하면 그 결의는 결석자 및 반대자를 포함하여 총사채권자에 대하여 효력이 있다는 취지이다.

(4) 기채회사의 결의의 인가 여부 공고의무

사채권자집회의 결의에 대하여 인가 또는 불인가의 결정이 있은 때에는 사채를 발행한 회사는 지체 없이 그 뜻을 공고하여야 한다(상499조).

6. 사채권자집회의 대표자 및 결의의 집행

(1) 대표자의 선임

사채권자집회는 해당 종류의 사채 총액(상환받은 금액은 제외한다)**의 500분의 1 이상을 가진 사채권자 중**에서 1명 또는 여러 명의 대표자를 선임하여 그 결의할 사항의 결정을 위임할 수 있다(상500조 1항). 대표자가 수인인 때에는 전항의 결정은 그 과반수로 한다(상500조 2항).

(2) 결의의 집행

1) 집행자 결정에 대한 원칙

사채권자집회의 결의는 사채관리회사가 집행하고, 사채관리회사가 없는 때에는 사채권자집회의 대표자가 집행한다. 그러나 사채권자집회의 결의로써 따로 집행자를 정한 때에는 그러하지 아니하다(상501조).

2) 수인의 대표자, 집행자가 있는 경우의 특칙

제485조 제1항(수탁회사가 2 이상인 경우의 권한공동행사)의 규정은 대표자나 집행자가 수인인 경우에 준용한다(상502조).

3) 사채상환에 관한 결의집행시의 특칙

제484조(권한의 포괄성 및 사채상환을 받을 권리), 제485조 제2항(수인인 경우의 연대상환책임)과 제487조 제2항(사채권자의 수탁회사에 대한 상환청구권)의 규정은 대표자나 집행자가 사채의 상환에 관한 결의를 집행하는 경우에 준용한다(상503조).

4) 사채권자집회의 대표자, 집행자에 대한 해임권

사채권자집회는 언제든지 대표자나 집행자를 해임하거나 위임한 사항을 변경할 수 있다(상504조).

Ⅱ. 사채상환 해태시의 업무집행의 특례

종전 상법은 회사가 사채의 이자지급 또는 사채의 일부상환을 해태한 때, 사채권자집회의 결의로 일정한 기간(2개월 이상) 내에 변제하지 않을 경우 사채의 총액에 관하여 기한의 이익을 잃는다는 뜻을 회사에 대하여 통지할 수 있도록 정하고 있었다(상505조, 506조).

원금 상환과 이자지급은 사채권자의 기본적인 권리이고, 이를 보호받지 못한 가운데 사채권자집회의 결의와 2개월 이상의 변제기간 제공이 기한이익 상실에 있어서 강행규정으로 해석될 경우 신속한 권리의 회복 및 사채관리에 장애가 된다는 점에서 2011년 상법개정시 이 규정은 삭제되었다.

Ⅲ. 사채권자집회 관련 보수 및 비용

1. 사채관리회사, 대표자 등의 보수 및 비용

(1) 부담자

사채관리회사, 대표자 또는 집행자에 대하여 줄 보수와 그 사무처리에 필요한 비용은 사채를 집행한 회사와의 계약에 약정이 있는 경우 외에는 법원의 허가를 받아 회사로 하여금 이를 부담하게 할 수 있다(상507조 1항).

(2) 우선변제권

사채관리회사, 대표자 또는 집행자는 사채에 관한 채권을 변제받은 금액에서 사채권자에 우선하여 전항의 보수와 비용을 변제받을 수 있다(상507조 2항).

2. 사채권자집회의 비용

(1) 기채회사 부담의 원칙

사채권자집회에 관한 비용은 사채를 발행한 **회사**가 부담한다(상508조 1항).

(2) 결의인가청구시 비용부담

사채권자집회결의의 인가 청구에 관한 비용은 회사가 부담한다. 그러나 법원은 이해관계인의 신청에 의하여 또는 직권으로 그 전부 또는 일부에 관하여 따로 부담자를 정할 수 있다(상508조 2항).

Ⅳ. 수종의 사채가 있는 경우의 사채권자집회

1. 의의

사채권자집회는 동일한 종류의 사채권자의 집약된 의사를 결정하는 임시적 회의기관이라고 볼 수 있으므로 수종의 사채가 발행된 경우 사채권자집회를 각각 소집해야 하는지 문제될 수 있다.

2. 수종의 사채와 사채권자집회

수종의 사채를 발행한 경우에는 사채권자집회는 각종의 사채에 관하여 이를 소집하여야 한다(상509조).

Ⅴ. 준용규정

1. 주주총회의 소집 및 결의방법의 준용(상510조 1항)

제368조 제2항(주주총회의 대리인에 의한 의결권 행사 허용)·제3항(특별한 이해관계가 있는 자의 주주총회 결의시 의결권 행사 제한), 제369조 제2항(자기주식의 의결권 제한) 및 제371조부터 제373조(주주총회의 정족수, 의결권수의 계산, 총회의 연기, 속행의 결의, 총회의 의사록)까지의 규정은 사채권자집회에 준용한다.

2. 의사록

(1) 비치의무

사채권자집회의 의사록은 사채를 발행한 회사가 그 본점에 비치하여야 한다(상510조 2항).

(2) 열람

사채관리회사와 사채권자는 영업시간 내에 언제든지 전항의 의사록 열람을 청구할 수 있다(상510조 3항).

Ⅵ. 회사의 사채발행상 불공정행위에 대한 통제

1. 사채관리회사에 의한 취소의 소

(1) 제소요건 및 청구방법

회사가 어느 사채권자에 대하여 한 변제, 화해 기타의 행위가 현저하게 불공정한 때에는 사채관리회사는 소만으로 그 행위의 취소를 청구할 수 있다(상511조 1항).

(2) 제소기간

취소의 소는 사채관리회사가 취소의 원인인 사실을 안 때로부터 6월, 행위가 있은 때로부터 1년 내에 제기하여야 한다(상511조 2항).

(3) 준용규정

이 소는 본점소재지의 지방법원의 관할에 속하며(상186조 준용), 수익자나 전득자가 그 행위 또는 전득 당시에 그 행위가 현저하게 불공정함을 알지 못한 때에는 취소의 소를 제기할 수 없다(민법 제406조 제1항 준용). 이 소에 의한 취소판결은 모든 사채권자를 위하여 효력이 있다(민법 제407조 준용, 상511조 3항).

2. 사채권자집회결의에 의한 대표자 등의 취소의 소

사채권자집회의 결의가 있는 때에는 대표자 또는 집행자도 취소의 소를 제기할 수 있다. 그러나 **행위가 있은 때로부터 1년 내에 한한다**(상512조).

제3관 전환사채

Ⅰ. 전환사채의 의의

전환사채(Convertible Bond, CB)는 일정한 요건 아래 주식으로의 전환권을 부여한 사채이다. 구주주의 지위에 직접적 영향을 미치므로 통제 필요성이 있다.

회사는 전환사채를 발행할 수 있다(상513조 1항). 전환사채는 잠재적인 주식으로 볼 수 있으므로 그 발행절차는 통상의 신주발행절차와 매우 비슷하다.

Ⅱ. 전환사채의 발행

1. 발행사항의 결정

전환사채를 발행하는 경우에 ① 전환사채의 총액, ② 전환의 조건, ③ 전환으로 인하여 발행할 주식의 내용, ④ 전환을 청구할 수 있는 기간, ⑤ 주주에게 전환사채의 인수권을 준다는 뜻과 인수권의 목적인 전환사채의 액, ⑥ **주주 외의 자에게 전환사채를 발행하는 것과 이에 대하여 발행할 전환사채의 액 등에 대해 정관에 규정이 없는 것은 이사회가 이를 결정한다**(상513조 2항). 전환사채의 발행방법은 주주배정과 제3자배정 그리고 모집의 3가지 경우가 있다.

주주 외의 자에게 전환사채를 발행하는 경우란 주주 아닌 자에게 인수권을 부여할 경우를 말하는 것으로서 제3자배정과 모집의 경우를 포괄하는 것이다. 다만 본조는 신주발행을 이사회결의만으로 할 수 있는 것을 전제로 하므로 신주발행이 정관에 의해 주주총회의 권한사항으로 된 경우에는 전환사채를 이사회의 결의만으로는 발행할 수 없고 주주총회의 결의를 거쳐야 한다(판례). **그러나 정관으로 주주총회에서 이를 결정하기로 정한 경우에는 그러하지 아니하다**(상513조 2항 단서). 단서의 주주총회는 보통결의를 말한다.

주주총회의 보통결의에 의하여 전환사채를 발행하더라도 제3자에게 사채의 인수권을 부여할 경우에는 다시 정관의 규정이 있거나 주주총회의 특별결의를 거쳐야 한다.

주주에게 배정하여 인수된 전환사채와 실권되어 제3자에게 배정되는 전환사채를 "동일한 기회에 발행하는 전환사채"로 보아야 하는지 판례상 다투어진 사례가 있다. 대법원 2009.5.29. 선고 2007도4949 전원합의체 판결의 다수의견은 이를 긍정하였고, 소수의견은 이를 부정하였다. 다수의견의 근거는 다음과 같다.

상법상 전환사채를 주주배정방식에 의하여 발행하는 경우에도 주주가 그 인수권을 잃은 때에는 회사는 이사회의 결의에 의하여 그 인수가 없는 부분에 대하여 자유로이 이를 제3자에게 처분할 수 있는 것인데, 단일한 기회에 발행되는 전환사채의 발행조건은 동일하여야 하므로 주주배정으로 전환사채를 발행하는 경우에 주주가 인수하지 아니하여 실권된 부분에 관하여 이를 주주가 인수한 부분과 별도로 취급하여 전환가액 등 발행조건을 변경하여 발행할 여지가 없다. 주주배정의 방법으로 주주에게 전환사채인수권을 부여하였지만 주주들이 인수청약하지 아니하여 실권된 부분을 제3자에게 발행하더라도 주주의 경우와 같은 조건으로 발행할 수밖에 없고, 이러한 법리는 주주들이 전환사채의 인수청약을 하지 아니함으로써 발생하는 실권의 규모에 따라 달라지는 것은 아니다(대법원 2009.5.29. 선고 2007도4949 전원합의체 판결).

2. 주주 이외의 자에 대한 발행과 결의요건

주주 외의 자에 대하여 전환사채를 발행하는 경우에 그 발행할 수 있는 전환사채의 액, 전환의 조건, 전환으로 인하여 발행할 주식의 내용과 전환을 청구할 수 있는 기간에 관하여 정관에 규정이 없으면 주주총회의 특별결의로써 이를 정하여야 한다. 정관의 규정 또는 주주총회의 특별결의에 의하여 주주 외의 자에게 전환사채를 배정할 수 있는 것은 신기술의 도입, 재무구조의 개선 등 경영상 목적을 달성하기 위하여 필요한 경우에 한한다(상513조 3항). 그 총회소집의 통지와 공고에는 전환사채의 발행에 관한 의안의 요령을 기재하여야 한다(상513조 4항).

정관이나 주주총회의 결의로 제3자의 인수권을 정하는 경우 그 내용이 구체적이고 확정적이어야 하므로 사채총액의 2분의 1의 범위에서 주주가 아닌 자에게 인수권을 부여한다든지 전환가액은 주식의 액면가 이상으로 이사회가 정한다는 식의 포괄위임은 허용되지 않는다. 다만 전환의 조건을 경제사정에 즉응하여 신축적으로 결정할 수 있도록 정관에 일응의 기준을 정해 놓은 다음 구체적인 전환의 조건은 발행시마다 이사회에서 결정하도록 위임하는 것은 허용된다(판례).

3. 전환사채의 인수권을 가진 주주에 대한 발행절차

(1) 주주의 전환사채의 배정을 받을 권리

전환사채의 인수권을 가진 주주는 그가 가진 주식의 수에 따라서 전환사채의 배정을 받을 권리가 있다. 그러나 각 전환사채의 금액 중 최저액에 미달하는 단수에 대하여는 그러하지 아니하다(상513조의2 1항).

주주의 전환사채인수권은 당연히 발생하는 것은 아니고 정관 또는 이사회의 결의에 의하여 발생하는 것인데, 주주가 인수할 전환사채의 액이 결정되면 주주는 그가 가진 주식의 수에 따라 전환사채를 배정받을 권리를 갖게 되는 것이다. 따라서 신주발행에서와 같이 배정일의 지정 및 공고절차가 필요하게 된다.

배정기준일의 경과로 전환사채의 인수권을 갖는 주주 및 각 주주가 인수권을 갖는 사채총액이 확정되며 이 경우 전환사채의 최저액에 미달하는 단수에 대하여는 인수권을 인정되지 않는다. 보통 100만원을 사채의 최저단위로 하고 있음에 비추어 보면 주주에게 크게 불리하다고 할 수 있기 때문이다.

(2) 배정일의 지정 및 공고

인수권을 행사할 주주를 정하기 위해 배정기준일을 정하고 그 2주간 전에 배정기준일에 주주명부에 기재된 주주가 인수권을 갖는다는 뜻을 공고해야 한다(상513조의2 2항)

(3) 주주에 대한 통지

주주가 전환사채의 인수권을 가진 경우에는 각 주주에 대하여 그 인수권을 가지는 전환사채의 액, 발행가액, 전환의 조건, 전환으로 인하여 발행할 주식의 내용, 전환을 청구할 수 있는 기간과 일정한 기일까지 전환사채의 청약을 하지 아니하면 그 권리를 잃는다는 뜻을 통지하여야 한다(상513조의3 1항).

통지는 위 기일의 2주간 전에 이를 하여야 한다(상419조 2항 준용, 상513조의3

2항). 위 통지에도 불구하고 그 기일까지 전환사채의 청약을 하지 아니한 때에는 신주의 인수권을 가진 자는 그 권리를 잃는다(상419조 3항 준용, 상513조의3 2항).

4. 전환사채 발행사항의 기재

전환사채에 관하여는 사채청약서, 채권과 사채원부에 전환조건과 전환청구기간 등 일정한 사항을 기재하여야 한다(상514조 1항).

5. 전환사채의 등기

(1) 등기기간

회사가 전환사채를 발행한 때에는 납입이 완료된 날로부터 2주간 내에 본점의 소재지에서 전환사채의 등기를 하여야 한다(상514조의2 1항).

(2) 등기사항

① 전환사채의 총액, ② 각 전환사채의 금액, ③ 각 전환사채의 납입금액, ④ 제514조 제1호 내지 제4호에 정한 사항(사채를 주식으로 전환할 수 있다는 뜻, 전환의 조건, 전환으로 인하여 발행할 주식의 내용, 전환을 청구할 수 있는 기간) 등을 등기하여야 한다(상514조의2 2항).

(3) 변경등기

전환사채를 발행한 때에는 납입완료 후 본점소재지에서 2주간 내에 소정사항을 등기해야 한다(상183조 준용, 상514조의2 3항).

(4) 외국에서 전환사채를 발행한 경우의 기산점

외국에서 전환사채를 모집한 경우에 등기할 사항이 외국에서 생긴 때에는 등기기간은 그 통지가 도달한 날로부터 기산한다(상514조의2 4항).

6. 준용규정

전환사채의 발행에 관하여는 신주발행과 관련된 규정을 준용하며(상516조 1항), 이를 정리하면 다음과 같다.

① 전환사채의 전환에 의하여 신주가 발행되므로 회사는 전환기간 중에 전환에 의하여 발행할 주식의 수만큼을 미발행주식으로 유보해두어야 한다.

② 회사가 법령 또는 정관에 위반하거나 현저하게 불공정한 방법에 의하여 전환사채를 발행함으로써 주주가 불이익을 받을 염려가 있는 경우에는 그 주주는 회사에 대하여 그 발행을 유지할 것을 청구할 수 있다. 다만 이러한 유지청구는 전환사채발행의 효력이 생기기 전, 즉 전환사채의 납입기일까지 하여야 한다(판례).

③ 이사와 통모하여 현저하게 불공정한 발행가액으로 전환사채를 인수한 자는 회사에 대하여 공정한 발행가액과의 차액에 상당하는 금액을 지급할 의무가 있다. 이에 대하여는 주주의 대표소송이 인정되고, 이사는 회사 또는 제3자에 대하여 손해배상의 책임이 있다.

Ⅲ. 전환사채의 전환청구

1. 청구방법

전환을 청구하는 자는 청구서 2통에 채권을 첨부하여 회사에 제출하여야 한다. 다만, 제478조 제3항에 따라 채권(債券)을 발행하는 대신 전자등록기관의 전자등록부에 채권(債權)을 등록한 경우에는 그 채권을 증명할 수 있는 자료를 첨부하여 회사에 제출하여야 한다(상515조 1항). 전환청구서에는 전환하고자 하는 사채와 청구의 연월일을 기재하고 기명날인 또는 서명하여야 한다(상515조 2항).

전환을 청구할 수 있는 기간 중 언제라도 전환청구가 가능하며 주주명부 폐쇄기간 중에도 전환청구는 가능하다. 전환권은 형성권이므로 사채권자가 청구서를 회사에 제출함으로써 당연히 주주로의 전환효력이 생기며 회사의 승낙을 요하지 않는다. 전환청구기간 중 전환청구를 하지 않으면 당연히 전환청구권을 상실하며, 전환청구기간 전에도 전환청구권을 포기할 수 있다.

2. 전환청구의 효력

전환청구의 효력에 대하여는 전환주식의 전환에 관련된 규정을 준용하므로(상516조 2항) 이를 정리하면 다음과 같다.

① 전환사채를 목적으로 하는 질권은 전환에 의하여 사채권자가 받을 주식에 대하여도 행사할 수 있다.

② 전환사채의 전환으로 인하여 신주식을 발행하는 경우에는 전환 전의 사채의 발행가액을 신주식의 발행가액으로 한다.

③ 전환청구와 동시에 사채권자는 주주가 되지만, 사채이자의 지급, 주식의 이익의 배당에 대하여는 그 청구를 한 때가 속하는 영업연도 말에 전환된 것으로 본다. 원래는 전환청구를 한 주주마다 개별적으로 전환청구시를 기준으로 하여 사채이자와 이익을 계산해야 하지만 번거로우므로 이자와 이익의 지급을 일률적으로 정하도록 한 것이다. 그러나 정관의 규정으로 직전 영업연도 말에 전환된 것으로 볼 수 있다.

④ 전환으로 인하여 전환사채의 총액은 감소하고 발행주식의 총수 및 자본금의 총액이 증가하므로 변경등기가 필요하게 된다. 전환으로 인한 변경등기는 전환을 청구한 날이 속하는 달의 말일부터 2주간 내에 본점소재지에서 이를 하여야 한다.

Ⅳ. 전환사채발행의 무효

전환사채의 발행에 무효원인이 있는 경우 어떤 방법으로 다툴 수 있는지에 관해 명문의 규정은 없다. 전환사채의 발행은 사실상 신주를 발행한 것과 같으므로 무효원인이 있는 경우 신주발행무효의 소에 관한 규정을 유추적용하여 전환사채발행무효의 소를 제기할 수 있다(판례).

제4관 신주인수권부사채

Ⅰ. 신주인수권부사채의 의의 및 종류

신주인수권부사채(新株引受權附社債, Bond with Warrant, BW)는 사채발행 이후에 발행하는 신주에 대하여 미리 확정한 가액으로 신주를 인수할 권리가 부여되는 사채이다. 신주인수권을 행사하여 주주가 되더라도 사채권자의 지위는 그대로 유지된다는 점에서 사채 자체는 소멸하고 주식으로 전환되는 전환사채와 다르다.

채권과 별도로 신주인수권증권을 발행하는 분리형과 분리양도가 허용되지 않는 비분리형이 있다. 신주인수권부사채에서도 전환사채와 같이 주주의 신주인수권의 보호문제가 제기되며 전환사채와 같은 요령으로 주주의 권리를 보호하고 있다. 신주인수권부사채에서의 신주인수권증권은 엄밀하게 말하면 신주발행청구권을 표창하고 있다는 점에서 신주인수권증서가 통상의 신주발행절차에 의해 이미 구체화된 신주인수권을 표창하는 것과 구별된다.

Ⅱ. 신주인수권부사채의 발행

1. 발행사항의 결정

(1) 결정권자 및 결정사항

회사는 신주인수권부사채를 발행할 수 있다(상516조의2 1항). **① 신주인수권부사채의 총액, ② 각 신주인수권부사채에 부여된 신주인수권의 내용, ③ 신주인수권을 행사할 수 있는 기간, ④ 신주인수권만을 양도할 수 있는 것에 관한 사항, ⑤ 신주인수권을 행사하려는 자의 청구가 있는 때에는 신주인수권부사채의 상환에 갈음하여 그 발행가액으로 제516조의8 제1항의 납입이 있는 것으로 본다는 뜻(=대용납입), ⑥ 주주에게 신주인수권부사채의 인수권을 준다는 뜻과 인수권의 목적인 신주인수권부사채의 액, ⑦ 주주 외의 자에게 신주인수권부사채를 발행하는 것과 이에 대하여 발행할 신주인수**

권부사채의 액 등에 대하여 정관에 규정이 없는 것은 이사회가 결정한다. 그러나 정관으로 주주총회에서 이를 결정하도록 정한 경우에는 그러하지 아니하다(상516조의2 2항).

(2) 신주의 발행가액에 대한 제한 특칙

각 신주인수권부사채에 부여된 신주인수권의 행사로 인하여 발행할 주식의 발행가액의 합계액은 각 신주인수권부사채의 금액을 초과할 수 없다(상516조의2 3항). 즉 사채금액을 신주발행가로 나눈 수량의 주식에 대해서만 신주인수권이 인정된다는 뜻인데, 사채액에 비하여 과다한 신주인수권을 부여하는 것을 방지함으로써 주주의 이익을 보호하기 위한 것이다.

(3) 주주 이외의 자에 대한 발행시의 결의요건 특칙

주주 외의 자에 대하여 신주인수권부사채를 발행하는 경우에 그 발행할 수 있는 신주인수권부사채의 액, 신주인수권의 내용과 신주인수권을 행사할 수 있는 기간에 관하여 정관에 규정이 없으면 주주총회의 특별결의로써 이를 정하여야 한다.

신주인수권부사채의 발행은 실질적으로 주주 아닌 자에게 신주인수권을 부여하는 것과 같으므로 주주에게는 중대한 이해관계가 걸린 문제이다. 따라서 신주인수권부사채의 인수권은 원칙적으로 주주가 가지는 것으로 하고, 주주 아닌 자에게 신주인수권부사채를 발행하는 경우에는 주주총회의 특별결의에 의하도록 하고 있다.

정관의 규정 또는 총회의 특별결의에 의하여 주주 외의 자에게 신주인수권부사채를 배정할 수 있는 것은 신기술의 도입, 재무구조의 개선 등 경영상 목적을 달성하기 위하여 필요한 경우에 한한다. 위 총회소집의 통지와 공고에는 신주인수권부사채의 발행에 관한 의안의 요령을 기재해야 한다(상516조의2 4항, 5항).

2. 주주에 대한 통지

주주가 신주인수권부사채의 인수권을 가진 경우에는 각 주주에 대하여 인수권을 가지는 신주인수권부사채의 액, 발행가액, 신주인수권의 내용, 신주인수권을 행사할 수 있는 기간과 일정한 기일까지 신주인수권부사채의 청약을 하지 아니하면 그 권리를 잃는다는 뜻을 통지하여야 한다. 이 경우 신주인수권만을 양도할 수 있다는 뜻, 신주인수권자의 청구에 의해 사채의 상환에 갈음하여 그 발행가액으로 신주의 납입에 충당할 수 있다는 뜻의 정함이 있는 때에는 그 내용도 통지하여야 한다(상516조의3 1항).

인수권자에 대한 통지는 기일의 2주간 전에 이를 하여야 한다(상419조 1항 준용, 상516조의3 2항). 통지에도 불구하고 그 기일까지 인수의 청약을 하지 아니한 때에는 인수권을 가진 자는 그 권리를 잃는다(상419조 2항 준용, 상516조의3 2항).

3. 신주인수권부 사채발행사항의 기재

신주인수권부사채에 있어서는 사채청약서·채권 및 사채원부에 사채에 관한 사항을 기재하여야 한다. 그러나 신주인수권증권을 발행할 때에는 채권에는 이를 기재하지 아니한다(상516조의4).

4. 신주인수권증권의 발행

(1) 발행요건

신주인수권만을 양도할 수 있음을 정한 경우에는 회사는 채권과 함께 신주인수권증권을 발행하여야 한다(상516조의5 1항).

(2) 신주인수권증권의 기재사항

신주인수권증권에는 주식의 양도에 관하여 이사회 승인을 얻도록 한 때에는 그 규정 등 일정한 사항과 번호를 기재하고 이사가 기명날인 또는 서명하여야 한다(상516조의5 2항).

(3) 신주인수권증권 발행의 효력

1) 신주인수권의 양도 방법의 제한

신주인수권증권이 발행된 경우에 신주인수권의 양도는 신주인수권증권의 교부에 의하여서만 이를 행한다(상516조의6 1항). 신주인수권증권에는 인수권자의 이름을 기재하지 않으므로 무기명증권인데, 신주인수권증권을 발행하면 신주인수권부사채는 분리형이 되므로 신주인수권은 사채와 별개로 양도할 수 있고 그 양도는 신주인수권증권의 교부에 의해서만 행할 수 있다는 취지이다. 신주인수권증권을 발행하지 않는 경우에는 인수권은 사채의 양도에 의해 이전된다.

2) 유가증권의 규정 준용

신주인수권증권은 신주인수권을 표창하는 유가증권이므로 주권 및 수표에 관한 규정이 준용된다(상516조의6 2항). 준용규정을 정리하면 다음과 같다.

① 신주인수권증권은 신주인수권의 행사기간 동안 장기간에 걸쳐 유통되므로 상실한 경우 공시최고에 의해 무효로 할 수 있고 제권판결을 얻어 재발행을 청구할 수 있다. 이 점에서 공시최고나 제권판결을 인정하지 않는 신주인수권증서와 다르다.

② 신주인수권증권을 점유한 자는 적법한 소지인으로 추정하며, 선의취득이 인정된다. 이 점에서는 주권이나 신주인수권증서와 같다.

5. 신주인수권의 전자등록

회사는 신주인수권증권을 발행하는 대신 정관으로 정하는 바에 따라 전자등록기관의 전자등록부에 신주인수권을 등록할 수 있다. 이 경우 주식의 전자등록에 관한 상법 제356조의2 제2항부터 제4항까지의 규정을 준용한다(상516조의7).

6. 신주인수권부사채의 등기

(1) 등기사항

회사가 신주인수권부사채를 발행한 때에는 ① 신주인수권부사채라는 뜻, ② 신주인수권의 행사로 인하여 발행할 주식의 발행가액의 총액, ③ 각 신주인수권부사채의 금액, ④ 각 신주인수권부사채의 납입금액, ⑤ 신주인수권부사채의 총액, 각 신주인수권부사채에 부여된 신주인수권의 내용, 신주인수권을 행사할 수 있는 기간 등을 등기하여야 한다(상516조의8 제1항).

(2) 전환사채의 등기 규정 준용

신주인수권부사채를 발행한 때에는 사채납입이 완료된 때부터 본점소재지에서 2주 내에 소정의 사항을 등기해야 하며, 지점소재지에서는 등기를 하지 않는다. 외국에서 전환사채를 모집한 경우에 등기할 사항이 외국에서 생긴 때에는 등기기간은 그 통지가 도달한 날부터 기산한다. 신주인수권을 등기한 경우 등기사항에 변경이 생기면 그 변경등기를 하여야 한다(상516조의8 2항).

Ⅲ. 신주인수권의 행사

1. 신주인수권 행사방법

(1) 청구서 제출 및 납입

신주인수권을 행사하려는 자는 청구서 2통을 회사에 제출하고, 신주의 발행가액의 전액을 납입하여야 한다(상516조의9 1항). 통상의 신주발행과는 달리 주금의 납입이 신주인수권행사의 요소가 된다는 점에 주의할 필요가 있다. 신주인수권은 이론상으로는 일부만 행사하는 것도 가능하다고 할 것이다.

납입은 금전으로 하여야 하며 현물출자는 인정되지 않는다. 다만 신주인수권자는 사채발행가로 대용납입이 가능한데, 사채의 상환기한이 도래하지 않더라도 가능하며 주금납입에 상계가 허용되는 중대한 예외이다(통설). 대용납입을 하는 경우 사채는 소멸하므로 채권을 회사에 제출해야 한다.

(2) 청구서 제출방법

청구서를 제출하는 경우에 신주인수권증권이 발행된 때에는 신주인수권증권을 첨부하고, 이를 발행하지 아니한 때에는 채권을 제시하여야 한다. 다만, 채권(債券)이나 신주인수권증권을 발행하는 대신 전자등록기관의 전자등록부에 채권(債權)이나 신주인수권을 등록한 경우에는 그 채권이나 신주인수권을 증명할 수 있는 자료를 첨부하여 회사에 제출하여야 한다(상516조의9 2항).

(3) 납입장소

납입은 채권 또는 신주인수권증권에 기재한 은행 기타 금융기관의 납입장소에서 하여야 한다(상516조의9 3항).

(4) 주식의 납입 규정 준용

신주인수권의 행사로 인한 신주발행에는 주식의 납입 규정이 준용된다(상516조의9 4

항).

① 인수권자는 청구서 2통에 인수할 주식의 종류 및 수와 주소를 기재하고 기명날인 또는 서명하여 회사에 제출해야 한다.

② 납입금의 보관자 또는 납입장소를 변경할 때는 법원의 허가를 얻어야 한다.

③ 납입금을 보관한 은행 기타의 금융기관은 발기인 또는 이사의 청구가 있는 때에는 그 보관금액에 관하여 증명서를 교부하여야 하며, 은행 기타의 금융기관은 증명한 보관금액에 대하여는 납입의 부실 또는 그 금액의 반환에 관한 제한이 있음을 이유로 하여 회사에 대항하지 못한다.

2. 신주인수권 행사효과

(1) 주주가 되는 시기

신주인수권을 행사한 자는 그 납입을 한 때에 주주가 되는데, 이는 회사의 승낙을 요하지 않으며 신주인수권은 형성권이다. 대용납입을 하더라도 납입을 요건으로 하여 신주인수권을 행사할 수 있으므로 역시 납입을 한 때에 주주가 되는 것으로 본다. 다만 이익이나 이자의 배당에 관하여는 신주인수권을 행사한 때가 속하는 영업연도 말에 신주가 발행된 것으로 본다. 그러나 정관의 규정으로 직전 영업연도 말에 발행된 것으로 볼 수 있다. 주주명부 폐쇄기간 중에 신주인수권을 행사한 경우에는 그 기간 중에 의결권을 행사할 수 없다(상516조의10).

(2) 질권의 효력

신주인수권을 행사하더라도 사채는 존속하기 때문에 신주인수권부사채에 설정된 질권은 인수권행사로 발행된 신주에는 미치지 않는다. 그러나 대용납입이 이루어진 경우에는 사채가 소멸하므로 신주에 대해 질권을 행사할 수 있다.

(3) 변경등기 등 준용규정

신주인수권부사채에 대하여는 신주발행, 전환사채에 관한 규정이 준용되는데(상516조의11), 이를 정리하면 다음과 같다.

① 신주인수권을 행사하면 신주인수권부사채의 총액이 감소하고 발행주식총수와 자본금이 증가하므로 변경등기가 필요하다. 이 변경등기는 발행가액의 전액을

납입한 날(신주의 효력발생일)이 속하는 달의 말일부터 2주간 내에 본점소재지에서 이를 하여야 한다.

② 주주에게 신주인수권부사채의 인수권을 부여하는 경우에는 인수권을 가진 주주는 그가 가진 주식의 수에 따라 신주인수권부사채의 배정을 받을 권리가 있으며, 각 신주인수권부사채의 금액 중 최저액에 미달하는 단수에 대하여는 그 권리가 없다.

③ 주주는 당연히 신주인수권부사채의 인수권을 가지는 것이 아니고 정관 또는 이사회의 결의에 의하여 비로소 인수권을 부여받는 것이므로 주주에게 신주인수권부사채의 인수권을 부여하고 주주배정에 의하여 신주인수권부사채를 발행하는 경우에는 배정일을 지정·공고하고 실권예고부최고를 하여야 한다. 이것은 전환사채의 경우와 같다.

④ 발행예정주식총수 중 미발행부분이 있어야 사채권자의 신주인수권행사가 가능하므로 그 종류의 주식에 미발행여분이 있을 경우에 한하여 신주인수권부사채를 발행할 수 있고 이 부분은 신주인수권의 행사기간 동안 발행을 보류하여야 한다. 신주인수권의 행사가 있으면 유보하여 두었던 미발행주식이 그만큼 감소한다.

⑤ 신주인수권부사채의 발행이 위법하거나 불공정한 경우 불이익을 받을 염려가 있는 주주는 신주의 발행을 유지할 것을 청구할 수 있다.

⑥ 회사는 신주인수권부사채의 통모인수인에 대하여 책임을 추궁할 수 있으며 주주는 대표소송을 제기할 수 있다.

Ⅳ. 신주인수권부사채발행의 무효

법정절차를 위반하여 신주인수권부사채를 발행하거나 합리적인 이유 없이 제3자에게 신주인수권부사채를 발행함으로써 주주의 사채인수권을 침해한 경우 이러한 사채발행은 무효라고 보아야 한다.

이 경우 신주발행무효의 소에 관한 규정에 따라 신주인수권부사채발행무효의 소를 제기할 수 있다(대법원 2015.12.10. 선고 2015다202919 판결). 신주인수권부사채는 미리 확정된 가액으로 일정한 수의 신주 인수를 청구할 수 있는 신주인수권이 부여된 사채로서 신주인수권부사채 발행의 경우에도 주식회사의 물적 기초와 기존 주주들의 이해관계에 영향을 미친다는 점에서 사실상 신주를 발행하는 것과 유사하기 때문이다.

제9절 주식회사의 해산

Ⅰ. 주식회사 해산사유

1. 법정 해산사유

주식회사는 다음의 사유로 인하여 해산한다(상517조). 한편 영업의 폐지만으로 해산사유가 되는 것은 아니다.

① 제227조 제1호(존립기간의 만료 기타 정관사유의 발생)
② 제227조 제4호(합병)
③ 제227조 제5호(파산)
④ 제227조 제6호(법원의 명령 또는 판결)
⑤ 제530조의2의 규정에 의한 회사의 분할 또는 분할합병
⑥ 주주총회의 결의

2. 해산결의시의 결의요건

해산의 결의는 **주주총회 특별결의**에 의하여야 한다(상518조).

3. 해산 후 회사의 계속요건

회사가 존립기간의 만료 기타 정관에 정한 사유의 발생 또는 주주총회의 결의에

의하여 해산한 경우에는 **주주총회 특별결의**로 회사를 계속할 수 있다(상519조).

Ⅱ. 주식회사 해산사유에 관한 특례

1. 소수주주의 청구에 의한 해산판결

"① **회사의 업무가 현저한 정돈상태를 계속하여 회복할 수 없는 손해가 생긴 때 또는 생길 염려가 있는 때** ② **회사재산의 관리 또는 처분의 현저한 실당으로 인하여 회사의 존립을 위태롭게 한 때**"에 부득이한 사유가 있는 때에는 발행주식의 총수의 **100분의 10 이상**에 해당하는 주식을 가진 주주는 회사의 해산을 법원에 청구할 수 있다(상520조 1항).

여기서 "회사의 업무가 현저한 정돈상태를 계속하여 회복할 수 없는 손해가 생긴 때 또는 생길 염려가 있는 때"란 이사 간, 주주 간의 대립으로 회사의 목적 사업이 교착상태에 빠지는 등 회사의 업무가 정체되어 회사를 정상적으로 운영하는 것이 현저히 곤란한 상태가 계속됨으로 말미암아 회사에 회복할 수 없는 손해가 생기거나 생길 염려가 있는 경우를 말하고, "부득이한 사유가 있는 때"란 회사를 해산하는 것 외에는 달리 주주의 이익을 보호할 방법이 없는 경우를 말한다(대법원 2015.10.29. 선고 2013다53175 판결).

제186조(전속관할)와 제191조(패소원고의 책임)의 규정은 전항의 청구에 준용한다(상520조 2항).

2. 법원행정처장의 공고에 의한 휴면회사의 해산

(1) 해산요건

법원행정처장이 **최후의 등기 후 5년을 경과**한 회사는 본점의 소재지를 관할하는 법원에 아직 영업을 폐지하지 아니하였다는 뜻의 신고를 할 것을 관보로써 **공고**한 경우에, **그 공고한 날에 이미 최후의 등기 후 5년을 경과한 회사로써 공고한 날로부터 2월 이내에 대통령령이 정하는 바에 의하여 신고를 하지 아니한 때**에는 **그 회사는 그**

신고기간이 만료된 때에 해산한 것으로 본다. 그러나 그 기간 내에 등기를 한 회사에 대하여는 그러하지 아니하다(상520조의2 1항).

즉 법의 취지는 2개월 이내의 영업계속신고 기간 내 영업계속신고가 없는 경우에 해산을 의제하는 것이다. 따라서 그 기간 내 등기신청이 있으면 영업계속신고로 간주한다. 해산등기는 등기소가 직권으로 행한다.

(2) 해당회사에 대한 통지발송의무

휴면회사해산의 공고가 있는 때에는 법원은 해당 회사에 대하여 그 공고가 있었다는 뜻의 통지를 발송하여야 한다(상520조의2 2항).

(3) 특별결의에 의한 회사계속의 요건

휴면회사 해산의 규정에 의하여 해산한 것으로 본 회사는 그 후 3년 이내에는 주주총회의 특별결의에 의하여 회사를 계속할 수 있다(상520조의2 3항).

(4) 해산회사의 청산종결 간주요건

휴면회사 해산의 규정에 의하여 해산한 것으로 본 회사가 그 후 3년 이내에 주주총회 특별결의에 의하여 회사를 계속하지 아니한 경우에는 그 회사는 그 3년이 경과한 때에 청산이 종결된 것으로 본다(상520조의2 4항).

즉 해산이 의제된 후 3년이 경과하면 청산이 종결된 것으로 의제함으로써 청산까지 의제함이 휴면회사 해산제도의 특징이다. 다만 회사에 어떤 권리관계가 남아 있어 현실적으로 정리할 필요가 있으면 그 범위 내에서는 법인격이 소멸하지 않으며, 이 경우 정관에 다른 정함이 있거나 따로 청산인을 선임하지 않는 한 해산으로 의제하는 당시의 이사가 청산인이 되어 청산사무를 집행하는 대표기관이 된다(판례). 해산 당시의 이사가 청산사무를 집행할 수 없는 사정이 있다면 이해관계인이 법원에 청산인의 선임을 청구해야 한다.

Ⅲ. 주식회사 해산의 통지

회사가 해산한 때에는 파산의 경우 외에는 이사는 지체 없이 주주에 대하여 그 통지를 하여야 한다(상521조).

Ⅳ. 주식회사 해산등기 및 회사계속의 등기

해산사유가 있는 날로부터 본점에서는 2주간 내, 지점에서는 3주간 내에 해산등기를 하여야 하며, 회사가 이미 해산등기를 하였으나 회사계속의 결의를 한 경우에는 회사계속의 등기를 하여야 한다(상521조의2).

회사해산등기의 효력에 대하여는 회사설립등기와 같은 특별규정이 없는 이상 상법총칙규정에 의하여 이는 제3자에 대한 대항요건에 불과하다고 할 것이므로 해산결의가 있고 청산인선임 결의가 있다면 그 해산등기가 없어도 청산 중인 회사이다(대법원 1964.5.5. 자 63마29 결정).

제10절 주식회사의 합병

Ⅰ. 합병의 의의

1. 합병의 개념

합병이란 2 이상의 회사가 청산절차를 거치지 않고 합쳐짐으로써 1개 이상의 회사의 소멸과 권리의무의 포괄적 이전이 생기게 하는 회사법상의 법률요건이다.

종전 상법은 흡수합병시 존속회사는 합병의 대가로서 소멸회사의 주주에게 존속회사 주식 이외의 것을 주는 것을 금지하고 있으나, 2011년 법개정시 제523조 제4호 및 제523조의2에서 주식 대신에 현금·사채·모회사의 주식 등을 교부할 수 있도록 규정하고 있다. 이는 합병대가의 유연화를 의미한다.

2. 합병절차 개관

(1) 주식회사의 합병절차

① 합병계약(이사회결의)

② 합병대차대조표 공시

③ 합병결의(합명·합자·유한책임회사는 총사원 동의, 주식·유한회사는 주총특별결의. 간이합병과 소규모합병시의 예외가 인정된다).

④ 합병반대주주의 주식매수청구절차

⑤ 채권자보호절차(합병결의 후 2주 내) : 합병불승인채권자와 채권자보호절차 결여시의 채권자는 합병무효의 소를 제기할 수 있다.

⑥ 보고총회 : 존속회사의 이사(흡수합병) 또는 설립위원(신설합병)

⑦ 합병등기

(2) 합병의 제한

① 일방이 물적회사이면 결과는 언제나 물적회사이어야 한다(상174조). 다만 주식회사가 유한회사 합병시에는 설립절차의 잠탈 위험 때문에 법원인가를 요한다.

② 청산 중의 회사는 존립 중 회사를 존속회사로 하는 경우에 한하여 허용된다.

(3) 간이합병

합병으로 소멸하는 회사의 총주주동의가 있거나(폐쇄회사의 경우), 존속회사가 주식 90% 이상 소유시에는 합병승인이 확실하므로 "소멸회사의 주총승인"은 이사회 승인으로 갈음한다(상527조의2).

(4) 소규모합병

합병소멸회사가 존속회사 주식의 10% 이하시 "존속회사의 주총승인"은 이사회승인으로 갈음한다. 그것은 대회사 입장에서 보면 10% 흡수합병 하면서 주총특별결의 등을 함은 부담되므로 이사회승인으로 갈음하는 것이다. 그 결과 소멸회사와의 합병을 반대하는 주주의 주식매수청구권도 인정되지 않음에 유의해야 한다.

합병 후 존속하는 회사의 주식을 20% 이상 소유하는 주주가 반대하거나 합병교부금이 순자산액의 5% 초과인 경우에는 소규모합병을 할 수 없다(상527조의3 1항, 4항).

Ⅱ. 합병의 절차

1. 합병계약 및 그 승인의 특별결의

회사가 합병을 함에는 합병계약서를 작성하여 **주주총회의 특별결의에 의한 승인**을 얻어야 한다(상522조 1항, 3항). 합병계약의 요령은 주주총회 소집통지에 기재하여야 한다(상522조 2항).

2. 이해관계인의 보호절차

(1) 합병계약서 등의 공시

이사는 합병승인을 위한 주주총회 회일의 2주 전부터 합병을 한 날 이후 6개월이 경과하는 날까지 합병계약서, 합병을 위하여 신주를 발행하거나 자기주식을 이전하는 경우에는 합병으로 인하여 소멸하는 회사의 주주에 대한 신주의 배정 또는 자기주식의 이전에 관하여 그 이유를 기재한 서면, 각 회사의 최종의 대차대조표와 손익계산서를 본점에 비치하여야 한다(상522조의2 1항).

주주 및 회사채권자는 영업시간 내에는 언제든지 그 서류의 열람을 청구하거나 회사가 정한 비용을 지급하고 그 등본 또는 초본의 교부를 청구할 수 있다(상522조의2 2항).

(2) 채권자보호절차

회사는 합병을 위한 주주총회의 승인결의가 있은 날부터 2주 내에 채권자에 대하여 합병에 이의가 있으면 1월 이상의 기간 내에 이를 제출할 것을 공고하고 알고 있는 채권자에 대하여는 따로따로 이를 최고하여야 한다(상527조의5 1항).

간이합병 및 소규모합병의 경우에는 이사회의 승인결의를 주주총회의 승인결의로 본다(상527조의5 2항).

채권자가 이의신청기간 내에 이의를 제출하지 않은 때에는 합병을 승인한 것으로 보고, 이의를 제출한 채권자가 있는 때에는 회사는 그 채권자에 대하여 변제 또는 상당한 담보를 제공하거나 이를 목적으로 하여 상당한 재산을 신탁회사에 신탁하여야 한다(상527조의5 3항).

(3) 합병반대주주의 주식매수청구권

합병승인의 규정에 따른 결의사항에 관하여 이사회의 결의가 있는 때에 그 결의에 반대하는 주주(의결권이 없거나 제한되는 주주를 포함)는 주주총회 전에 회사에 대하여 서면으로 그 결의에 반대하는 의사를 통지한 경우에는 그 총회의 결의일부터 20일 이내에 주식의 종류와 수를 기재한 서면으로 회사에 대하여 자기가 소유하고 있는 주식의 매수를 청구할 수 있다(상522조의3 1항).

간이합병의 공고 또는 통지를 한 날부터 2주 내에 회사에 대하여 서면으로 합병에 반대하는 의사를 통지한 주주는 그 기간이 경과한 날부터 20일 이내에 주식의 종류와 수를 기재한 서면으로 회사에 대하여 자기가 소유하고 있는 주식의 매수를 청구할 수 있다(상522조의3 2항). 보통의 합병과 간이합병의 경우 합병에 반대하는 주주에게 주식매수청구권을 인정하여 그에 관한 절차를 규정한 것이다.

(4) 합병계약서의 필요적 기재사항

1) 흡수합병

합병할 회사의 일방이 합병 후 존속하는 경우에는 ① 합병계약서에 존속하는 회사가 합병으로 인하여 그 발행할 주식의 총수를 증가하는 때에는 그 증가할 주식의 총수, 종류와 수, ② 존속하는 회사의 자본금 또는 준비금이 증가하는 경우에는 증가할 자본금 또는 준비금에 관한 사항, ③ 존속하는 회사가 합병을 하면서 신주를 발행하거나 자기주식을 이전하는 경우에는 발행하는 신주 또는 이전하는 자기주식의 총수, 종류와 수 및 합병으로 인하여 소멸하는 회사의 주주에 대한 신주의 배정 또는 자기주식의 이전에 관한 사항, ④ 존속하는 회사가 합병으로 소멸하는 회사의 주주에게 ③에도 불구하고 그 대가의 전부 또는 일부로서 금전이나 그 밖의 재산을 제공하는 경우에는 그 내용 및 배정에 관한 사항, ⑤ 각 회사에서 합병의 승인결의를 할 사원 또는 주주의 총회의 기일, ⑥ 합병을 할 날, ⑦ 존속하는 회사가 합병으로 인하여 정관을 변경하기로 정한 때에는 그 규정, ⑧ 각 회사가 합병으로 이익배당을 할 때에는 그 한도액, ⑨ 합병으로 인하여 존속하는 회사에 취임할 이사와 감사 또는 감사위원회의 위원을 정한 때에는 그 성명 및 주민등록번호 등 일정한 사항을 기재하여야 한다(상523조).

존속하는 회사가 합병으로 소멸하는 회사의 주주에게 그 대가의 전부 또는 일부로서 제공하는 재산이 존속하는 회사의 모회사주식을 포함하는 경우에는 존속하는 회사는 그 지급을 위하여 모회사주식을 취득할 수 있다(상523조의2 1항). 존속하는 회사는 취득한 모회사의 주식을 합병 후에도 계속 보유하고 있는 경우 합병의 효력이 발생하는 날부터 6개월 이내에 그 주식을 처분하여야 한다(상523조의3 2항).

2) 신설합병

합병으로 인하여 회사를 설립하는 경우에는 합병계약서에 ① 설립되는 회사에 대하여 신설회사의 설립목적, 상호, 수권자본금(회사가 발행할 주식의 총수), 액면주식을 발행하는 경우 1주의 금액, 종류주식을 발행할 때에는 그 종류, 수와 본점소재지, ② 설립되는 회사가 합병당시에 발행하는 주식의 총수와 종류, 수 및 각 회사의 주주에 대한 주식의 배정에 관한 사항, ③ 설립되는 회사의 자본금과 준비금의 총액, ④ 각 회사의 주주에게 ②에도 불구하고 금전이나 그 밖의 재산을 제공하는 경우에는 그 내용 및 배정에 관한 사항, ⑤ 각 회사에서 합병의 승인결의를 할 사원 또는 주주의 총회의 기일, 합병을 할 날, ⑥ 합병으로 인하여 설립되는 회사의 이사와 감사 또는 감사위원회의 위원을 정한 때에는 그 성명 및 주민등록번호 등 일정한 사항을 기재하여야 한다(상524조).

3) 합명회사, 합자회사의 합병으로 주식회사가 설립되는 경우

합병 후 존속하는 회사 또는 합병으로 인하여 설립되는 회사가 주식회사인 경우에 합병할 회사의 일방 또는 쌍방이 합명회사 또는 합자회사인 때에는 총사원의 동의를 얻어 합병계약서를 작성하여야 한다(상525조 1항).

이 경우 물적회사의 합병계약서에 기재할 사항을 기재하여야 한다(상525조 2항). 원래 인적회사의 합병에는 합병계약서를 작성할 필요가 없으나 합병을 통하여 존속 또는 신설되는 회사가 주식회사이므로 합병계약서의 작성을 요구하는 것이다.

3. 주주총회 보고

(1) 흡수합병시 보고총회

합병을 하는 회사의 일방이 합병 후 존속하는 경우에는 그 이사는 채권자보호절차의 종료 후, 합병으로 인한 주식의 병합이 있을 때에는 그 효력이 생긴 후, 병합에 적당하지 아니한 주식이 있을 때에는 그 처분을 한 후, 소규모합병의 경우에는 그 뜻의 공고나 통지의 절차를 종료한 후 지체 없이 주주총회를 소집하고 합병에 관한 사항을 보고하여야 한다(상526조 1항). 합병당시에 발행하는 신주의 인수인은 합병보고의 주주총회에서 주주와 동일한 권리가 있다(상526조 2항).

이사회는 공고로써 주주총회에 대한 보고에 갈음할 수 있다(상526조 3항). 합병보고총회는 꼭 필요한 절차는 아니었고 회사에 대하여 적지 않은 부담이 되었으므로 상법은 이사회에 의한 공고로써 이를 갈음할 수 있도록 하였다. 그 결과 주식회사의 경우에는 합병보고총회나 공고 중 하나를 선택할 수 있도록 되었다. 다만 유한회사는 공고로써 갈음할 수 없다.

(2) 신설합병시 창립총회

합병으로 인하여 회사를 설립하는 경우에는 설립위원은 채권자보호절차의 종료 후, 합병으로 인한 주식의 병합이 있을 때에는 그 효력이 생긴 후, 병합에 적당하지 아니한 주식이 있을 때에는 그 처분을 한 후 지체 없이 창립총회를 소집하여야 한다(상527조 1항). **창립총회에서는 정관변경의 결의를 할 수 있다. 그러나 합병계약의 취지에 위반하는 결의는 하지 못한다**(상527조 2항). 창립총회에서는 설립위원의 보고를 들으며 임원을 선임해야 한다. 창립총회에서는 소집통지서에 이에 관한 기재가 없더라도 정관변경을 할 수 있다. 창립총회에 관하여는 주식회사 설립시의 창립총회에 관한 규정, 결국 그에 의해 준용되는 주주총회 관계규정이 준용된다(상527조 3항). **이사회는 공고로써 주주총회에 대한 보고에 갈음할 수 있다**(상527조 4항). 신설회사의 이사와 감사를 선임해야 하므로 창립총회를 생략하려면 합병계약에서 미리 신설회사의 이사와 감사를 정해야 한다.

4. 간이합병과 소규모합병의 특례

(1) 간이합병과 소멸회사이사회에 의한 합병승인

합병할 회사의 일방이 합병 후 존속하는 경우에 합병으로 인하여 소멸하는 회사의 총주주의 동의가 있거나 그 회사의 발행주식총수의 100분의 90 이상을 합병 후 존속하는 회사가 소유하고 있는 때에는 **합병으로 인하여 소멸하는 회사의 주주총회의 승인은 이를 이사회의 승인으로 갈음할 수 있다**(상527조의2 1항). 이 경우에 합병으로 인하여 소멸하는 회사는 합병계약서를 작성한 날부터 2주 내에 주주총회의 승인을 얻지 아니하고 합병을 한다는 뜻을 공고하거나 주주에게 통지하여야 한다. 다만 총주주의 동의가 있는 때에는 그러하지 아니하다(상527조의2 2항).

(2) 소규모합병과 존속이사 이사회에 의한 합병승인

합병 후 존속하는 회사가 합병으로 인하여 발행하는 신주 및 이전하는 자기주식의 총수가 그 회사의 발행주식총수의 100분의 10을 초과하지 아니하는 경우에는 그 **존속하는 회사의 주주총회의 승인은 이를 이사회의 승인으로 갈음할 수 있다**(상527조의3 1항 본문). 다만, 합병으로 인하여 소멸하는 회사의 주주에게 제공할 금전이나 그 밖의 재산을 정한 경우에 그 금액 및 그 밖의 재산의 가액이 존속하는 회사의 최종 대차대조표상으로 현존하는 순자산액의 100분의 5를 초과하는 경우에는 그러하지 아니하다(상527조의3 1항 단서).

소규모합병의 경우에는 존속회사의 주식매수청구권은 이를 인정하지 아니한다(상527조의3 5항). 소규모합병의 경우에 존속하는 회사의 합병계약서에는 주주총회의 승인을 얻지 아니하고 합병을 한다는 뜻을 기재하여야 한다(상527조의3 2항).

소규모합병의 경우에 존속하는 회사는 합병계약서를 작성한 날부터 2주 내에 소멸하는 회사의 상호 및 본점의 소재지, 합병을 할 날, 주주총회의 승인을 얻지 아니하고 합병을 한다는 뜻을 공고하거나 주주에게 통지하여야 한다(상527조의3 3항).

합병 후 존속하는 회사의 발행주식총수의 100분의 20 이상에 해당하는 주식을 소유한 주주가 소규모합병의 공고 또는 통지를 한 날부터 2주 내에 회사에 대하여 서면으로 소규모합병에 반대하는 의사를 통지한 때에는 소규모합병을 할 수 없다(상527조의3 4항).

Ⅲ. 합병의 효과

1. 합병등기

(1) 등기기간

회사가 합병을 한 때에는 합병보고의 주주총회가 종결한 날 또는 보고에 갈음하는 공고일, 신설합병보고의 창립총회가 종결한 날 또는 보고에 갈음하는 공고일부터 본점소재지에서는 2주 내, 지점소재지에서는 3주 내에 합병 후 존속하는 회사에 있어서는 변경의 등기, 합병으로 인하여 소멸하는 회사에 있어서는 해산의 등기, 합병으로 인하여 설립된 회사에 있어서는 설립등기를 하여야 한다(상528조 1항).

(2) 전환사채, 신주인수권부사채를 승계한 경우의 등기

합병 후 존속하는 회사 또는 합병으로 인하여 설립된 회사가 합병으로 인하여 전환사채 또는 신주인수권부사채를 승계한 때에는 **합병등기와 동시에 사채의 등기를 하여야 한다**(상528조 2항).

2. 존속회사 이사, 감사의 임기

합병을 하는 회사의 일방이 합병 후 존속하는 경우에 존속하는 회사의 이사 및 감사로서 합병 전에 취임한 자는 **합병계약서에 다른 정함이 있는 경우를 제외하고는 합병 후 최초로 도래하는 결산기의 정기총회가 종료하는 때에 퇴임한다**(상527조의4 1항). 합병 후의 새로운 주주의 의사를 반영하여 새로 선임할 필요가 있기 때문이다.

Ⅳ. 합병 후의 이해관계인 보호절차

1. 합병에 관한 서류의 사후공시

이사는 채권자보호절차의 경과, 합병을 한 날, 합병으로 인하여 소멸하는 회사로부터 승계한 재산의 가액과 채무액 기타 합병에 관한 사항을 기재한 서면을 합병을 한 날부터 6월간 본점에 비치하여야 한다(상527조의6 1항). 주주 및 채권자는 이 서류를 열람 또는 등초본의 교부를 청구할 수 있다(상527조의6 2항).

2. 합병무효의 소

(1) 제소권자 및 주장방법

합병무효는 각 회사의 주주·이사·감사·청산인·파산관재인 또는 합병을 승인하지

아니한 채권자에 한하여 소만으로 이를 주장할 수 있다(상529조 1항).

(2) 제소기간

합병무효의 소는 합병등기가 있는 날로부터 6월 내에 제기하여야 한다(상529조 2항).

(3) 제소사유

판례에 따르면 흡수합병시 합병비율이 현저하게 불공정한 경우 합병할 각 회사의 주주 등이 상법 제529조에 의한 합병무효의 소를 제기할 수 있다(판례). "합병비율을 정하는 것은 합병계약의 가장 중요한 내용이고, 그 합병비율은 합병할 각 회사의 재산상태와 그에 따른 주식의 실제적 가치에 비추어 공정하게 정함이 원칙이며, 만일 그 비율이 합병할 각 회사의 일방에게 불리하게 정해진 경우에는 그 회사의 주주가 합병 전 회사의 재산에 대하여 가지고 있던 지분비율을 합병 후에 유지할 수 없게 됨으로써 실질적으로 주식의 일부를 상실케 되는 결과를 초래하므로, 현저하게 불공정한 합병비율을 정한 합병계약은 사법관계를 지배하는 신의성실의 원칙이나 공평의 원칙 등에 비추어 무효"이기 때문이다.

V. 합병의 효력, 주식병합 등에 대한 준용

1. 합병의 효력 및 하자, 이의 및 주식매수청구권 규정의 준용

주식회사의 합병에 준용되는 규정을 정리하면 다음과 같다(상530조 2항).

① 합병은 등기에 의하여 그 효력이 생긴다(상234조 준용). 합병의 결과로 존속회사 또는 신설회사는 해산회사의 모든 권리의무를 포괄적으로 승계한다(상235조 준용).

② 회사채권자가 합병무효의 소를 제기한 때에는 법원은 회사의 청구에 의하여 상당한 담보를 제공할 것을 명할 수 있고 이 경우 회사는 회사채권자의 청구가 악의임을 소명하여야 한다(상237조 준용).

③ 합병을 무효로 한 판결이 확정된 경우 본점과 지점의 소재지에서 존속회사의

변경등기, 소멸회사의 회복등기, 신설회사의 해산등기를 하여야 한다(상238조 준용).

④ 합병 당시 합병당사회사가 소유하고 있던 재산과 부채로서 존속회사 또는 신설회사에 남아있던 것은 각각 본래의 회사로 복귀하고, 합병 후 존속회사 또는 신설회사가 취득한 재산은 당사회사의 공유로 되며 그들이 부담한 채무는 당사회사의 연대채무로 한다. 그 부담부분이나 지분은 각 회사의 협의로 정하되 협의가 이루어지지 않으면 법원이 그 청구에 의하여 이를 정한다(상239조 준용).

⑤ 합병무효의 소는 본점소재지 지방법원의 전속관할에 속하며, 재량에 의한 청구기각이 인정되며, 합병무효의 판결이 확정되면 그 판결은 제3자에 대하여도 효력이 미친다. 원고가 패소한 경우 판결의 효력은 당사자 간에만 미치지만 패소한 원고에 악의 또는 중대한 과실이 있는 경우에는 회사에 대하여 연대하여 손해를 배상할 책임이 있다(상240조 준용).

⑥ 합병비율의 결정에 편리하도록 당사회사들의 액면가를 일치시키기 위한 목적 등으로 주식분할을 하는 경우에는 액면가를 100원 이상으로 하여야 한다(상329조의2 준용).

⑦ 합병승인을 위한 주주총회의 소집을 통지 또는 공고하는 경우에는 주식매수청구권의 내용 및 행사방법을 명시하여야 한다. 이 경우 회사의 주식매수의무와 매수가액 결정에 대하여는 영업양도의 주식매수청구권의 규정을 준용한다(상374조 2항).

⑧ 합병에 대하여 사채권자가 이의를 함에는 사채권자집회의 결의가 있어야 하며, 법원은 사채권자의 청구에 의하여 이의기간을 연장할 수 있다(상439조 3항 준용).

2. 주식병합의 절차 준용

주식회사와 주식회사가 합병하는 경우 당사회사의 재산상태에 차이가 있어 해산회사의 주식 1주에 대하여 존속회사 또는 신설회사의 신주 1주를 배정할 수 없는 경우에는 동일한 수의 주식을 배정할 수 있도록 미리 해산회사가 주식의 병합 또는 분할절차에 따라 주식의 병합 또는 분할을 하여야 한다. 주식의 병합 또는 분할은 주권제출기간이 만료한 때에 그 효력이 생기지만 채권자보호절차가 아직 종료하지 아니한 때에는 그 종료시에 효력이 생긴다. 다만 이러한 효력은 합병등기에 의한 합병의 효력발생을 조건으로 하는 것이므로 신주권은 합병등기 후의 존속회사 또는 신설회사가 교부한다. **합병비율에 따라 주식수가 감소되는 경우에는 주식의 배정을 위한 준비로서 주식을 병합할 수 있고 이 경우 자본금 감소시의 주식병합의 절차를 준용한다**(상530조 3항).

3. 합병주식에 대한 소멸회사질권자의 권리규정 준용

소멸회사의 주식은 합병에 의하여 소멸하나 그 주식상의 질권은 주식을 병합한 경우에는 병합된 주식에 미치며, 병합하지 않은 경우라도 합병으로 인하여 주주가 받는 주식 또는 교부금에 질권이 미친다. 등록질권자는 회사에 대하여 질권의 교부를 직접 청구할 수 있다(상530조 4항).

제11절 주식회사의 분할

Ⅰ. 회사분할의 의의

1. 회사분할의 개념

회사분할이란 회사가 재산과 사원관계를 포함하여 회사의 일부분을 분리, 다른 회사에 출자하거나 새로 회사를 설립함으로써 복수의 회사로 분할하는 것을 말한다.

2015년 12월 1일 상법개정시 회사의 분할 시 분할하는 해당 회사를 "분할회사", 분할을 통하여 새로 설립되는 회사는 "단순분할신설회사", 분할흡수합병의 존속회사를 "분할승계회사", 분할신설합병으로 새로 설립되는 회사를 "분할합병신설회사"로 용어를 정비한 바 있다.

2. 회사분할의 유형

(1) 단순분할

① 완전분할 : 기존회사는 소멸, 분할회사만이 존속

② 불완전분할 : 기존회사도 존속, 분할회사 신설

(2) 분할합병 : 완전 · 불완전분할과 결합됨

① 분할합병 : 종래 다른 회사와 합병

② 신설분할합병 : 다른 회사와 신설합병

(3) 인적 · 물적분할

① 인적분할 : 분할 후 신회사 주식이 피분할회사의 주주에게 귀속

② 물적분할 : 분할 후 신회사 주식이 피분할회사 자체에 귀속(법인주주)

인적분할 + 단순분할

〈불완전분할〉

회사 A(존속)	=	회사 A	+	회사 B
주주 갑 주주 을		주주 갑 주주 을		주주 갑 주주 을

〈완전분할〉

회사 A(소멸)	=	회사 B	+	회사 C
주주 갑 주주 을		주주 갑 주주 을		주주 갑 주주 을

물적분할의 순서

〈물적분할〉

회사 A	=	회사 A	+	회사 B
주주 갑 주주 을		주주 갑 주주 을		주주 A

3. 회사분할의 특징

① 주식회사에만 인정된다.
② 주주총회 특별결의에는 무의결권주주도 의결권을 행사할 수 있다.
③ 단순분할의 경우에는 기존주주에 주식매수청구권을 인정할 실익이 없다. 그러나 분할합병의 경우에는 기존주주에게 주식매수청구권이 인정된다.
④ 완전분할시는 소멸회사의 청산절차를 요하지 않는다.
⑤ 신회사의 설립등기·변경등기는 분할의 효력발생요건이다.
⑥ 분할회사가 채무에 대해 연대책임을 지지 않으면 채권자보호절차가 필요하다.
⑦ 분할절차의 하자 : 분할무효의 소, 무효판결은 대세적 효력 ○, 불소급효 ○

Ⅱ. 회사분할 방법

1. 통상의 회사

(1) 단순분할

회사는 분할에 의하여 1개 또는 수 개의 회사를 설립할 수 있다(상530조의2 1항). 단순분할의 경우에도 분할회사가 소멸되는 완전분할과 분할회사가 존속되는 불완전분할로 나눌 수 있다.

(2) 분할합병

회사는 분할에 의하여 1개 또는 수 개의 존립 중의 회사와 합병(이하 "분할합병"이라 한다)할 수 있다(상530조의2 2항).

(3) 신설분할합병

회사는 분할에 의하여 1개 또는 수 개의 회사를 설립함과 동시에 분할합병할 수 있다(상530조의2 3항). 결국 분할합병도 상대방회사에 흡수합병되는 흡수분할합병과 상대방회사와 신설합병을 하는 신설분할합병으로 나눌 수 있다. 완전분할과 불완전분할, 흡수분할합병과 신설분할합병은 서로 조합을 이룰 수 있다.

2. 해산 후의 회사의 분할 제한

해산 후의 회사는 존립 중의 회사를 존속하는 회사로 하거나 새로 회사를 설립하는 경우에 한하여 분할 또는 분할합병할 수 있다(상530조의2 4항). 즉 해산한 회사는 자신이 존속하는 방법으로 분할 또는 신설분할합병을 할 수 없고 소멸분할과 흡수분할합병만을 할 수 있다는 의미이다. 해산한 회사는 이미 소멸을 예정한 것이므로 해산회사가 존속하는 분할이나 분할합병을 제한하고자 하는 취지이다.

Ⅲ. 회사분할 절차

1. 주주총회의 승인

(1) 분할계획서의 작성과 주주총회 특별결의

회사가 분할 또는 분할합병을 하는 때에는 분할계획서 또는 분할합병계약서를 작성하여 주주총회의 특별결의에 의한 승인을 얻어야 한다(상530조의3 1항, 2항).

(2) 무의결권주에 대한 의결권인정

분할 또는 분할합병의 결의에 관하여는 의결권이 배제되는 주주도 의결권이 있다(상530조의3 3항).

(3) 결의요령

분할계획 또는 분할합병계약의 요령은 주주총회 소집통지에 기재하여야 한다(상530조의3 4항).

(4) 주주부담이 가중되는 경우 주주전원의 동의

회사의 분할 또는 분할합병으로 인하여 분할 또는 분할합병에 관련되는 각 회사의 주주의 부담이 가중되는 경우에는 분할 또는 분할합병을 승인하는 특별결의 및 종류주주총회의 결의 외에 그 주주 전원의 동의가 있어야 한다(상530조의3 6항).

주주의 부담이 가중되는 경우의 의미에 대해서는 추가출자를 필요로 하는 경우를 의미한다는 견해, 주주의 지위가 하락하는 경우를 말한다는 견해, 불필요한 규정이라고 보는 견해 등이 있다.

2. 분할에 의한 회사설립

(1) 원칙 : 주식회사 설립규정의 준용

주식회사의 설립에 관한 규정은 분할의 규정에 의한 회사의 설립에 관하여 이를 준용한다(상530조의4 1항).

(2) 분할되는 회사의 출자만에 의한 설립인정 특칙

주식회사 설립에 관한 규정에 불구하고 **분할에 의하여 설립되는 회사는 분할되는 회사(분할회사)의 출자만으로도 설립할 수 있다**. 이것은 다른 주주를 모집하지 않고 분할회사에서 분리되는 재산만으로도 신설회사의 자본금을 구성할 수 있다는 취지이다. 이 경우 **검사인의 조사 규정을 적용하지 아니한다**(상530조의4 1항 단서).

3. 분할계획서의 기재사항

(1) 완전분할에 의한 회사설립

분할에 의하여 회사를 설립하는 경우에는 분할계획서에 ① 분할에 의하여 설립되는 회사(단순분할신설회사)의 상호, 목적, 본점의 소재지 및 공고의 방법, ② 단순분할신설회사가 발행할 주식의 총수 및 액면주식 · 무액면주식의 구분, ③ 단순분할신설회사가 분할 당시에 발행하는 주식의 총수, 종류 및 종류주식의 수, 액면주식 · 무액면주식의 구분, ④ 분할회사의 주주에 대한 단순분할신설회사의 주식의 배정에 관한 사항 및 배정에 따른 주식의 병합 또는 분할을 하는 경우에는 그에 관한 사항, ⑤ 분할회사의 주주에게, ④에도 불구하고 금전이나 그 밖의 재산을 제공하는 경우에는 그 내용 및 배정에 관한 사항, ⑥ 단순분할신설회사의 자본금과 준비금에 관한 사항, ⑦ 단순분할신설회사에 이전될 재산과 그 가액, ⑧ 분할회사의 채무 중에서 분할계획서에 승계하기로 정한 채무에 대한 책임만을 부담하는 것으로 정함이 있는 경우에는 그 내용, ⑨ 분할을 할 날, ⑩ 단순분할신설회사의 이사와 감사를 정한 경우에는 그 성명과 주민등록번호, ⑪ 단순분할신설회사의 정관에 기재할 그 밖의 사항 등 회사설립의 경우에 준하는 일정한 사항을 기재하여야 한다(상530조의5 1항).

(2) 불완전분할에 의한 회사설립

분할 후 회사가 존속하는 경우에는 존속하는 회사에 관하여 분할계획서에 ① 감소할 자본금과 준비금의 액, ② 자본금 감소의 방법, ③ 분할로 인하여 이전할 재산과 그 가액, ④ 분할후의 발행주식의 총수, ⑤ 회사가 발행할 주식의 총수를 감소하는 경우에는 그 감소할 주식의 총수, 종류 및 종류별 주식의 수, ⑥ 정관변경을 가져오게 하는 그 밖의 사항 등 사항을 기재하여야 한다(상530조의5 2항).

4. 분할합병계약서의 기재사항

(1) 흡수분할합병

분할회사의 일부가 다른 회사와 합병하여 그 다른 회사(이하 "분할합병의 상대방 회사"라 한다)가 존속하는 경우에는 분할합병계약서에 분할합병의 상대방 회사가 분할합병으로 인하여 발행할 주식의 총수를 증가하는 경우에는 증가할 주식의 총수, 종류 및 종류별 주식의 수 등 사항을 기재하여야 한다(상530조의6 1항).

(2) 신설분할합병

분할회사의 일부가 다른 회사 또는 다른 회사의 일부와 분할합병을 하여 회사를 설립하는 경우에는 분할합병계약서에 각 회사가 설립되는 회사에 이전할 재산과 그 가액 등 사항을 기재하여야 한다(상530조의6 2항).

(3) 준용규정

분할회사에 있어 합병의 대상이 되는 것은 영업의 일부이므로 분할합병의 대상이 되지 않는 나머지 재산이 있고 따라서 분할회사는 이 재산을 가지고 존속할 수도 있고 새로운 회사를 설립하고 해산할 수도 있다. 따라서 신설 또는 존속되는 경우 단순분할의 경우에 준해 분할계획서를 작성해야 한다(상530조의6 3항).

(4) 분할합병대가가 모회사주식인 경우의 특칙

분할회사의 주주에게 제공하는 재산이 분할승계회사의 모회사 주식을 포함하는 경우에는 분할승계회사는 그 지급을 위하여 모회사 주식을 취득할 수 있다(상530조의6 4항). 분할승계회사는 취득한 모회사의 주식을 분할합병 후에도 계속 보유하고 있는 경우 분할합병의 효력이 발생하는 날부터 6개월 이내에 그 주식을 처분하여야 한다(상530조의6 5항).

5. 분할대차대조표 등의 공시

(1) 분할회사의 공시기간 및 공시사항

분할회사의 이사는 분할계획서 또는 분할합병계약서의 승인을 위한 주주총회의 회일의 2주 전부터 분할의 등기를 한 날 또는 분할합병을 한 날 이후 6개월간 ① 분할계획서 또는 분할합병계약서, ② 분할되는 부분의 대차대조표, ③ 분할합병의 경우 분할합병의 상대방 회사의 대차대조표, ④ 분할 또는 분할합병을 하면서 신주가 발행되거나 자기주식이 이전되는 경우에는 분할회사의 주주에 대한 신주의 배정 또는 자기주식의 이전에 관하여 그 이유를 기재한 서면을 본점에 비치하여야 한다(상530조의7 1항).

(2) 분할승계회사의 공시기간 및 공시사항

분할승계회사의 이사는 분할합병을 승인하는 주주총회 회일의 2주 전부터 분할합병의 등기를 한 후 6개월간 ① 분할합병계약서, ② 분할회사의 분할되는 부분의 대차대조표, ③ 분할합병을 하면서 신주를 발행하거나 자기주식을 이전하는 경우에는 분할회사의 주주에 대한 신주의 배정 또는 자기주식의 이전에 관하여 그 이유를 기재한 서면을 본점에 비치하여야 한다(상530조의7 2항).

(3) 주주 및 회사채권자의 열람 및 등초본청구권

주주 및 회사채권자는 영업시간 내에는 언제든지 위 서류를 열람할 수 있고 비용을 지급하고 등초본의 교부를 요구할 수 있다(상530조의7 3항).

Ⅳ. 회사분할, 분할합병의 효과

1. 상대방회사가 영업권을 취득한 경우의 계산특칙의 삭제

2015년 12월 1일 상법개정 전에는 분할 또는 분할합병으로 인하여 설립되는 회사 또는 분할합병의 상대방 회사가 영업권을 취득한 경우에 대한 계산특칙이 있었다(상530조의8). **분할 또는 분할합병으로 인하여 설립되는 회사 또는 분할합병의 상대방 회사가 영업권을 취득하는 경우에는 그 취득가액을 대차대조표의 자산의 부에 계상할 수 있고, 이 경우 설립등기 또는 분할합병의 등기를 한 후 5년 내의 매 결산기에 균등액 이상을 상각하여야 했다.**

그런데 2011년 개정 취지에 따라 개정 당시 누락된 조문을 정비하는 차원에서 해당 조문이 삭제되었다. 2011년 개정상법시 변화하는 회계 관행에 신속하고 적절히 대응하기 위하여 상법의 회계규정을 대폭 삭제하고, 상법 제446조의2에서 회계에 관한 일반원칙을 규정하는 한편 회계서류의 종류, 자본금·준비금·배당재원 등 기본적인 사항만 두는 것으로 개정한 바 있다. 상법 제530조의8은 2011년 개정으로 삭제된 제452조(자산의 평가방법) 제6호와 같은 내용인데, 2011년 개정 당시 제530조의8은 삭제되지 않았는데, 이를 2015년 개정시 삭제한 것이다.

2. 분할 및 분할합병 후의 회사의 책임

(1) 분할(합병) 전 채무에 대한 연대책임의 원칙

분할회사, 단순분할신설회사, 분할승계회사 또는 분할합병신설회사는 분할 또는 분할합병 전의 분할회사 채무에 관하여 연대하여 변제할 책임이 있다(상530조의9 1항). 상법 제530조의9 제1항에 따라 주식회사의 분할 또는 분할합병으로 인하여 설립되는 회사와 존속하는 회사가 회사 채권자에게 연대하여 변제할 책임이 있는 분할 또는 분할합병 전의 회사 채무에는 회사분할 또는 분할합병의 효력발생 전에 발생하였으나 분할 또는 분할합병 당시에는 아직 그 변제기가 도래하지 아니한 채무도 포함된다(판례).

(2) 분할에 의한 설립시 출자재산의 채무에 한하는 책임범위의 축소

분할회사가 주주총회의 특별결의로 분할에 의하여 회사를 설립하는 경우에는 단순분할신설회사는 분할회사의 채무 중에서 분할계획서에 승계하기로 정한 채무에 대한 책임만을 부담하는 것으로 정할 수 있다. 이 경우 분할회사가 분할 후에 존속하는 경우에는 단순분할신설회사가 부담하지 아니하는 채무에 대한 책임만을 부담한다(상530조의9 2항). 따라서 이 경우에는 채권자보호절차가 필요하게 된다.

(3) 분할합병에 의한 설립시 출자재산의 채무에 한하는 책임범위의 축소

분할합병의 경우에 분할회사는 주주총회 특별결의로 분할합병에 따른 출자를 받는 분할승계회사 또는 분할합병신설회사가 분할회사의 채무 중에서 분할합병계약서에 승계하기로 정한 채무에 대한 책임만을 부담하는 것으로 정할 수 있다. 이 경우에도 존속하는 분할회사는 존립 중의 회사가 부담하지 않는 채무만을 부담한다(상530조의9 3항). 따라서 이 경우에도 채권자보호절차가 필요하게 된다.

(4) 채권자보호절차 규정의 준용

분할당사회사들이 책임을 제한하기 위해서는 채권자보호절차를 밟아야 하는데, 합병의 채권자보호절차에 관한 규정을 준용한다. 사채권자가 이의를 하는 경우에는 사채권자집회의 결의를 요한다(상530조의9 4항). 채권자보호절차를 밟지 않은 경우에는 분할계획 또는 분할합병계약에 책임제한에 관한 규정을 두었더라도 이 규정은 무효이고, 채권자에 대해 당사회사들은 연대책임을 진다(판례).

3. 분할 또는 분할합병의 효과

단순분할신설회사, 분할승계회사 또는 분할합병신설회사는 분할회사의 권리와 의무를 분할계획서 또는 분할합병계약서가 정하는 바에서 정하는 바에 따라 승계한다(상530조의10).

Ⅴ. 회사분할 관련 준용규정

1. 분할 및 분할합병 공통규정의 준용

제234조(합병의 효력발생시기), 제237조(이해관계인의 상당한 담보제공의무), 제238조(합병무효판결시의 등기방법), 제239조(합병무효판결과 회사의 권리의무의 귀속), 제240조(합병무효의 소의 전속관할, 병합심리, 재량에 의한 청구기각, 판결의 대세효, 패소원고의 책임), 제329조의2(주식분할), 제440조 내지 제443조(주식의 병합), 제526조(흡수합병의 보고총회), 제527조(신설합병의 창립총회), 제527조의6조(합병에 관한 서류의 사후공시), 제528조(합병의 등기) 및 제529조(합병무효의 소)의 규정은 분할 또는 분할합병의 경우에 이를 준용한다. 다만, 제527조의 설립위원은 대표이사로 한다(상530조의11 1항).

2. 분할합병과 합병반대 주주 및 채권자의 보호규정 준용

제374조 제2항(주주총회소집통지서상 주식매수청구권의 내용 및 행사방법의 명시), 제439조 제3항(사채권자집회 결의에 의한 사채권자의 이의), 제522조의3(합병반대주주의 주식매수청구권), 제527조의2(간이합병), 제527조의3(소규모합병) 및 제527조의5(합병시의 채권자보호절차)의 규정은 분할합병의 경우에 이를 준용한다(상530조의11 2항).

Ⅵ. 물적분할에 대한 준용

이 절의 규정은 분할되는 회사가 분할 또는 분할합병으로 인하여 설립되는 회사의 주식의 총수를 취득하는 경우에 이를 준용한다(상530조의12).

제12절 주식회사의 청산

Ⅰ. 청산의 의의

1. 청산사유

해산한 때. 다만 합병, 분할, 분할합병, 파산의 경우 제외된다.

2. 청산의 특징

채권자보호를 위하여 법정청산만이 인정된다.

Ⅱ. 청산인

1. 청산인의 선임방법

(1) 선임에 의한 청산인, 법정청산인

회사가 해산한 때에는 합병·분할·분할합병 또는 파산의 경우 외에는 이사가 청산인이 된다. 다만, 정관에 다른 정함이 있거나 주주총회에서 타인을 선임한 때에는 그러하지 아니하다(상531조 1항).

(2) 법원선임청산인

전항의 규정에 의한 청산인이 없는 때에는 법원은 이해관계인의 청구에 의하여 청산인을 선임한다(상531조 2항).

2. 청산인의 임무

(1) 해산사유 등의 신고의무

청산인은 취임한 날로부터 2주간 내에 해산의 사유와 그 연월일, 청산인의 성명·주민등록번호 및 주소를 법원에 신고하여야 한다(상532조).

(2) 회사재산조사보고 후 주주총회 승인의 법원제출의무

청산인은 취임한 후 지체 없이 회사의 재산상태를 조사하여 재산목록과 대차대조표를 작성하고 이를 주주총회에 제출하여 그 승인을 얻어야 한다(상533조 1항). 청산인은 전항의 승인을 얻은 후 지체 없이 재산목록과 대차대조표를 법원에 제출하여야 한다(상533조 2항).

(3) 대차대조표 및 사무보고서·부속명세서의 제출, 감사, 공시, 승인

1) 청산인의 대차대조표 및 사무보고서 작성 및 제출

청산인은 정기총회회일로부터 4주간 전에 대차대조표 및 그 부속명세서와 사무보고서를 작성하여 감사에게 제출하여야 한다(상534조 1항).

2) 감사에 의한 감사보고서의 청산인으로의 제출

감사는 정기총회회일로부터 1주간 전에 위의 서류에 관한 감사보고서를 청산인에게 제출하여야 한다(상534조 2항).

3) 청산인의 서류비치의무

청산인은 정기총회 회일의 1주간 전부터 대차대조표 등의 서류와 감사보고서를 본점에 비치하여야 한다(상534조 3항).

4) 주주 및 채권자의 서류열람 및 등사

주주와 채권자는 위의 서류를 열람할 수 있고 등초본의 교부를 청구할 수 있다(상534조 4항).

5) 청산인에 의한 정기주주총회의 승인 요구

청산인은 대차대조표 및 사무보고서를 정기총회에 제출하여 그 승인을 요구하여야 한다(상534조 5항).

(4) 회사채권자에 대한 채권신고의 최고

청산인은 취임한 날로부터 2월 내에 회사채권자에 대하여 일정한 기간 내에 그 채권을 신고할 것과 그 기간 내에 신고하지 아니하면 청산에서 제외될 뜻을 2회 이상 공고로써 최고하여야 한다. 그러나 그 기간은 2월 이상이어야 한다(상535조 1항). 청산인은 알고 있는 채권자에 대하여는 각별로 그 채권의 신고를 최고하여야 하며 그 채권자가 신고하지 아니한 경우에도 이를 청산에서 제외하지 못한다(상535조 2항).

(5) 채무의 변제

1) 채권신고기간 내의 변제금지

청산인은 채권의 신고기간 내에는 채권자에 대하여 변제를 하지 못한다. 그러나 회사는 그 변제의 지연으로 인한 손해배상의 책임을 면하지 못한다(상536조 1항).

2) 채권신고기간 내 법원의 허가에 의한 변제의 예외

청산인은 **소액의 채권, 담보있는 채권 기타 변제로 인하여 다른 채권자를 해할 염려가 없는 채권에 대하여는 법원의 허가를 얻어 이를 변제할 수 있다**(상536조 2항).

3) 청산에서 제외된 채권자에 대한 변제방법

청산에서 제외된 채권자는 분배되지 아니한 잔여재산에 대하여서만 변제를 청구할 수 있다(상537조 1항). 일부의 주주에 대하여 재산의 분배를 한 경우에는 그와 동일한 비율로 다른 주주에게 분배할 재산은 전항의 잔여재산에서 공제한다(상537조 2항).

(6) 잔여재산의 분배

잔여재산은 각 주주가 가진 주식의 수에 따라 주주에게 분배하여야 한다. 이 경우 주주평등의 원칙에 따라 분배할 것이지만, 잔여재산분배에 관해 내용이 다른 종류의 주식을 발행한 경우에는 그에 따른다(상538조).

3. 청산인의 해임방법

(1) 주주총회 결의에 의한 해임결의의 원칙(법원선임청산인 제외)

청산인은 법원이 선임한 경우 외에는 언제든지 주주총회의 결의로 이를 해임할 수 있다(상539조 1항).

(2) 소수주주에 의한 해임청구의 소

청산인이 그 업무를 집행함에 현저하게 부적임하거나 중대한 임무에 위반한 행위가 있는 때에는 발행주식의 총수의 100분의 3 이상에 해당하는 주식을 가진 주주는 법원에 그 청산인의 해임을 청구할 수 있다(상539조 2항). 이 소는 본점소재지의 지방법원에 제기하여야 한다(상539조 3항).

Ⅲ. 청산종결 후의 조치

1. 청산인에 의한 결산보고서의 주주총회 승인

청산사무가 종결한 때에는 청산인은 지체 없이 결산보고서를 작성하고 이를 주주총회에 제출하여 승인을 얻어야 한다(상540조 1항).

2. 주주총회 승인에 의한 청산인 책임의 해제

전항의 승인이 있는 때에는 회사는 청산인에 대하여 그 책임을 해제한 것으로 본다. 그러나 청산인의 부정행위에 대하여는 그러하지 아니하다(상540조 2항).

3. 청산에 관한 중요한 서류의 보존

(1) 보존기간

회사의 장부 기타 영업과 청산에 관한 중요한 서류는 본점소재지에서 청산종결의 등기를 한 후 10년간 이를 보존하여야 한다. 다만, 전표 또는 이와 유사한 서류는

5년간 이를 보존하여야 한다(상541조 1항).

(2) 보존방법

전항의 보존에 관하여는 청산인 기타의 이해관계인의 청구에 의하여 법원이 보존인과 보존방법을 정한다(상541조 2항).

Ⅳ. 청산 관련 준용규정

(1) 합명회사의 청산인에 관한 규정의 준용(상542조 1항)

제245조(청산중 회사의 권리능력), 제252조(법원선임에 의한 청산인), 제253조(청산인의 등기), 제254조(청산인의 직무권한), 제255조(청산인의 회사대표), 제259조(청산인의 채무변제방법), 제260조(잔여재산의 분배)와 제264조(청산종결의 등기)의 규정은 주식회사에 준용한다.

(2) 청산인에 대한 이사, 이사회, 대표이사의 권한과 책임 규정의 준용(상542조 2항)

제362조(주주총회소집은 청산인회가 결정), 제363조의2(주주제안권), 제366조(소수주주에 의한 총회소집청구), 제376조(결의취소의 소), 제382조 제2항(회사와 청산인은 위임관계), 제393조(청산인의 권한) 등이 준용되며, 청산인의 보수, 청산인과 회사의 소에 있어서의 회사의 대표, 청산인의 자기거래, 회사나 제3자에 대한 책임, 위법행위유지청구, 대표소송 등에 대하여는 이사에 관한 규정이 준용된다.

제13절 상장회사에 대한 특례

Ⅰ. 적용범위

상법 제3편(회사) 제4장(주식회사)에 속한 제13절 "상장회사에 대한 특례"는 종전 증권거래법에 규정된 것이다. 증권거래법이 폐지되면서 종래의 증권거래법상 상장회사에 대한 특례규정 중 지배구조에 관한 규정은 2009년 1월 30일 상법개정시 "상장회사에 대한 특례"에서 규정되었고, 종래의 증권거래법상 상장회사에 대한 특례규정 중 상장회사의 재무에 관한 규정은 「자본시장과 금융투자업에 관한 법률」이 개정(2009.2.3)되어 자본시장법 제3편(증권의 발행 및 유통)에서 신설된 제3장의2 "주권상장법인에 대한 특례"에서 규정되었다.

"상장회사에 대한 특례"는 대통령령으로 정하는 증권시장(증권의 매매를 위하여 개설된 시장을 말한다)에 상장된 주권을 발행한 주식회사(상장회사)에 대하여 적용한다. 다만, 집합투자(2인 이상에게 투자권유를 하여 모은 금전, 그 밖의 재산적 가치가 있는 재산을 취득·처분, 그 밖의 방법으로 운용하고 그 결과를 투자자에게 배분하여 귀속시키는 것을 말한다)를 수행하기 위한 기구로서 대통령령으로 정하는 주식회사는 제외한다(상542조의2 1항). 이 13절의 규정은 주식회사에 대한 상법 제4장 다른 절의 규정에 우선하여 적용한다(상542조의2 2항).

Ⅱ. 주식매수선택권의 특례

상장회사의 경우 주식매수선택권을 그 회사 외에 관계회사 이사, 집행임원, 감사 또는 피용자에게 주식매수선택권을 부여할 수 있다. 다만 최대주주 등 대통령령으로 정하는 자에게는 주식매수선택권을 부여할 수 없다(상542조의3 1항; 340조의2 1항 본문 특례). 상장회사의 경우 주식매수선택권의 부여범위는 발행주식총수의 100분의 10 이하에서 발행주식총수의 100분의 20의 범위에서 대통령령으로 정하는 한도(발행주식총수의 100분의 15, 상법시행령 30조 3항)로 확대한다(상542조의3 2항; 340조의2 3항 특례).

주주총회 결의 없이 이사회결의만으로도 정관으로 정하는 바에 따라 발행주식총수의 100분의 10의 범위에서 대통령령으로 정하는 한도(최근 사업연도 말 현재의 자본금이 3천억원 이상인 법인은 발행주식총수의 100분의 1에 해당하는 주식수, 최근 사업연도 말 현재의 자본금이 3천억원 미만인 법인은 발행주식총수의 100분의 3에 해당하는 주식수, 상법시행령 30조 4항)까지 주식매수선택권을 부여할 수 있다(상542조의3 2항; 340조의2 1항 본문 특례). 이 경우 주식매수선택권을 부여한 후 처음으로 소집되는 주주총회의 승인을 받아야 한다.

Ⅲ. 주주총회 소집공고, 이사·감사의 선임방법의 특례

일정한 지분율 이하의 소수주주에 대하여는 둘 이상의 일간신문에 각각 2회 이상 공고하거나 전자적 방법에 의한 공고로 주주총회 소집통지에 갈음할 수 있다(상542조의4 1항; 363조 1항 특례). 상장회사가 이사·감사의 선임에 관한 사항을 목적으로 하는 주주총회를 소집통지 또는 공고하는 경우에는 이사·감사 후보자의 성명, 약력, 추천인, 그 밖에 대통령령으로 정하는 후보자에 관한 사항을 통지하거나 공고하여야 한다(상542조의4 2항). 상장회사가 주주총회에서 이사 또는 감사를 선임하려는 경우에는 위 방법에 따라 통지하거나 공고한 후보자 중에서 선임하여야 한다(상542조의5).

상장회사가 주주총회 소집의 통지 또는 공고를 하는 경우에는 사외이사 등의 활동내역과 보수에 관한 사항, 사업개요 등 대통령령으로 정하는 사항을 통지 또는 공고하여야 한다. 다만, 상장회사가 그 사항을 대통령령으로 정하는 방법으로 일반인이 열람할 수 있도록 하는 경우에는 그러하지 아니하다(상542조의4 3항).

Ⅳ. 소수주주권의 특례

상장회사의 경우는 소수주주권 행사시 지분율을 비상장회사의 경우보다 낮게 인정하면서도 일정한 보유기간을 요구함으로써 균형을 맞추고 있다. 예컨대 상장회사의 경우는 주주총회 소집청구권과 검사인선임청구권을 위한 소수주주의 지분율은 1천분의 30이 아닌 1천분의 15이다(상542조의6 1항; 상366조, 467조 특례). 또한 이러한 소수주주권을 행사할 수 있는 자는 상장회사의 주식을 6개월 이상 보유한 자만 가능하다.

이 외 소수주주의 지분율이 낮추어진 경우를 보면 주주제안권의 경우 100분의3이 아닌 1천분의10(대통령령으로 정하는 상장회사의 경우에는 1천분의 5)(상542조의6 2항; 상363조의2 특례), 이사와 청산인 해임의 경우는 100분의 3이 아닌 1만분의 50(대통령령으로 정하는 상장회사의 경우에는 1만분의 25)(상542조의6 3항; 385조, 539조 특례), 주주의 회계장부열람권의 경우는 100분의 3이 아닌 1만분의 10(대통령령으로 정하는 상장회사의 경우에는 1만분의 5)(상452조의6 4항; 466조 특례) 등을 들 수 있다.

Ⅴ. 집중투표제에 대한 특례

상장회사에 대하여 집중투표의 방법으로 이사를 선임할 것을 청구하는 경우 주주총회일(정기주주총회의 경우에는 직전 연도의 정기주주총회일에 해당하는 그 해의 해당일) 6주 전까지 서면 또는 전자문서로 회사에 청구하여야 한다(상542조의7 1항). 상장회사가 아닌 회사의 경우에는 회일의 7일 전까지 서면으로 이를 하여야 하는 것과 비교된다(상382조의2 2항).

자산규모 등을 고려하여 대통령령으로 정하는 상장회사의 의결권 없는 주식을 제외한 발행주식총수의 100분의 1 이상에 해당하는 주식을 보유한 자는 집중투표의 방법으로 이사를 선임할 것을 청구할 수 있다(상542조의27 2항). 다른 회사의 경우에는 100분의 1이 아닌 100의 3 이상일 것을 요구한다(상382조의2 1항). 대통령령으로 정하는 대규모 상장회사에 대한 집중투표 청구권의 행사요건이 완화되어 있다고 할 수 있다.

그리고 집중투표를 도입하거나 배제하려는 경우에는 의결권 없는 주식을 제외한 발행주식총수의 100분의 3을 초과하는 주식에 대해서는 의결권을 행사할 수 없도록 하고 있다. 다만, 정관에서 이보다 낮은 주식보유비율을 정할 수 있다(상542조의7 3항).

Ⅵ. 사외이사의 선임에 대한 특례

상장회사 중 대통령령으로 정하는 경우를 제외하고는 사외이사가 이사 총수의 1/4 이상이 되도록 하고, 대통령령으로 정하는 대규모 상장회사의 사외이사는 3명 이상으로 하되, 이사 총수의 과반수가 되도록 사외이사 설치가 의무화되어 있다(상542조의8).

Ⅶ. 주요주주 등 이해관계자와의 거래에 대한 특례

상장회사는 주요주주 등 특수관계인을 상대방으로 하거나 그를 위하여 신용공여를 할 수 없도록 하되, 일정한 규모 이하의 거래나 약관 등에 의하여 정형화된 거래는 이사회 승인을 받거나 사후에 주주총회에 보고하도록 하는 방식으로 거래를 허용하고 있다(상542조의9). 이를 위반하는 경우 형벌에 처한다(상624조의2).

Ⅷ. 상근감사와 감사위원회에 대한 특례

대통령령으로 정하는 상장회사에 대하여는 1명 이상의 상근감사를 두어야 한다

(상542조의10). 그리고 대통령령으로 정하는 대규모 상장회사는 감사위원회를 의무적으로 설치하여야 한다(상542조의11).

Ⅸ. 감사위원회의 구성 등에 대한 특례

감사위원회 위원의 선임・해임권이 주주총회에 있음을 명문으로 규정하고 있다(상542조의12 1항). 그리고 감사위원회 선임방식을 일괄선출방식으로 통일하고 있다. 즉 상장회사는 주주총회에서 이사를 선임한 후 선임된 이사 중에서 감사위원회 위원을 선임하여야 한다(상542조의12 2항). 감사위원회 위원 선임시 의결권없는 주식을 제외한 발행주식총수의 100분의 3을 초과하는 주식에 대하여는 의결권을 제한할 수 있다. 다만 정관에서 이보다 낮은 주식보유비율을 정할 수 있다(상542조의12 3항, 4항). 감사 또는 감사위원회는 이사로부터 재무제표 및 영업보고서 등을 제출받은 날(이사는 정기총회회일로부터 6주간 전에 제출)로부터 4주간 내에 감사보고서를 이사에게 제출하여야 하지만, 상장회사의 감사 또는 감사위원회는 이사에게 감사보고서를 주주총회일의 1주 전까지 제출할 수 있다(상542조의12 6항; 상447조의1항 특례).

Ⅹ. 준법통제기준 및 준법지원인

1. 준법통계기준과 준법지원인의 의의

자산규모 등을 고려하여 대통령령으로 정하는 상장회사(최근 사업연도 말 현재의 자산총액이 5천억원 이상인 회사를 말한다. 다만, 다른 법률에 따라 내부통제기준 및 준법감시인을 두어야 하는 상장회사는 제외, 상법시행령 39조)는 법령을 준수하고 회사경영을 적정하게 하기 위하여 임직원이 그 직무를 수행할 때 따라야 할 준법통제에 관한 기준 및 절차("준법통제기준")를 마련하여야 한다(상542조의13 1항). 상장회사는 준법통제기준의 준수에 관한 업무를 담당하는 사람("준법지원인")을 1

명 이상 두어야 한다(상542조의13 2항). 준법지원인은 준법통제기준의 준수 여부를 점검하여 그 결과를 이사회에 보고하여야 한다(상542조의13 3항).

2. 준법지원인의 선임, 자격 및 임기

상장회사는 준법지원인을 임면하려면 이사회결의를 거쳐야 한다(상542조의13 4항). 준법지원인은 변호사 자격을 가진 사람, 「고등교육법」 제2조에 따른 학교에서 법률학을 가르치는 조교수 이상의 직에 5년 이상 근무한 사람, 그 밖에 법률적 지식과 경험이 풍부한 사람으로서 대통령령으로 정하는 사람(상장회사에서 감사·감사위원·준법감시인 또는 이와 관련된 법무부서에서 근무한 경력이 합산하여 10년 이상인 사람, 법률학 석사학위 이상의 학위를 취득한 사람으로서 상장회사에서 감사·감사위원·준법감시인 또는 이와 관련된 법무부서에서 근무한 경력이 합산하여 5년 이상인 사람, 상법시행령 41조) 중에서 임명하여야 한다(상542조의13 5항). 준법지원인의 임기는 3년으로 하고, 준법지원인은 상근으로 한다(상542조의13 6항).

3. 준법지원인의 의무와 보호

준법지원인은 선량한 관리자의 주의로 그 직무를 수행하여야 한다(상542조의13 7항). 준법지원인은 재임 중뿐만 아니라 퇴임 후에도 직무상 알게 된 회사의 영업상 비밀을 누설하여서는 아니 된다(상542조의13 8항). 상장회사는 준법지원인이 그 직무를 독립적으로 수행할 수 있도록 하여야 하고, 상장회사의 임직원은 준법지원인이 그 직무를 수행할 때 자료나 정보의 제출을 요구하는 경우 이에 성실하게 응하여야 한다(상542조의13 9항). 상장회사는 준법지원인이었던 사람에 대하여 그 직무수행과 관련된 사유로 부당한 인사상의 불이익을 주어서는 아니 된다(상542조의13 10항).

4. 다른 법률과의 관계

준법지원인에 관하여 다른 법률에 특별한 규정이 있는 경우를 제외하고는 상법에서 정하는 바에 따른다. 다만, 다른 법률의 규정이 준법지원인의 임기를 3년보다 단기로 정하고 있는 경우에는 임기 3년에 관한 규정을 다른 법률에 우선하여 적용한다(상542조의13 11항). 그 밖의 준법통제기준 및 준법지원인에 관하여 필요한 사항은 대통령령으로 정한다(상542조의13 12항).

회사법의 이해

Chapter 6

유한회사

Chapter 06 유한회사

유한회사와 주식회사 비교

기준	유한회사	주식회사
1. 성질	인적회사성 물적회사	물적회사
2. 기업형태	중소기업	대기업
3. 1인회사	인정(상543조)	인정
4. 수권자본	부정	인정
5. 설립방법	사원(발기인×)(상543조)	발기설립·모집설립
6. 사원의 수	제한 없음 (종전 50인 제한, 상545조)	제한 없음
7. 최저자본금	• 폐지(1좌 100원 이상) • 1좌1의결권(정관으로 의결권의 수에 대해 다른 정함 가능(상575조)	• 폐지(1주 100원 이상) • 1주1의결권(주주평등의 원칙)
8. 최초의 이사	정관규정 또는 선임(회사성립전)(상547조)	발기인·창립총회 선임
9. 변태설립 사항감독(법원)	불필요(사원의 자본충실책임으로 처리)(상550조, 551조)	필요(공증인·감정인 대체 보고 가능) → 법원·창립총회의 변경권
10. 설립취소	인정(취소권 있는 자)(상552조)	부정
11. 지분의 증권화·사채발행	• 부정(지시식 또는 무기명식의 증권발행 금지)(상555조) 및 양도 허용(상556조) • 사채는 인정 안됨(상600조2항)	인정(원칙적 양도자유)
12. 사원의 자본충실책임	• 재산실가전보책임(상550조) • 출자미필액전보책임(상551조) • 증자재산실가전보책임(상593조)	부정
13. 소수주주권	인정(3%이상 지분)(상572조)	1% 또는 3%

14. 이사의 임기 · 인원	제한 없음(상561조)	제한(3년 · 3인 이상). 자본금 5억 이하 소규모회사의 예외 있음
15. 이사회	부정	인정
16. 감사	임의기관(상568조)	필요기관(감사위원회로 대체 가능)
17. 서면결의	총사원 동의시 인정(상577조)	인정(정관 규정이 있는 때에 한함)
18. 자본금 증감	정관변경 요함(자본금총액이 정관의 필요적 기재사항)(상543조)	정관변경 불요
19. 중간배당 · 유지청구 · 대표소송	• 중간배당(상583조 1항) • 위법행위유지청구권(상564조의2) • 대표소송(상565조)	허용
20. 대차대조표공고	부정(상583조 1항)	인정
21. 건설이자 배당	부정(상583조 1항)	부정(종전 인정)
22. 회사분할 · 주식포괄적 교환 · 이전	부정	인정

제1절 유한회사의 설립

I. 유한회사의 설립절차

1. 정관의 작성

(1) 작성권자 및 절대적 기재사항

유한회사를 설립함에는 사원이 정관을 작성하여야 한다(상543조 1항). 정관에는 다음의 사항을 기재하고 각 사원이 기명날인 또는 서명하여야 한다(상543조 2항). ① 목적 · 상호 · 사원의 성명 · 주민등록번호 및 주소, ② 자본금의 총액, ③ 출자1좌의 금액, ④ 각 사원의 출자좌수, ⑤ 본점의 소재지. **정관은 공증인의 인증을 받음으로써 효력이 생긴다**(상543조 3항).

(2) 상대적 기재사항(=변태설립사항)

① 현물출자를 하는 자의 성명과 그 목적인 재산의 종류, 수량, 가격과 이에 대하여 부여하는 출자좌수, ② 회사의 설립 후에 양수할 것을 약정한 재산의 종류, 수량, 가격과 그 양도인의 성명, ③ 회사가 부담할 설립비용 등은 정관에 기재함으로써 그 효력이 있다(상544조).

(3) 정관작성시 설립에 관한 제한의 폐지 및 완화

1) 사원총수의 제한 폐지

2011년 법개정 전에는 원칙적으로 사원의 총수는 50인을 초과하지 못하였다(상545조). 법개정으로 이 규정을 삭제하였다.

2) 자본총액의 제한 폐지 및 출자 1좌의 금액 완화

2011년 법개정으로 주식회사의 최저자본금제도 폐지에 따라 유한회사에서도 최저자본금(1천만원 이상, 상546조 1항)이 폐지되는 한편, 출자 1좌의 금액이 하향조정되었다. 종전 5천원 이상이 100원 이상으로 변경되었다(상546조).

2. 임원의 선임

(1) 회사성립 전 사원총회에 의한 이사 선임

정관으로 이사를 정하지 아니한 때에는 회사성립 전에 사원총회를 열어 이를 선임하여야 한다(상547조 1항). 이 사원총회는 각 사원이 소집할 수 있다(상547조 2항). 이사의 임기는 정해져 있지 않다.

(2) 감사의 임의기관성

감사를 두기로 한 경우에는 정관에서 1인 또는 수인의 감사를 지정할 수 있고, 이를 지정하지 않은 때에는 사원총회에서 이를 선임할 수 있다. 감사의 임기는 정해져 있지 않다.

3. 이사에 의한 사원의 출자의무 이행

이사는 사원으로 하여금 출자전액의 납입 또는 현물출자의 목적인 재산전부의 급여를 시켜야 한다(상548조 1항). 현물출자의 경우에 목적재산의 인도 외에 등기·등록 기타 권리의 설정 또는 이전을 요할 때에는 이에 관한 서류를 완비하여 교부하여야 한다(상548조 2항). 현물출자는 사원이면 누구나 할 수 있으나 주식회사에서 인정되는 검사인의 조사나 법원의 처분권 등은 인정되지 않는다.

4. 설립등기

(1) 등기기간

유한회사의 설립등기는 납입 또는 현물출자의 이행이 있은 날로부터 2주간 내에 하여야 한다(상549조 1항).

(2) 등기사항

1) 본점에서의 등기사항 : 설립등기에는 다음의 사항을 등기하여야 한다(상549조 2항)

① 목적·상호 및 본점소재지와 지점을 둔 때에는 그 소재지, ② 자본금의 총액과 출자1좌의 금액, ③ 이사의 성명·주민등록번호 및 주소. 다만, 회사를 대표할 이사를 정한 때에는 그 외의 이사의 주소를 제외한다. ④ 회사를 대표할 이사를 정한 때에는 그 성명, 주민등록번호 및 주소, ⑤ 수인의 이사가 공동으로 회사를 대표할 것을 정한 때에는 그 규정, ⑥ 존립기간 기타의 해산사유를 정한 때에는 그 기간과 사유, ⑦ 감사가 있는 때에는 그 성명 및 주민등록번호.

2) 지점에서의 등기사항

유한회사의 지점설치 및 이전의 경우 지점소재지 또는 신지점소재지에서 하는 등기에 있어서는 목적·상호 및 본점소재지, 이사의 성명·주민등록번호 및 주소, 대표이사의 성명·주민등록번호 및 주소, 공동대표이사규정, 존립기간 및 해산사유를 등기하여야 한다(상549조 3항 본문). 다만, 회사를 대표할 이사를 정한 때에는 그 외의 이사는 등기하지 아니한다(상549조 3항 단서).

(3) 변경등기 등

합명회사의 지점설치등기, 본·지점의 이전등기, 변경등기 규정은 유한회사의 등기에 준용한다(상549조 4항).

Ⅱ. 유한회사 설립에 관한 책임

1. 유한회사의 특징

유한회사에서는 설립경과나 변태설립사항에 대한 감독제도가 없다. 이것은 유한회사에 특유한 사원의 전보책임으로 보완된다.

2. 사원의 재산부족액 전보책임

현물출자와 재산인수의 목적인 재산의 회사성립 당시의 실가(實價)가 정관에 정한 가격에 현저하게 부족한 때에는 회사성립 당시의 사원은 회사에 대하여 그 부족액을 연대하여 지급할 책임이 있다(상550조 1항). 이 책임은 무과실책임으로서 어떠한 경우에도 면제하지 못한다(상550조 2항).

3. 미필출자의 전보책임

(1) 책임요건 및 책임부담자

회사성립 후에 출자금액의 납입 또는 현물출자의 이행이 완료되지 아니하였음이 발견된 때에는 회사성립당시의 사원, 이사와 감사는 회사에 대하여 그 납입되지 아니한 금액 또는 이행되지 아니한 현물의 가액을 연대하여 지급할 책임이 있다(상551조 1항). 이 책임은 주식회사 발기인의 자본충실책임과 같은 취지이고 무과실책임이다. 다만 유한회사에 있어서 인수담보책임은 인정되지 않고 설립무효 또는 취소의 원인이 된다. **사원의 납입담보책임은 면제하지 못한다**(상551조 2항).

(2) 총사원의 동의에 의한 이사, 감사의 책임면제

이사와 감사의 납입담보책임은 총사원의 동의가 없으면 면제하지 못한다(상551조 3항). 사원의 납입담보책임은 면제할 수 없으나 이사와 감사는 총사원의 동의가 있으면 납입담보책임을 면제할 수 있다는 취지이다.

Ⅲ. 유한회사 설립에 관한 하자

1. 설립의 하자 주장방법 및 제소권자

회사의 설립의 무효는 그 사원, 이사와 감사에 한하여 설립의 취소는 그 취소권 있는 자에 한하여 회사설립의 날로부터 2년 내에 소만으로 이를 주장할 수 있다(상552조 1항).

2. 합명회사 설립의 하자규정의 준용

유한회사의 설립무효·취소의 소에 있어서는 합명회사의 같은 소에 관한 규정이 준용된다(상552조 2항). 취소원인에 있어서도 행위무능력, 의사표시의 하자, 사해설립 등이 회사설립의 취소원인으로 인정되며 그 절차는 합명회사의 설립취소의 경우와 같이 전속관할, 재량기각, 필요적 병합, 판결의 대세효와 불소급, 패소원고의 책임 등이 인정된다.

제2절 유한회사 사원의 권리의무

Ⅰ. 유한회사 사원의 의무

1. 출자의무와 충실의무

유한회사의 사원은 그 인수한 출자에 대한 출자의무를 부담하며 금전출자를 원칙으로 하지만 현물출자도 인정된다. 출자의 이행은 회사의 성립 전 또는 자본증가의 효력발생 전에 하여야 한다. 또한 사원 사이에 인적신뢰관계가 있으므로 사원은 다른 사원에 대하여 충실의무를 부담한다는 견해도 있다.

2. 책임의 범위

사원의 책임은 본법에 다른 규정이 있는 경우 외에는 그 출자금액을 한도로 한다(상 553조). 출자금액을 한도로 책임을 지는 것은 회사에 대한 것이며 회사채권자에 대한 직접책임을 지는 것은 아니다.

Ⅱ. 유한회사 사원의 권리

1. 의의 : 공익권과 자익권

주식회사에서와 같이 개별적 권리는 자익권과 공익권으로, 그리고 공익권은 단독사원권과 소수사원권으로 나눌 수 있다.

2. 사원의 지분권

(1) 의의

사원이 회사에 대하여 갖는 법률상의 지위를 말한다. 각 사원은 그 출자좌수에 따라 지분을 가진다(상554조).

(2) 지분의 증권화 금지

유한회사는 사원의 지분에 관하여 지시식 또는 무기명식의 증권을 발행하지 못한다(상555조). 유한회사는 비공개성·폐쇄성을 특징으로 하기 때문이다.

(3) 지분공유시의 주식공유 규정의 준용

지분이 수인의 공유에 속하는 경우에는 주식회사의 주식공유 규정을 준용한다(상558조).

3. 지분의 양도

(1) 지분양도의 자유과 제한

사원은 그 지분의 전부 또는 일부를 양도하거나 상속할 수 있다. 다만, 정관으로 지분의 양도를 제한할 수 있다(상556조). 2011년 상법개정 전에는 원칙적으로 사원총회의 특별결의가 있은 때에 한하여 그 지분의 전부 또는 일부를 타인에게 양도할 수 있었으나, 법개정으로 지분양도를 원칙적 허용으로 변경한 것이다.

(2) 지분이전의 대항요건

지분의 이전은 취득자의 성명, 주소와 그 목적이 되는 출자좌수를 사원명부에 기재하지 아니하면 이로써 회사와 제3자에게 대항하지 못한다(상557조). 지분양도는 당사자의 의사표시만에 의하여 효력이 발생하지만, 이를 회사뿐만 아니라 제3자에게도 대항하려면 명의개서를 요한다. 주식회사와 같은 주권이 없으므로 주권의 점유로 제3자에게 대항한다는 규정이 없기 때문이다.

4. 지분의 입질

(1) 지분에 대한 등록질의 허용

지분은 질권의 목적으로 할 수 있다(상559조 1항).

(2) 지분양도규정의 준용

지분의 입질은 의사표시만에 의하여 행해지지만 사원이 아닌 타인이 질권자인 경우에는 사원총회의 특별결의를 요하고, 질권의 설정을 회사 또는 제3자에게 대항하기 위해서는 사원명부에 질권자의 성명·주소와 질권의 목적인 출자좌수를 기재하여야 한다(상559조 2항).

5. 자기주식의 취득, 질취 및 그 제한에 관한 규정의 준용

질권의 효력은 지분의 소각·병합 등의 경우에 사원이 받을 금전이나 회사의 합병·조직변경의 경우에 사원이 받을 주식 또는 지분에도 미쳐, 회사에 대한 대항요건을 갖춘 질권자는 회사로부터 직접 이익의 배당, 잔여재산의 분배, 지분소각 등에 따른 금전의 지급을 받아 다른 채권자에 우선하여 자기의 채권의 변제에 충당할 권리를 갖는다. 지분의 약식질은 인정되지 않는다.

유한회사도 주식회사와 같이 자기지분의 취득(특정 목적에 의한 자기주식의 취득, 상341조의2)과 질취에 관하여 똑같은 제한을 받으며, 자기지분의 처분과 소각도 주식의 경우와 같다.

지분의 양도와 입질은 사원명부에 명의개서를 함으로써 대항요건을 갖추게 된다(상560조 1항). 회사의 사원에 대한 통지 또는 최고는 사원명부에 기재한 사원의 주소 또는 그 자가 회사에 통지한 주소로 하면 된다(상560조 2항).

제3절 유한회사의 관리

Ⅰ. 유한회사의 기관

1. 이사

(1) 원수(員數)

유한회사에는 1인 또는 수인의 이사를 두어야 한다(상561조).

(2) 직무권한

1) 회사대표권

이사는 회사를 대표한다(상562조 1항). 이사가 수인인 경우에 정관에 다른 정함이 없으면 사원총회에서 회사를 대표할 이사를 선정하여야 한다(상562조 2항). 정관 또는 사원총회는 수인의 이사가 공동으로 회사를 대표할 것을 정할 수 있다(상562조 3항). 공동대표의 정함이 있는 경우에도 수동대표에 있어서는 그 1인에 대한 의사표시만으로 그 효력이 있다(상562조 4항).

2) 이사, 회사 간의 소에 관한 대표

회사가 이사에 대하여 또는 이사가 회사에 대하여 소를 제기하는 경우에는 사원총회는 그 소에 관하여 회사를 대표할 자를 선정하여야 한다(상563조).

3) 업무집행권

이사가 수인인 경우에 정관에 다른 정함이 없으면 회사의 업무집행, 지배인의 선임 또는 해임과 지점의 설치·이전 또는 폐지는 이사과반수의 결의에 의하여야 한다(상564조 1항). 유한회사는 주식회사와 달리 업무집행의 의사결정과 그 집행 및 대표가 분리되어 있지 않으므로 이사가 수인이 있더라도 정관에 다른 정함이 없으면 이사과반수의 결의에 의하도록 하는 것이다. 사원총회는 지배인의 선임 또는 해임을 할 수 있다(상564조 2항).

4) 이사의 자기거래

이사는 감사가 있는 때에는 그 승인이, 감사가 없는 때에는 사원총회의 승인이 있는 때에 한하여 자기 또는 제3자의 계산으로 회사와 거래를 할 수 있다. 이 경우에는 민법 제124조의 규정을 적용하지 아니한다(상564조 3항).

(3) 감사 또는 소수사원의 위법행위유지청구권

이사가 법령 또는 정관에 위반한 행위를 하여 이로 인하여 회사에 회복할 수 없는 손해가 생길 염려가 있는 경우에는 감사 또는 자본금의 총액의 100분의 3 이상에 해당하는 출자좌수를 가진 사원은 회사를 위하여 이사에 대하여 그 행위를 유지할 것을 청구할 수 있다(상564조의2).

(4) 이사의 책임추궁에 관한 사원의 대표소송

자본금의 총액의 100분의 5 이상에 해당하는 출자좌수를 가진 사원은 회사에 대하여 이사의 책임을 추궁할 소의 제기를 청구할 수 있다(상565조 1항). 대표소송의 제기 전의 절차, 회사에 대한 청구방법, 담보의 제공, 소송절차 등은 모두 주주의 대표소송과 같다(상565조 2항).

(5) 이사의 정관 및 의사록 공시의무

이사는 정관과 사원총회의 의사록을 본점과 지점에, 사원명부를 본점에 비치하여야 한다(상566조 1항). 사원명부에는 사원의 성명, 주소와 그 출자좌수를 기재하여야 한다(상566조 2항). 사원과 회사채권자는 영업시간 내에 언제든지 사원총회의 의사록과 사원명부의 열람 또는 등사를 청구할 수 있다(상566조 3항).

(6) 준용규정

이사의 선임은 사원총회의 결의에 의하며, 이사와 회사와의 관계는 위임에 관한 규정을 준용한다. 합명회사 대표사원의 권한의 범위와 대표사원의 손해배상책임, 결원이 있는 경우 퇴임이사의 권한과 일시이사의 선임, 이사의 해임, 이사의 보수, 표현대표이사, 사원총회에 의한 경업의 승인 및 개입권의 행사, 이사의 회사 및 제3자에 대한 손해배상책임, 사실상 이사의 책임, 위법행위유지청구권, 직무집행정지와 직무대행자선임, 직무대행자의 권한 등에 관한 규정을 준용한다(상567조).

2. 감사

(1) 감사의 임의기관성

유한회사는 정관에 의하여 1인 또는 수인의 감사를 둘 수 있다(상568조 1항). 정관에서 최초의 감사를 정하지 않은 경우와 그 이후의 감사는 사원총회에서 선임한다(상568조 2항). 감사의 권한은 주식회사에서와 같다.

(2) 감사의 권한

감사는 언제든지 회사의 업무와 재산상태를 조사할 수 있고 이사에 대하여 영업에 관한 보고를 요구할 수 있다(상569조).

(3) 주식회사의 감사에 관한 규정의 준용

감사와 회사와의 관계에는 위임규정을 준용하며, 사원총회의 특별결의에 의하여 언제든지 해임할 수 있다. 다만 상법 제385조 제2항을 준용하지 않으므로 주식회사의 감사와는 달리 소수사원에 의한 해임의 소는 인정되지 않는다. 감사 결원의 경우 퇴임감사의 권한과 일시감사의 선임, 감사의 보수, 총사원의 동의에 의한 감사의 책임면제, 감사의 직무집행정지와 직무대행자선임, 이사겸임금지, 이사가 사원총회에 제출할 의안 및 서류에 관하여 조사하고 이를 사원총회에 보고할 의무가 있다는 것, 감사의 임무해태가 있으면 회사 또는 제3자에게 연대하여 손해배상책임이 있다는 것, 감사의 책임추궁을 위한 대표소송 규정도 유한회사의 감사에게 인정된다(상570조).

3. 사원총회

(1) 소집권자 및 방법

사원총회는 이 법에서 달리 규정하는 경우 외에는 이사가 이를 소집한다. 그러나 임시총회는 감사도 이를 소집할 수 있다(상571조 1항). 정기총회와 임시총회 모두 이사가 소집권자로 되어 있으나 직무상의 필요성 때문에 감사에게도 임시총회의 소집권을 인정하고 있다. 사원총회를 소집할 때에는 사원총회일의 1주 전에 각 사원에게 서면으로 통지서를 발송하거나 각 사원의 동의를 받아 전자문서로 통지서를 발송하여야 한다(상571조 2항). 통지서에는 회의의 목적사항을 기재하여야 하며, 정관에 다른 정함이 없으면 본점소재지 또는 이에 인접한 지에 소집하여야 한다(상571조 3

항).

(2) 소수사원에 의한 총회소집청구

자본금의 총액의 100분의 3 이상에 해당하는 출자좌수를 가진 사원은 회의의 목적사항과 소집의 이유를 기재한 서면을 이사에게 제출하여 총회의 소집을 청구할 수 있다(상572조 1항). 소수사원에 의한 총회소집청구의 규정은 정관으로 다른 정함을 할 수 있다(상572조 2항). 따라서 예컨대 소집청구권을 각 사원에게 부여하는 정관 규정을 둘 수도 있다.

임시총회소집청구가 있은 후 지체없이 총회소집의 절차를 밟지 않은 때에는 청구한 사원은 법원의 허가를 얻어 총회를 소집할 수 있으며, 위 총회에서는 회사의 업무와 재산상태를 조사하기 위하여 검사인을 선임할 수 있다(상572조 3항).

(3) 총사원의 동의에 의한 소집절차의 생략

총사원의 동의가 있을 때에는 소집절차 없이 총회를 열 수 있다(상573조). 즉 전원출석총회가 인정된다는 취지이다.

(4) 총회의 정족수 및 결의방법

사원총회의 결의는 정관 또는 본법에 다른 규정이 있는 경우 외에는 총사원의 의결권의 과반수를 가지는 사원이 출석하고 그 의결권의 과반수로써 하여야 한다(상574조).

(5) 1출자1의결권의 원칙

각 사원은 출자1좌마다 1개의 의결권을 가진다. 그러나 정관으로 의결권의 수에 관하여 다른 정함을 할 수 있다(상575조). 두수주의, 즉 1사원1의결권의 정함을 할 수도 있다는 취지이다. 다만 특정한 사원의 의결권을 모두 박탈할 수는 없다(통설).

(6) 특별결의가 요구되는 경우

1) 영업양도 등

유한회사가 영업의 양도나 임대, 경영위임 등의 계약 등 행위를 함에는 사원총회의 특별결의가 있어야 한다(상576조 1항).

2) 사후설립

유한회사가 그 성립 후 2년 내에 성립 전으로부터 존재하는 재산으로서 영업을 위하여 계속하여 사용할 것을 자본의 20분의 1 이상에 상당한 대가로 취득하는 계약을 체결하는 경우에도 사원총회의 특별결의를 요한다(상576조 2항).

(7) 서면에 의한 결의방법의 허용요건 및 효력

총회의 결의를 하여야 할 경우에 미리 총사원의 동의가 있는 때에는 서면에 의한 결의를 할 수 있다(상577조 1항). 이것은 회의가 없는 결의를 인정하는 것으로서 소규모적인 유한회사의 운영을 간편하게 하기 위한 조치이다.

미리 서면결의에 의한다는 동의가 없더라도 결의의 목적사항에 대하여 총사원이 서면으로 동의를 한 때에는 서면에 의한 결의가 있은 것으로 보며, 서면에 의한 결의는 총회의 결의와 동일한 효력이 있다(상577조 2항, 3항). 총회에 관한 규정은 서면에 의한 결의에 준용한다(상577조 4항).

(8) 주주총회의 절차에 관한 규정의 준용

정기총회와 임시총회의 소집시기, 사원총회에서의 검사인선임, 의결권의 대리행사, 특별이해관계인의 의결권제한, 자기지분의 의결권휴지, 출석사원의 의결권수의 계산에 있어서 특별이해관계인의 의결권의 불산입, 총회의 연기와 속행, 총회의 의사록 작성, 결의의 취소 · 무효 · 부존재 · 부당결의의 취소변경을 규정하는 사원총회의 결의의 하자규정도 유한회사에 적용한다(상578조). 다만 사원총회는 유한회사의 의사를 결정하는 법정의 최고기관이라는 점에서는 주식회사의 주주총회와 같으나 결의사항에 제한이 없는 만능기관이라는 점에서 주주총회와 다르다.

Ⅱ. 유한회사의 회계

1. 회사의 계산서류

(1) 재무제표의 작성 및 제출

이사는 매 결산기에 대차대조표, 손익계산서, 그 밖에 회사의 재무상태와 경영성과를 표시하는 것으로서 제447조 제1항 제3호에 따른 서류를 작성하여야 한다(상579조 1항). 감사가 있는 때에는 이사는 정기총회 회일로부터 4주간 전에 재무제표를 감사에게 제출하여야 한다(상579조 2항). 감사는 재무제표를 받은 날로부터 3주간 내에 감사보고서를 이사에게 제출하여야 한다(상579조 3항).

(2) 영업보고서의 작성 및 제출

이사는 매 결산기에 영업보고서를 작성하여야 한다(상579조의2 1항). 감사가 있는 때에는 이사는 정기총회 회일로부터 4주간 전에 영업보고서를 감사에게 제출하여야 한다(상579조의2 2항). 감사는 영업보고서를 받은 날로부터 3주간 내에 감사보고서를 이사에게 제출하여야 한다(상579조의2 3항).

(3) 서류의 비치 및 공시

이사는 정기총회 회일의 1주간 전부터 5년간 재무제표와 영업보고서, 감사보고서를 본점에 비치하여야 한다(상579의3 1항). 사원과 회사채권자는 영업시간 내에는 언제든지 위 서류를 열람할 수 있으며, 회사가 정한 비용을 지급하고 그 서류의 등초본의 교부를 청구할 수 있다(상579의3 2항).

2. 이익배당의 기준

이익의 배당은 정관에 다른 정함이 있는 경우 외에는 각 사원의 출자좌수에 따라 하여야 한다(상580조). 예컨대 정관에 규정을 두어 설립 당초의 사원을 우대하거나 사원의 경력연수를 가미하는 등 각 사원의 출자좌수에 따라 하지 않을 수 있다. 다만 이 경우의 정관은 원시정관 또는 총사원의 동의에 의한 정관에 한한다고 해석하는 견해가 있다.

3. 회사의 계산에 대한 사원의 통제방법

(1) 소수사원의 회계장부열람권

자본금의 100분의 3 이상에 해당하는 출자좌수를 가진 사원은 회계의 장부와 서류의 열람 또는 등사를 청구할 수 있다(상581조 1항). 회사는 정관으로 각 사원이 회계장부열람의 청구를 할 수 있다는 뜻을 정할 수 있다. 이 경우 부속명세서는 이를 작성하지 아니한다(상579의3 2항).

(2) 소수사원의 업무, 재산상태의 검사청구권

회사의 업무집행에 관하여 부정행위 또는 법령이나 정관에 위반한 중대한 사유가 있는 때에는 자본금총액의 100분의 3 이상에 해당하는 출자좌수를 가진 사원은 회사의 업무와 재산상태를 조사하게 하기 위하여 법원에 검사인의 선임을 청구할 수 있다(상582조 1항). 검사인은 그 조사의 결과를 서면으로 법원에 보고하여야 한다(상582조 2항). 법원은 검사인의 보고서에 의하여 필요하다고 인정한 경우에는 감사가 있는 때에는 감사에게, 감사가 없는 때에는 이사에게 사원총회의 소집을 명할 수 있다. 이 경우 검사인의 보고서는 사원총회에 제출되어야 한다(상582조 3항).

4. 주식회사의 회계에 관한 규정의 준용

주식회사의 회계에 관한 규정이 유한회사에도 준용되며(상583조) 이를 정리하면 다음과 같다.

① 이사는 감사가 없는 때에는 재무제표를 직접 사원총회에 제출하고 감사가 있는 때에는 감사보고서를 제출받은 후 재무제표를 총회에 제출하여 그 승인을 요구하여야 한다. 또한 이사는 영업보고서를 총회에 제출하여 그 내용을 보고하여야 한다.

② 사원총회에서 재무제표의 승인이 있으면 그 연도의 재무제표가 확정되고 이에 따라 이익배당 등이 행해진다. 정기총회에서 재무제표의 승인이 있은 후 2년 내에 다른 결의가 없으면 회사는 이사와 감사의 책임을 해제한 것으로 본다.

③ 이 외에 이익준비금과 자본준비금 및 법정준비금의 결손전보, 배당가능이익의 존재에 따른 이익배당 및 위법배당의 반환, 중간배당, 소수사원의 회계장부열람권, 사용인의 우선변제권에 관한 규정 등은 주식회사의 경우와 거의 같다(재무제표의 작성에 있어서 따라야 할 재산의 평가방법, 창업비와 개업비 및 연구개발비의 이연자산 계상 등에 대한 주식회사 관련규정이 2011년 상법개정으로 삭제되었다). 법정준비금의 자본전입에 관한 규정을 준용하지 않으므로 법정준비금의 결손전보만을 인정하고 자본전입은 인정되지 않는다. 유한회사는 폐쇄적이

더라도 이익이 있어야 배당할 수 있으며, 또 사원총회의 배당결의가 없으면 배당할 수 없다(판례). 폐쇄적 기업형태이므로 대차대조표의 공고의무가 면제되며, 건설이자의 배당도 인정되지 않는다.

제4절 유한회사 정관의 변경

Ⅰ. 유한회사 정관 변경요건

1. 방법

정관을 변경함에는 **사원총회의 결의**가 있어야 한다(상584조).

2. 결의요건

정관변경의 결의는 총사원의 반수 이상이며 총사원의 의결권의 4분의 3 이상을 가지는 자의 동의로 한다(상585조 1항). **이 경우 의결권을 행사할 수 없는 사원은 이를 총사원의 수에, 그 행사할 수 없는 의결권은 이를 의결권의 수에 산입하지 아니한다**(상585조 2항). 의결권의 수와 관계없이 총사원의 과반수를 요구하고 있는데, 유한회사는 소규모의 폐쇄회사이므로 인적회사의 특성이 가미되어 사원의 개성이 중시되기 때문이다.

Ⅱ. 유한회사 자본금의 증가절차

1. 특징

자본금의 증가는 언제나 정관변경이 요구된다. 자본금의 총액이 정관의 절대적 기재사항으로 되어 있기 때문이다. 즉 정관변경의 가장 중요한 사례가 자본금의 증가이다. 자본금 증가의 방법에는 출자좌수의 증가, 출자 1좌의 금액의 증가 및 양자의 병용 등 3가지가 있다. 그러나 출자 1좌의 금액을 증가하는 방법은 사실상 사원에게 추가출자를 요구하는 것이므로 사원의 유한책임원칙에 위반되므로 총사원의 동의가 있는 경우에만 가능하다. 그래서 상법은 출자좌수의 증가 방법에 대하여만 규정하고 있다.

2. 자본금 증가의 결의

정관에 다른 정함이 없더라도 ① 현물출자에 관한 사항, ② 재산인수에 대한 사항, ③ 증가할 자본금에 대한 출자의 인수권자와 그 권리의 내용은 자본금 증가의 결의에서 정할 수 있다(상586조).

3. 출자인수

(1) 사원의 출자인수권 원칙과 예외

사원은 증가할 자본금에 대하여 그 지분에 따라 출자를 인수할 권리가 있다. 그러나 자본금 증가의 결의에 의해서 또는 사원총회의 특별결의로 출자의 인수자를 정한 때에는 출자를 인수할 권리가 없다(상588조). 이와 같이 사원총회의 특별결의로 사원의 출자인수권을 박탈할 수 있다는 점에서 주주의 신주인수권과 다르다.

(2) 증자와 사원 이외의 자에 대한 출자인수권 부여

유한회사가 특정한 자에 대하여 장래 그 자본금을 증가할 경우에 있어서 출자의 인수권을 부여할 것을 약속함에는 사원총회의 특별결의에 의하여야 한다(상587조). 제3자에게 출자인수권을 부여함에는 사원총회의 특별결의가 필요하다는 것으로서 제3자의 신주인수권을 부여하는 것과 유사하다. 다만 신기술의 도입 등과 같은 목적의 제한이 없다는 점 등에서 차이가 있다.

(3) 출자인수방법(인수인의 공모금지)

자본금 증가의 경우에 출자의 인수를 하고자 하는 자는 인수를 증명하는 서면에 그 인수할 출자의 좌수와 주소를 기재하고 기명날인 또는 서명하여야 한다(상589조 1항). 이 방식에 의하지 않은 출자의 인수는 무효이다.

유한회사는 광고 기타의 방법에 의하여 인수인을 공모하지 못한다(상589조 2항). 유한회사에서는 설립의 경우와 같이 증자의 경우에도 자본금확정의 원칙이 적용되고 출자인수권은 권리이지 의무가 아니므로 출자인수권자가 출자를 인수하지 않으면 회사는 다시 총회의 특별결의로 출자인수인을 구해야 한다. 이 경우 유한회사는 소규모의 폐쇄회사이므로 광고 기타의 방법에 의하여 인수인을 공모할 수 없다는 취지이다.

(4) 출자인수인의 지위

자본금 증가의 경우에 출자의 인수를 한 자는 출자의 납입의 기일 또는 현물출자의 목적인 재산의 급여의 기일로부터 이익배당에 관하여 사원과 동일한 권리를 가진다(상590조). 자본금 증가의 효력은 증자의 등기를 한 때로부터 발생하지만, 이익배당에 관하여 특칙을 두어 납입기일로부터 사원과 동일한 권리를 가진다는 취지이다.

4. 자본금 증가의 효력

(1) 자본금 증가의 등기기간

유한회사는 자본금 증가로 인한 출자전액의 납입 또는 현물출자의 이행이 완료된 날로부터 2주간 내에 본점의 소재지에서 자본금 증가로 인한 변경등기를 하여야 한다(상591조).

(2) 자본금 증가의 효력발생시기

자본금의 증가는 본점소재지에서 증자의 등기를 함으로써 그 효력이 생긴다(상592조). 납입일의 익일에 효력이 발생하는 주식회사와 다르며, 증자의 등기에 창설적 효력이 인정된다는 점에서 주의할 필요가 있다. 결국 이익배당의 경우를 제외하고는 증자의 등기를 한 때에 출자인수인은 사원이 된다는 것으로 이해할 수 있다.

5. 자본금 증가와 사원 및 이사, 감사의 책임

(1) 사원의 현물출자 부족액 담보책임

현물출자 또는 재산인수의 목적인 재산의 자본금 증가 당시의 실가가 자본금 증가의 결의에 의하여 정한 가격에 현저하게 부족한 때에는 그 결의에 동의한 사원은 회사에 대하여 그 부족액을 연대하여 지급할 책임이 있다(상593조 1항). 이 책임은 무과실책임이며 면제할 수 없다(상593조 2항).

(2) 이사 및 감사의 인수 및 납입담보책임

1) 인수담보책임

자본금 증가 후에 아직 인수되지 아니한 출자가 있는 때에는 이사와 감사가 공동으로 인수한 것으로 본다(상594조 1항). 자본금 증가의 경우의 자본금충실책임에는 인수담보책임이 포함된다는 점에서 인수담보책임이 인정되지 않는 회사설립시의 담보책임과 다르다. 이것은 신주발행을 할 때 자본금충실책임이 완화되는 주식회사의 경우와는 정반대의 현상이다. 유한회사에서는 주식회사와 달리 증자시에도 자본금 확정의 원칙이 인정되어 증가분에 해당하는 신출자의 전부에 대한 인수와 납입이 없으면 자본금 증가가 성립하지 않기 때문이다.

2) 납입담보책임

자본금 증가 후에 아직 출자전액의 납입 또는 현물출자의 목적인 재산의 급여가 미필된 출자가 있는 때에는 이사와 감사는 연대하여 그 납입 또는 급여미필재산의 가액을 지급할 책임이 있다(상594조 2항). **이 책임은 무과실책임이며, 납입담보책임의 면제는 총사원의 동의가 있어야 한다**(상594조 3항).

6. 증자무효의 소

자본금 증가의 무효는 사원, 이사 또는 감사에 한하여 본점소재지에서 자본금 증가의 등기를 한 날로부터 6월 내에 소만으로 이를 주장할 수 있다(상595조 1항). 신주발행무효의 소의 제기 절차, 무효판결의 효력, 무효판결과 주주에의 환급에 관한 규정을 증자무효의 소에 준용한다(상595조 2항).

7. 상계의 제한 및 사후증자

출자의 인수인은 납입에 관하여 상계로써 회사에 대항할 수 없다. 출자 전부의 인수가 있을 때에는 이사는 설립의 경우와 마찬가지로 출자전액의 납입 또는 현물출자의 목적인 재산 전부의 급여를 시켜야 한다. 유한회사가 그 증자 후 2년 내에 증자 전부터 존재하는 재산으로서 영업을 위하여 계속하여 사용할 것을 자본의 20분의 1 이상에 해당하는 대가로 취득하는 계약을 체결하는 경우에는 사원총회의 특별결의가 있어야 한다(상596조).

Ⅲ. 유한회사 자본금의 감소 : 주식회사 자본금 감소 규정의 준용

유한회사의 자본금 감소는 정관변경의 한 경우라는 것을 제외하고 그 절차는 대체로 주식회사의 자본금 감소의 절차와 같다(상597조). 정리하면 다음과 같다.

① 자본금 감소를 함에는 사원총회의 특별결의가 필요하고 자본금 감소의 결의에서는 자본금 감소의 방법을 정하여야 한다. 이 경우 채권자보호절차를 밟아야 하고 그 뒤 총회에서 정한 방법에 따라 자본금을 감소한다.

② 자본금 감소의 방법으로는 출자좌수의 감소, 출자1좌의 금액 감소, 양자의 병용 등 3가지가 있는데, 출자좌수의 감소는 지분의 소각 또는 병합에 의하여, 출자1좌의 금액의 감소는 자본금의 환급 또는 감액에 의하여 행한다.

③ 지분의 병합에 적당하지 않은 단지분이 있는 때에는 단주의 처리에 관한 규정에 따라 처분한다.

④ 감자등기가 행해지지만 감자의 효력발생요건이 아니라는 점에서 증자등기와 다르다.

⑤ 자본금 감소의 무효는 사원·이사·감사·청산인·파산관재인 또는 감자를 승인하지 않은 채권자에 한하여 자본금 감소로 인한 변경등기가 있는 날로부터 6월 내에 소만으로 주장할 수 있다. 그 절차 및 판결의 효력 등은 주식회사의 자본금 감소 무효의 소와 같다.

제5절 유한회사 합병과 조직변경

Ⅰ. 유한회사 합병

1. 합병방법

유한회사가 다른 회사와 합병을 함에는 사원총회의 특별결의가 있어야 한다(상598조). 유한회사가 주식회사 이외의 회사와 합병하는 경우에 존속회사 또는 신설회사는 유한회사이어야 하며, 주식회사와 합병하는 경우에는 어느 형태의 것이라도 무관하다. 다만 주식회사를 존속 또는 신설회사로 하면 법원의 인가를 받아야 한다는 제한이 있다.

2. 신설합병과 설립위원의 선임

신설합병의 경우에는 각 회사에서 선임한 설립위원이 공동하여 정관의 작성 기타 설립에 관한 행위를 하여야 하는데 설립위원의 선임은 사원총회의 특별결의에 의한다(상599조).

3. 주식회사와 유한회사의 합병에 대한 제한

(1) 합병 후 존속회사가 주식회사인 경우의 법원의 인가

유한회사가 주식회사와 합병하는 경우에 합병 후 존속하는 회사 또는 합병으로 인하여 설립되는 회사가 주식회사인 때에는 법원의 인가를 얻지 아니하면 합병의 효력이 없다(상600조 1항). 법원의 인가를 합병의 효력요건으로 하는 것은 주식회사의 설립 및 신주발행에 관한 엄격한 규제를 회피하기 위한 수단으로 합병이 활용되는 것을 방지하기 위함이다.

(2) 사채미상환 주식회사의 합병시 존속 또는 신설회사의 주식회사 강제

합병을 하는 회사의 일방이 사채의 상환을 완료하지 아니한 주식회사인 때에는 합병 후 존속하는 회사 또는 합병으로 인하여 설립되는 회사는 유한회사로 하지 못한다(상600조 2항). 유한회사는 사채를 발행할 수 없기 때문이다.

(3) 합병 후 회사가 유한회사인 경우의 지분에 대한 질권의 효력(물상대위)

유한회사가 주식회사와 합병하는 경우에 합병 후 존속하는 회사 또는 합병으로 인하여 설립되는 회사가 유한회사인 때에는 종전의 주식을 목적으로 하는 질권은 그 주식에 갈음하여 주주가 취득하는 유한회사의 지분과 금전에 미친다(상601조 1항). 이 경우 질권의 목적인 지분에 관하여 출자좌수와 질권자의 성명 및 주소를 사원명부에 기재하지 아니하면 그 질권으로써 회사 기타의 제3자에 대항하지 못한다(상601조 2항).

4. 합병의 등기기간 및 등기방법

유한회사가 합병을 한 때에는 합병보고총회 또는 창립총회가 종결한 날(총회를 생략하는 경우에는 보고에 갈음하는 공고일)로부터 본점소재지에서는 2주간, 지점소재지에서는 3주간 내에 합병 후 존속하는 유한회사에 있어서는 변경등기, 합병으로 인하여 소멸되는 유한회사에 있어서는 해산등기, 합병으로 인하여 설립되는 유한회사에 있어서는 설립등기를 하여야 한다(상602조).

5. 합명회사, 주식회사 합병규정의 준용

존속회사의 합병등기 또는 신설회사의 설립등기에 의하여 합병은 비로소 그 효력이 발생하며, 유한회사의 합병에 대하여는 주식회사 합병의 경우에도 준용되는 합명회사의 합병에 관한 규정들이 그대로 준용된다(상603조).

Ⅱ. 유한회사 조직변경

1. 주식회사의 유한회사로의 조직변경

(1) 총주주의 일치에 의한 예외적 허용

주식회사는 총주주의 일치에 의한 총회의 결의로 그 조직을 변경하여 이를 유한회사로 할 수 있다. 그러나 사채의 상환을 완료하지 아니한 경우에는 그러하지 아니하다(상604조 1항). 조직변경의 결의에 있어서는 정관 기타 조직변경에 필요한 사항을 정하여야 한다(상604조 3항).

(2) 제한

1) 사채미상환 회사의 조직변경

주식회사는 총주주의 일치에 의한 총회의 결의로 그 조직을 변경하여 이를 유한회사로 할 수 있다. 그러나 **사채의 상환을 완료하지 아니한 경우에는 그러하지 아니하다**(상604조 1항).

2) 자본금 총액의 제한

주식회사에서 유한회사로 조직변경의 경우에는 회사에 현존하는 순재산액보다 많은 금액을 자본금의 총액으로 하지 못한다(상604조 2항). 자본금 충실의 원칙에 위반하기 때문인데, 이를 위반하더라도 제605조에서 보는 바와 같이 조직변경의 효력에는 영향이 없고 다만 사원 등의 자본전보책임의 문제가 발생할 뿐이다.

3) 지분에 대한 질권의 효력

조직변경이 있는 경우 종전의 주식에 설정된 질권은 당해 지분 또는 금전에 그 효력을 갖는다(상604조 4항).

(3) 이사 및 주주의 순재산액 전보책임

조직변경의 경우에 회사에 현존하는 순재산액이 자본금의 총액에 부족한 때에는 조직변경의 결의당시의 이사와 주주는 회사에 대하여 연대하여 그 부족액을 지급할 책임이 있다(상605조 1항). **이 전보책임의 면제는 사원에 대해서는 인정되지 않으나,**

이사와 감사에 대하여는 총사원의 동의로 이를 면제할 수 있다(상605조 2항).

(4) 조직변경의 등기기간 및 방법

주식회사가 유한회사로 그 조직을 변경한 때에는 본점소재지에서는 2주간, 지점소재지에서는 3주간 내에 주식회사에 있어서는 해산등기, 유한회사에 있어서는 설립등기를 하여야 한다(상606조).

2. 유한회사의 주식회사로의 조직변경

(1) 총사원의 일치에 의한 예외적 허용

유한회사는 총사원의 일치에 의한 총회의 결의로 주식회사로 조직을 변경할 수 있다. 다만, 회사는 그 결의를 정관으로 정하는 바에 따라 사원총회의 결의로 할 수 있다(상607조).

(2) 제한

1) 신주발행가액의 총액에 대한 제한

유한회사에서 주식회사로 조직변경시에 발행하는 주식의 발행가액의 총액은 회사에 현존하는 순재산액을 초과하지 못한다(상607조 2항).

2) 법원의 필요적 인가

주식회사로의 조직변경은 법원의 인가를 얻지 아니하면 그 효력이 없다(상607조 3항).

(3) 이사, 감사, 사원의 순재산액 전보책임

주식회사로 조직변경을 하는 경우에 회사에 현존하는 순재산액이 조직변경시에 발행하는 주식의 발행가액의 총액에 부족한 때에는 조직변경의 결의당시의 이사, 감사와 사원은 회사에 대하여 연대하여 그 부족액을 지급할 책임이 있다. 이 전보책임의 면제는 주주에 대해서는 인정되지 않으나, 이사와 감사에 대하여는 총주주의 동의로 이를 면제할 수 있다(상607조 4항).

(4) 준용규정

질권자는 그 주식에 대한 주권의 교부를 회사에 대하여 청구할 수 있다. 종전의 지분상에 설정된 질권은 당해 지분에 갈음하여 발행되는 주식 위에 그 효력을 갖는다. 조직변경의 결의에서는 정관 기타 조직변경에 필요한 사항을 정하여야 한다. 조직변경이 있는 경우 주식회사의 설립등기와 유한회사의 해산등기를 하여야 한다(상607조 5항).

3. 채권자보호절차의 준용

조직변경을 하는 경우에는 조직변경의 결의가 있은 날로부터 2주간 내에 채권자보호를 위한 절차를 밟아야 한다. 채권자보호절차는 주식회사가 유한회사로, 유한회사가 주식회사로 바뀌는 경우 모두 필요하다(상608조).

제6절 유한회사 해산과 청산

Ⅰ. 유한회사 해산

1. 법정해산사유

유한회사는 다음의 사유로 인하여 해산한다(상609조).

① 제227조 제1호(존립기간의 만료 기타 정관으로 정한 사유의 발생)
② 제227조 제4호(합병)
③ 제227조 제5호(파산)
④ 제227조 제6호(법원의 명령 또는 판결)
⑤ 사원총회의 결의 : 사원총회의 해산결의는 특별결의에 의하여야 한다. 상법 개정으로 “사원이 1인으로 된 때”가 해산사유에서 제외되었다.

2. 법정해산과 회사계속의 방법

존립기간의 만료 기타 정관사유 발생 또는 사원총회의 결의로 인하여 회사가 해산한 경우에는 사원총회의 특별결의로써 회사를 계속할 수 있다(상610조 1항).

3. 회사계속의 등기

회사계속의 결의를 하였으나 이미 해산등기가 행해진 경우에는 회사계속의 등기를 하여야 한다(상611조).

Ⅱ. 유한회사 청산

1. 임의청산의 부정

주식회사와 같이 법정청산만이 인정되며 따라서 청산절차도 주식회사의 그것과 원칙적으로 같다. 다만 청산인회제도는 이사회제도와 같이 당연히 인정되는 것은 아니다.

2. 잔여재산의 분배방법

잔여재산은 정관에 다른 정함이 있는 경우 외에는 각 사원의 출자좌수에 따라 사원에게 분배하여야 한다(상612조). 정관에 다른 정함이 있으면 출자좌수에 따른 잔여재산분배를 하지 않아도 무방하다는 취지인데 유한회사의 소규모 폐쇄성을 반영한 것이다. 이 점에서 이익배당도 사원의 출자좌수에 따르는 것을 원칙으로 하고 정관에 의해 다른 정함을 할 수 있는 것과 같다.

3. 주식회사의 청산절차 준용

유한회사의 청산은 주식회사의 경우와 같이 언제나 법정청산이므로 유한회사의 청산절차는 주식회사의 경우와 거의 동일하다(상613조). 제532조(청산에 있어서의 청산인의 신고), 제533조(회사재산조사보고의무), 제534조(감사에 대한 대차대조표 및 사무보고서와 그 부속명세서의 제출의무), 제535조(회사채권자에의 최고), 제536조(채권신고기간내의 변제), 제537조(제외된 채권자에 대한 변제) 등

Chapter 7

외국회사

Chapter 07 외국회사

Ⅰ. 외국회사의 의의

외국법에 준거하여 설립된 회사를 말한다(설립준거법설). 외국회사의 요건은 우리 상법상의 회사와 동일한 실체를 가지는 영리단체이어야 하므로 내국회사와 마찬가지로 영리를 목적으로 하는 사단이어야 하지만 반드시 법인격을 가질 필요는 없다.

Ⅱ. 국내영업의 요건

1. 영업요건으로서의 영업소 설치

외국회사가 대한민국에서 영업을 하려면 대한민국에서의 대표자를 정하고 대한민국 내에 영업소를 설치하거나 대표자 중 1명 이상이 대한민국에 그 주소를 두어야 한다(상614조 1항).

2. 영업소 설치의 등기

(1) 동종 또는 유사회사와 동일한 지점등기의 원칙

영업소를 설치한 경우에는 외국회사는 그 영업소의 설치에 관하여 대한민국에서 설립되는 동종의 회사 또는 가장 유사한 회사의 지점과 동일한 등기를 하여야 한다(상614

조 2항). 각 나라마다 회사의 종류가 다르기 때문에 동종 또는 유사한 회사의 지점과 동일한 등기를 하는 것이다.

(2) 회사설립 준거법 및 대표자의 등기

영업소 설치의 등기에서는 회사설립의 준거법과 대한민국에서의 대표자의 성명과 그 주소를 등기하여야 한다(상614조 3항).

(3) 등기된 대표자의 합명회사 대표사원의 권한 및 책임규정 준용

대표자는 회사의 영업에 관하여 재판상 또는 재판 외의 모든 행위를 할 권한이 있으며, 이 권한에 대한 제한은 선의의 제3자에게 대항하지 못한다. 대표자가 그 업무집행으로 인하여 타인에게 손해를 가한 때에는 외국회사는 그 대표자와 연대하여 이를 배상할 책임이 있다(상614조 4항).

(4) 등기기간의 기산점

등기사항이 외국에서 생긴 때에는 등기기간은 그 통지가 도달한 날로부터 기산한다(상615조).

3. 등기의 효력

(1) 등기 전 계속거래의 금지

외국회사는 그 영업소의 소재지에서 영업소 설치의 등기를 하기 전에는 계속하여 거래를 하지 못한다(상616조 1항). 계속하여 하는 거래만을 할 수 없으므로 등기 전에 우발적인 거래를 하는 것은 관계없다.

(2) 대차대조표 또는 이에 상당하는 것의 공고

외국회사로서 상법에 따라 등기를 한 외국회사(대한민국에서의 같은 종류의 회사 또는 가장 비슷한 회사가 주식회사인 것만 해당한다)는 주식회사의 재무제표 등의 승인·공고시 승인과 같은 종류의 절차 또는 이와 비슷한 절차가 종결된 후 지체 없이 대차대조표 또는 이에 상당하는 것으로서 대통령령으로 정하는 것을 대한민국에서 공고하여야 한다(상616조의2 1항). 공고에 대하여는 주식회사의 경우 공고에 대한 규정을 준용한다(상616조의2 2항).

(3) 위반시의 연대책임

영업소 설치의 등기를 하기 전에 계속하여 거래를 한 자는 거래에 대하여 회사와 연대하여 책임을 진다(상616조 2항). 이 규정은 국내거래의 안전을 꾀하기 위한 것이다.

Ⅲ. 내국회사로 간주되는 경우(유사외국회사)

1. 영업중심지에 따른 간주 적용

외국에서 설립된 회사라도 대한민국에 그 본점을 설치하거나 대한민국에서 영업할 것을 주된 목적으로 하는 때에는 대한민국에서 설립된 회사와 동일한 규정에 의하여야 한다(상617조).

2. 대한민국에서의 주권, 채권의 발행 및 그 이전시의 간주 특칙

대한민국에서의 외국회사의 주권 또는 채권의 발행과 그 주식의 이전이나 입질 또는 사채의 이전에는 상법의 주식 및 사채에 관한 규정을 준용한다(상618조 1항). 이 경우에는 처음 대한민국에 설치한 영업소를 본점으로 본다(상618조 2항).

Ⅳ. 영업소의 폐쇄

1. 요건

외국회사가 대한민국에 영업소를 설치한 경우에 다음의 사유가 있는 때에는 법원은 이해관계인 또는 검사의 청구에 의하여 그 영업소의 폐쇄를 명할 수 있다(상619조 1항). ① 영업소의 설치목적이 불법한 것인 때, ② 영업소의 설치등기를 한 후 정당한 사유 없이 1년 내에 영업을 개시하지 아니하거나 1년 이상 영업을 휴지한 때 또는 정당한 사유 없이 지급을 정지한 때, ③ 회사의 대표자 기타 업무를 집행하는 자가 법령 또는 선량한 풍속 기타 사회질서에 위반한 행위를 한 때. 외국회사는 외국법에 의하여 그 법인격이 인정되고 있으므로 우리나라의 법원이 이에 대하여 그 법인격을 박탈한다는 것은 있을 수 없다. 다만 이에 갈음하여 국내에서 영업하는 영업소폐쇄명령을 할 수 있다. 이 경우 영업폐쇄명령의 사유는 회사의 해산명령사유와 유사하다.

2. 회사의 해산명령 준용

영업소폐쇄명령의 청구가 있는 때에는 법원은 폐쇄를 명하기 전이더라도 이해관계인이나 검사의 청구에 의하여 또는 직권으로 관리인의 선임 기타 회사재산의 보전에 필요한 처분을 할 수 있다. 이해관계인이 폐쇄명령의 청구를 한 때에는 법원은 회사의 청구에 의하여 상당한 담보를 제공할 것을 명할 수 있다. 회사가 담보제공의 청구를 함에는 이해관계인의 청구가 악의임을 소명하여야 한다(상619조 2항).

V. 한국에 있는 재산의 청산

1. 청산개시의 요건 및 청산인 선임

영업소의 폐쇄를 명한 경우에는 법원은 이해관계인의 신청에 의하여 또는 직권으로 대한민국에 있는 그 회사재산의 전부에 대한 청산의 개시를 명할 수 있다. 이 경우에는 법원은 청산인을 선임하여야 한다(상620조 1항).

2. 주식회사의 청산절차 준용

외국회사의 청산에 대하여는 그 성질이 허하지 아니하는 경우 외에는 주식회사의 청산에 관한 규정을 준용한다(상620조 2항).

3. 자발적인 영업소 폐쇄의 경우에의 준용

외국회사가 스스로 영업소를 폐쇄한 경우에도 이해관계인의 신청 또는 직권으로 대한민국에 있는 회사재산의 전부에 대한 청산의 개시를 명할 수 있고 이 경우 법원은 청산인을 선임하여야 한다. 이 경우에도 성질이 허하지 않는 경우 외에는 주식회사의 청산에 관한 규정을 준용한다(상620조 3항).

Ⅵ. 외국회사의 지위

외국회사는 다른 법률의 적용에 있어서는 법률에 다른 규정이 있는 경우 외에는 대한민국에서 성립된 동종 또는 가장 유사한 회사로 본다(상621조).

Chapter 8

벌칙

Chapter 08 벌 칙

상법에서는 제3편 회사편 안에 "제7장 벌칙"이라는 제목 아래 형사범에 대한 형벌(상622조~634조의3, 637조)과 행정범에 대한 과태료(상635조, 636조, 637조의2)가 규정되어 있다. 상법상 벌칙규정에는 형사범과 행정범으로 구분되어 있다. 형사범에 대하여는 징역, 몰수, 벌금의 형벌과 행정범에 대하여는 과태료가 적용된다.

상법상 형벌규정에는 과실행위를 처벌하는 규정이 없어 과실범은 처벌하지 않는다. 미수범의 경우 특별배임죄의 경우에만 규정을 두고 있어서(상624조), 그 외에는 미수범을 처벌할 수 없다.

행위 주체가 법인인 경우에는 그 행위를 한 이사, 집행임원, 감사, 그 밖에 업무를 집행한 사원 또는 지배인에게 그 벌칙 규정을 적용한다(상637조). 이해관계자에 대한 신용공여죄(상624조의2)의 경우에는 양벌규정(상634조의3)을 두고 있어서 법인과 자연인 양자를 처벌한다. 회사가 제542조의13(준법통제기준 및 준법지원인)에 따른 의무를 성실히 이행한 경우 등 회사가 그 위반행위를 방지하기 위하여 해당 업무에 관하여 상당한 주의와 감독을 게을리하지 아니한 경우에는 그러하지 아니하다(상634조의3 단서).

상법상 형사범에 대해 발기인, 이사 기타의 임원등의 특별배임죄(미수범도 처벌, 상622조, 624조), 발기인, 이사 기타의 임원등의 특별배임죄(미수범도 처벌, 상623조, 624조), 주요주주 등 이해관계자와의 거래위반의 죄(상624조의2), 회사재산을 위태롭게 하는 죄(상625조), 주식의 취득제한등에 위반한 죄(상625조의2), 부실보고죄(상626조), 부실문서행사죄(상627조), 납입가장죄등(상628조), 초과발행의 죄(상629조), 발기인, 이사 기타의 임원의 독직죄(상630조), 권리행사방해 등에 관한 증수뢰죄(상631조), 납입책임면탈의 죄(상634조), 주주의 권리행사에 관한 이익공여의 죄(상634조의2)에서 규정하고 있다.

상법 제622조부터 제631조까지의 징역과 벌금은 이를 병과할 수 있다(상632조). 발기인, 이사 기타의 임원의 독직죄(상630조 1항), 권리행사방해 등에 관한 증수뢰죄(상631조 1항)의 경우에는 범인이 수수한 이익은 이를 몰수하고, 그 전부 또는 일부를 몰수하기 불능한 때에는 그 가액을 추징한다(상633조). 상법상 벌칙규정에서는 회사제도의 원활한 운영을 위해 부과하는 각종 의무를 위반한 행위에 대처하여 과태료 규정을 두고 있다. 다만, 그 행위에 대하여 형(刑)을 과(科)할 때에는 그러하지 아니하다(상635조). 500만원 이하의 과태료, 5천만원 이하의 과태료, 1천만원 이하의 과태료, 회사설립의 등록세(현재는 등록면허세)의 배액에 상당한 과태료 등이 있다(상635조, 636조). 과태료의 부과・징수규정도 두고 있다(상637조의2).

찾아보기

| 저자소개 |

이상신

서울대학교 경영학과 졸업
서울대학교 법대 졸업
서울대학교 대학원 석사/박사 졸업(법학박사)
제12회 법원행시 합격
웅지세무대학 조교수
강원대학교 법과대학 조교수
행정고시, 공인회계사, 세무사 시험위원 등 역임
서울시립대학교 세무전문대학원 원장
현, 서울시립대학교 세무전문대학원 교수

박 훈

서울대학교 법대 졸업
서울대학교 대학원 석사/박사 졸업(법학박사)
국세청 납세자보호관(개방직 국장)
법제처 법령해석심의위원회 위원
변호사시험, 사법고시, 행정고시, 세무사, 관세사, 공인중개사 시험위원 등 역임
서울시립대학교 입학처장, 학생처장
서울시립대학교 법학전문대학원 교수(겸보)
현, 서울시립대학교 세무학과 교수

회사법의 이해

2020년 2월 10일 1판 1쇄 인쇄
2020년 2월 15일 1판 1쇄 발행

저 자 | 이상신 · 박 훈
발행인 | 이수영
발행처 | 도서출판 청람
서울시 마포구 독막로 288(대흥동, 세양상가 109호)
전 화 | 02)3272-2601~2
팩 스 | 02)3272-2603
이메일 | crbooks@daum.net
홈페이지 | http://www.crbooks.co.kr
등 록 | 2000년 8월 26일 제6-0509호

ISBN 978-89-5972-737-7 93320 [정가 25,000원]